本书系国家社会科学基金青年项目"媒介社会学视野下的人物报道转型研究"（项目批准号：11CXW002）研究成果，获湖南省重点学科建设项目资助

媒介社会学视野下的
人物报道转型研究

盛 芳◎著

中国社会科学出版社

图书在版编目（CIP）数据

媒介社会学视野下的人物报道转型研究 / 盛芳著 . —北京：
中国社会科学出版社，2016.4
ISBN 978 - 7 - 5161 - 7270 - 4

Ⅰ. ①媒…　Ⅱ. ①盛…　Ⅲ. ①人物—新闻报道—研究
Ⅳ. ①G212

中国版本图书馆 CIP 数据核字（2015）第 301105 号

出 版 人	赵剑英	
责任编辑	罗　莉	
特约编辑	袁思远	
责任校对	李　林	
责任印制	戴　宽	

出　　版	中国社会科学出版社	
社　　址	北京鼓楼西大街甲 158 号	
邮　　编	100720	
网　　址	http://www.csspw.cn	
发 行 部	010 - 84083685	
门 市 部	010 - 84029450	
经　　销	新华书店及其他书店	

印　　刷	北京明恒达印务有限公司	
装　　订	廊坊市广阳区广增装订厂	
版　　次	2016 年 4 月第 1 版	
印　　次	2016 年 4 月第 1 次印刷	

开　　本	710 × 1000　1/16	
印　　张	20.75	
插　　页	2	
字　　数	351 千字	
定　　价	76.00 元	

序

　　人物报道这个新闻报道样式，古今中外的新闻报道活动中都有。新中国成立以来，由于承载的舆论宣传和价值导向功能，人物报道一向为主流媒体所重视。不同时期，人物报道领域皆涌现出具有鲜明时代色彩的代表之作。一大批先进典型人物的事迹由此被广为传颂，产生了重大的社会现实影响和深远的政治和思想文化影响。

　　人物报道的重要性，在我国的新闻学研究中，有着广泛的认识。也出版和发表过不少研究成果。但就新闻学界对人物报道领域的研究状况来看，总体上偏重于业务性的人物写作和采访技巧探讨，而从我国社会转型、变迁的大背景来考察人物报道实践的研究并不多见。固然，对人物报道，从业务的层面，探讨具体的写作技巧、采访方法，以改进人物报道、提高其传播效果，这是非常必要的，也是很有价值的。但是，人物报道，从其所具有的社会学意义来看，它是特定时期社会的总体面目通过新闻人物报道的具象化，因而，对人物报道的研究，理应与特定的社会语境连接起来，非如此不能深刻揭示我国人物报道的内在学理机制，不能抓住其话语文化实质。当然，人物报道绝不限于典型宣传的范围。然而，即使是纯粹新闻性的人物报道，也往往由于新闻人物本身的时代性，及其与社会关联的复杂性，也同样使人物报道领域的研究不能缺少媒介社会学的审视。

　　盛芳副教授的专著《媒介社会学视野下的人物报道转型研究》，立足于媒介社会学的维度，从新闻学、传播学、社会学等多学科交融的视域，在社会系统这一大的背景中对人物报道的转型展开了系统研究。具体从观念转换、方式变革等层面研究人物报道的特点、效果、演变规律，探讨人物报道与社会、时代的互动关系，进而总结媒体建构人物形象、传播价值理念应遵循的原则与策略。该成果拓展了人物报道研究的视野，将具体的新闻业务探讨提升到了社会历史文化层次。这对于深入认识我国人物报道的文化机理，并从更大的范围内了解和把握我国的媒介生态语境，都是极有启发价值的。

当然，在业务性极强的研究领域，联系具体的实践案例进行业务规律总结，分析业务工作中存在的问题和不足，并对其发展走向进行分析，皆是题中应有之义。盛芳在著作中以《中国青年报·冰点周刊》人物报道、《南方周末》人物报道、《南方人物周刊》人物报道等为例，对人物类媒介或栏目的发展转型进行了深入剖析，对人物报道的修辞策略、表现手法及价值立场等皆有所探讨和总结。她以"转型"为考察焦点，在人物报道研究中贯彻历史比较方法，这使业务性研究同样具有了一定的分析力度，令人印象深刻。

盛芳副教授任职湖南省衡阳师范学院，这是一所朝气蓬勃的学校，其新闻与传播学院更是令新闻传播学界和业界刮目相看。且不说培养了众多热爱新闻传播事业的优秀学生，一个只有二十几位教职员工的学院，能连续三年获得国家社科基金新闻传播学项目，这不是偶然现象，是这个学校和学院具有浓厚的学术气氛和深深的湖湘文化底蕴使然，作为青年学者，盛芳也只是他们青年学者群中的普通一员，她的这项成果，也只是该院近年来其中的一项成果（当然是一项优秀的成果）。我祝贺她在今后的研究中，出更多、更好的成果。也祝贺衡阳师范学院新闻与传播学院更上层楼。

是为序。

中国传媒大学传播研究院 院长 教授 博士生导师 雷跃捷
2015 年 10 月 1 日于中国台湾

目　录

绪　　论

一　人物报道的意义与价值

一个民族的文明史实际上就是人的心灵史，因为无论什么事情，都是由人来参与和表现的。海涅曾说："每个人都是一个世界，和他一起生长，和他一起死亡：在每一座墓碑下都埋葬着一整部世界史。"[①] 作家常常用一个人的一生来反映一个家族乃至民族的一段历史，如托尔斯泰的作品借个体的人物命运来反映宏大的战争和社会背景。

人物是新闻报道的主体，任何一家新闻媒介，都不能离开人物报道。美国传播学者威廉·大卫·斯隆在其著作《最佳普利策新闻奖获奖作品》中说："新闻之所以重要，主要原因那就是因为写人。它写人，影响人，通常只有当它对人有影响时，最无生气的题目才会显得很重要。"[②]

人物报道是以人物为中心、对具有典型意义和有新闻价值的人物进行的报道。从形式上看，包括人物消息、人物通讯、人物专访、人物特写、人物专题片等多种体裁；从内容上看，按社会领域分类主要有政治人物、经济人物、文化人物、军事人物、娱乐明星等；按人物品质分为正面与反面人物；按时空顺序分为历史人物与现实人物。

人物报道是我国新闻报道一个非常重要的部分，不论是具有中国特色的典型人物报道，还是媒介变革中逐渐细分的公众人物、新闻人物、民间人物报道，较之一般的事件新闻、社会新闻等，人物报道中的生动故事包含着社会的丰富内涵，能体现一定时期的社会特征和人们的心理特点，

---

① 转引自〔俄〕赫尔岑《赫尔岑论文学》，辛未艾译，上海译文出版社1989年版，第129页。

② 〔美〕威廉·大卫·斯隆：《最佳普利策新闻奖获奖作品》，丁利国等译，新华出版社1988年版，第18页。

对人们形成正确的人生观、世界观、价值观起着重要作用，可以引导舆论，弘扬正气，促进社会主义精神文明建设；并且，以具体人物为线索可以挖掘重大事件的发生、发展过程及其背景，呈现时代与社会的变革。

对于受众而言，在个性张扬的今天，寻找"自我"、强调"主体意识"成为现代人的一种普遍心态，而同时，主流价值观的缺失及信任危机等种种异化现象也在促使人们不断反省，人们内心深处渴望人性光辉的烛照，寻求真善美合一的理想境界，与文学作品的救赎与慰藉相比，人物报道胜在真实性与贴近性，发挥着重要的舆论导向作用。

对于媒体而言，可读性强、富有深度的人物报道如特稿、调查性报道、专题片等往往能体现出媒体的理念与风格，直接显示新闻竞争实力，不少名篇传诵一时。

对于记者而言，人物报道具有特殊的魅力。曾有记者如此表达人物采访的魅力：采访各式人物，总能看到不一样的人生，体验丰富多彩的情感。每一个人的逻辑构建、价值选择、内心镜像的形成、意志的运行、命与运的呼应构成了丰富多彩的"我世界"。人们如何自我认知，如何说服自己、相信自己，如何处理本能和天性？置身于矛盾和冲突，人如何选择，如何重新发现自己，各自的驱动力是什么？每一次探询，即便只是浮光掠影，也有迷人之处。[1]

刘汉俊在《塑造形象：人物报道研究》一书中提出人物报道的四层文化境界：传播事实、传播主张、传播精神（提炼和传播人物精神，表达明确的主题思想）、传播文化，并认为人物形象是一个国家、一个民族、一段历史、一种文明的标志。[2] 总之，人物报道在当前中国新闻实践中占据着重要的地位，对此展开研究有其必要性与迫切性。

二　媒介社会学：人物报道研究的新视角

媒介社会学，是 20 世纪中叶以后从传播学和社会学的交叉中形成的一门年轻的边缘学科，又称为"传播社会学"，它以社会学和传播学的基本理论，来分析、解释和研究传播与社会之间相互影响的各种问题。或者

---

① 林姗姗：《我世界》，《南方传媒研究》2014 年第 46 期。
② 刘汉俊：《塑造形象：人物报道研究》，新华出版社 2011 年版，第 52 页。

说运用社会学理论，分析传播过程，研究媒介和社会的相互作用、相互影响。①

　　媒介社会学理论框架的可贵之处在于抛弃了传播中心论的视角，跳出了传播过程本身，站在一个更宏观和更加动态的视野中观察媒介。由于其研究的社会学取向，近几十年来，媒介社会学这一概念的内涵和外延也相应地发生了许多变化，其理论和方法也在不断地扩展其边界。一方面，媒介被视为社会大系统的一个有机组成部分，强调它在对社会大系统产生作用的同时，也受到后者的制约；另一方面，从社会学的角度看，作为特定社会组织的媒介本身也是一个小社会，有其复杂的内部社会关系。

　　学者们普遍倾向于认为媒介社会学只是一个研究范畴，一种研究路径，并没有形成科学的体系和完整的理论框架。本书将媒介社会学视为一种研究视角和范畴，试图通过人物报道的转型研究，探求中国新闻传播的变迁及其与社会的互动关系。

　　20 世纪 70 年代末的改革开放和社会转型，引致中国社会 30 多年的急剧变迁，媒介中的各类人物报道呈现出与社会变革交织呼应的变化，社会转型时期传媒积极参与了各类人物形象的再现与建构，本书以转型时期出现在媒介视域中的政治人物、文化人物、商业人物、草根人物等为考察对象，从社会语境、呈现方式、形象内涵、制约机制等层面梳理和分析社会转型时期的人物形象，分析新闻报道与政治、市场、文化、社会的复杂关系，以及在政治权力与市场力量博弈下媒介形象的复杂内涵。本书将各类人物形象的阐释和当下的历史文化语境相结合，重点考察形象转变背后的话语转型和文化转型。借鉴历史学、社会学、文学、政治学等相关学科的理论成果，将定性研究和定量研究相结合，以传播学的视野进入人物报道领域，勾勒出各类形象的流变。

三　研究的问题与意义

（一）问题的提出

　　大众传播媒介是塑造社会价值观、宣传舆论的工具，也是体现国家意识形态最直接的载体，媒介的发展演变受制于社会大环境并反作用于各子

---

　　①　［英］戴维·巴勒特：《媒介社会学》，赵伯英、孟春译，社会科学文献出版社 1989 年版，译者前言。

系统。如果把新闻报道作为一种社会精神产品，那么它就是社会这个大市场的一个重要组成部分，与社会其他各元素有着千丝万缕的联系，研究人物报道的发展规律、效果、转型也必须在社会这个大的背景中来考察。

（二）研究的意义

1. 理论意义

人物报道表现时代变革与社会变迁，具有修正、弥补和丰富历史的作用。可以说，人物报道史是一部特殊的编年史，是原生态的中国社会纪录，理解人物传播即是理解我们所处的社会和时代。

2. 实践意义

人物报道具有鲜明的时代感和价值取向性，在塑造精神品格、培育道德情操上也有积极的效用。在社会转型的背景下，人物报道出现了由"典型"转向"非典型"，由政治主导趋向价值传播与文化认同等的显著变化。关注这种变化，有利于我们重新审视人物报道的价值和地位，及时调整人物报道乃至整个新闻报道的理念和策略。同时，本书关于人物报道与文化认同的研究，对于社会主义核心价值体系的构建也有借鉴意义。

3. 学科意义

随着新闻理论研究的多元化，学界逐渐趋向于将新闻视为一种不断变动的历史过程和社会现象，本书打通史论的界限对人物报道进行超文本的分析，是对传媒与文化关系研究的一次有益探索，因此具有较强的学科发展意义。

四   国内外研究现状综述

（一）典型人物报道

人物报道尤其是典型人物报道一直是新闻学界、业界经常研究的课题。20世纪80年代学界的研究主要聚焦于典型报道存在的合理性上。重要的论文有：陈力丹《典型报道之我见》（1987），提出"淡化论"；时统宇《典型报道的各种观点》（1989），归纳总结了不同意见。20世纪90年代随着消费文化的出现，典型人物报道式微，学界把注意力逐渐转向如何提升典型人物报道的说服力和感染力上，如丁柏铨的《谈谈典型报道的感染力》（1998）。

近年来，学界对典型人物报道的研究领域不断拓展，研究视野逐渐多元：李蕾《受众：大众媒介推动社会现代化进程的桥梁》（2004）、麦尚文《新时期中国典型人物"媒介形象"的变迁与突破》（2006）等，这些论文开始涉及典型人物报道中社会变迁、受众接受心理、报道主体价值取向等深层次问题；张威《典型报道：渊源与命运》（2002），朱清河《典型报道：理论、应用与反思》（2006），则较为系统地探讨了典型报道在中国的产生渊源、存在基础、成长历程、社会作用、生存困境、改进之策及利弊得失；聂茂、张静合著的《典型人物报道论》（2008）对典型人物报道的话语内涵进行了界定，通过梳理不同历史时期典型人物报道的情况、效果、特征等对典型人物报道的意义与缺失进行了分析。

还有不少论者从话语、叙事、修辞视角展开研究。针对传统典型人物报道的弊端，有论者提出"非典型""草根典型""后典型""另类典型"等概念，指出挖掘作为个体的"人"的价值能更有效地实现价值观的认同。随着人物报道的持续升温，尤其是人物报道类刊物如《南方人物周刊》及人物报道栏目如央视《人物》《感动中国》影响力的增强，人物报道的专业化程度日渐成熟，徐列的《在追问中逼近真实——〈南方周末〉人物报道手册》（2006）及《重新打量每个生命——〈南方人物周刊〉人物报道手册》（2009），对这一报道品种做了最早的技术与理念的梳理，大量文本分析呈现出人物报道的丰富性和多样性。

（二）人物通讯研究

人物通讯研究成果非常多，王武录《人物通讯写作谈》（1984）是最早的专著，在中国知网以"人物通讯"为主题搜索的论文达14075篇之多（搜索时间：2014年10月15日）。内容涉及语言、细节及情感运用等写作技巧研究，价值取向演变、中西比较研究，叙事视角及叙事模式研究等。秦志希《中西比较：人物报道的文化透视》（1997）较早在文化语境中考察中西人物报道的异同，拓展了人物通讯研究的深度与广度。

（三）各类群体媒介形象研究

媒介形象研究采用内容分析法针对某个群体如农民工、女性、青年、知识分子、商人等关注形象建构及其嬗变、社会背景变迁。彭焕萍《媒介与商人》（2008）、陈媛媛《社会转型时期的知识分子媒介形象研究》（2009）、王蕾《从"女劳模"到"女明星"——从〈中国妇女〉60年封面人物看国家意识形态控制下媒体女性形象变迁及国家话语转变》（2011）、王芳《主流媒体上的"80后"形象研究——对中国14种主要报纸的内容分析》（2009）等论著的中心议题，均考察媒介政策的改变、社会的变迁。

4. 人物报道实证研究

丁迈的《典型报道的受众心理实证研究》（2008），借助心理学理论，采用实证研究方法，对典型报道及受众心理的历史变迁进行了梳理。薛国林等的《形象塑造与社会认同：正面人物宣传报道的社会效果研究》（2012），总结了正面人物宣传报道的六种创新模式，并对市民、中学生等展开调查与分析。

此外，还有不少学者就电视人物传播如人物访谈、人物专题片、纪录片等的主持风格、拍摄技巧、主题立意等展开论述。

如上所述，关于人物报道的研究视野日益拓宽，但整体看来，或是纯理论的分析，或是侧重解决典型人物报道技术层面上的问题，或是针对某一两种刊物进行经验总结，对人物报道转型的政治、经济、文化背景问题，人物报道中的价值传播与文化认同问题等尚缺乏系统的分析。同时，人物报道在理念、内容、形式上均发生了巨大变革，也有必要进行全面梳理与观照。

五　研究的思路、方法

（一）基本思路

本书立足于媒介社会学的维度，从新闻学、传播学、社会学等多学科交融的视角对人物报道的转型展开系统研究。具体从观念转换、方式变革、受众分析等层面探讨人物报道与社会、时代的互动关系，进而总结媒体建构人物形象、传播价值理念应遵循的原则与策略，致力于促进传媒和社会发展、变迁的良性互动。

（二）研究方法

1. 跨学科、多视角的研究方法

结合文化研究、传播学、新闻学、社会学、传播政治经济学的一些理论成果，同时将各类人物报道放入到社会环境和历史大背景中，关注人物报道变革的社会环境和社会原因。

2. 文本细读研究法

细读理论文献及人物报道文本，归纳特点。

3. 内容分析法

内容分析法是传播学的基本研究方法之一，特点是以信息内容作为研

究对象。美国学者贝雷尔森认为内容分析是一种对传播内容进行客观、系统、定量描述的研究方法。本书对转型时期人物报道内涵部分的研究运用此方法。

4. 史论结合研究法

新闻史与理论相结合，以论带史，以史证论。

5. 调查研究法

问卷调查、对象访谈等实证研究，对受众接受心理、选择机制等进行分析。

第 一 章

社会与媒介双重转型中的人物报道

第一节 当代中国的社会转型与媒体转型

一 社会转型概述

社会转型是西方社会功能结构学派现代化理念的经典思想，我国社会学者在研究中国现代社会变迁时引入了这一重要理论概念，社会学家陆学艺、李培林在《中国社会发展报告》一书中作出了详细的阐述，认为社会转型的主体是社会结构，是指一种整体的和全面的社会类型过渡，而不仅仅是某些单项发展指标的实现。进入转型时期的一个重要标志，是在从农业国向工业国、从乡村社会向城镇社会、从同质的单一性社会向异质的多样性社会的发展中，社会结构的重要指标都已实现或接近转换点。社会转型的具体内容是结构转换、机制转换、利益调整和观念转变，但这种转型的实现不是通过暴力的强制手段或大规模的群众运动，而主要是通过发展生产力和确立新的社会经济秩序。①

新中国成立以来，中国经历了政治与革命双重奏的激情时代、启蒙时代、经济狂热时期。中国特色社会主义的社会转型，以建国 60 多年的历史而言，经历了以下的阶段：1949 年到 1978 年，工业化进程、城市化进程速度较快，但是经历了大的曲折，政治思想层面阶级斗争扩大化，文学艺术场域中，一统天下的宏大叙事内在地具有压抑自由和个性的意识形态功能。1978 年至 1992 年是改革开放初期，也是思想文化层面的启蒙期。1992 年起，我国进入一个全面的社会转型期，在经济领域，市场经济取代计划经济，经济体制大幅转轨；在文化领域，大众文化取代精英文化和

---

① 陆学艺、李培林主编：《中国社会发展报告》，社会科学文献出版社 2007 年版，第 7 页。

主流文化成为社会的主要文化形态；在社会生活领域，价值观念和生活方式迅速变化，社会的流动性大大加强，身份与地位的竞争日益激烈；在政治生活领域，泛政治意识形态进一步瓦解，公众自主性增强。进入21世纪年以来，在上述变革深入的同时，转型出现新变化，社会学家李强的研究成果显示，中国总体社会结构呈现倒"丁字型"，下层群体过大，且与其他群体之间属于一种两极式的（或直角式的）联结方式，导致社会群体之间甚至整个社会处于"结构紧张"状态。① 近年来贫富分化、利益分化、阶层固化加剧导致群体性事件、反社会罪案发生频率增加，社会断裂、底层沦陷成为重要的社会问题，社会转型由此进入关键时期。

二　意识形态变迁

意识形态是社会观念的上层建筑，是一定的社会经济基础在政治文化领域的反映，集中体现了社会利益集团的政治理想、价值追求和行为规范等精神内涵。当前，中国传统的意识形态较之以前在淡化，意识形态价值取向多元、分散，集中体现在各种社会思潮多元化、利益格局复杂化、社会分层细化且矛盾冲突明显。②

民族主义、消费主义与犬儒主义等意识形态也在中国迅速发展。在当代中国，这些意识形态既充满矛盾和斗争，又并行不悖，成为指导人们行为方式的理论基础。这种多元化不可避免地体现在媒介中，通过影响从业人员和受众的认知与行为最终作用于媒介制度的变迁。媒介不仅具有意识形态属性，而且是塑造人们意识形态的重要载体，同时，意识形态变迁深刻地影响着媒介制度、体制，决定、推动或制约着传媒改革。③

有论者认为，中国媒介的"市场化"这一改革过程给媒介带来了混合的意识形态，充满了矛盾的身份、认同、形象和主体性。中国媒介"已成为意识形态竞争和意义重建的场域，既有共产主义的革命话语，也

---

① 李强：《"丁字型"社会结构与"结构紧张"》，《社会学研究》2005年第2期。
② 刘卫东、荣荣：《网络时代的媒介权力结构与社会利益变迁——以当代中国社会意识形态为视角》，《新闻与传播研究》2012年第2期。
③ 李继东、胡正荣：《中国政治意识形态与传媒改革：关系与影响》，《新闻大学》2013年第4期。

有市场化的实用话语"①。这种媒介领域意识形态的斗争与调和是转型期中国社会意识形态多元化的一种表征。应当看到，媒介与社会主流意识形态的影响是相反相成的，新兴的社会意识形态会影响媒介的行为逻辑，媒介反过来也会通过议题设置（宣传、炒作与渗透）进一步强化或颠覆某种意识形态。

与此同时，在不同的社会语境中，媒介自身意识形态也会发生改变。媒介意识形态是"一种对于媒介的认知，即对媒介是什么，什么样的媒介是好媒介等关于媒介的事实判断与价值判断的总和"②。对于当前中国媒体及从业人员而言，党报理论、西方新闻话语、传统的文人论政等观念兼而有之，依不同性质媒介而显示出区别。新华社名记者朱玉在与大学生交流时的一个插曲颇能说明这一现象。一名大学生问她"共产主义斗士、为民请命者、西方自由分子，成为中国优秀记者的三大类型，你属于哪一种？"朱玉回答："我介于这三者之间——对共产主义有信仰，西方技术指导报道，最重要的，我拥有社会良心。"③

三　社会转型中的媒介变革

承认新闻事业的信息产业属性，确立"事业单位，企业化运营"的二元运作模式，奠定了中国媒介 30 年改革的基调。由此，"传媒业改变了其过去单一的意识形态宣传功能，改变了传播的强制方式，使传媒具有双重身份和角色，即既是文化产业也是国家意识形态工具"。④

媒介变革主要体现在以下方面：结构上，媒介种类增多；功能定位上，信息功能凸显，服务实用功能增强，社会整合功能日益彰显；新闻观念上，以人为本得以确立；以受众为中心、尊重受众的受众观得到所有媒体的认同。报纸、杂志、广播、电视、网络、社交媒体等竞争格局的形成促使媒介融合进程加快，无论是在内容上还是在传播渠道上均不断突破

---

① 李金铨：《中国传媒研究、学术风格及其他》，载王永亮《传媒精神——高层权威解读传媒》，中国传媒大学出版社 2005 年版，第 461 页。

② 潘祥辉：《媒介演化论：历史制度主义视野下的中国媒介制度变迁研究》，中国传媒大学出版社 2009 年版，第 178 页。

③ 《对话朱玉》，"腾讯网深度对话"第 20 期，http：//news. 99. com/zt/2008/dialog/xhzy. htm。

④ 孟繁华：《众神狂欢：世纪之交的中国文化现象》，中央编译出版社 2003 年版，第 195页。

创新。

变革中也衍生出一系列的问题。首先是传媒公共性的缺失，当媒介过于依赖市场，过于追求商业利润和资本增值，忽视传媒的公共属性，漠视社会责任时，必然导致传媒职业精神的矮化与异化。2013年至2014年发生的《新快报》陈永洲案、21世纪网"新闻敲诈"案即为典型。其次是过度市场化带来的传媒歧视，传媒往往喜欢标榜自己为弱势群体代言，但在市场逻辑主导下，传媒并未真正成为弱势群体利益的代表，也没有为他们提供自我表达的空间，弱势群体的媒介"失语"与他们的生存困境并存，媒介中出现了大量"被观看"的弱势群体，经由媒介建构的刻板印象影响了受众的认知与判断，社会各阶层的状况未能得到真实呈现。再次，文化精神匮乏，虚无、嘲讽与解构流行，娱乐至死，责任、道义与文明的缺失，带来价值传播与文化认同的困境，特别是社交媒体平台，看似有着多元的表达，但其实是支离破碎，难以提供人们所需的精神关怀和认同。

主流媒体难以引领主流舆论，主流舆论难以有效传播主流声音是当前舆论引导的一大难题。以习近平为首的党中央着眼巩固宣传思想文化阵地、壮大主流思想舆论，于2014年8月出台了《关于推动传统媒体和新兴媒体融合发展的指导意见》，引起了业界、学界的持续讨论。在改革逐渐深化、社会转型不断深入的今天，面对复杂的政治、经济、社会环境，党管媒体、正面宣传为主、内容为王等依然是中国特色社会主义传媒的主旨。

第二节　多元视野下的人物报道转型

如前所述，改革开放让中国以加速度的姿态从传统社会向现代社会、从计划社会向市场社会、从单位社会向公民社会急遽转型，市场经济的引入激活媒介从"组织传媒"向"大众传媒"方向发展，传媒在市场中进行商业化运营，结构、功能、理念、内容、方式等无不发生着重要变革。人物报道作为发挥着重要作用的一种新闻样式，见证并忠实记录了社会政治、经济、文化及生活领域的种种转变，同时也深受政治、经济、文化层面的影响而自身不断变革。

一　政治体制改革与人物报道

(一) 典型人物报道产生于政治需要

典型人物报道缘起于延安时期的政治要求，是政治文化传播需求的产物，具体体现为大生产运动中新闻宣传任务的实施。

1940—1942 年期间，在国民党经济封锁、军事包围之下，日本侵略者也开始对抗日根据地进行"扫荡"，再加上大旱"天灾"，延安处于极度的困难之中。毛泽东曾回顾这段历史时说："我们曾经弄到几乎没有衣服穿，没有油吃，没有纸，没有菜，战士没有鞋袜，工作人员没有被盖。"① 能否渡过这个难关是中国共产党生死存亡的关键，鼓励根据地群众积极进行生产，提高斗志成为第一要务。首个典型人物吴满有的报道极大地鼓舞了边区人民的生产积极性，通过广泛的新闻宣传报道、授予政治荣誉等手段，中国共产党顺利带领民众渡过难关，并收获了人心，"据粗略统计，仅 1943 年上半年，《解放日报》上出现的模范人物多达 600 名以上，有关南泥湾和南区合作社的新闻报道就达 40 余条。这种典型宣传规模之大，范围之广，为以前中共党的报刊史上所仅见。"②

新中国成立后，以无产阶级专政为政治目的的斗争性政治思维不断活跃，并不断地演绎出各种惊心动魄的阶级斗争，国家及集体的整体意识不断地强化为政治群体意识，无产阶级、社会主义、国家和人民成为表述政治群体意识极富感情色彩的母体概念，个人及个性自由、个体价值完全消融在这类概念中。③ 此时期的新闻报道保持着与政治的高度一体性关系，在这一主导思维影响下，典型人物报道具有高度的政治色彩。

中国传媒改革始终与政治变迁密切相关，与中国共产党的意识形态变迁密不可分。不仅因为政治属性是中国媒介本源性特征，喉舌论与意识形态宣传功能始终是中国媒介主要论断与首要职能，而且"党管意识形态"是中国共产党在长期实践中形成的重要原则和制度，是坚持党的领导的一个重要方面，任何时候都不能动摇。

---

① 《毛泽东选集》第 3 卷，人民出版社 1991 年版，第 892 页。

② 方汉奇：《中国新闻事业通史》第 3 卷，中国人民大学出版社 1996 年版，第 223 页。

③ 高楠：《文学理论的现代性涅槃——由政治一体化到跨越式阐释》，《文艺争鸣》2013 年第 11 期。

（二）政治文化对典型人物报道的影响

亚里士多德在《政治学》中指出，人天生就是政治动物。美国著名政治学者阿尔蒙德将政治文化明确定义为"一个民族在特定的时期流行的一套政治态度、信仰和感情"。① 阿尔蒙德主要是从心理或主观角度将政治文化定义为内化于民众之认知、情感和评价之中的政治制度。政治文化作为政治体系观念形态的东西，包含着广泛的内容，政治思想和政治意识形态可以看作是一个国家政治文化较为系统和理性的表述。政治文化对典型人物报道的影响主要体现在以下三个方面。

1. 报道对象的选取

典型人物报道根据每个时代政治文化及党和国家的需要选取典型。初创期因配合大生产运动及革命斗争需要，典型人物的主力军是生产劳动模范和战斗英雄。建国初期，党领导下的新闻媒体的重要任务是号召全国人民团结起来，发扬艰苦奋斗的精神，积极投身国家建设，工业化进程中的孟泰、王崇伦、郝建秀等，农业合作化进程中的耿长锁、李顺达等典型得到了广泛的宣传，产生了深入的影响。

"文化大革命"开始后，中国本已初步形成的社会政治文化被破坏，典型人物报道也由此进入"畸变期"，沦为林彪集团和"四人帮"掌控之下为其篡党夺权制造舆论、打击异己力量的政治武器，在报道对象的选择上都具有一定的政治目的，为了煽动"极左"思潮，林彪和"四人帮"制造了一批坚决进行阶级斗争、反修正主义潮流的政治典型，突出的有"六厂二校"、"大寨"、张铁生等。

改革开放是我国的一个历史性转折，随着经济建设逐步走向正轨，中国社会主义政治文化的复苏，媒体配合中央推出了大批典型，掀起了典型人物报道的第二次高潮。当邓小平首次提出"科技是第一生产力"的，媒体纷纷将视野投向久遭冷落、打压的知识分子身上，掀起一股报道热潮。十年"文化大革命"使一些人对共产主义的信仰产生动摇，对党的领导产生怀疑，于是党中央把加强社会主义精神文明建设提上了日程，新闻媒体推出了朱伯儒、张海迪、赖宁、张华、中国女排、赵春娥、老山英雄等典型，集中宣扬集体主义、爱国主义和无私奉献等

---

① ［美］加布里埃尔·A. 阿尔蒙德、小 G. 宾厄姆·鲍威尔等：《比较政治学——体系、过程和政策》，曹沛霖等译，东方出版社 2007 年版，第 26 页。

思想。

2. 人物形象的意义建构

典型人物总是配合着政治文化传播的需要而出现，他们身上反映出的价值观往往与时代政治文化相吻合，比如媒体对焦裕禄、孔繁森、郑培民、任长霞等党的领导干部的报道，除却感人事迹的介绍，总会提炼一个主题来吻合时代精神，甚至同一个典型人物的形象也会随着政治文化的变迁而建构出不同的意义，雷锋的报道就是一个突出的例子。

以 1963 年 2 月 7 日《人民日报》第 2 版刊发的通讯《毛主席的好战士——雷锋》及社论《伟大的普通一兵》为代表，早期的报道均以忠诚作为雷锋精神的主要内容，除个人崇拜色彩以外，其深层原因即在于当时中国国民经济因大跃进、中苏交恶、自然灾害等因素遭受了重大挫折，为了摆脱困难，很需要树立一个有坚定共产主义信仰，能与党同心同德、共渡难关的时代典型。因此"毛主席的好战士"成为这一时期雷锋报道的最常见标题，而关于雷锋精神的评论和学雷锋标兵的事迹也大多具有忠诚的烙印，雷锋由此成为时代的精神化身。①

十一届三中全会以后，党的工作重心转移到经济建设上来，国家意识形态对雷锋形象的建构也随之发生了变化。1980 年 2 月 29 日，《人民日报》转发了《解放军报》2 月 28 日的评论员文章《做新长征中的新雷锋》摘要。摘要指出，在社会主义现代化建设中，要贯彻执行党的路线和方针政策、维护安定团结的政治局面、发扬创业精神，就需要提倡和发扬雷锋精神，既是全心全意为人民服务，并且是通过立足本职，从现实情况出发，自觉而认真地做好小事。媒体对雷锋及其精神的宣传集中在他所做的好人好事上，这在事实上改变了雷锋的原有形象，开始把雷锋重构为优秀道德的典型，重塑了雷锋精神在新的时代里的新形象，使雷锋成为社会主义精神文明建设的新典范。经过近半个世纪的宣传，雷锋身上集合了众多的光环，雷锋已经成为一个多变的政治文化符号。青年学者王辰瑶指出，几十年不间断的报道，使"雷锋"成为中国新闻媒体上一个令人眼花缭乱的符号，一幅不断在变动的图像。可以放言，只要报道还继续，在

---

① 王辰瑶：《嬗变的新闻——对中国新闻经典报道的叙述学解读（1949—2009）》，中国传媒大学出版社 2009 年版，第 110 页。

这一符号下依然会增添新的内涵。① 可以说，雷锋的媒介形象及意义建构是社会政治文化变动的最典型例证。

3. 叙述风格的变化

随着政治文化由激情转变为平和，并逐渐回归理性，典型人物报道的叙述风格发生了变化。

在典型人物报道的初创期和发展期，阶级斗争是政治文化的主旋律，革命斗争叙事框架下的报道充满狂热的激情：叙述者较为主观，叙事视角是明显的全知视角，作者无所不知，非叙事性话语在作品中随处可见，对典型人物的心理进行浓墨重彩的描写，经常带有合理想象的成分，而且"大跃进""阶级""毛泽东思想""毛泽东选集"等政治化词汇泛滥，如《人民日报》有关雷锋、焦裕禄、邢燕子的报道。此外这一时期的报道中经常出现口号式的呼喊，具有浓重的政治说教意味。如《县委书记的榜样——焦裕禄》一文的结尾："焦裕禄同志，你没有辜负党的希望，你出色地完成了党交给你的任务，兰考人民将永远忘不了你。你不愧是毛泽东思想哺育成长起来的好党员，不愧为党的好干部，不愧为人民的好儿子！你是千千万万在严重自然灾害面前，巍然屹立的共产党员英雄形象的代表。你没有死，你将永远活在千万人的心里！"②

"文化大革命"结束后，社会主义经济建设取代阶级斗争成为党和国家的主要任务，典型人物报道在叙述中逐渐以相对平和的态度，客观对待典型人物身上的缺点，并给予记录。1983 年 3 月 1 日在《中国青年报》刊登的郭梅尼的通讯《生命的支柱——张海迪之歌》首次披露了张海迪曾经迷茫、绝望的心理和自杀的举动，以平实的写法描述了一位残疾姑娘坎坷的心路历程，描绘出一个既坚强乐观，又有悲伤、孤独和痛苦的典型人物形象。此后，典型人物报道的叙述风格趋向理性，报道注重凸显细节，不强塞观点，而是让读者自己体味、思考。

（三）典型人物报道对政治文化的传播

政治文化传播的方式是政治社会化，政治社会化是个人逐渐接受政治文化、制度规范并使自己成为社会合格成员的过程，其实现的主要途径是

---

① 王辰瑶：《嬗变的新闻——对中国新闻经典报道的叙述学解读（1949—2009）》，中国传媒大学出版社 2009 年版，第 114 页。

② 穆青、冯健、周原：《县委书记的榜样——焦裕禄》，《人民日报》1966 年 2 月 7 日第 1 版。

以居统治地位的政党、家庭、学校和社会共同体向广大"公民""大众"等进行政治思想和政治价值观的灌输与教化。① 政治社会化要经过政治信息的传播、政治信息的个体内化以及政治态度的产生三个步骤才能完成。典型人物报道作为政治信息传播的一个重要途径，是公民个人信息内化和政治态度产生的前提。

目前，我国处在一个社会变革发展的关键时期，固有的政治文化正在经受着前所未有的冲击与挑战，政治认同受到怀疑，范式革新的典型人物报道在重塑政治认同上起到了重要作用，开播于 2002 年的《感动中国》作为 21 世纪我国具有巨大影响力的"年度人物"评选活动，十分重视社会主义核心价值观的传播，致力于培育一种具有包容性和和谐色彩的政治文化观，特别是被推选的政府官员，从郑培民到牛玉儒到任长霞再到经大忠，他们忠于职守、公正廉洁、为官一任造福一方，作为领导干部的中流砥柱，他们很好地践行了"权为民所用，利为民所谋，情为民所系"的新三民主义，体现出中国共产党人的政治信仰，为我国政治文化的传播起到巨大的促进作用。

典型报道对于政治文化认同空间的营造主要体现在对人物形象的塑造上。典型身上往往蕴含着一定的政治价值观信息，如爱国主义理念、国家民族统一的目标、政治系统的稳定和法治、自由、民主、人权等。通过媒体反复的传播与浸润，这些价值观在公众的心里形成一定的政治认识和政治态度。到 2014 年，《感动中国》共推出郑培民、梁雨润等 13 名政府官员，占总获奖人数的 10.8%。有关他们的形象建构往往将其与"国家""人民"和"党"联系起来，多数人被塑造为勤政爱民的形象，符合"当好公仆，勤政为民"的政治价值观，如"做官先做人，万事民为先"的郑培民，在这一过程中，政府官员的形象成为党的形象的代表，也是政府官员应有形象的综合写照。

要注意的一点是，典型观念虽然有消解之势，但典型报道依然存在并发挥重要作用。十四大以来党的宣传工作政策总体上看具有鲜明的政治导向，新闻报道坚持正面为主的方针一以贯之。习近平在全国宣传思想工作会议上强调，经济建设是党的中心工作，意识形态工作是党的一项极端重要的工作。我们必须把意识形态工作的领导权、管理权、话语权牢牢掌握

---

① 孙兰英：《全球化与当代政治文化社会化》，《南开学报》2005 年第 1 期。

在手中，任何时候都不能旁落，否则就要犯无可挽回的历史性错误。牢牢掌握意识形态工作领导权、管理权、话语权，是新的历史条件下做好意识形态工作的重大要求，是巩固马克思主义在意识形态领域的指导地位、巩固全党全国人民团结奋斗的共同思想基础的坚强保障。[①]

政治上，社会主义核心价值观是维护国家统一、保证政权稳定和凝聚社会认同的意识形态，而典型报道/典型人物报道通过具体的人和事生动诠释了社会主义核心价值观的内涵与外延，是这种向心力的最佳载体，国家、政府和党需要这种意识形态的载体，不会任其消亡。[②] 当前，政治理念依旧是报道主题的"风向标"。《身边的感动》专栏 2010 年 3 月 22 日在《人民日报》头版刊发开栏语《致读者》，提出要"通过报道身边的平凡人物、普通群众的故事，展示普通百姓的崇高精神与高尚品质，体现传统美德、民族精神和时代特征，进一步弘扬社会主义核心价值体系"。2011 年，中宣部、中央外宣办、国家广电总局、新闻出版总署、中国记协五部门在全国新闻战线开展"走基层、转作风、改文风"的活动，接地气、改文风的典型报道掀起了新一轮高潮。

作为宣传范式的产物，只要我国新闻主导理论范式没有本质上的改变，典型报道就不会真正衰微。目前来看，在以央视、新华社、《人民日报》为代表的主流喉舌媒体中，新闻专业话语并未占据主导地位，宣传话语仍是主流，这应该是典型报道不减反增的重要因素。总之，典型人物报道从缘起到发展都与政治文化有着莫大的渊源，它是时代政治文化的产物，同时又促进着政治文化的传播。当然，要指出的是，当前典型人物与国家政治符号的关系正在淡化，典型报道中由事实建构的意义已逐渐从政治宣传转为更具恒定性的社会主流价值观念。

（四）政治体制改革语境中人物报道的变革

政治体制改革直接推动新闻报道变革。人物报道的变革先由市场化媒体发起，如《南方周末》对朱镕基、胡锦涛等领导人的深入报道，随之而来的是中央级媒体对中央领导人的报道，如新华社对习近平等新一届领导成员的报道，以及央视新闻联播的人物特写等。具体阐述见第二章政治

---

① 王伟光：《牢牢掌握意识形态工作领导权管理权话语权》，载《人民日报》2013 年 10 月 8 日第 7 版。

② 倪思洁：《典型人物报道的价值导向研究——以〈人民日报〉"身边的感动"专栏为例》，硕士学位论文，暨南大学，2013 年，第 29 页。

人物报道部分。

二　经济体制改革与人物报道

(一) 计划经济体制下的典型人物报道

计划经济体制将破碎的中国整合为统一的中国，在一定程度上推动了国民经济的发展。作为一种指令性经济，大部分的资源由政府所有，并且由政府指令分配资源，不受市场影响。在这种经济体制下，人们的价值观相对一致，并且与社会总体价值观统一。相应地，在那个时代，典型人物报道的传播效果达到高峰，很容易在全国范围内引起关注，比如雷锋、焦裕禄等的报道，他们的精神获得高度认同，他们的形象历久弥新，并承载了社会的整体记忆，此后的典型人物报道在影响力上难再达到这样的高度，很大程度上原因即在于此。

(二) 市场经济体制确立的影响

市场化改革开始于农村，首先建立农村家庭生产经营承包责任制，而后才从农村逐渐向城市推进。20世纪90年代市场经济体制的确立，对传媒的影响在于市场已成为其生存环境中的重要构成部分。媒体既要发挥以正确的舆论引导人的功能和责任，同时又不能忽视市场因素的存在及其制约作用。传媒在市场上以经营主体的身份出现后，受众成为传媒产品的消费者，传者与受者的关系发生变化，传媒比过去任何时候都更在乎受众。与此同时，媒体之间的竞争日益激烈，新闻之战频频发起，争独家、拼角度。就典型人物报道而言，思维的转变、模式的突破、报道面的扩大都是显而易见的改变。特别是一些市场化程度很高的媒体比如都市报、生活服务类报纷纷开拓人物报道新领域，开掘出一条新的路径，区别于传统党报党刊的典型人物报道范式，各类草根、个性化人物占据版面与时段。

对受众而言，市场经济体制的确立肯定了个人利益的价值，个体逐利行为的正当性、合法性和合理性得到承认。在对个人利益的追求与奋斗中，公民权利观念逐渐产生，人物报道中纯粹以道德取向为主的价值取向发生改变。经济社会变迁对人物报道的影响还体现在报道对象重心的位移，比较突出的是商人、文化娱乐明星比重的增加。市场同时也导致另一现象的产生，即部分媒体走向低俗猎奇的庸俗趣味路线以迎合受众，这在一定程度上又消解了典型人物报道的意义。

三　道德转型与人物报道

与计划经济体制相匹配的是社会主义思想道德，市场经济的实行标志着我国开始进入了一个世俗化、市场化的商业社会，经济基础的巨大变更引发了人们的价值观念、思维方式和行为方式的剧烈振荡，传统理想主义的道德规范也受到了强烈冲击，而新的道德秩序并未建立。从20世纪90年代的"道德滑坡"论到当下的"毁三观"等说法无不表明人们所遭遇的道德危机。中共十六大报告第一次提出思想道德体系建设要与社会主义市场经济相适应、与社会主义法律体系相协调、与中华民族传统美德相承接。此后，《公民道德建设实施纲要》发行，"八荣八耻"社会主义荣辱观在国家领导人倡导下向全社会推广。

道德是一个社会的经济、政治良性发展的精神基础，加强社会主义精神文明建设特别是道德建设意义重大。但须指出的是，面对世俗化、市场化的商业社会，人们应当从计划经济制约下的崇高与堕落二元对立的道德评判模式中走出来，自觉地树立起一种能适应社会发展、应对社会新形势的新型道德观。

笔者认为，道德是一个多元的建构，它具有不同的层面。一般来说，道德至少有以下几个层面值得人们去关注：其一，个体人格培养及社会公德；其二，职业道德；其三，超个人的崇高道德理想规范。个体人格培养、社会公德及职业道德指向的是普通人的日常道德实践，超个人的道德理想是以高尚的道德对人的行为进行心理激励，自觉地牺牲个人利益而维护或换取社会其他成员的利益，如"舍生取义""公天下"等，这纯粹是一种非强制的个体自觉选择，它指向的是少数的英雄或曰"典型"，他们身上集中体现了一定时代一定社会的道德所要达到的最高水平，代表着道德发展的方向和社会的理想人格。人物报道作为推进社会主义精神文明建设的重要阵地，其写作范式应拓宽思路，与时俱新，针对不同的受众有针对性地形成多层次、多方位的立体报道特色，从实际出发，更好地服务于新形势下的道德建设。

（一）关于个体人格培养及社会公德层面

当前我国市场经济发展迅猛，总体上的社会信任度却在下降，社会信任和普遍价值的推广已经成为一个紧迫的道德和社会问题。就目前中国的现实而言，道德重建首要的目的便是培养具有现代人格的公民。人格培养是最基本的品德培养，也就是使一个人具有应当具有的最基本的道德品质。就此层面而言，媒体应大量刊发具有鲜明时代特征的人物报道，展现个体人格魅力，篇幅可长可短，写法也可不拘一格，以期迅速及时地把现实生活中的新人新气象推介给受众。

我国在伦理道德建设方面长期以来存在明显的缺陷。一是把道德仅仅当作知识对待，忽视习惯的培养，家长、学校关心的是学习成绩，社会关注的是实际的效益、利润，很少有人去思考人生的许多精神问题，至于实际人生的道德修养则变得无关紧要，良知、情操、人格日益贬值和失落。1996年、2000年共青团中央组织的全国大型调查结果表明，青少年中普遍存在着道德认知与行为脱节的现象，也就是说知与行是分离的。二是道德教育中只强调抽象的道德原则，不强调人格问题，结果导致最基本的品德素质的培养出现空缺。不知羞耻、不计信用、不诚实，没有气节观念，不懂得理想人格，甚至连公德都不讲的现象时有发生。基于此，新闻报道应致力于从揭示普通人道德良心入手，展现道德"原生态"，而不是人为拔高人物形象，或者有意渗入过多的政治色彩。《人民日报》自1995年10月以来，经常在《普通人的故事》《人生一得》等栏目中，让普通人讲述自己做了微不足道的"好事"以后，得到一种快意的良心自我回报的感觉。中央电视台《生活空间》栏目，也常常从报道老百姓的生活中，揭示出人心灵的美好与善良，一个诚实人的心声，往往能唤起一大群诚实人的共鸣。《新闻联播》的子栏目《凡人善举》也是着眼于市民的"举手之劳"，很多人认同这样一种观点：也许我确实成不了道德上的英雄，或者圣人，但我还是能够做一个有别于恶人的好人，有别于卑鄙者的正直的人。多年前，一个安徽豆腐倌的行为就曾赢得人们的赞赏，他的豆腐生意一直十分兴隆，但却有十几天没有开张，为什么？媒介的报道解开了人们心中的疑问，原来他得了流感，担心顾客吃了他做的豆腐而传染。写作者选取了这样一个普通的人物及细小的事件，来宣扬做人的基本道德与良知，虽然人微事轻，但因其普适性而感染了更多的普通人。

社会在一般意义上强调道德没有多少实际意义，反而容易导向道德虚伪。媒介应从道德的最低层次着手，培养全民的公民意识，从而达到实在的也是持久的新闻宣传效果。不少新闻工作者已敏锐地捕捉到这一大众心理，写出了独具风格的人物报道。媒介对这些普通人物的报道，在由社会转型而形成的价值多元、个体意识觉醒的日益复杂的社会现实中具有极强的榜样示范功能。他们与受众之间差距不大，并且普遍得到受众的认同，他们的所作所为也是受众能力范围所及的。因此，这类报道应长期进行，选择的面要广，量要多，形式要多样。中国文明网道德模范频道利用网络优势，发动网友参与，开设的《中国好人小传》《I拍德》《道德90后》《身边好人影像馆》《中国好德行》等栏目形式多样，影响广泛。

（二）关于职业道德层面

所谓职业道德，就是指从事一定职业的人们在职业生活中所应遵循的道德规范以及与之相适应的道德观念、情操和品质，其含义是既有益于人也有利于己。良好的职业道德会得到物质精神两方面的回报。人物报道在弘扬职业道德时，有三点必须引起重视。

一是正确处理义利之间的关系，弘扬科学的义利观。重义轻利一直是中国社会的传统，计划经济体制之下，"个人的事再大也是小事，集体的事再小也是大事"，个人是无足轻重的，几乎不存在个人利益。改革开放以来，受西方人本主义思潮的影响，人们渴望通过自己的奋斗实现自我价值，个人的物质利益逐步得到重视。1985年《中国青年报》曾发表过一篇通讯，文中讲述了一对兄妹的故事。青年个体户辛福强坚守无私奉献的为人之道，他的身上鲜明地体现出克勤克俭、勇于自我牺牲的高尚品质，但是他没有赚到钱，最后他因劳累和清贫过早地病逝，并且欠下大笔医疗费。他的妹妹接着成了商店的主人，她不再像哥哥那样不计报酬地"为人民服务"，而是像生意人一样精于计算善于管理，结果她一个月赚到的钱相当于哥哥一年的收入，她认为做买卖就得赚钱。兄妹俩的际遇引起了广泛的议论，没有人否定哥哥，但更多的人将钦佩的目光投向了妹妹。当然我们也应看到，随着市场经济的不断推进，一些人开始陷入自私自利的泥潭，甚至在强大的利益驱动下丧失掉了最起码的职业道德。因此，媒介必须及时引导人们形成义利统一的价值观，既要提倡奉献精神，又要肯定人们的世俗需求。正如《经济日报》对徐虎的报道："做了好事还要自己贴钱，这在以前的雷锋眼中并不稀奇，而在市场经济环境下的徐虎眼中却行不通，因为徐虎首先是个普通人，要生存，生活有保障，才能为更多人做好事。"

二是媒体在报道写作对象的工作和生活时，笔触应真实自然，不宜作空洞的道德抒怀。如2003年"非典"期间《北京青年报》上的《侯大夫逸事》一文，和过去我们所习惯的模式化宣传的报道方式不同，没有套话，没有豪言壮语，没有一味地拔高人物，给人戴高帽子，它实实在在地真实再现了特殊时期医护人员的工作和生活。侯医生只是一个普普通通的内科医生，在非典医院他自愿坚持了一个多月，连续值了两次班，用他自己的话来说他的这种坚守显得很平常："医护人员最易感染的时候，就是一开始不熟悉情况手忙脚乱的时候，像我们熟练了，回来接着干，至少不用让没进去过的人再冒险了。"在那种关乎生死的特殊情况下，正是这种平常话语彰显出了他的献身精神，受众也极易被他的选择打动。这种不着痕迹的写作方式，比之"某某一心为了'非典'病人的康复，坚持什么，发扬什么精神，连续两班坚守，不下火线"之类的套话，更能引起受众的共鸣。新闻报道不是要用道德说理去装扮人物，而是要用人物自身的言行来诠释道德。

三是对国家公务员尤其是领导干部的报道要慎重。新闻界有一种很不好的习惯，就是喜欢为领导歌功颂德、树碑立传，在这类通讯中，经常可以看到老百姓因为某领导做了他们的分内之事而感激涕零的场景，而这只是一个公职人员应具备的基本素质，这种刻意的褒奖不仅起不到应有的宣传效果，相反还会引起受众的反感和抗拒心理。

（三）关于超个人的崇高道德层面

道德体系中的崇高道德理想规范与价值导向相契合。价值导向是一定时期的国家依据社会发展的必然趋势所预设的一种价值目标，它是理性化的，较为单一。任何一个社会得以维持、发展的前提之一是社会成员对某一价值系统的认同。就此而言，人物报道应塑造能代表整个社会的精神目标、能昭示全社会根本精神内核的典型人物，这些典型是中华民族的灵魂支柱，他们身上体现出来的是崇高性和理想化色彩。我们不要求社会普通大众达到这种境界，但是我们可以通过优秀的典型人物报道使人们"虽不能至，而心向往之"，起到见贤思齐的效果，增强全体社会成员的凝聚力，并进一步保证社会内部的团结和政治稳定性，从而促进市场经济有序、健康地发展。

20世纪90年代孔繁森的报道曾经获得惊人的社会反响，证明当代中国并不排斥而是热烈召唤崇高精神的回归，正如《领导干部的楷模——孔繁森》一文的作者所言："也许，岁月能改变山河，但历史将不断证明，有一种精神永远不会失落，崇高、忠诚和无私，将超越时空，成为人类永恒的追求。"虽然孔繁森的人生高度一般人难以企及，虽然人们的价值取向日趋多元，但变动的中国社会还是需要凝聚人心的时代典型。

典型人物报道引发如此强烈的反响，显示出它强大的社会整合功能。但是，有一点我们必须注意到，那就是在社会转型背景之下，典型人物报道逐渐走向弱化，一个显而易见的事实是，媒介推出的典型报道较之改革开放以前数量大为减少，传播效果也呈减弱趋势。这种现象的出现有不同层面的原因：就时代背景而言，以狂热和一元化的舆论导向为特征的革命时代的终结必然导致典型报道的弱化；从传播模式来看，市场经济体制的确立使媒介致力于满足受众的多元需要，受众成了媒介的生命线，传播者不再是高高在上的发号施令者，媒体的社会作用不再局限于单一的宣传、教育功能，信息、娱乐功能越来越受到重视。对典型报道的现实境遇我们必须有一个清醒的认识，我们不能再强求一个典型能引起举国轰动并且能让人们长久地礼赞学习。当然，传统意义上盲目崇拜、一味迷信的典型报道形式也要打破，过去那种传播方式容易引发虚假的道德认同，其结果是导致个人与社会的对立，个体价值与集体价值相分离，国人惯于伪装、作假。如有的官员在公众面前一身正气、作风清廉，被媒体视为典型，等到落马后才发现另一副面孔，双重人格的出现与媒体对伦理道德建设的片面宣传不无关系。

四　社会心理变迁与人物报道

社会心理作为对社会生活的认识、情感和意向的一种表达，一方面，它是社会变迁的"风向标"，另一方面，它是时代精神的"晴雨表"。改革开放以来，尤其是20世纪90年代至今，我国社会心理变化的主要趋势与特征表现为：在价值观取向上，从注重理想向强调实际的方向发展，从注重义务向强调权利的方向演变，从注重集体向强调个体的方向转化；在社会心态上，从封闭化走向开放化，从情感化走向理性化，从单一化走向多样化。① 在此背景下，人物报道写作范式也相应出现了一系列的变化，反映出其内在的演变规律。

① 沈杰：《中国社会心理十年嬗变：1992—2002》，《中国青年政治学院学报》2003年第1期。

（一）价值多元与对象选取的多元化

计划经济体制时期，社会情感集中表现在政治性情绪高涨，高层次情感如爱国主义、英雄主义占主导地位，人们的情感相对单一。受人们心理认知、情感的影响，这一时期媒体大力塑造新中国建设中涌现的先进人物，报道对象主要是工农兵及党员干部，大多宣传无私奉献、集体主义等共产主义精神。

随着思想领域"极左"倾向的纠正，实践标准的确立，信息传播的发展，政府控制的放松，社会心理认知变得越来越宽容，认知的独立程度提高，价值观日趋多元，对人的评价不再以家庭出身和政治表现作为唯一的标准，更加重视人的学识、才能和工作业绩。媒体也不再仅以英雄主义、崇高为标准选择对象，而是强调人物各自的个性即"这一个"，这使得人物的报道面不断拓宽，普通人、反面人物、争议人物报道逐渐增多。

（二）思想解放与人物塑造的个性化、多样化

新中国成立后十七年间，对先进人物的报道大多是套用一个概念化模式：政治觉悟高、阶级立场鲜明、道德品质好，这种把先进人物高大化、简单化的写作手段，描绘的都是一个个神，可信程度低。这种片面的模式化记录手法，在"文化大革命"十年中愈盛，并走向歧路。此种现象并非只在新闻中出现，文学创作中同样存在。抛开其现实原因——政治对文学、新闻写作内在规律的漠视和践踏，当时的政治思维模式也对人物报道写作手段创新、变革有着一定的制约。改革冲击了人们传统的政治意识形态色彩浓郁的思维模式。随着现代化进程的加快，人格独立性和自主性特点的加强，对平凡人格的关注代替转型前的假、大、空的人物典型，表达多样的人生、人性、情感与精神。

（三）利益观的变化与主题政治色彩的淡化

随着人们利益观的转变，人物报道主题的政治色彩逐渐淡化，人物的集体意识渐弱，个体意识渐显；道德烙印逐减，现代意识渐增。

计划经济体制阶段，个人价值为集体主义所排斥，极度夸大政治与精神的作用，使价值观念过分政治化，无视人们正当的物质利益，形成一种与平均主义、禁欲主义相适应的价值观。在这样一种价值观的影响下，人物报道对象的行为一切以集体、他人为中心，角色单薄，缺乏个体主人翁意识，同时还成为道德教化的模本。

转型时期，人们的自我主体意识日趋觉醒，"君子耻言利"的传统观

念，已被追求物质实惠、实现个人价值的取向所代替。如刘翔，媒体不仅报道了他克服种种阻力，夺得奥运金牌，为国争光的事迹，也描述他作为体坛新秀所获得的公众支持与经济效益，向读者呈现出一个健康、有朝气的体坛明星，折射出闪亮的个性光辉，刘翔因此成为时尚偶像。

尤其值得关注的是，媒介对民营企业家的报道。经过长达 20 年的贡献和期待后，民营企业家群体成为"社会主义国家建设者"而不是"剥削者"。媒介所持的价值评判标准既不重在"道德取向"，也不重在"集体取向"，媒介看重的是人物在经济领域的贡献。《南方周末》2003 年 1 月 1 日刊载的《蒋锡培：好风送我》一文再现了这位亿万富翁的特征：富有、有能力、有较强的参政意识和社会活动能力。他的经典话语是："我喜欢钱，越多越好，也喜欢名誉和地位。""财富，在历经嫉妒、仇恨、掠夺和打击之后，终于赢得了国家的尊重、人们的尊重和政治的尊重。"这透露出转型后人物报道中的个体现代意识。

（四）理性的增强与人文关怀的凸现

现代化进程中，国人的社会心理在认知领域越来越依赖于思维而不是知觉形成判断，在行为领域也变得更加理智而不是依赖于情绪冲动。人物报道的写作更多地从客观、知性的角度叙人叙事，充分表现出媒体的人文关怀。

人文关怀理念突出体现为：不仅要关注社会物质财富的创造，更要关注人的社会行为，关注支配这些行为的人的生命、生存权、发展权，人的命运，人的价值和尊严。人物报道的人文关怀不仅表现在将笔触指向社会的弱势人群，记录底层百姓的生活现实，更体现在对"反面人物"的报道中。如对马加爵的报道，除了一些低俗媒体，大多数媒体并没有把他叙述成一个十恶不赦的杀人魔鬼，而是极力去挖掘背后的东西，更多地涉及新闻中的人性层面，从而引起全国范围内关于高校安全、贫困生援助诸多社会问题的讨论与深思。2005 年 11 月 17 日《南方周末》刊载了《一个农村娃的赌局》一文，讲述了一个不择手段，渴望出人头地、衣锦还乡的农村青年的人生故事，对这样一个"危险人物"，文章一方面突出了其性格悲剧，同时又隐含着对当今拜金主义、拜官主义盛行的社会弊病的批判。媒体的客观与理性能引导人们正确地评价人物，作品中的人文关怀与忧患意识具有促进社会进步的积极作用，这也是新闻从业人员应遵循的新闻理念。

第三节   人物报道的内在演变

一   从典型人物报道到非典型人物报道

（一）典型报道的生成与强化

荷兰学者佛克马、蚁布思在《文学研究与文化参与》一书中指出：长期以来，经典在宗教、伦理、审美和社会生活的众多方面都发挥了重要的作用，它们是提供指导的思想宝库。或者用一种更为时髦的说法就是，经典一直都是解决问题的一门工具，它提供了一个引发可能的问题和可能的答案的发源地。他们认为，"经典的变化可能是由政治形势的变化促成的，但另一方面，经典也可以成为一种政治工具"。①

中国的典型报道就是这样一种"工具"，作为新闻实践中的"经典"，它们对政治、经济、文化与社会生活产生了重要作用，首先它体现着重要的国家意识形态，即社会主义中国的政治理想、价值追求和行为规范等精神内涵；其次，榜样的示范鼓舞了老百姓参与经济建设的热情；再次，一些典型人物还成为符号，建构了公众的集体记忆。典型曾深入参与到一代之文化思潮的形成与扩散中，比如张海迪的报道与自强不息的 20 世纪 80 年代彼此映照，而雷锋及雷锋精神在不同时代的演绎可视为典型参与社会的经典个案。

苏联文艺学家季莫菲耶夫曾提出过一种"典型学"，他很具体地给每一种"典型"规定了一种公式："例如，学者的典型——与生活实践密切地联系着的创造者和积极分子；工人的典型——发明家和斯达哈诺夫工作者；集体农民的典型——从他们的例子上表现着城乡间本质界限的消灭；艺术家的典型——他们的创作的基础是为人民的利益和需要而服务；爱国战士和英雄的典型；妇女的典型——她们已成了独立的跟男子有同等权利的新生活的建设者。"② 由此可以看出，典型这种模式化的生产明确、高效，非常便于人们对其内涵的把握。长期以来，中国的主流媒体也塑造了不同领域不同战线的人物典型形象："公而忘私"的党员干部、勤劳苦干

---

① ［荷兰］佛克马、蚁布思：《文学研究与文化参与》，俞国强译，北京大学出版社 1996 年版，第 37、44 页。

② 转引自旷新年《典型概念的变迁》，《清华大学学报》（哲学社会科学版）2013 年第 1 期。

的工农群体、舍身报国的军人、无私奉献的知识分子、奋勇拼搏的体育运动员，等等。

吴廷俊认为，中国的典型报道有一套完整的理论，这一理论是由两个层面构成的：第一层面来源于毛泽东的党报理论，它作为指导方针构成典型报道理论的基础；第二层面是毛泽东的典型思想方法，它作为报道方式的内在规定，构成典型报道理论的主体内容。① 早在 1938 年，毛泽东就在党的六届六中全会上针对当时人民的思想状况着重讲了"高度发扬民族自尊心自信心"，并提到重要的方法就是用"民族革命的典型向前线后方国内国外广为传播"。1939 年又在《收集和宣传八路军新四军民族英雄事迹》电报中说："在战争中，从我们八路军，新四军的干部中出现许多民族英雄。表扬这些英雄及其英勇行为，对外宣传与对内教育均有重大意义。"② 典型报道的意识形态特征非常明显，人们一般认为最早的典型报道是 1942 年《解放日报》刊发的吴满有先进事迹报道，这也是在毛泽东倡导下推出的头条。在解放区特殊的媒介生态环境中，毛泽东显然有意创造出有别于国统区奉行的资本主义新闻学的另一种本土理论范式与操作手法，新闻报道从内容到形式，从报道对象到价值取向均产生了质的转换，解放区的文艺创作与媒体报道把笔墨对准士兵、农民与工人，崇尚生产劳动，建构神圣的革命话语。在以《解放日报》改版为标志的新闻改革中，中国共产党新闻话语系统得以建立，阶级立场的重要性被强化。典型开路从此成为发动、组织群众，进行革命与社会建设的最常用工作方法。

新中国成立后典型报道更是掀起一个又一个高潮。第一个五年计划的完成中典型报道显示出其巨大的推动作用，除了推动经济建设，典型与国家意识形态建构的关系更为密切。典型的作用我们可以从穆青 1963 年发表的重要论文《新闻报道是人民群众的教科书》中得到印证：

> 报纸是党的思想武器，是人民群众的教科书。新闻工作者的职责，就是要善于在现实斗争中，为人民群众提供丰富的教材，特别是先进人物先进思想的报道更是人民群众不可缺少的精神食粮。雷锋的

---

① 吴廷俊、顾建明：《典型报道理论与毛泽东新闻思想》，《新闻大学》2001 年冬季刊。
② 中央文献研究室、新华社：《毛泽东新闻工作文选》，新华出版社 1983 年版，第 40、43 页。

宣传启示我们，人民需要像雷锋这样宝贵的教材，需要从一些先进的活生生的形象中，吸取营养，寻找动力。因此新闻工作必须是活的思想工作，必须善于根据一定时期的形势任务，在群众中树立先进的榜样，为人们指出前进的方向。新闻报道不论何时何地都应该以提高群众的政治觉悟，坚定群众的革命意志，鼓舞群众的斗争热情为目的。新闻报道有没有思想性、指导性，这是一个最基本的标志。好的新闻报道，必须在思想上对群众有所启发，精神上有所鼓舞，因此它必然是群众良好的思想教材。[①]

在《谈谈人物通讯采写中的几个问题》（1979 年）中，穆青更是指出，"能否高瞻远瞩地提炼出能够反映时代特征的主题，并且从这个高度来表现英雄人物的革命精神和思想风貌，就成为决定人物通讯成败、优劣的关键"。[②]

显而易见的是，"典型报道"决不仅仅是一种新闻体裁。深具中国特色的这一党报工作的优良传统，是新闻报道评价的重要标准，它强调时代语境，偏重于影响受众的认知甚至转变受众的行为方式，其宣传效应和舆论导向目标优先于信息传递。

（二）典型报道的式微

典型报道的式微最早发生在改革开放期初，缘自"文化大革命"期间的造假典型宣传极大地破坏了典型的整体形象。报道数量下降、影响力减弱成为式微的表现。

1. 内部因素

事物超过了限度就走向了反面。"典型和典型报道上的片面性，是不适当地强调典型必须是时代本质的标志，是英雄模范的代表，强调典型报道必须直接为政治服务，甚至把其等同于政治教科书。"[③] "典型报道万能论"、捏造典型、乱树典型、拔高典型、神化典型让典型报道自身陷入困境。

长期以来，《人民日报》、新华社等为代表的中央级主流媒体刊发的

---

① 穆青：《穆青论新闻》，新华出版社 2003 年版，第 85 页。
② 同上书，第 151 页。
③ 樊凡：《典型报道的迷惑与典型理论的建构》，《新闻学刊》1988 年第 4 期。

典型报道起着重要的示范性作用，为新闻界提供了典型报道范式的最高标准，拥有不容置疑的地位。但市场经济体制的实行，媒介改革得以深化后，主流媒体与市场化程度较高的媒体逐渐形成两种不同的话语体系，市场化媒体脱离轨道后迅速超越前者。党报党刊的实际影响力下降，典型报道的传播效果减弱，受众主动阅听比率下降，且反向解读者居多。

典型报道的内部问题首先在于其工具理性凌驾于人文理性之上。德国社会学家马克斯·韦伯曾把社会行动类型分为合理性和非理性两类，前者又分为工具合理性和价值合理性。韦伯指出：目的合乎理性的，即通过对外界事物的情况和其他人的举止的期待，并利用这种期待作为"条件"或者作为"手段"，以期实现自己合乎理性所争取和考虑的作为成果的目的。而"价值合乎理性的，即通过有意识地对一个特定的举止的——伦理的、美学的、宗教的或作任何其他阐释的——无条件的固有价值的纯粹信仰，不管是否取得成就"。① 工具理性是通过精确计算功利的方法最有效达至目的的理性，专注于工作效率的最大化而漠视人的情感和精神价值，将注意力都放到了如何有效地、快捷地达到预期的目的上，轻人文而重功利。价值理性的本质内容则是"人是目的"，重视对人自身的终极关怀，将人视为目的，而不是手段。从传播者的立场与诉求出发报道典型，为了达到政治宣传目的而采取特殊的传播策略，为扩大宣传效果将对象神化而忽略人的需求，以传播者的理解为人物定性，向受众灌输观念和目的。从产生的时代背景、传播策略和报道内容三个方面可以看出，典型人物报道具有强烈的目的性、工具性和功利性，政治色彩远超于人文精神。

典型报道的内部问题体现在"典型"生成的自上而下的惯有模式，集中报道，反复宣讲，工具意味过于浓厚。当公众的民主意识、主体意识增强后，这种"传统封闭状态下的简单认同、机械认同、权威认同实现模式已变得不再可能……行政化的榜样生成模式面临着严峻挑战"。②

受众的对抗性解读还缘于典型报道由来已久的积习：过分强调国家利益和集体主义，违反人伦忽视了个人情感价值。多年来主流媒体推出了难以计数的正面人物典型，激励了几代人，但在发展中陷入夸大、拔高人物

---

① ［德］马克斯·韦伯：《经济与社会》上卷，林荣远译，商务印书馆1997年版，第56页。

② 李蕊：《当前榜样认同的"疏离"困境及提升策略》，《中州学刊》2014年第1期。

的误区，使他们个个成为工作骨干、道德典范、只讲奉献不讲索取，从而导致工作与生活的割裂，光环笼罩的同时也抛却了人情人性。比如运动员为国争光，亲人去世也不回家（有主动为之也有被教练或组织隐瞒的情况），这种看似崇高伟大实则荒唐可笑的行为，为大家牺牲小家的行为屡见不鲜：比如"母亲为不影响儿子参加阅兵隐瞒丈夫死讯 54 天"；比如广州亚运期间直系亲属去世仍坚守岗位的有 228 人，据不完全统计，在亚运安保工作中，妻子生小孩或临产而无法前往照顾的有 407 人。这本是违反人伦常理的事情，却往往被官方媒体大加赞赏，这些人都被树为典型；还有重庆红歌团 69 岁的老人易如国，为了到北京参加红歌演出，不顾 90多岁尸骨未寒的老母亲毅然离家进京。他说："这次演出，我代表的是重庆三千万人民。如果在这时请假，整个团队肯定会受到影响。从大局出发，我不能拖后腿。"

　　2011 年深圳大运会期间，因忙于安保工作导致儿子夭折而被评为"大运安保之星"的交警孙震被媒体以敬业精神广为传扬后，在网上受到广泛质疑。真相是孙震请假未获批，但媒体的报道说："接到儿子死讯消息时，孙震正在执行交通安保任务。为了不影响别人，孙震依然未将此事告诉给领导和同事。当他身边的同事得知此事后即刻报告大队领导。大队领导第一时间给孙震打电话，同意他放下手中的工作立即回家。但孙震毅然决定留在工作岗位，他坚定地说：'大家忙碌了这么久、付出了这么多，等的就是这一刻，孩子没有了已经很是遗憾，不能因为工作没完成再留下一个遗憾。'"（《深圳商报》2011 - 08 - 14）

　　自发捍卫集体荣誉固然值得嘉许，但过分的集体主义教育，将个人物化为社会的螺丝钉，甚至广泛推崇有违人伦的"职业操守"，否定了个人情感存在的价值。这样的报道范式在初期或许有感动人心之处，随着社会环境的日益多元及受众需求、心理的变化，只能成为人们嘲讽并热衷解构的对象。

　　值得认真思考的是，一些人物的事迹很感人，但为什么经过反复宣传后，却不能让人感动甚至反而使人产生逆反心理？2008 年 4 月 7 日，闾丘露薇在其博客中谈了自己看先进典型的体会："新闻联播正在播放先进人物事迹，一个虽然身患重病，依然坚守岗位的人，只是，那些面对镜头，表达自己的崇敬之心的话语，却没有办法让我相信，他们真的在乎这个逝去的生命。尽管在生活中，他们之间也许有着深厚的感情，他们是好朋友、好战友、好同事，但到了屏幕上，这种感情，被空洞缺乏情感的语言，冲得一干二净。我看不下去，转了台。"

最后，典型报道中的"合理想象"一直存在，有的报道甚至强加心理活动、拼凑编造"豪言壮语"、加工整理书信日记等，最初也许会俘获人们的眼泪，但了解真相后，受伤的岂止是受众？

2. 典型消解的外部因素

从外部环境来看，社会转型导致的文化价值变迁及跨文化传播面临的困境加速了典型报道的消解。

（1）文化价值的冲突

首先是中国自 20 世纪 90 年代以来文化气候的转变，市场经济体制确立后，整个社会的转型开始，相比 80 年代的宏大叙事，90 年代可以说是平民时代。发现生活、发现人、发现人性成为时代呼唤的主题，个人化的趣味、偏好有了自由表达的条件。关注人特别是小人物的命运成为 90 年代文化人的一种共鸣，并且相互影响、激荡。文学领域"新写实主义"盛行，以《一地鸡毛》为代表的作品热衷于书写底层百姓的日常琐事；影视界第六代导演不再拍宏大叙事，而是转向私人话语。21 世纪以来，随着物质主义与新媒体技术对生活的介入加深，世俗化、娱乐化渐成大多数人的重心，也影响了人们的价值选择。

典型报道遭遇文化价值上的冲突，主要体现在典型报道对崇高精神的追求与大众文化的世俗平庸之间的矛盾：小时代中的个人情调取代了大时代的宏大叙事，以大众媒介为载体的大众文化追求感性愉悦上的满足，也与典型报道的理性表达产生矛盾。大众文化在中国的迅猛发展不断消解着人们过去对所有崇高的、理想的、严肃的事物的崇拜。后现代主义思潮进一步造成了对传统价值理念的冲击。怀疑主义盛行、批判精神愈长，消解权威和解构传统的呼声日益高涨，在大众文化领域，优美的、崇高的事物常常难以获得大众的接受，而一些庸俗的东西反而容易获得认同和支持，典型人物报道所推崇的崇高的价值观念常常湮没在强大的网络文化之中，并被消解于无形，"反主流"倾向和"恶搞"经典现象也层出不穷，网友热衷于将英雄人物恶搞成小混混或反面人物，将舍生取义的英勇行为解构为世俗甚至庸俗的举动。

崇高作为一种理念的胜利，容易被意识形态化，崇高在市场经济话语体系中的消解，自然也意味着典型魅力的消退，最终导致典型报道逐步消解。典型样式还在，但影响不再，媒体惯常的编码不变，而受众在解码上各行其是。

(2) 中国对外宣传的困境、典型报道与跨文化传播新诉求的矛盾

典型观念的阶级性与西方话语体系中的价值观念存在矛盾。与阶级性、意识形态等词汇系统相比，西方话语体系对人性的肯定与张扬成功捕获了大众文化市场。实践证明，在对外传播工作中，当媒介向西方展示中国文化中体现人类普遍价值的内容，特别是关注普通老百姓的生活实践，展示普通老百姓的生活态度、生命情调、人生愿望和追求时，往往能收到最好的传播效果。也就是说，当我们找到新闻传播的"共通语言"时，更利于提升文化软实力。相比而言，典型报道中浓烈的政治词汇难以取得实效。

(三) 典型报道的再度强化

21 世纪降，典型报道在经历了一系列的阵痛、转型与变革之后，又重新焕发出勃勃生机。将舆论导向视为己任的官方媒体，不仅没有取消或减少典型人物报道的数量，反而加大报道比重，相继开辟典型人物报道专栏。从 2010 年 4 月起，中央电视台推出系列人物专栏《身边的感动》，《人民日报》也开辟了《身边的感动》《时代先锋》等典型人物报道专栏，不定期地刊发于要闻六版。2014 年初《人民日报》曾在同一天的第6 版、13 版、14 版开设《人民满意的公务员专栏》《最美基层干部》《100 个人的中国梦·传递基层正能量》等人物报道专栏。地方机关党报也与此相似，如《湖南日报》散见于各版的主题人物报道专栏，有时是乡村医生，有时是村官，有时是其他群体。其他报纸也大体如此，仅以 2014 年 1 月 5 日至 11 日为期一周的《中国青年报》为例，就开设了《走基层》《我的中国梦之奋斗的青春最美丽》《最美青工》《寻找青春榜样》等专栏。各地都市报如《新京报》持续几年的"感动社区人物"、《京华时报》"平凡的良心"等大型评选活动，聚焦普通百姓，宣扬社会主义核心价值体系。这种突破传统典型报道模式，淡化政治符号内涵的多样化报道对象被称为"后典型"或"非典型"。叶芳认为，徐本禹、洪战辉等普通人的出现，标志着中国的典型报道进入后典型报道时期。① 洪文军认为非典型人物以接近性、趣味性见长，他们的遭遇、命运乃至抱怨、自身的

---

① 叶芳:《〈感动中国〉:开创"后典型报道"》,《传媒观察》2006 年第 11 期。

缺点等，对现实生活中的普通人来说更为接近，也容易产生共鸣。①

二　人物报道理念的嬗变

丁柏铨认为新闻报道的嬗变与时代变迁之间有着明显的对应关系，他将这种嬗变分为理念、内容及方式三个层次，并指出报道理念的变化影响并决定了其他层面的变化。② 改革开放以来，新闻界发生了一场从理念到内容题材，从表达方式到话语形态，从表征形式到内在特征的革命。当前人物报道在社会品位、文化深度、美学价值上都有所超越，改变了过去政论说教的话语形式。

从政治符号（树典型）到偶像符号（名人明星）再到底层关怀，人物报道的社会学意义逐渐增强。自 20 世纪 90 年代以来，以人为本逐步成为传媒共识。媒体注重挖掘、宣扬日常的坚守与真善美的底色，如关注个人利益的同时，也关心他人的利益，并把公共利益放在眼中；看到别人有困难时，力所能及地伸出援手，不以善小而不为，相比过去对"舍己为人""大公无私"等的宣传，当前的报道因为注重对个体价值的尊重，能有效促使道德感从受众内心自然生长，成为人的本能，从而有利于构建善念美德的社会氛围。

2011 年 7 月 2 日，杭州滨江区某小区一名 2 岁女童从 10 楼坠落，楼下的吴菊萍冲过去用双手接住孩子，小孩获救了，吴菊萍的手臂却被撞成粉碎性骨折，她的行为获得网友无数转发与点赞，"最美妈妈"一时成为美谈。吴美萍曾在接受媒体受访时口述："我被评为'道德模范'，自认为和这个称号还离得远。我只是给了妞妞一次接受抢救的机会。那一刻，没想过受伤的结果，这是本能，是作为一个母亲应该做的事情。后来，公司发给我 20 万奖金，这对我来说是一个难题。捐了被人攻击作秀，人被抬得太高，就不真实了；但如果留下来，又担心会引发舆论的攻击，说我有私心。我家里的条件并不好，父母一个有心脏病，一个有糖尿病。如果家庭里最需要解决的问题都没有解决，而是一味迎合媒体的话，我觉得没有必要。后来，我把奖金留给自己，就是想为家里人提供好一点的生活。

---

① 洪文军：《开掘非典型报道的典型意义》，《军事记者》2009 年第 6 期。

② 丁柏铨：《新闻理论探索：对现实问题的研究》，上海交通大学出版社 2012 年版，第 242 页。

既然家里人需要，没有必要维持所谓的'英雄形象'。之后，有能力再捐也不迟。"① 这是价值取向上的转变，即从英雄主义到新英雄主义。作为对英雄主义的反拨，新英雄主义将典型化与个性化统一，典型人物形象不再是"神"，而变为"人"，他们更生活化，既有超越普通人的崇高精神，也呈现出一般人的喜怒哀乐，也因此更可信。②

从主题立意上看，人物报道从单纯的宣传教化到关注普通人的生活和情感世界再到关注焦点、热点、难点，新闻性与时代感不断增强；同时也更强调个体与社会的关联，通过人物反映社会变迁，注重报道的互动性和影响力，在协调沟通中推进改革进程和社会进步。整体而言，人物报道由单一的政治符号扩展到名人明星为主体的偶像符号及聚焦普通百姓的世俗日常符号，报道的政治意义更多地被社会意义取代。在新闻价值标准上的拓展表现在对历史人物的重新审视和评价。由此可以看出，媒体在社会公器、国家意识形态机构、市场化产业机构等不同身份间转换，努力在宣传任务、新闻价值标准与普通读者口味间寻求平衡点。

特别值得一提的是，一批深度人物报道还展开了抒情性的社会批评，即将人置于社会、历史、自然的多重关系中深入探索，对民族与人类命运作殷切的关怀，这种忧患意识体现出媒体的深度和立场。有的报道通过挖掘人物性格、命运反映社会变迁，文学意味与文献意识强烈。报道理念直接影响了题材的选择，最明显的变化是禁区的突破，如国家领导人的特写或深度报道；过去认为有争议的人物不能定性，一般不报道，而现在这类人物报道已成为媒体的新宠；此外，新情况新问题的出现催生新题材，如弱势群体下岗工人、农民工等的报道。

三　报道方式的变化

由政治话语到讲故事，从"报道"到"传奇"的书写，人物报道方式的变化引人关注。媒体着眼点从被动式人物报道"他做了什么"到主动式人物报道"他知道什么""他影响了什么""他的存在意味着什么"，以更贴近、更平民化、更富有新意的角度，由纯宣传的政治话语转变为提供信息的大众话语及进行深度阐释的精英话语。陈力丹认为"事实"与

---

① 吴伟等：《雷锋精神 "新辞典"》，载《新京报》2012 年 2 月 29 日第 A16 版。
② 张萍：《新媒体语境下典型人物报道的转型逻辑》，《青年记者》2013 年第 31 期。

"意义"的关系是中国新闻报道方式变化中的核心命题。也就是说，新闻叙述在"呈现意义"和"报道事实"两个维度中的取舍与偏移构成了报道方式的变革主调。其间的变化与不同时期人们对传媒性质的认识变化分不开。[1]

与报道方式同时发生的是叙事基调上的演进及话语表达的变化。总体而言，新闻界经历了激情抒怀、启蒙冲动、政论情结，以及原生态的民生表达，继之以理性平和的节制报道等不同的阶段。叙事基调上的变化又直接影响新闻文风，作为新闻报道文本的外形，新闻文风与特定的社会政治背景和传媒体制有关，往往反映出不同时期传媒和受众的关系以及人们对新闻和传媒的职能的认识与把握。新中国成立初延续20世纪40年代党的新闻工作特点，将政治性摆在第一位，中国新闻界创造了"典型报道""综合报道"等一些具体的报道方式，并逐渐形成"新华体"文风，以及"崇高、壮美"的摄影风格和"爱憎分明、生动有力"的播音风格。在1957—1977年间新闻文风不断恶化，及至改革开放后才不断转向专业化。[2]

---

[1]　陈力丹：《新中国60年：关于传媒性质的认识及新闻报道方式的变化》，《新闻与写作》2009年第10期。

[2]　陈力丹：《从"政治化"到"专业化"——新中国60年来新闻文风的演变》，《青年记者》2009年6月上旬刊。

第 二 章

当代人物报道的多元呈现

人物报道按人物所处社会领域划分，可分为时政人物、经济人物、文化人物、文体明星、草根等；按报道对象性质分，可分为先进模范（即典型人物）、新闻人物、带有显著性特点的社会精英、不平凡的普通人、弱势群体、反面人物、争议人物；按时间分，可分为现实人物与历史人物。

第一节　不同领域人物报道的发展

一　时政人物报道：祛魅中的中国政治影像

（一）传统官员报道

说到官员形象，我们头脑里的第一反应是中外之别：外国官员特别是首脑优雅自如、谈笑风生，国内官员则难以体现个人魅力，至于国家领导人的报道则长期是禁区，很长一段时间里，国内官员报道往往只有两类：先进典型官员和贪腐堕落官员，两极化倾向非常明显。[①] 这种状况的出现与媒体的报道理念有关，也与官场政治有关。主流媒体曾经成功地传播了党的优秀领导干部焦裕禄、孔繁森等人鞠躬尽瘁、一心为民的感人事迹，塑造了官员的楷模形象。然而，并不是所有的先进典型报道都能起到典范效应，不少报道存在刻意拔高的嫌疑。对官员的另一极端化报道集中在"出事官员"身上，这些报道将贪腐堕落的官员作为被批判的反面典型，相当数量的报道往往存在着过度描绘贪官的腐化过程和细节、过度渲染贪官生活作风的模式化倾向。然而，对于其成长过程以及导致其腐败的系统

---

① 罗永雄：《让官员报道回归生活常态》，《青年记者》2012 年第 33 期。

性因素只有寥寥数笔，这种只求噱头而不追根究底的态度使得报道流于表面，无法提供更深层次的东西。

就内容而言，以往时政官员报道或者是现场新闻，如某天开了某会讲了些什么；或者是调研新闻，某天去哪儿做了什么事情，往往把重点放在工作成绩和工作经验介绍上，少有考虑新闻价值，而是依照官衔大小给予不同重量级的报道。除了中国历来已久的"官本位"思想驱使之外，"一板一眼"的官员报道也是媒体"明哲保身"的策略。也就是说，在政治报道上，媒体在这样或那样的"规定""纪律"之下展不开拳脚，处处谨小慎微以免触及红线，按照常规操作固然可以求得安全稳妥，但在一定程度上也意味着漠视新闻传播内在规律，影响媒体的专业水准及其传播效果。

（二）官员报道革新

宣传政策与政治生态的变化、媒体市场化运作等改变了官员报道格局。2003 年 3 月 28 日，中共中央政治局召开会议指出，中央领导的常规性活动一般不做报道；除了具有全局性的重大会议外，会议报道不应把中央领导同志是否出席作为报道与否和报道规格的唯一标准，不应完全依照职务安排报纸版面和电视时段。地方党报关于地方领导的报道规格不得简单比照中央领导，因为中央领导担负着国务活动的任务。国家首脑出访的细节表现与报道程式的突破首先在新华社得到实现，自上而下的改革使得传媒有了一定的自主选择权，市场化程度较高的媒体在官员报道创新上起到了重要的引领作用。

2006 年 3 月创刊的《环球人物》杂志以国际和国内政治、经济、文化领域高端人物为报道对象，是国内第一份具有全球视野的人物类期刊，依托《人民日报》的资源优势，该刊得以采访到很多政府官员，但因为官员们在媒体面前只谈政绩，报道看起来并不鲜活。对此，《南方人物周刊》主编徐列深有同感："许多人通常喜欢借媒体作秀，他只谈工作不谈个人，文章成了政绩的一部分或是事业成功的注脚，看不到人物的喜怒哀乐和内心世界，更不要说确认其真实性，那些夸饰的、回避的、辩白的、言不由衷的等等都使得文本离新闻的真实性原则越来越远，与好人好事越来越近。这种流于表面的人物访谈失之浅显而难见人物个性。"①

---

① 徐列：《一个"人物"的成长片断——〈南方人物周刊〉运作解析》，《中国记者》2005年第 12 期。

1. 理念革新

改革开放后，世界著名政治采访之母法拉奇的传奇经历让中国新闻界羡慕不已，在她面前，没有领袖与平民的区别，有的只是独立人格与平等的精神，的确，对于新闻记者而言，任何进入新闻层面的人都是普通人，记者只有具有常人思维才能摆脱对高官、偶像的仰视。但这条路在中国走得非常艰难，《南方周末》的官员报道特别是高官报道较早实现了理念转变。该报资深记者邓科指出，时政报道的价值并不完全体现在"信息传播"上，更重要的功用有二：（1）"去魅"，去神圣化，去神秘化，让政治的本来面目清晰可见；（2）"脱敏"，让看似敏感的领域逐渐为人熟悉，让各方心生"无须紧张"之感。① 这种价值在时政官员的报道上尤为明显。从禁忌到公开、从神秘到脱敏，《南方周末》十多年来推出了众多官员报道，特别是争议、个性官员的出现，让人耳目一新，该报报道阐释政治理念与生活化气息并行不悖，深度与广度兼具，其立意在于展现立体化官员形象，促进沟通交流、推进政治体制改革。

2. 内容拓展、形式多样

以往官员报道局限于新华社、《人民日报》等全国性媒体，且新闻稿中往往只有会议消息及个人简历，媒体竞争加剧后，地方媒体不断进入此报道领域，频频出新招。内容不断拓展，从个人简历到个性展现，由从政经历到政治理念，由现象到制度到理论；形式日益多样，从体裁上看，特稿、通讯、专访多；提问方式也不再是中规中矩、不痛不痒，而是体现出应有的深度与锐度。

3. 报道的厚重感增强

以国家领导人报道为例，近年经典报道策划有《共和国总理朱镕基》《他们眼中的胡锦涛》《青年李克强》等。

2013 年 3 月 15 日，十二届全国人大一次会议决定由李克强担任总理，两个月后《南方人物周刊》推出《青年李克强》封面报道并不算意外。出奇制胜的是，该刊用 17 页、15000 多字，以现实场景为纬、以历史史实为经，全方位生动地展现了站在时代聚光灯下的总理。《新总理的"即刻救援"》作为专题的开篇，导语清楚地交代了新闻的由头和显著性：芦山地震后，李克强立即赶赴灾区。海外媒体赞扬，24 小时的李克强版

---

① 南方周末编：《面孔：南方周末个性官员报道》，南方日报出版社 2012 年版，序言。

"即刻救援"有效率。这篇紧扣时效的新闻,文字内容将近 2 页,再配上一些现场图片,在总篇幅中占 6 页。主稿《青年李克强》占据 11 页,用 14 个小标题绘出了李克强的成长线索,也突出了他的鲜明个性:从李克强生活过的"文史馆大院"讲起,娓娓道出他的"小时候",老师对他评价颇高"此子日后必当大任";在"八中的青春",成为他人眼中"爱读书的'小侉子'",他表现出直率的个性"你有什么权力改我的发言稿?"往深处"他心里装着另一个世界";一路走过来,他除了身上的责任变重了,其他的从未改变,"他做他的官,我们过我们的日子""从政,改变跟他一样艰辛的人的命运""新时代""年轻人""人生的路口""80 年代"以及"他是没有盲点的",文章穿插不断变化的宏观大背景,深入细致地叙述了李克强的心路历程和优良品性,使得整个人物形象深入人心。这个时候,文本所呈现的再也不是简单的名字代号,而是一个真实立体的人;不是讲述稍纵即逝的当下,而是承载着过去与现在,描绘一个国家的美好蓝图。厚重的文本既反映了一个个体、一次新任领导人的权力交接,更展现了一个社会的缩影、国家的发展进程。

2014 年 3 月,《博客天下》封面文章《剪刀手李克强》以较长篇幅关注简政放权;5 月 15 日,该刊曾以《强的虹》为题独家报道李克强夫人程虹;12 月 25 日,《博客天下》再次发表长达 12000 字的封面文章《破壁者李克强》,抛开领导者身上的明星光环,将重点放在政策本身;12 月 27 日,中国政府网转载全文,此举立即成为业内人士关注的焦点。

(三)影响

宏观上看,时政官员特别是国家领导人报道对外能塑造良好形象,有利于提升国家软实力,对内能塑造政治文化认同,增强凝聚力。如媒体对习近平、彭丽媛夫妇的报道既让国内受众感受到开明、开放的新气象,又向世界展现了自信富有魅力的新一代领导人风采。新华网"发展论坛"2013 年以《当习总与她握手时,大家都笑了》为题,发表了一张习近平与正在谢幕的彭丽媛握手的照片,充满生活气息,亲和力极强。

前文所提的《青年李克强》一经发布,网易、腾讯、新浪等门户网站纷纷转发,受众反响十分强烈。其中,网易新闻的处理方式是节选内容并以《青年李克强曾是电影〈见习律师〉原型人物》为题,随后发起的同题话题吸引了 36180 人参与,跟帖数目达 949 条;新浪财经以《青年李克强：一进北大就自学西方经济学》为题；腾讯论坛转载报道推出主题"青年李克强"，跟帖达 2619 条。以下是部分网友跟帖：

> 文明其思想 0 野蛮其体魄［网易湖北省武汉市网友］：看完通篇，只能说，一个勤奋好学的人赶上了好时候，抓住了出现在身边的机遇。"文化大革命"前可以去图书馆学习，"文化大革命"期间在私人教师家里学习，"文化大革命"后参加高考，学法律学经济。他自身的勤奋让他有能力抓住身边的一个个机会。希望他能够为国家多做点有意义的事。
>
> 网易浙江省杭州市网友：李克强是同龄人中的佼佼者，他的成长史应该是一部励志书。能担任国家总理是内因、外因综合作用的结果，时势造英雄。世上无天才，只能靠用功。总理肩上的担子非常重，任重而道远！要挑好这副担子，带领全国人民实现国强民富的梦想。
>
> （网易论坛 2013－05－04）
>
> 腾讯网友：青年才俊，必堪大任。见贤思齐，治国重臣。知其然知其所以然，李总理既懂经济又懂法律，更关注民生，有理由相信在任上会把国家治理好，人民生活得到提高。
>
> 腾讯兴安盟网友：原来李的父亲是县长。和传说他纯属平民出身稍有不同。不过他的成功主要是自己刻苦努力、人品优良的结果，可效法。
>
> （腾讯论坛 2013－05－04）
>
> 云锦路上［江苏南京］：每个人的成功都一定有过人之处。
> 股市黑马之王［北京海淀］：望学经济学的总理把股市搞好。
>
> （新浪财经 2013－05－04）

可以看出，网友的反馈总体上呈观望、肯定、期待等乐观倾向。此次封面专题报道拿捏适度，既写出不一样的高官形象，又道出了对民众的细致关怀，在掀起全民热议的过程中促进了两者沟通。《钱江晚报》2013 年 5 月 5 日时评版刊发了评论员文章《读〈青年李克强〉有感》，文章称："三十年只在转瞬间，这一代人，有的已经退休，有的接近退休年龄；但是，对新任总理来说，才走到了政治生涯新的起点——为又一代青年创造一个健康的、充满活力的成长环境，李克强能做些什么？会做些什么？青年李克强身上诸多优秀品质，哪些是今天的社会比较稀缺，因此是最值得珍视与鼓励的？《青年李克强》一文提供了丰富的思考空间。"

时政官员报道改革之路的开启，多元、丰富、立体官员形象的建构，使权力与公众之间有了更多互动路径。

二　经济人物报道：市场与价值的双重诉求

改革以前的中国社会基本上是一种身份社会，在这种固化的封闭社会里，一个人的社会地位基本是先天决定的，后天的努力很难改变自己的命运。如政治身份、城乡二元体制下的工农身份、人事制度中的干群身份，等等。历经 30 多年的改革开放后，中国社会阶层结构发生了深刻变化。工人、农民、知识分子等原来各个社会群体都进行了激烈的分化与组合，新的社会阶层得以出现。① 工人老大哥、农民兄弟在市场经济转型环境中，一步步走向弱势，知识分子经过 80 年代的整体中兴也在 90 年代后的经济大潮中沦为边缘，唯独商人，这个长期以来备受排斥和打压的群体，在市场经济逐渐深入转型、消费社会不断崛起的今天，正在逐步占据媒介话语权。

（一）商人称谓的话语分析

英国学者诺曼·费尔克拉夫较早对"话语"做了权威论述："所谓话语，指的是对主题或者目标的谈论方式，包括口语、文字以及其他的表述方式。话语根源于人们的生活方式和文化习惯，但同时也影响着人们的生活方式和文化习惯。"② 在他看来，话语不仅是表现世界的实践，而且是在意义方面说明世界、组成世界、建构世界。③ 媒介往往通过对话语的选择和运用，重构世界，当然，这种建构是在不同时期的政治、经济、文化、社会交织而成的场域中完成的。因此，它体现的是特定的社会价值标准。

媒介对商人的称呼是一种典型的媒介话语。"称呼语作为社会中人际关系的标记，它的变化更能深刻地展现出一个社会及其语言系统的发展与

---

① 杨继绳：《中国当代社会阶层分析》，江西高校出版社 2011 年版，第 15 页。

② ［英］诺曼·费尔克拉夫：《话语与社会变迁》，殷晓蓉译，华夏出版社 2003 年版，中译本序。

③ 同上书，第 60 页。

变化。"① 作为一个敏感开放的词汇系统，时代的变迁和价值观念的更新都会引起称谓语意义及其功能的变化。现代社会中的语言不再只是一种简单的交流工具，更是一种社会本真的写照，语言的新生、繁殖和消亡是社会变迁的极好注释，称谓语的转变本身就是社会演进的一种写照。

　　媒介对商人的称呼在不同的社会背景中存在较大差异。每一种称谓，尤其是成为"套话"的称谓都和特定的历史时期以及特定的社会价值观念联系在一起。改革开放前，中国主流媒介对商人在总体上持否定态势，商人形象负面化居于主流，"奸商"这一话语构建的就是没有道德、不择手段、牟取私利、损人利己的商人形象，因而受到社会的鄙夷和排斥，它代表了延续几千年的"义利之别"的最高道德准则对不择手段寻求财富行为的认识和评价。

　　20世纪80年代，"个体户""万元户"等全新的媒介话语出现。"个体户"指代自主经营的私营工商业者，"万元户"则是农村致富能手的代称。有学者认为，从语言学或社会学的角度看，将"个体"和"户"合在一起来指代从事私营经济的个人是自相矛盾的，不过并未引发质疑。毕竟，"个体户""万元户"的出现重塑了经商者的形象，它作为改革开放以来媒体塑造的"准商人"形象，勤劳本分、经营致富的示范作用直接带动了80年代以后中国商业的发展。②

　　"大款"与"暴发户"是90年代媒介对经商致富者的流行称呼。这种称谓明显带有鄙夷和敌视，意指商人虽然有钱，但是其财富积累却不够正当。90年代中后期至今我国市场经济更为成熟，"儒商""商界领袖"等媒介话语构建出以义谋利、为理想而奋斗、自信、主动进取、有决断能力等特点的商人形象，商人学者化，文人气息扑面而来。

　　近几年，随着社交媒体的快速发展，不少企业家成为微博新意见领袖，至2014年3月，李开复微博粉丝5145万，任志强1890.5万，潘石屹1668.4万，王石1317.6万，而中国发行量最大的《参考消息》也不过300万。当他们频频通过微博发声，积极参与社会公共事务，投入公益活动，"公民企业家""精神领袖""思想家"已经成为商人新的称谓。

----

① 祝畹瑾:《社会语言学概论》，湖南教育出版社1992年版，第153页。
② 彭焕萍:《媒介与商人：1983—2005〈经济日报〉商人形象话语研究》，华夏出版社2008年版，第61页。

（二）经济人物报道状况

1. 各类经济类刊物的创办

目前影响较大的经济类刊物主要有《中国企业家》（1985）、《中国商人》（1992）、《环球企业家》（1993）、《财经》（1994）、《商界》（1994）、《经理人》（1998）、《当代经理人》（2003）、《第一财经周刊》（2008）、《财经天下》（2012）；报纸有《中国经营报》（1985）、《21 世纪经济报道》（2001）、《经济观察报》（2001）、《第一财经日报》（2004）、《理财周报》（2007），等等。

"集商界经营之道，看商界丰富人生"的结合，是 1994 年创刊的《商界》的灵魂，这是它有别于其他同类杂志最根本的地方。《商界》中的人物侧重宣传和评价商界人物的传记、传奇，同时兼顾商界信息、商界案例及其分析，力求通过以人物为主线，多角度多层面反映真实的商界。主要人物栏目有《商界明星》《个性商人》《炫商人》，其次还有《环球人物》《商界人生》等栏目，传达创业、奋斗和拼搏的精神，为读者提供方法和商业智慧的启迪。

《中国企业家》2002 年推出"一个阶层的生意与生活"的口号，鲜明地提出要做企业家阶层的代言人。2005 年《中国企业家》创刊 20 周年时，该刊前记者丁伟撰文写道："在'企业家'群体还像野草那样从宽厚坚硬的石缝中顽强冒头的时候，这本杂志便不羞于自白：它有鲜明的企业家立场。"关于企业家立场一说，他还引了主编牛文文给全体员工的信："不要为我们的企业家立场而不好意思。在中国最终成为成熟商业社会之前，提倡和推进中国式商业文明，强调商业和商人话语权，仍然是《中国企业家》的使命。我们的同仁没必要因此觉得有愧于媒体人公正天职。对外代表整体商业阶层，批评反商业观念与力量；对内代表商业阶层中的先进人物与理念，批评落后及可能导致失败的商业逻辑——这才应该是我们这样定位的媒体人的公正观。"①

《当代经理人》是中国唯一定位于"关注 CEO 与企业成长"的经营管理杂志，其封面人物报道榜样性商业精英的成长故事、商业运作手法和思维方式；《重庆商报》（1997 年创刊）的《企业家俱乐部》（2010 年 11

---

① 丁伟：《记录光荣，放大梦想——一本杂志以及它承载的商业》，《中国企业家》2005 年第 24 期。

月 29 日开设）以人物通讯为主，人物主要为重庆甚至国内商界的"明星"。通过人物故事挖掘人物性格和成功的关系，透过人物在商界的生存状态，映射企业家所在行业甚至整个商界的发展现状。由此，报道不仅仅是讲述一个企业家的创业致富史，更能为工商界人士提供一个交流的平台，对于政府制定更加符合经济发展现状的政策，提高政府对经济的宏观调控能力都有积极作用。2012 年 7 月初当地"足浴大王"郭家富的债务危机曝光后，《重庆商报》对危机事件进行了跟踪报道，虽然在郭债务危机曝光后第三天就独家采访到郭本人，但直到 8 月 13 日才刊发《悲情郭家富》，从郭的性格特征出发，揭示人物的精神世界，通过郭身边的亲戚朋友的言论来细致解读郭背上债务的原因，这有助于使读者明白"足浴大王"郭家富的债务危机的始末，帮助社会大众转换原先的激愤情绪，用一种理性的眼光去看待郭家富。

2. 综合性报刊商人企业家报道的增加

各大综合性周刊均开设经济板块，并且封面专题上的经济人物出现得较为频繁。《南方人物周刊》2013 年第 42 期中，有 8 期封面人物为企业家，此前尚有《英皇大佬杨受成》《从白卷英雄到亿万富翁的张铁生》《冯仑：思考的买卖人》《王功权：私奔归来》《真正的首善曹德旺》《吴英：生死未卜的明天》，所选对象均有传奇经历，其命运发展过程中总有令人感慨不已的浮沉。

3. 各类榜单及评选活动掀起热潮

21 世纪以来，传媒纷纷打造经济人物榜单并借助网络发起评选活动，声势浩大，影响广泛。如《南方周末》的"创富排行榜"、《财富》（中文版）的"年度中国商人榜单"，此外，各省都在当地相关部门及主流媒体主导下开展评选，如广东的"广东十大风云人物"、浙江的"文化新浙商"等评选活动。

（三）报道模式

中国经济变革轨迹影响了媒体对商人形象的建构，学者彭焕萍曾总结 30 年来商人形象建构的叙事模式：80 年代的致富能手叙事模式、90 年代的创业英雄叙事模式、新世纪的风云人物与传奇叙事模式。[①] 这是宏观层

---

① 彭焕萍：《媒介与商人：1983—2005〈经济日报〉商人形象话语研究》，华夏出版社 2008 年版，第 94 页。

面进行的纵向梳理，具体到当前媒体微观层面的报道，又在横向上展现出不一样的报道模式。如有的侧重讲述人生故事与哲理，有的围绕商人一生中面临的最重要机遇、挑战等变革展开，有的则置于具体的新闻事件语境中展开对话。

21世纪以来，一些媒体更擅长通过企业家透视时代变迁，在改革进入关键时期后，经济体制改革的方向与力度日益成为社会关注的焦点，经济领域中存在的问题、发展中的惨痛教训等成为媒体集体反思的重点。《南方周末》在健力宝创始人李经纬去世后以两个半版的篇幅刊登《一个时代的荣耀与伤害：标本李经纬》（2013 - 05 - 23），提要如此概括："中国的开放与转轨进程，给了这个遗腹子绝佳的机会，凭借勤奋与聪明，创办健力宝并将其推上中国饮料第一品牌宝座。但转轨中的模糊与复杂，也给他带来巨大伤害，被迫黯然离开倾心18年的这家国企，并致身陷囹圄。"该报财经记者张华坦承自己曾面临大人物还是小人物的对象选择困惑，后来屡发的经济案让他坚信最值得报道的财经人物还是大人物，因为"他们折射的是中国政经体制急剧变迁的悲喜剧，和整个社会财富观蜕变的大时代"[①]。的确，经济模式可以从企业家的角度切入，甚至整部商业史也是由若干个拐点式人物连缀而成，他们的经历可以映射中国环境的变迁以及商业文化的局限。

（四）明星化、传奇化的思考

人们总是在寻找自己的参照系，总喜欢在他人的故事中寻找自己的影子，或者在故事中体验自己梦寐以求却没有实现的人生经历，全民崇商的转型语境中，商人的人生被视为理想的人生。当前，商业人物的活动范围不再局限于商场，而是拓展到社会生活各个领域，他们参政议政的热情高涨，发出的声音被广泛传播，个性化的观点经常被围观，由此而成为新的风云人物。关于他们或张扬或低调的个性、传奇经历通过媒介不断扩散，甚至成为仰慕者们必谈的段子，作为成功典范，商人已经成为众人仰望的明星偶像，比之娱乐明星毫不逊色。正因为如此，本是经济领域的商业人物才会频繁出现在娱乐新闻板块中，比如王石的离婚、王功权的私奔。

网易悦图曾以图片方式推出《地产人生》专题，图文并茂的海报颇具质感，冲击力强。关于冯仑的标题是《爱讲段子的地产思想家》，文字

---

① 张华：《写大人物还是小人物?》，《南方传媒研究》2010年第24期。

内容是：资本家的工作岗位，无产阶级的社会理想，流氓无产阶级的生活习气，士大夫的精神享受；喜欢坐小车，看小姐，听小曲；崇尚学先进，傍大款，走正道。对王石的介绍是：出过书，做过品牌代言，上过时尚杂志封面，花甲之年登过珠峰，如今又游学欧美……一手创立中国房地产的龙头企业，最终却放手得彻底。他是媒体追逐的焦点，却不是沉浮娱乐圈的巨星，他是万科的精神领袖——王石。从中我们不难捕捉到偶像崇拜的意味，人文光环加身后，商人更像一个文化的推广者和优秀商业价值理念的传承者。

当商人成为偶像，记者在报道中如何处理才能体现新闻专业主义，成为一个新的问题。2013 年因李嘉诚撤资风波而起的南方报业集团对他的专访就在备受关注时引发了争议。青年学者王辰瑶针对南方报业集团的李嘉诚专访发表评论："与其说是媒体的成功，不如说是李嘉诚的成功。他成功地主导了一场一对多的采访，把'问题'都消弭在无形。所以，我们看到的看上去是'对话'，听到的实际上是'独白'，我们奔着李氏'撤资'的风云而去，满载'超人'循循善诱的人生哲学而归。"① 《南方人物周刊》记者张欢就专访李嘉诚提出自己的理解："写成功企业家报道，最害怕的就是成功学累积或者通篇情怀，你得给读者点不一样的干货。"②

三　文化人物报道：消费娱乐时代的"另一种启蒙"

知识分子是受过专门训练、掌握专门知识，并以知识为谋生手段、以脑力劳动为职业，具有强烈社会责任感的群体。文化人物是所有知识分子的统称，一般而言包括文学、影视、音乐、美术、戏剧、舞蹈、曲艺、文化学者等。1978 年 3 月 18 日《在全国科学大会开幕式上的讲话》中，邓小平代表党中央正式给知识分子"平反"，宣布"他们的绝大多数已经是工人阶级和劳动人民自己的知识分子，因此也可以说，已经是工人阶级自己的一部分"。沉寂多年的知识分子终于得以正名，"臭老九"称呼的贬损和曾遭受的人格践踏在"文化大革命"结束后不复存在，整个中国社

---

① 王辰瑶：《独白还是对话——评南方报业专访李嘉诚报道》，《南方传媒研究》2013 年第 45 期。

② 张欢：《一次遭遇战》，《南方传媒研究》2013 年第 45 期。

会急切需要在对苦难的反思中张扬人文精神，知识分子被视为社会的良知。此后，知识分子取代军人、工人成为媒体新一轮热情讴歌的对象。英年早逝的知识分子如蒋筑英、罗健夫等成为几代知识分子的象征。但20世纪70年代末80年代知识分子呕心沥血、燃烧自己为国奉献生命的媒介形象，历经90年代的市场经济大潮后逐渐变得边缘化，学者文人的价值被残酷的物质现实湮没。

自20世纪90年代传媒双重属性确立以来，媒体在产品功能、运作模式、发展手段等方面，都不可避免地发生了一系列积极变化，与此同时，对利润的追逐导致媒体格调的降低也备受诟病。走向市场的媒体为迎合受众需要对影视红星狂轰滥炸，而文化名流则是寥寥数笔，同是名人待遇却千差万别，比如都市报的文化版或者是娱乐版，更多的是歌星、影星或者是选秀明星、话题红人占据主要位置。不少受众对低俗之风弥漫的媒介大环境发出如此感慨："明星取代了模范，美女挤走了学者，绯闻顶替了事实，娱乐覆盖了文化，低俗代替了端庄。"[①] 当代中国正面临巨大的社会改革和深刻的文化转型，消费文化的盛行，功利主义、实用主义、拜金主义的流行泛滥造成价值紊乱，理想失落、信仰缺失成为社会之病，传媒作为公共机构负有提升社会文化品格之重任。文化人物是社会真理、正义、良知的担当者和守护者，其文化品格有助于提升社会整体文化格调，其社会关怀意识、理性批判精神则有助于提升公民素养，在消费社会这种价值弥足珍贵。

政治在变、经济在变，但是文化的标准却始终没有变。强国之路，文化的作用在某种意义上更甚于经济，文化软实力因此被公认为是提升综合国力的有力武器。但媒介过分娱乐化、商业化、媚俗化，在文化领域的失语，在文化人物报道上的缺位，直接导致文化环境的多元性被扼杀，思想与文化精神的减损。知识分子的良知、社会责任、独立的批判意识等，也渐被市场和商业大潮席卷和侵蚀。

近几年，传媒的公共性、公共责任备受关注，在传媒的政治属性、经济属性得到彰显的同时，文化属性与公共属性也日益被重视。当下，越来越多的报刊特别是市场化程度较高的媒体重视文化版块的采编，如《南方人物周刊》《东方早报》《新京报》，再加上一直注重文化报道的《三

---

① 刘芬：《娱乐报道走向何方》，《新闻知识》2004年第6期。

联生活周刊》《南方周末》《中国青年报》等报刊，越来越多的文化人物
占据报纸的版面并引人关注，成为最吸引读者眼球的题材之一，文化人物
报道也由此成为媒体坚持文化操守的体现。

如《新京报》C 叠文化娱乐版组有"文化·人物"版、"个人史"
版，自 2003 年创刊始即推出"文化老人"报道，访问了周有光、王世
襄、高莽、何兆武、李文俊、钟叔河、邵燕祥等近百位文化老人，以他们
的人生经历与学术成就为纲，勾画出几十年来文化领域的发展与变迁历
史。2013 年在此基础上又推出"拾年：再访文化老人"系列人物报道。
文化人物身上的厚重历史感、精神气质与独立人格影响着我们的精神
世界。

特别说明的是，笔者所指的文化人物特指有思想有责任有公共关怀的
知识分子，包括作家、学者、艺术家等。

（一）价值传播与认同

1. 公共情怀

对于文化人而言，特别是传统文化人，或以作品传世，或以人格立
身。无论是前者还是后者，都是一种价值观的输出。严肃媒体在选择文化
人物时，是希望借由报道放大人物本身所具有的价值内涵，使之成为一种
能够辐射大众且有裨益于社会的价值观。比如对备受争议的经济学家张维
迎的报道，他背着所谓"人民公敌"的称谓，遭受着种种误解。但他面
对各种质疑之声，淡然处之不改自身坚持。记者试图从人物经历背景的角
度解读其态度和思想，张维迎的沉默与坚持恰恰体现出他对当下社会现
状、国家发展的清醒而笃定的认识，这是一个经济学家对祖国的责任感，
也是对自己知识、理念的笃信。通过张维迎的报道，该刊传递出作为一个
社会经济学者所具有的社会责任感，一种公共立场。恰如经济学家刘姝威
在接受王志采访所说："陈老和厉老师（笔者注：经济学家陈岱孙教授和
厉以宁教授），对我有很大的影响：就是要跟祖国同甘苦。"关于经济学
家马寅初的报道也体现了这一点：

> 他的"新人口论"和"团团转理论"自 1958 年开始被批判，高
> 压之下他提笔应战，"我虽年近八十，明知寡不敌众，自当单身匹
> 马，出来应战，直至战死为止，决不向专以力压服不以理说服的那种
> 批判者们投降"。马寅初先生之所以能够成为后世学人的精神风标，

成为北大校史上与蔡元培齐名的校长，正是缘于他在万马齐喑的年代敢怒敢言敢坚守，"宁鸣而死，不默而生"。

报道中，读者可以深刻感受到马寅初老人的那种永不妥协的坚持。我们从他们这一代的学者身上看到的是纯粹的学术热忱和高度的责任感。具有同样脾性的文化人物还有崔永元，一篇《病人崔永元》呈现了崔永元从一个电视节目主持人到电视批评家的转变，他对中国电视业庸俗化现象的批判，对于消费文化的尖锐批评在当下娱乐至死的社会语境中具有警醒世人的作用。

可以说，这批文人学者有着共同的禀性：尊重传统文化，不满商业文化中的媚俗；对当下现实有着清醒的认识；无惧舆论，永远直指社会诸多弊病。他们大多是文化精英、公共知识分子，不仅埋头专业，还以专业为基础做公共利益的守护人、发言人，对于过于重视功利性的当下他们可算是一种异端因素，然而社会正因为这种异端与永不妥协的力量而不至于太肤浅。圣雄甘地在《青年印度》中指出社会的七宗罪中，有一条是"没有是非的知识"，延伸理解就是作为知识分子需要以其领域为基础，对社会现实问题、国家发展进程做出负责任的回答，这正是文化人的价值所在。

2. 自由思想、独立人格

文化人物对时代的影响力体现在思想与人格上，他们有自己坚定的原则和立场，争取意志的独立和思想的自由。

比如美学大师李泽厚，这位八旬老人，曾经独领风骚的"青年导师"，去国多年，逐渐淡出国人视野，记者卫毅 2010 年在他八十大寿时推出专访《八十李泽厚，寂寞的先知》，编辑按语中有言："他实在是中国屈指可数的原创型思想家，既熟知西学，又与本土资源、精神有内在联系。十数本著作数十个概念，几乎可以自成系统，囊括人一生所要面对的问题：如何认识、如何审美、如何安身立命。"

"他，不再被模仿；但，仍未被超越。"[1]

记者李怀宇曾形容所采访过的文化人物："这一代人成长在传统文化尚未人为断裂的时代，国学根基深厚，而其中又有不少人留学海外，经受

---

[1]　本刊编辑部：《时代和它的李泽厚》，《南方人物周刊》2010 年第 20 期。

欧风美雨洗礼。不管身在何处,他们的心灵总在高处相逢,为民主科学的思想播一粒种子,为千锤百炼的中文留一点尊严,为浮躁骚动的人心写一片空灵。"①

而当年的少年作家、后来的公共知识分子韩寒,虽然他本身并没有建构系统化的思想理念,亦不是某一具体领域的专家学者,暂时也很难去预测其后世影响,但是作为青年偶像,他的常识与理性、自由独立的人格的确可以影响他人,其博客访问量至 2011 年 8 月已近 5 亿即为明证。(虽然博客在微博、微信等社交媒体冲击下已逐渐衰微,但截至 2014 年 9 月,韩寒的新浪博客访问量已接近 6 亿)

(二) 报道策略

1. 态度及价值取向

从事文化人物报道的记者桂杰坦言:"我认为写文化人物的记者和文化人物是共生的。你的灵魂、见解、精神、趣味、价值取向应该和笔下的文化人物有沟通,甚至你的心灵节奏和脉搏律动和他也是一致的,你的状态和他是浑然一体没有错位的,你们的生命在这一刻有了共生关系。只有这样,文章才能够是鲜活的,有生命力的。"②

李怀宇对采访对象有"了解之同情"有"温情与敬意",在与老先生的交谈中因其采访功课的扎实而成为忘年交。他曾说:"我无意用我的访谈记录一代人的光荣与梦想,只想在和前辈们的对话中,留下每个人饱含温情的笑声和泪影。重构历史世界非我所长,还原历史细节也是难事,我也不相信通过我越来越多的访谈就可以汇集成一代人'群体'的精神。现实世界里以群体的名义压抑个人的现象绵绵不绝,使我对独立的'个人'更为珍视。尊重个人,追求自由,容忍多元,是我和前辈们毫无代沟的共鸣。"正因为有这样的认知,"大家访谈"后以《访问历史》书名结集出版时,余英时先生作了高度评价:"这是一部有笑有泪的活的历史,生动地呈现了中国知识人的多元世界。每一位被访问者的独特的生命

---

① 李怀宇:《访问历史——三十位中国知识人的笑声泪影》,广西师范大学出版社 2007 年版,第 2 页。

② 桂杰:《坚持文化立场,才能写文化人物》,2009 - 08 - 05,中青在线 (http://zqb.cy-ol.com/content/2009 - 08/05/content_ 2790872.htm)。

形态和价值取向，都在深入的对话中得到了恰到好处的描绘。"①

2. 诗意的标题

现在的人物稿标题，用人物原话做标题较多，最开始这样尝试是一种创新，用多了则毫无新意，有文化味儿和书卷气的诗意标题富有美感，2003 年 2 月，相声大师马三立去世，天津《每日新报》追忆马三立的文章标题是《大师走了，相声哭了》，令人难忘。史铁生去世时，《中国青年报》2011 年 1 月 5 日的报道标题是《这只摇了三十八年的轮椅，停了》。静态的标题也意味深厚，如《寂寞先知李泽厚》（《南方人物周刊》2010 年第 20 期），正如李泽厚自言："最近二三十年中国社会有过四热，美学热、文化热归属思想，关心现实；国学热、西学热偏重学问，旁观时局。"他自己那种哲学性视角、提纲式写作，自然是将"被淡出"的思想家。更为重要的是，对于普通大众而言，经济收入、物质生活才是主流话语，思想学术已是冷眼相看。记者卫毅用"寂寞先知"相当准确地把握住了李泽厚内心的喟叹与人生况味，更以此标题反衬了当下社会的急躁与现实功利，可谓传神写照。《余光中的喷嚏与咳嗽》（《南方人物周刊》2014 年第 31 期）则富有陌生化意味，让人想一探究竟。

3. 风格化的叙事

"风格叙事，就是把某个原始事件呈现为新闻事件的过程中，在保证真实性、不损害事实性的前提下所进行的个性化的表达和差异化的表达。"②

在文化人物报道中，由于记者文学造诣颇高和报道对象本身的特殊属性，使得文本显现出浓厚的文学色彩，甚至出现近似于小说的"新新闻主义"文本。例如《王朔凶猛》（《南方人物周刊》2007 年第 7 期），三篇文章中《世人看王朔》开篇就对王朔有一番这样的界定："我们在尽力地展现一个 50 年代出生的人，一个著名作家，一个引领了上世纪 90 年代的电视剧风潮，在商业社会里获得过最大利益的作家，一个内心痛苦的既得利益者，一个天真又狡猾、超脱又世俗、单纯而又复杂的人。"记者连用了三对词，天真又狡猾、超脱又世俗、单纯又复杂，这些形容词带有浓

① 李怀宇：《访问历史——三十位中国知识人的笑声泪影》，广西师范大学出版社 2007 年版，第 2 页。

② 齐爱军：《关于新闻叙事学理论框架的思考》，《现代传播》2006 年第 4 期。

厚的文学色彩，渗透着强烈的主观情绪，虽然在一定程度上有损新闻的客观性，但若照应王朔争议作家的身份，读者不至于反感，反而会印象深刻。另一篇《骂人，你以为我快乐吗?》如此开头：

> 朔爷今年 49 岁了。欲知天命。此之前，伊还躺在三里屯的酒吧夜夜宿醉，无人不识。造访那日，车一路行至郊外，天寒地冻。正屋里有电子之靡音袅绕，白雾袅袅升腾。那不是修炼的仙丹，那是北京郊外的加湿器。王朔穿睡衣睡裤，不修边幅，一只美猫跳上膝盖，神情颇是温存。

五四时期半文半白的自传体风格，这种写法即使是在主观性较强的人物报道中也极为少见，这样的报道当然容易招来质疑。但笔者认为，新闻体裁可以在保证基本新闻事实精准的前提下做出有益的尝试和革新。

文化人物报道深刻而强烈地关注生命的价值、关注人的幸福、关注人的自由与解放，充满了强烈的公共关怀意识。文化人物报道对生命普遍意义的思考和追问，对真理、正义、良知的诉求，对社会公共事务的热切关怀，传播了独特的价值内涵，往往给人更多的感染和思想的启迪，在潜移默化中提升自己的精神境界并积极建构文化认同，具有深刻的社会意义。

四　体育明星报道：民族文化认同与个体价值

体育文化中有着浓烈的集体意识与国家观念，与一般人物报道相比，体育人物报道更能体现时代精神与民族精神，在激烈而残酷的比赛中强健的体魄、优美的身材以及鲜明的个性、勇气与毅力又让体育人物成为力与美的象征，因此具有强烈的感召力和影响力。在对外传播中，体育明星常常被媒体建构为中国符号，成为软实力的重要构成部分，比如我国在西方投放的中国国家形象宣传片，就选择了邓亚萍、郎平、姚明等运动员。

（一）体育明星的媒体叙事

有学者将我国近 30 年来的运动员媒介形象归纳为三个阶段：第一阶段以象征精神和无私奉献精神为主，运动员媒介形象被赋予了国家崛起、民族振兴、国人自豪等意识形态；第二阶段振兴中华精神以及崇高的爱国主义、集体主义精神被充分展现出来；第三阶段运动员的媒介形象开始向着多元化和独特化发展，体育明星的超高影响力和带动力成为主流形象。

但他指出，一些运动员媒介形象的极端现象如体制漏洞、运动员花边新闻等频繁出现，显示出当前我国运动员媒介形象的混乱与失控。① 笔者着重分析以下三种叙事框架。

1. 民族身份认同背景下的英雄叙事

任何国家和民族，在体育活动中都有着塑造国家形象、民族身份认同的诉求，我国媒体的这一诉求更为突出，官方媒体擅长通过体育传播建构民族情感和文化认同，中国体育明星毫无疑义地承担着体现民族身份、国家崛起的责任。20 世纪 80 年代的中国女排成为一种民族精神的符号，体操王子李宁成为国人心中的民族英雄——以至于当他错失金牌回国时无情地遭受到了从媒体至普通百姓的责骂，境遇的反差之大往往超越运动员的承受能力，而那些选择为他国效力的运动员则被视为叛徒。

通过对体育明星进行一种有意识的英雄化叙事，中国传媒不断将民族身份的自我认同置换为对本土体育选手的认同和追捧。② 这种英雄形象集中在奥运会金牌运动员及在弱势项目上有重大突破的运动员身上，前者如刘翔，后者以姚明为代表，表达了大国崛起的意识形态诉求及国人强烈的民族身份的自我认同心理。"谁说黄种人不可以进前八名，我是奥运会冠军！"在雅典说出这句话的刘翔，已经成为一种民族精神的符号。刘翔的成功，除了个人的不懈努力，更多体现出一种国家意志和民族精神。"刘翔，你为整个中国乃至亚洲，都争了光。你成了不折不扣的民族英雄……"当运动员被看作民族英雄，比赛成绩成为唯一，这种叙事的异化难以避免，刘翔在 2008 年奥运会因病退赛成为被过度解读与阐释的特殊事件即是一例。媒体的报道过于注重政治宣传与建构文化认同，导致英雄叙事的异化，这种倾向值得媒体和社会反思。

2. 商业价值主导下的娱乐叙事

在体育及传媒商业化程度越来越高的当下，体育人物报道越来越明星化。消费时代，一切都可能被商业化。体育明星也不例外，他们在很大程度上已成为一种商品，具有高度的消费价值和娱乐价值。运动赛场之外的话题热度甚至远远超过竞技本身，花边新闻、八卦、丑闻等充斥媒体，明星的私生活、家人、朋友无不具有新闻价值，这种注重感官刺激、大打悬

---

①　于德山：《30 年来我国运动员媒介形象分析》，《体育与科学》2009 年第 4 期。

②　李健：《论"明星体育"机制中的传媒叙事策略》，《当代传播》2009 年第 5 期。

念牌、煽情的报道无疑增强了趣味性和可读性，但无论是将体育新闻建构成战争还是武侠或是与情色暧昧相连，一旦失度，就会由轻松有趣滑向媚俗、低俗，导致另一种异化。

3. 介于英雄叙事与娱乐叙事之间的个性叙事

李娜，作为亚洲第一个获得大满贯单打冠军的网球选手，2011 年法国网球公开赛女单冠军，已成为国内最热火的体育明星之一，还成为美国《时代》杂志封面人物，入选 2013 年度全球百大最有影响力人物名单。李娜占据了显要的媒体版面，除了跟踪报道比赛进程和成绩外，最多的话题是关注李娜独具特色的形象。李娜的故事本身就充满激情与个性，她曾在状态正好时毅然选择退役去念大学，退出公众视线。回归后，她选择走出举国体制单飞。李娜的脾气也使她成为争议传奇，冷眼拒记者，冲观众喊"shut up"，拿老公姜山当"出气筒"和调侃对象，等等。富有争议的报道加强了其个体形象的立体真实感，这种全新的具有国际说服力的感性形象塑造起到了良好的跨文化传播效果。

2011 年 2 月 10 日《新民周刊》刊登一篇题为《国宝李娜代言中国新形象，比肩姚明刘翔成划时代人物》的人物通讯，报道中多次引用李娜的言语，突出强调"娜式语录"，第二个题为"性格决定命运"的小标题报道中，更是大篇幅来描写李娜生活训练中的形象：

> 很难想象，一位中国女球员竟然会在左胸口有一个令人惊艳的文身，居然在 16 岁就谈起恋爱；很难想象，她在输掉比赛后，心情郁闷时，竟视记者不存在昂首离开，抑或面对镜头炮轰国家队，炮轰体制；更难想象，她甚至在比赛中向自己的丈夫愤怒大吼……这正是网坛金花李娜个性十足的一面。

2011 年 7 月 12 日新华网刊登题为《从姚明到李娜——体育明星传达中国多元开放新形象》，其中引用李娜的话突出表现了人物大大咧咧的个性：

> 人们赞赏李娜在球场上的实力，也欣赏她这种开朗直率、敢说敢做、诙谐幽默、乐观开放的心态。她用自己招牌式的幽默语言，在全世界人民面前展示了中国人的全新形象。甚至当有人问她怎么学来的

幽默时，她直直回了一句："这是从娘胎里带来的啊，不用学。"

在取得 2010 年澳网八分之一决赛的胜利后，李娜被问到为何能够发挥得比对手更加出色时，她回答："为啥？可能因为我吃的是中国食物吧！"2011 年，李娜被外国记者赞誉为"第一位闯入大满贯赛事单打决赛的中国网球选手"，李娜随即说道："I will always do the first one."（我一直都是"第一人"）她还调侃丈夫姜山赛前晚上打呼噜弄得自己没有睡好，引来大家一片笑声。当记者问道她后来之所以能够挽救赛点并成功翻盘的原因时，她的答案言简意赅："money."这些幽默谈吐被媒体称为"娜式语录"。

2011 年 6 月 23 日《成都商报》刊登题为《李娜与姜山的网球情缘：互相包容 业余爱飙歌》的新闻，该报道以"恋爱篇""婚姻篇"等为小标题讲述了李娜和姜山的恋爱婚姻史，层层递进，呈现故事化结构，轻松自然的文字语言，描述了一个和受众一样拥有生活情感的自然人形象，明星味不那么浓烈，能够吸引受众。

2012 年 11 月 22 日网易体育一篇题为《30 岁李娜着装风格多变，轻松驾驭"国际熟女"路线》的新闻引发许多人对李娜新形象的讨论，文章刊登多幅李娜穿不同款式服装的图片，介绍其风格演变历程。媒体的报道视角紧跟时尚潮流，迎合受众求新求异的心理，文字介绍也十分自然，将原本李娜的体育运动形象以更加轻松、国际的新形象代替：

虽然如今的她凭借着对职业的理解以及岁月留下的历练，可以轻松驾驭简约的纯色系服装，也知道如何搭配，但在早年间流传出来的一张照片中，却以白色复古衬衫搭配黑色带亮片马甲出场，看起来像是要去参加一场校内晚会的集体舞表演。

（二）体育明星报道应遵循的原则

1. 多元报道，尊重对象人格

李娜的影响力早已超越体育范畴，但她不是传统意义上的完美偶像。媒体的报道，在新闻内容上，越来越注重突显个性形象，擅于从语言、生活等特征着手，向读者展示一个新时代有血有肉的体育明星。在新闻题材上，也开始由一般比赛消息转向人物通讯，媒体刊载个人评论增多，代表媒体观点的评论也大胆出现。与此同时，媒体更加注重新闻的客观平衡性，不再一味歌颂、赞扬，许多媒体关注体育精神的回归，关注体育人物对于体育事业发自内心的享受和热爱，关注体育明星带给社会的榜样教育影响，对于体育明星的争议和矛盾媒体也更加敢于发声、大胆批评和引出争论。将评判权利交由受众，并不意味着媒体失去立场。《人民日报》在2013年7月1日刊登题为《李娜孙杨贡献无可替代，明星任性应有底线》的评论文章，评论大胆批评体育明星的这种个性是任性，由此引来一片关于李娜个性的争议：

> 在彰显个性渐成潮流的时代，体坛明星的个性是否就该理所当然地尽情释放？当体坛明星的个性已经让世风良俗难以包容，这样的个性是否还要一如既往地坚持？当体育明星的个性已经变成一种肆无忌惮的任性，又有谁来约束这种可怕的任性？

这篇评论引起了社会各界热烈的讨论，作为中央机关报，不再一味迎合政治宣传，不再刻板的进行报道和评论，敢于刊登极具针对性的批评观点新闻，引出矛盾争议、引发讨论、引导受众思考。

总之，媒体选择的报道角度各有不同，有的从李娜的家庭、与老公相处方面报道，有的记录她的体育事业史，有的关注她的个人感受，如对奖金的看法等，更多地关注除竞争之外的健康、教育、休闲、经济等方面的价值内含，展现竞技体育的丰富性，以满足受众的多元需求。

2. 回归体育精神，去政治化，也应避免纯粹的娱乐化

纵观20世纪体育新闻，我们可以发现，媒体多以政治、国家、体育精神等词来弘扬这些体育事迹，常以崇高的名义大力赞扬和宣传英雄主义、爱国主义、集体主义、奉献精神、拼搏精神。如，1981年中国女排夺得第三届世界杯女子排球赛冠军后的第二天，《人民日报》在头版头条刊登了红色标题《刻苦锻炼、顽强战斗、七战七捷、为国争光——中国女排首次荣获世界冠军》的新闻，还配有评论员文章，强调女排精神与现代化建设关系："用中国女排的这种精神去搞现代化建设，何愁现代化不能实现？"媒体过多关注体育明星的政治经济文化价值，导致体育新闻唯金牌论、冠军至上的报道倾向，在赛场上媒体以押宝中国选手金牌出处为主要任务，以采访金牌得主、教练为最重要的工作，而忽略了体育真正

的本质。进入 21 世纪，除了关注人物个性和回归自然人的变化外，我们可以发现媒体开始重点突出体育明星身上的时代感，关注体育运动员最真实的体育期待，传递真正的体育精神：享受体育。《人民日报》《中国体育报》等官方报纸议程设置的主要内容也开始由民族团结、爱国进取等回归到关注体育运动员享受体育比赛过程、敢于挑战、追求体育快乐，体育新闻不再僵硬地和政治绑在一起，而是向着更富活力的方向发展。

2011 年 6 月 5 日中国新闻网发表评论文章，题为《挑战极限、回归体育本质，李娜做到了》。其中强调体育的本质是挑战极限：

> 体育的本质是什么，一言以蔽之：挑战极限。今天，李娜在心理、体能、技术等层面，均超越了自己，做到了极致。

媒体除了关注体育明星自身享受体育竞赛带来的刺激和快乐外，也开始关注大众对于体育运动的重视，即所谓全民共享体育快乐。2013 年 9 月 12 日新华社发表题为《回归全民共享的体育内涵，全运会的转型同样重要》的新闻，第二小标题"还体育本色，回归全民共享的体育内涵"下的报道就展现了新时代体育回归体育场景：

> 赛场内，近万名运动员的鏖战、拼搏，不断创造运动奇迹；赛场外，上百万沈阳市民进公园、到社区、赴广场，置身 58 项健身活动当中。精英体育与全民健身共同演绎出一场体育盛宴。
>
> 《奥林匹克宪章》强调，奥林匹克精神就是相互了解、友谊、团结和公平竞争的精神。现代奥运会创始人顾拜旦也曾说过："奥运会重要的不是胜利，而是参与；生活的本质不是索取，而是奋斗。"

2013 年 10 月 31 日《中国体育报》发表题为《李娜成就完美 2013》的评论文章：

> 我们当然希望在即将到来的 2014 赛季，以及之后可以预见的几个赛季，李娜仍旧可以给我们带来惊喜，但我们更希望看到一个越来越积极向上、越来越快乐的李娜，那是李娜的方向，更是追赶世界职业体育脚步的中国体育的方向。

3. 注重榜样与偶像的耦合

以政府为主体的各级各类的社会组织，为着社会风气的不断向上而选树榜样；以娱乐产业为主体的各个层面的商业组织，为了迎合青少年、为了获取商业利益而推出明星偶像。榜样和偶像看似不同的定义概念，在一定条件下相互转化，就会发现它们之间的相似性和共通性。① 纵观 21 世纪诸多体育新闻，不难发现媒体越来越注重体育明星既作为偶像又作为大众榜样的角色定位，以及两者之间的联系。

2013 年 12 月 27 日《体坛周报》刊登一篇题为《胡力涛：李娜不是完美榜样，她依旧没停下脚步》的报道，文章是这样评价李娜的：

> 李娜其实是勇于改变自我的——她的乐观、积极、勇敢、进取不仅体现在场上对自身打法的突破，也体现在场下言行举止的渐进变化上。
>
> 作为一个人，作为一个球员，李娜都在变得更好。也许她无意成为太多人的榜样，但回看过去的一年，李娜可以说：成为自己的榜样，同样能带来无穷的力量。

李娜之所以成为受人追捧的人气偶像，与其取得荣誉后超乎寻常的淡定和从容有关，更与其有着不被世俗同化的个性表达有关。作为偶像中极具代表性的一类，体育明星更加贴近青少年，并具有不断拼搏、力争第一的共性，其个性、能力、荣誉通过报纸、电视、网络等大众传播媒介的宣传与推广，得到青少年群体的广泛支持与认同。如 2013 年 9 月 9 日《中国青年报》题为《去标签化的偶像时代》这样写道：

> 但这些并不影响李娜成为中国体坛标志性的人物，不影响她以榜样的力量，吸引着无数青少年拿起球拍，渴望着成为下一个李娜。特立独行的李娜，似乎很难被归类，她脾气火爆，不是乖乖女，赢了球也不会说"感谢国家"，但她在网球场上的坚韧以及所取得的成就，在为中国体育赢得世界瞩目的同时，足以传递关于力与美的正能量。

---

① 彭怀祖：《榜样与偶像可以转化吗》，《中国青年报》2012 年 1 月 30 日第 02 版。

越来越多的青少年崇拜像李娜这样的体育明星，他们不单纯是敬仰、佩服或意图学习、效仿偶像身上某些出众的品格，更多的是把偶像作为自己在人生道路选择和生活体验上的指引。榜样教育与偶像崇拜均依赖大众传播，无论是榜样教育还是偶像崇拜，它要真正起到作用，都必须以认同为起点，以感动贯穿始终，以学习或模仿为结果。① 积极的偶像示范可以引发受众的认同感，通过对体育明星的了解和学习，感受他们为梦想所付出的艰辛，感受他们对于体育的极度渴望和热爱，将这股劲化作学习的动力，更加乐观进取和奋勇向前，并以此作为发展目标和榜样。

2013 年 1 月 28 日《西安晚报》刊登题为《中国一姐诠释"榜样的力量"，李娜热已席卷全球》的新闻：

> 当足球深陷假赌黑，乒羽这些传统强项关注度逐渐降低，中国网球却成为一面可以借鉴的镜子：越来越多令人惊喜的成绩，不断涌入的顶级赛事，还有数量不断增长的基础人群。李娜已经接过姚明的旗帜，成为中国体育新的代言人。自信、阳光，很直接，是新时代的中国面孔。

因此，大众传播媒介应该擅于将偶像崇拜与榜样教育有机结合起来，注重塑造富有鲜明特征和感染力的个性形象，通过体育明星充满正能量的行为和精神，创建积极健康的体育人文环境。当体育明星被媒体更多地与自信、快乐、拼搏等联系在一起时，其社会价值则具有更深刻的教育指导意义，正如《新京报》2011 年 6 月 5 日在题为《新时代的中国面孔》的报道中写的："姚明和李娜，给大家带来的是一种向上和自信的态度，这会让他们的粉丝往更好的方向发展。体育精神对整个国民是个好事情，要努力，要靠自己，要把事情做到最好。"

五　娱乐明星报道：八卦、卖点与文化理念

（一）娱乐明星报道的价值

在市场经济蓬勃发展、人们物质条件日益提高的今天，娱乐在大众生

---

① 彭怀祖：《榜样与偶像可以转化吗》，《中国青年报》2012 年 1 月 30 日第 02 版。

活中占据着越来越大的比重。社会竞争日益激烈，压力普遍增大，急需精神上的释放和休息，而社会转型期文化和价值观的碰撞以及后工业社会造成的情感混乱和失落，也促使人们在大众媒介中寻找精神慰藉。同时，人们也希望付出最少的时间及精力成本获得最大的效益。作为一种独特的情绪体验和精神安慰剂，娱乐的心理补偿与宣泄作用使受众压力暂时得以释放。值得注意的是，在我国，青少年是明星报道主要的受众群体，娱乐报道一定程度上对塑造其价值观、认识世界、确认自我等方面均有着意想不到、潜移默化的深远影响。更重要的是，娱乐还是时代的标签，它积淀了太多的共同记忆与情感，比如邓丽君的歌能轻易地引起一代人的共鸣，比如张国荣之于20世纪90年代的集体回忆，在此层面上，娱乐明星报道有超越非主流领域的社会意义。总之，多种因素的合力使得娱乐明星报道成为最常见，也是关注度最高的类型之一。

（二）娱乐明星报道现状

虽然市场巨大，但我国娱乐人物报道的总体形势却不容乐观。有的媒体持着挖地三尺式的狗仔精神侵犯当事人的合法权益；有的在编辑手法上做文章：制作带有歧义的标题、断章取义地曲解报道对象本意、粗制滥造、虚假新闻泛滥、恶性炒作成风、侵犯明星隐私……这些做法违背了新闻基本规则与伦理，导致社会对娱乐新闻整体评价的日益下降。在许多人眼中，娱乐人物报道和低俗炒作已然画上了等号。同时娱乐人物为宣传自己，也通过公关公司与媒体接洽，制造绯闻增加曝光率或发"造神"式公关稿。

《人民日报》《解放军报》《经济日报》《光明日报》四大中央级大报没有娱乐版，偶尔有娱乐明星出现在文化版，必须是有一定代表性、在行业取得了骄人的成绩，即该明星已然成为一种文化现象时，才有资格上版面。如2012年12月17日《人民日报》第10版报道了因导演《泰囧》大获成功的徐峥。除此外，娱乐明星的名字和事件多作为新闻由头出现在言论、时评中供评论员针砭时弊。可见，娱乐人物报道在中央级党报上的呈现主要体现在文化意义和舆论导向上。

省级党报的娱乐新闻同样被纳入文化或者人文版内，以《湖南日报》为代表的一些省级党报情况跟四大报相同，娱乐元素几近于无，锐意创新的党报消遣性增强、报道方式也多元化一些，如2013年2月5日《南方日报》的"人文·娱乐"版涵盖了整理性报道、人物专访、星闻消息三种形式。

相比之下，通俗类报刊如晚报、都市报的娱乐比重大增。1996 年《羊城晚报》开文化版变娱乐版之先河，娱乐报道从世俗向庸俗发展的趋势始于都市报为代表的市场化媒体。它们往往以明星情史、性丑闻、暴力等为卖点，言之无物而又过度渲染。两会期间，一些媒体的头版争相报道参会明星，娱乐取向代替民生问题，本末倒置。但从另一方面看，通俗类报刊为娱乐人物报道配置了更多的版面，提供了更多的采访资源，促使记者职能划分更加明晰，正是这些因素提升了报道的专业水准、原创性和深度。如《南方都市报》等报的娱乐版面有着高水准的选题、报道、排版，并逐渐向"杂志化"靠拢，成为我国娱乐产业高速发展的一个象征。其中，由《南都周刊》娱乐刊发展而来的《南都娱乐周刊》作为专业娱乐媒体也获得了市场成功。

此种情况印证了学者傅庆萱的观点：目前在某些社会关注的娱乐热点报道中，媒体的反应犹如"冰火两重天"，一边是都市类报纸的"热火朝天"，一边是主流媒体的"沉默寡言"。① 而严肃类新闻期刊在娱乐人物报道上则是既爱惜羽毛，又要对外发声。《三联文化周刊》《中国新闻周刊》《南方人物周刊》《环球人物》《瞭望东方周刊》《南风窗》等期刊更多地关注艺术家、编剧、导演、制作人、娱乐产业运营人等，视野从影视、流行音乐、电影等扩大到如古典音乐、话剧等更为严肃的艺术行业领域。总体来讲，新闻期刊上的娱乐人物报道往往具备党报在态度上的严谨性、选题上的文化性，但与党报相比报道更加深入、题材更为广泛、人文感与行业感更强；与都市报、晚报和一些娱乐小报相比有更深刻的思考，以有深度的策划而非浅薄的噱头为卖点。

（三）个案分析

1. 《三联生活周刊》

《三联生活周刊》作为一份具有精英气质的新闻周刊，偏重文化，擅长用文化方式来思考问题、审视新闻事件，其文化资源使娱乐明星报道具有深度与广度。该刊曾经大获成功并且被读者津津乐道的封面报道很多涉及娱乐人物，如张艺谋、张国荣等人，特别是 2004 年的《直击张艺谋》

---

① 傅庆萱：《娱乐报道，主流媒体缘何"缺席"？——试析当前新闻采编中一个值得重视的问题》，《新闻记者》2009 年第 6 期。

几乎成为《三联生活周刊》的一个经典案例。除封面报道外，娱乐人物报道还分布于文化版的秀场后台、电影、喜剧、音乐、时尚等板块上，其特点主要有以下三个方面。

（1）坚守新闻的客观中立

娱乐类新闻因为其消遣性较为突出，一方面受众对其期待值低，另一方面采写人员也往往不将其视作真正的新闻，这样就造成了娱乐报道离新闻的基本属性越来越远。明星常常被捧得太高或者被写得过于不堪，离人物本身的真实状态相去甚远。

《三联生活周刊》的娱乐记者孟静与《南方周末》的袁蕾并称南袁北孟。孟静曾经在自己的作品集《秀场后台》序言中说："媒体分为两种，被侮辱性地称为狗仔，用人性本恶的态度追打明星，我非常佩服这类记者，这种工作性价比之低，非得有极强的毅力和崇高理想所不能完成；另一种为经纪公司所利用，娱乐产品的宣传非常程式化，大家也接受了这种流程，而不希望你有更深入的探求，那是无益的，与商业规则相悖。我的工作接近于后者，但又不愿完全被利用。"① 她不止一次地表达无法和明星做朋友，因为那会影响她以一种旁观者的角度来看问题。一旦失去了客观性，报道最本质的意义无从谈起。

孟静这段话也概括了娱乐人物报道的现状，揭人隐私型的八卦报道和造神型的公关报道大量存在，或者取悦受众的猎奇心理，或者满足经纪公司的宣传需要。

（2）视线延伸：由个人引向专业艺术

当前很多娱乐报道，往往停留在明星演绎这个剧集的辛苦敬业、趣事逸闻等上，总是围绕在明星生活中的个人魅力上。突出人物所在艺术行业的文化背景是《三联生活周刊》一贯坚持的风格，这种操作模式便于读者理解人物的特质，使人物的魅力绽放在艺术永恒的力量与美上，报道不仅文化根基扎实，其人物刻画也更为饱满、有价值，能使读者得到一种有关艺术的审美和熏陶，而这有赖于记者对行业文化的精准把握和有序铺陈。

比如关于杨丽萍的报道，一些媒体在杨丽萍不同常人的婚姻状况、节食习惯等内容上大做文章，看下列标题就能说明问题：《为舞蹈艺术放弃

① 孟静：《秀场后台》，生活·读书·新知三联书店2010年版，第4页。

生子的杨丽萍值不值》《"舞蹈精灵"杨丽萍回应"房事"太感性》《杨丽萍自曝演出前不吃饭　萨顶顶赞其生命无限量》，等等，而《三联生活周刊》的《"孔雀"：一部现代的舞蹈寓言》细致地叙述了一场视听盛宴的台前幕后，并塑造了一位"用身体去思索的艺术家"形象：

> 其实整个舞剧就像我的自传，第一幕也跳"雀之灵"，裙子是粉红色的，叶锦添帮我设计了新裙子，不同于以往，我的舞蹈也不太一样了，表现孔雀刚出生，万物萌动，带着新鲜的喜悦；然后是夏秋冬，先是生命的盛夏，然后是生命的萧条，爱情的消失，最后绝望的孔雀在神的怀抱里明白了生命的真谛，觉得万物有它的循环道理，这就是我自己的人生体验啊。

杨丽萍已经将她的孔雀舞蹈艺术和自身的现实生活紧密地联系在了一起，这也是她艺术成就辉煌的原因，正是因为人物对艺术有着极大寄托，将这种艺术仔细描绘出来，人物的刻画自然也更准确、更有感情了。

（3）解读人物的跨界意义

报道一个有价值的娱乐人物，视野只局限在文艺界难以出彩，记者需要用更广博的学科背景为依托，以学科交叉的眼光审视人物特点以及行为意义，透过人物表象发掘娱乐事件和人物背后的社会学乃至经济学的深层意义。独特的视角能拓展人物背景的纵深感，增加报道的影响力。

如2008年4月的《文化商人赵本山》，孟静放弃赵本山全国顶尖谐星这一特征，将人物报道的重心放到赵本山与其一手打造的传媒经济体之间的关系上：

> 工会吴主席说，赵本山去世的大哥、二哥和在世的大姐，都没有担任过企业的任何职务，他回乡时只管发红包，绝对不把家乡人安排在企业。只有姐夫孙辉，担任"刘老根大舞台"沈阳中街剧场的经理，他还不是一把手，上面还有党委书记。
> 从拍《刘老根2》时，赵本山就开始思考家族企业的弊端，并为朴实的刘老根安排了一个颇为悲壮的结局。而被朋友、手下形容为

"中国最聪明的农民"、"旷世奇才",做生意从没赔过钱,在产业投资方面足可以充当商业教材的赵本山,在见过所有该见的世面之后,是不是能够跳出小农经济的桎梏,演出一幕最成功的"演而优则商"呢?

他的第一桶金众人皆知是煤炭、钢材、运输,但他也不想回顾这段发家史,他迅速认清了自己的优势在文化产业,尤其是文化产业结构的调整。

读者得以窥见赵本山作为企业运营人的另外一面,二人转剧场、影视剧电影、创办学院与投资足球……跨界解读人物拓展了报道的深度与广度,读者也能借此管窥文化产业运作特点以及存在的问题。

2.《南都娱乐周刊》

狗仔队、八卦、偷拍,这些字眼往往是娱乐明星报道的关键词。每隔一段时间,娱乐圈总会扒出几条独家"大八卦",如张艺谋超生、章子怡和汪峰之间的恋情、王菲与李亚鹏的恋情等爆炸性新闻,作为国内最具影响力的娱乐新闻周刊,《南都娱乐周刊》在这方面表现得尤为突出,该刊记者通过长期的盯梢、调查、蹲守为受众贡献了不少独家新闻,并借此获取了极大的市场成功。

《南都娱乐周刊》重点关注电影电视产业的领军人物,比如曾多次专访张艺谋、陈凯歌、冯小刚三位大导演,相关报道刊发在重点版块"主编会客厅"。其中关于冯小刚的报道近三年就有四篇:2013 年 11 月 26 日《冯小刚:中国电影到了挺危险的时刻》、2012 年 7 月 13 日《冯小刚:娱乐圈对我的诱惑越来越小了》、2011 年 1 月 10 日《冯小刚:你得让观众习惯于你的不拘一格》、2010 年 7 月 26 日《徐帆:我和冯小刚都是劳碌的命》。

娱乐媒体热衷追逐"热点",对红极一时的明星名人竞相报道,《南都娱乐周刊》常常打破常规,挖掘那些被遗忘的明星。事实上,被遗忘被忽略的"冰点"恰恰是揭示人情冷暖、世态炎凉、世事变迁的独特视角。同时关注"热点"与"冰点"人物,能更加丰富和完整地展现人性的底色。如 2012 年 9 月 17 日对岭南音乐教父陈小奇的报道。作为词曲作者、编辑、监制先驱的陈小奇,亲历、见证并且推动了广东乐坛的发展,而今天他的被遗忘恰如广东在流行音乐文化中的位置。

《南都娱乐周刊》每年出刊 48 期，人物板块在该刊中占有很大的比重。从表 2 - 1 的 2011 年至 2013 年人物报道统计数字，可看出该刊的娱乐人物报道以正面报道为主。

表 2 - 1   2011—2013 年人物报道数字统计

年份	总篇数	中性报道	正面报道	负面报道	正面报道百分比
2011	144	52	86	6	59%
2012	160	48	102	10	63%
2013	192	64	120	8	62%

该刊 2010 年提出"明星公民"概念，每年根据明星的专业与人格、道德、形象的表现评选出年度明星公民，对明星的公益慈善行动往往进行重点报道。例如 2012 年 8 月 20 日就有三篇报道：《林志颖：台湾优质偶像》《黄晓明：亲自去，跟打个电话是不一样的》《李亚鹏终身不退出"嫣然"》，等等。这些正面报道为娱乐圈乃至所有公共领域竖立起一种充满爱心、温情、善意的美好价值观。由此可见，弘扬主旋律、呵护主流价值观并不限于某类人物报道，过去的典型人物报道能促进社会主义精神文明建设，娱乐人物报道处理得当同样也能做到。如果抓住人物报道出现的这一新变动，将典型、榜样与偶像、明星很好地结合起来，相比一些高高在上的、刻板的典型形象，对于青少年而言，他们似乎更易接受明星身上的正能量。

总体来讲，与都市报、晚报和一些娱乐小刊相比，《南都娱乐周刊》具备态度上的严谨性、选题上的广泛性与高水准，满足了读者的娱乐需求。但它也存在明显的不足之处，其消费属性特别突出。一方面，该刊高喊"中国娱乐第一刊"的口号，通过评选"年度明星公民"活动，以大量关于明星的正面报道去努力塑造精英、专业、高端、负责任的大刊形象。但另一方面，《南都娱乐周刊》实际操作离其高端的定位要求相差甚远，娱乐新闻不应该是桃色新闻、猎奇新闻，但笔者发现《南都娱乐周刊》的一些记者总是竭尽所能挖掘娱乐圈的爆炸性新闻。

2014 年"文章事件"曝光后，该刊执行主编谢晓在腾讯访谈中回应质疑："作为媒体人，工作中首先考虑的还是新闻价值，然后是新闻伦理。我当然不希望因为揭开生活中残忍但真实的一面后导致人家妻离子散，作为一位有家有孩子的女性在这点上其实更加柔软。所以我是权衡了很久做出了决定后才发稿的。"① 在事件曝光前，谢晓发微博暗示"周一见"重磅消息，这分明是为了博取更高的受众关注度。"内地狗仔之王"卓伟再次因这一重磅新闻而红透娱乐圈，卓伟曾说："文章姚笛你们别怪我，偷拍不犯法。"偷拍的确不犯法；明星的隐私权也的确有限，但这一事件给文章的家人与孩子带来了巨大伤害，他对明星无孔不入的跟踪有侵犯隐私之嫌。如果"曝光"的出发点、运作手段本身存在恶意与不道德因素，那就是对新闻伦理的伤害。在这一次网络围观狂欢中，人们一边谴责明星私生活混乱、对婚姻不忠，一边以窥私、审丑的娱乐心态围观明星丑闻，将这些隐秘当作消遣，如果任由这种"狗仔文化"泛滥成灾，我们每个人都有可能成为下一个被觊觎的目标和受害者。

《南都娱乐周刊》宣称继承南方传媒严肃的风骨，不走刺激、庸俗、低俗路线。总编辑陈朝华说："好的娱乐杂志，绝对不是低俗八卦的代名词，而是一个民族最朴素的文化表达，最真切的审美呈现。"只不过，目前看来，该刊离这个目标尚有不小的距离。

明星身上固然有因媒介传播加诸其身的光环，也无可避免地有非议与质疑，将明星看作普通人，既不艳羡吹捧也不鄙薄轻视，给他们以正常的国民待遇是应遵循的基本原则。李亚鹏曾因记者无礼狂拍女儿而发怒，不愿接受媒体采访，《南方人物周刊》记者以耐心与真诚的采访，走进其内心世界，专访《李亚鹏：我不是个放浪形骸的人》因远离过度庸俗化的常见娱乐报道病态，呈现真实的人性力量而获得《南方周末》2008年年度致敬文化报道。2004年深受军旗装和打孕妇事件影响的赵薇处于事业的低谷期时，娱记葛怡然第一个向她发出采访邀请，最终凭借自己的真诚完成了长达5000字的专访。"我一直认为明星首先是人，和普通人一样，对真善美、假恶丑的判断和理解，对人生巅峰期和失落期的感悟，终归是一致的。"②

① 刘冉：《南都娱乐周刊主编谢晓做客腾讯访谈》，2014-03-31，腾讯网（http://ent.qq.com/a/20121116/000356.htm）。

② 曾婉钰：《娱记葛怡然：每一次对话都是享受学习的过程》，2013-10-31，南都网传媒频道（http://news.nandu.com/html/201310/31/444669.html）。

娱乐圈的爆炸性新闻确实能带给受众强烈的刺激感，但喧嚣的刺激难以体现媒体特质，媒体需要一种新的力量即文化精神带来的理性与美感提升娱乐报道的内质，记者的见识与情怀决定着能做出什么层次的娱乐报道。

第二节　四类人物形象的媒介建构

"媒介通过描述说明而提出的对现实的解释有潜移默化其受众的作用。人们可以从所读到、看到和听到的内容发展出对物质现实和社会现实的主观及共认的意义构想。"① 无所不在的媒介以其日复一日的报道建构了人们对客观环境及其他群体形象的认知，"媒介现实"与"社会现实"的距离已引起学者和普通公众的注意，尽管对此保持警惕，人们依然逃不脱这种潜移默化的影响，而这正是媒介所发挥的间接、长期的效果。本节重点关注底层草根、青年、女性、老年等几类易被符号化的群体，分析媒介建构了何种形象又是如何影响到受众的认知，并试图探讨如何客观、全面、理性地报道。

一　底层草根形象建构：是再现真实还是消费对象？

新中国成立以来我国媒体底层叙事数量较少，在中国特色的新闻语境中，典型人物报道虽然也有不少农民、工人等成为主角，但他们更多体现的是主政者意愿，是号召公众效仿和学习的"符号"化对象，而非展现真实生存图景的底层叙事。自从媒体走向市场后，在典型日渐式微的同时，由媒体打造的娱乐圈、商业领域里偶像与领袖逐渐增多，普通人也未曾得到媒体的眷顾。

中央一级媒体率先注意到老百姓的日常生活，在社会主义市场经济体制确立的20世纪90年代将目光转向底层百姓，由此走出了一条人物报道的新道路：1993年《东方时空》"生活空间"开播，以"讲述老百姓自己的故事"为旨归；1995年1月《中国青年报》"冰点"专版诞生，力求反映"普通人不普通的命运"。这种尝试获得了巨大的成功。值得注意

---

① ［美］梅尔文·德弗勒、桑德拉·鲍尔-洛基奇：《大众传播学诸论》，杜立平译，新华出版社1990年版，第42页。

的是，老百姓、普通人这一称呼到 21 世纪被"弱势群体""草根"等词取代，而媒介对弱势群体的关注与"改革中的弱势群体"的形成是同步的，如 20 世纪 90 年代中晚期以后，对下岗失业工人的关注成为媒体的重头戏，下岗再就业典型人物成为当时频繁出现的群体。再如伴随城市化进程而陆续出现的第一代、第二代农民工，他们的生存状态、物质需求与精神诉求等成为媒体关注的对象。

新闻是对现实的建构，是一种意识形态构建，其背后隐藏着社会政治经济的权力关系，新闻报道远远不是单纯地反映事物的本来面目。什么能成为新闻？谁在界定新闻里的事实？谁在针对新闻事实发言？代表谁的利益在发言？"新闻作为框架"（News as Framing）由著名社会学者戈夫曼提出后，经过不断发展，逐渐凝练为一种选择的原则——刻意强调、阐释和呈现的符码，媒介生产者惯于使用这些来组织产品和话语。社会建构理论认为新闻媒体并非报道事实，而是建构事实，新闻是一种被制造出来的"社会产品"。换言之，媒体对于某一事件的报道，并非被动的反映这件事的真相，而是主动建构此事件的"符号性真实"。媒介对底层的关注有多种原因，既有党和政府引导舆论、安抚民心的意志，也有新闻人的职业理想和关注社会的热情，同时也为媒介市场化和市民媒介的兴起所促成。正因如此，在叙事框架、关注角度上，不同的媒介有不同的做法，总体来看，传媒大致建构了四种叙事框架并由此生产出不同的意义。

（一）传统价值观的回归

各类人物报道提供了不同层面的榜样示范，而有关草根人物的故事则较为集中地反映出对道德人格的彰显。机关党报、央视、各地卫视自从中宣部提出"三贴近"要求以来，有了更多的民生叙事，特别是在"走基层、转作风、改文风"大型主题活动中，主流媒体集中挖掘底层"好人"，借此弘扬真善美的主流社会价值观。

央视"最美系列"，《京华时报》与搜狐网合作推出的"平凡的良心"大型新闻报道活动，《新京报》连续几年的"感动社区人物"评选活动等均引发了社会广泛关注。《感动中国》栏目更是集中关注普通人身上的孝顺、自强不息、良知、诚实守信、仁厚、正直、无私、进取，比如历年评选出的十大感动中国人物中，就有捐肾给母亲的好儿子田世国、自立自强带着妹妹上大学的洪战辉、割肝救子的暴走妈妈、接力送工钱的信义兄弟。有学者撰文称：他们身上蕴藏着深厚的中华民族传统精神，处处体现着对中华传统美德的坚守。中国历来是一个重德行、贵礼仪，具有深厚道德素养的国度。几千年来，"推己及人""与善仁"、扶危济困、守望相助、重情信诺、自强不息的中华传统美德孕育了一代又一代的中国人，成为国民精神的基石所在。①

在中国社会急剧转型、矛盾丛生之际，能否做好底层人物报道不仅关系到媒体的生存发展，也牵动着社会和谐稳定的神经。社会转型时期阶层分化加剧，导致一大批普通劳动者成为弱势群体，他们的社会地位、劳动价值、生产环境、生活条件、收入报酬、社会声望等，都处在社会平均水平的中下层，这些现实困境导致他们对社会不满的舆论增多。但同时，他们的劳动是社会不可或缺的重要组成部分，整个社会要形成尊重劳动的氛围，承认他们的劳动价值，才能稳定情绪，激发活力，因此，媒体要主动出击，通过广泛的新闻报道，不断以诚信、自强不息等榜样进行正面示范，引导社会舆论、增强民众的信心，进而协调社会各系统之间的关系。但值得注意的一种现象是，机关党报在对农民的报道中，除了偶尔为之的典型示范，更多的是将农民作为精英话语的注脚及政府官员取得成绩的陪衬，也就是说，整体来看农民的声音是被遮蔽的。②

（二）公共情怀的关切

社会公共价值是人类共同追求的，如和平、环境的可持续发展、人权、公正、自由和共享的权力等。社会公共价值的体现是一个人存在于社会有尊严、有价值的表现，是人的精神食粮。而对社会公共价值的追求和树立是每一份报纸所应尽的责任和义务，也是长久吸引读者的必备武器。精英类媒体在草根报道中注意其理性、批判性、公共情怀等公民素养对社会法治等的促进，这是媒体对公民社会的理想追求。在这方面，《中国青年报》《南方周末》具有一定的代表性。

《中国青年报·冰点周刊》一直坚持平民视角，致力于讲述有温度的故事，推动社会进步，其情怀总能触动受众心弦，2006 年关注农民工群体的经典报道《无声的世界杯》获评《南方周末》年度特稿奖，获奖词

---

① 杨军：《小人物何以带来大感动》，《光明日报》2011 年 9 月 5 日第 11 版。
② 孙桂杰：《被遮蔽的农民的声音——以〈人民日报〉对农民的报道为例》，《青年记者》2014 年第 3 期。

称该文"记录了中国最无声的一群人，他们撑着雨伞，通过街边大屏幕观看比赛。他们忘我、陶醉，和整个世界融为一体，所有的贫贱、卑微全部羽化成透明，简单，疯狂，和全球任何角落的球迷并无二致。但当比赛进入到最激烈的点球决胜时，大屏幕停止了播放，生活又一一残酷地重现。报道用显而易见的新闻报道技巧将一个老旧的题材赋予了闪亮的光泽。"在此文中，"无声"有双重意味，一是指大屏幕的无声，一是指农民工群体在社会中的"无声"，个中关切意味跃然纸上。

《南方周末》也一直致力于关注社会边缘人群的生活状态，农民工子女、精神病患者、受核辐射伤害的村民、矿难幸存者、流浪汉、农村单身汉、死刑犯、瘫痪者，等等，且选题的价值取向总是与公共利益或者社会图景相关，较为注重长期的、具有结构性的社会问题，很少有纯粹个人生活的选题。针对农民工的生存与发展，该报 2010 年《隔壁的初三》中林晓艳的故事令人感慨：这位曾经的大队长、优秀学生代表、班长、年级第一，她的梦想是成为一名老师或律师，而现在由于户籍的限制，不能参加高考只能"被选择"，当"厨师、美容师或服务员"。虽然打工子弟们在心里激励自己的话是"别人与我比父母，我和别人比明天"，而林晓艳最大的担忧就是诗中波澜壮阔的"明天"。2011 年《南方周末》刊发的系列报道《城市里的陌生人》，以公共关怀视角书写一群进城务工的新生代农民工，展现他们的身份尴尬、尊严缺失和梦想破裂，以及被离弃和排斥等难以融入城市的困境，其报道目标主要在于探讨如何更好地接纳与善待他们，寻求避免悲剧重演的解决之道。

学者赵月枝在论述重庆卫视改革是否给予了工人、农民、妇女、儿童、少数民族等社会群体更多的表达空间时，一方面肯定了电视台以平等和尊重的视角给底层百姓的生活展示了较长的画面。同时指出：在这些报道中，社会主义公共媒体需要面对的挑战是，如何一方面对那种简单化和基于西方自由主义意识形态的"官民对立"新闻框架保持警觉，一方面又在监督权力的同时不是居高临下地从都市中产阶级对"弱势群体"人文关怀的视野，把工人、农民构建成"被牺牲"的、需要被怜悯的"他者"。①

---

① 赵月枝：《构建社会主义媒体的公共性和文化自主性？——重庆卫视改革引发的思考》，《新闻大学》2011 年第 3 期。

　　此外，在底层负面人物的报道中，不少媒体倾向于反思社会转型中的社会冲突与环境、制度因素。在社会底层罪案报道中，媒体除直面其犯罪事实外，还流露出对底层人群生存压力、精神压力疏解渠道不畅的忧虑。如引起争议的广东打工仔阿星杀人案、福建南平郑民生杀童案的相关报道，往往隐含着对弱势群体的同情及对社会不公的拷问。当然，这种"社会归因""制度归因"的操作方法也易走向另一个误区，超越叙事伦理的底线。

　　（三）底层真实的再现

　　市民化的媒介更多地关注具体的民生问题和事件，它们大大拓展了传统新闻价值观的局限，都市报的街坊、社区版块，地方电视台的民生新闻栏目为底层提供了版面与时段。传统新闻人物报道的意义在悄然变化，有时底层人物被报道并非因为他们做了值得称颂的好事，若按传统的新闻价值观来看，他们不具备新闻价值。南京的《江南时报》草根人物版 2011年 6 月 3 日刊载了两篇新闻，一是《老人打工 82 天分文未得　讨薪日行数十里夜宿街头》，一是《拾荒农妇在垃圾堆寻食物照顾患病女儿和丈夫》，两篇报道讲述两个普通农妇的故事，不一样的人生，一样的苦难。一个为还债进城当老龄农民工，结果被迫走上漫漫讨薪路。一个十四年如一日地照顾患病的女儿和丈夫，为了生活下去，她甚至在垃圾堆里寻找食物，自己尝过之后再带给女儿和丈夫。各种底层叙事呈现出弱势群体的真实生活图景，其背后传递出辛酸的社会现实——在一片繁华之下尚有各种不为人知的困境与绝望，救助机制的缺失导致底层难言的苦楚。媒体只展示不评价，但拷问应该在每个读者心中。这些小人物的现身说法，在描述社会弱势群体生存现状的同时，也反映出社会真实存在的问题和大众的精神状态。

　　可以说，传统媒体以鲜为人知的底层人物及其世界的报道，为精英们提供了"另一种生活"。比如 2011 年 4 月 1 日《经济观察报》刊发的《阿文的等待》一文，该文讲述了一个奋斗失败的"小人物"以卖肾求取生存资本的故事。这个貌似有点荒唐的戏剧般人物，在现实生活中不乏其人。他们是生存竞争场中的失败者，是被命运左右着的无奈者，是精神处于空虚状态的流浪者，除了自己的身体他们一无所有。为了生存，已经奋斗惨败的阿文们竟然把肾作为利器，再次向生存做出一番博击，作为生活中的底层，他们所做的一切事情都只是为了自身"小我"的生存。在这些小人物为生存所做的所有努力中，看不出蕴涵着任何同时代的民众所需要的精神与意义。对阿文们的报道一定程度上打破了知识界对于底层的幻想，那就是认为底层是生活赤贫而精神富有者，这种幻想不利于展现世界的严峻。有论者认为：对于阿文及阿文们命运"再现"的意义在于揭示、启示和警示一些社会存在。① 由此可见，对看似无价值的底层人物的报道虽然不能塑造一种具有示范价值的形象或者彰显某种精神，但其意义同样不能轻视，而这种深入社会肌理的解剖无疑拓展了媒体报道的宽度与深度。

（四）文化工业的饰品

网络时代催生出了一类新的人群——"网络红人"，作为商业化和眼球经济作用的产物，网络草根红人层出不穷，背后有推手，有网络营销策略。当前的媒介消费者变得越来越习惯于领会发生在普通人身上的事，他们从默默无闻中被拔出，享受受限的成名。对于小报等通俗报刊来说，商业利益成为压倒性的利益，草根的出现与其说是民本情怀的表达不如说是消费品。这些涉及草根的叙事报道往往与公共议题和公众利益关联不大。网民真正关心的不是网络红人的生活状态，而是无聊心态的疯狂追捧，对于媒体与看客而言，网络红人更多的是娱乐和审视的对象，他们的表演更多的是被当作茶余饭后调节枯燥生活的丑角表演，这样一来，受众的猎奇心理得到了满足，媒体赢得了点击率或收视率或发行量，红人们收获了暂时的名声与利益，唯一伤害的是媒体的公共性。

比如无辜的流浪汉程国荣，仅仅因为着装的奇特，被网友捕捉并命名为犀利哥，成为网友恶搞和娱乐消遣的对象，后来传统媒体跟进后，进一步放大其价值，偏离新闻的初衷，过多的娱乐化色彩使得新闻更多地追寻表面的冲突性、奇异性、爆炸性，而不是关注新闻事件与人物的内在社会影响，甚至失去基本的人本关怀。正如学者格雷姆·特纳所言：普通人总能被发现，突然从其日常生活中被拔出来并被加工成明星；普通人从未像今天这样被媒介更渴望，或者在媒介中更可见；然而，同样是在今天，他们自己的话语也从未被忠诚地、尊重地和精确地复制。② 的确，作为一个

---

① 赵智敏：《媒体再现"小人物"的传播价值分析》，《新闻爱好者》2011 年第 18 期。
② ［澳］格雷姆·特纳：《普通人与媒介：民众化转向》，许静译，北京大学出版社 2011 年版，第 12 页。

社会最底层的流浪汉，程国荣需要的是必备的生活物品，媒体的轰炸与"赞美"与他个体的真切需要毫无关联。这种围观的狂欢，这种眼球的竞争，在传媒消费主义盛行的当前越来越成为常态，在娱乐至上的语境中，传媒公信力的降低似乎是无奈的结局。

"新闻是现实权力关系新近变动的建构性呈现。"① 框架理论和议程设置理论一样，虽然不能决定受众怎么想，但可以决定他们想什么，通过报道量、倾向突出某些问题，影响受众对这些问题的认知，引导受众对人物或事件的关注度，将社会现实变成人们的思想。

从"讲述老百姓自己的生活""呈现普通人不普通的命运"，到再现底层残酷现实，替弱势群体发声，媒体关于底层的叙事从纵向时间轴来看有着明显的转变，社会转型时期阶层分化的加速，弱势群体强烈地感受到被剥夺的社会不公，"群体性怨恨"情绪代替了过去的劳动光荣价值观，大部分人的是非判断以其所倾向的社会地位为出发点，这也能解释为何陈水总等反面底层人物往往能在网络上获得声援与同情。如果说90年代初北京的背粪工们尚能在精神上自我安慰，坚守自己的价值与立场，那么，21世纪的他们面对整个社会价值观的变化，面对全社会对经济领域成功神话的崇拜，恐怕只剩下迷茫与深深的失败感。简单的俯视与同情难以弥合社会裂缝，媒体如何更好地进行底层叙事，新闻媒介如何与社会进行良性互动以促进底层危机的解决？这一议题应当引起学界与业界的重视。

二　青年形象建构：从"典型"到"领袖"

自20世纪60年代传媒对青年典型雷锋的报道开始，到21世纪各色青年领袖的登场，媒介建构的青年形象在不同时代有不同内涵，以媒介社会学的视野来分析，其背后是深层的社会政治、经济、文化影响。在这种变迁中，一方面我们可以看到社会的多元与开放，另一方面也应该注意商业资本对传媒报道的牵制及消费文化语境中的异化。

（一）"典型"与"领袖"的媒介话语变迁

典型一词，最初用在文学作品的创作上，"它是指作者用典型化的方

---

① 尹连根：《现实权力关系的建构性呈现——新闻定义的再辨析》，《国际新闻界》2011年第4期。

法创造出来的既有鲜明独特的个性而又能反映一定社会本质的某些方面、表现人的个性的艺术形象"①。《新闻学大辞典》对典型的解释是："典型指在同类中具有代表性的事物或人物。它从人物或事物中概括出具有自己的个性，同时它又是同类人物或事物中的杰出代表者。"② 李良荣认为新闻典型强调个性和共性的统一；强调历史条件、客观环境对典型的制约作用，是在特定历史条件下的一种具体的存在，它们必须从一个侧面体现当时的时代精神；强调读者的主体意识对典型的制约作用。③ 典型报道作为我国特有的报道方式，以社会效益为旨趣，以宣传政策、教化民众为主旋律，以新闻媒介为主阵地并调动各种舆论宣传工具，经常性地从上至下步调一致、口径一律、有组织有目标地对某一新闻典型所进行的集中报道。④ 它所看重的是报道对象的社会价值，对当前建设事业的指导意义以及对有利舆论的正确引导意义。杜骏飞认为，它是以教育和启迪大众为新闻理念，以代表性材料诉求一般性现实的宣传报道样式，从宣传的意义上讲它是新中国新闻事业中最不可或缺的思想工作性文体之一。⑤ 它往往随着党和国家工作重心发生变化。仅以雷锋报道而言，当党和国家以阶级斗争为先时，典型报道就为阶级斗争服务，当党和国家转向经济建设时，典型报道就强调为经济建设服务，当党和国家对社会风气不满时，典型报道的目标在于重塑社会道德感。⑥ 正是从这个角度上讲，我国的典型报道与西方社会实质上存在的先进人物事迹报道有天壤之别。青年是国家的未来，媒介如何呈现青年形象极大地影响着青年人的行为与价值观。青年形象的转变更是深刻反映出社会政治、经济、文化权力话语体系的变迁。

　　20 世纪 60 年代"学习雷锋好榜样"是时代关键词，雷锋成为全民政治道德、政治符号，"全心全意为人民服务"经由各类典型人物的报道宣传，累积效果非常明显。"文化大革命"结束后，"四个现代化"

---

　　① 朱金平：《新闻典型论》，长征出版社 2003 年版，第 2 页。
　　② 甘惜分：《新闻学大辞典》，河南人民出版社 1998 年版，第 154 页。
　　③ 李良荣：《关于典型和典型报道》，2006 年 7 月 13 日，人民网（http：//media. people. com. cn/GB/22100/67945/67946/4587836. html）。
　　④ 朱清河：《典型报道：理论、应用与反思》，武汉大学出版社 2006 年版，第 23 页。
　　⑤ 杜骏飞：《典型报道理论、经验与创新》，《新闻战线》2001 年第 1 期。
　　⑥ 陈阳：《青年典型人物的建构与嬗变——〈人民日报〉塑造的雷锋形象（1963—2003）》，《国际新闻界》2008 年第 3 期。

建设成为时代主潮，学习科学文化知识，从我做起、振兴中华是时代最强音，科学家、学者、医生等知识分子形象大量出现，影响了青年群体的集体行为，整个社会呈现出浓厚的学习氛围。此后，中国女排集体典型作为青年拼搏精神的楷模成为民族精神符号，残疾青年张海迪以顽强意志与病魔斗争，自学成才，被树立为青年自强不息、追求人生价值实现的典范。

改革开放30多年的历史语境中，政治、经济体制改革的逐渐深化导致社会结构转型。社会转型导致消费文化的兴起，消费主义文化的价值观念和生活方式被逐步接受。20世纪90年代后出现了全方位的世俗化市场社会，在带来财富的同时却也加剧了贫富分化："房奴""蚁族""富士康十三跳"相继出现，精神苦闷的年轻人在寻找出路的过程中对财富和欲望的追逐达到白热化，物欲横流几乎成了全社会的主流价值观。转型过程中，传统文化、西方文化等交织在一起，价值取向日益多元化，思想文化领域出现了意识形态的多样化和主流意识形态的淡化、弱化，意识形态领域产生了严峻的信仰和认同危机。伴随着传统价值的逐渐解体，信仰缺失、英雄缺位，理想主义、英雄主义弥散，雷锋、张海迪等符号无法延续过去理想而同一的信仰体系，这个时代青年的精神寄托对象是什么？

改革开放以来，典型报道虽然改变了"文化大革命"时期"三突出"那种带有极端主观和控制色彩的报道样式，更多关注普通劳动者在日常工作生活中的不平凡功绩，但贯穿其中的仍然是较为传统的宣传思维，比如集体主义和无私奉献的精神。在逐渐市场化和个体化的当下中国社会，这一价值取向导致错位感，现实世界与拟态环境断裂。一些市场化程度高的报纸、杂志等，抱有启蒙、理性、建设性的宗旨，大大改变了典型报道的路径、模式，青年形象的建构也发生了巨大改变，在"后典型""非典型"语境中泛领袖时代开启。"领袖"在"文化大革命"时是一个神圣而伟大的词汇，是毛主席的代名词。90年代以来，"领袖"在媒体上的使用可以说是泛滥成灾。时尚领袖、意见领袖、地产领袖、IT领袖、传媒领袖、企业领袖等等，多不胜数。

《南方人物周刊》2005年推出"青年领袖"评选，由知名专家学者组成评审委员会，经提名、网友投票、专家评选程序，每年推举出时代青年领袖。他们或者是已取得了一定的行业成就，引领时代，确立规则，其成就令社会无法忽视；或者是以其智力成果，引导同时代的年轻人向高处进步；或者是人格高尚，以行动提领时代风范；或者是具有某种标志性意义，在时代关键词中已不可或缺。这是一个最好的时代，层出不穷的年轻俊杰在各界涌现，年龄和经验不再是决定性的因素，这就使得有旺盛生命力和创造力的青年，更能脱颖而出，成为竞争中的优胜者。这也是《南方人物周刊》连续多年坚持"青年领袖"评选的价值所在。

2005 年《南方人物周刊》首次评选时对青年领袖进行画像扫描：35 岁左右，崇尚理想主义和富裕的价值观，整个社会盛行的竞争奋斗和消费主义迅速让他们中的小部分人被定格为当代英雄，成为新理想的代表、新经济的代言人和新财富的象征，这部分人很快将成为，或者说已经成为中国社会的主流和中坚。他们对市场体制、自由主义和个人主义有更深的认识，他们必将参与建构新的社会秩序，使这个国家变得更加卓越和更有竞争力。他们要么在海外学成归来，要么成为纳斯达克的一代，要么直接进军好莱坞或者 NBA。他们正在改变中国和世界的关系。他们是极端灵活善变和极端坚韧清晰的结合体，适应性极强，而且有一种不管不顾的坚定。这种灵活和坚定使得他们迅速成功。与此同时，在这些青年领袖的心目中，对国家身份的认同依然是庄严、神圣、不可弃置的。

从以上的描述可以看出《南方人物周刊》极力将政治主导价值观与精英价值观、大众文化价值观糅合在一起，既吻合了主流意识形态的需求（对国家、民族的认同），又照顾了精英的诉求（知识精英、财富精英、政治精英），同时兼顾消费文化的需求（最引人注目的娱乐、体育明星）。2010 年该刊对青年领袖再次定义：青年领袖是那些青年精英分子，他们在各个领域中锐意进取，以自己的思想和行动创造了属于自己的领地，并进而对社会也产生积极的影响，他们是这个时代当之无愧的主角。2011年则明确将评选标准定为四个方面：成就、影响力、人品、持续性。综观以上表述，可以看出刊物内在的启蒙冲动与理性诉求，既要与流行文化区别以显示水准，又要与国家体制的宣传拉开距离以增强对受众的吸引力，他们是如此急迫地表达着对西方现代政治文明的认同、对自由竞争的市场经济秩序的拥护，对自由、民主、人权、宽容、爱、环保等普世价值的追求。

概而言之，典型是自上而下由主流媒体联合打造而成的，是个性和特殊的统一，但更强调普遍性，人人可学，人人要学。从政治学的角度看，"典型"是一种通过引发崇拜，来引导群众维护符合社会需要的社会基本伦理、价值的政治手段。[①] 作为意识形态符号、道德符号，其生成路径与传播过程中充满了强权逻辑，对他人易产生压力。作为榜样，是封闭、排他的。也许雷锋是个例外，30 多年来，雷锋精神随着时代语境的转变一直在发生变化：60 年代的忠诚、70 年代的爱憎分明、80 年代的钉子精神、90 年代的爱岗敬业，21 世纪则代表中国软实力，这也从一个侧面反映出典型的意识形态意味很浓厚。

领袖由下而上自发评选生成，重在号召力、魅力，没有约束力，是开放的、反权威的。领袖的价值并不意味着与官方对立，在很多时候还有可能与主流意识形态吻合。"青年领袖"这个概念更注重个人对青年群体产生的影响，包括价值取向、人生态度、思维方式等多种层面。领袖的产生不是一种政治活动，更大程度上是一场精英式的启蒙与隐蔽的商业运作，很大程度上可视为消费文化的结晶。然而，不管背后的权力话语如何，社会不再由一个人或几个人来概括，偶像与领袖不再至高无上昭示着我们的社会正朝着多元、自由、包容的方向积极迈进，这也正是"青年领袖"在当下的进步意义，更有媒体认为这是中国社会走向开放的标志性事件。

（二）"领袖"传播内涵

1. 现代公民素养核心价值的表达

"青年领袖"广泛涉及社会各行各业的精英，从科学家到政治改革家，从法律从业者到普通民间志愿者，他们关注老百姓的教育、健康、个人合法权益的实现等一系列问题，其奋斗的终极目标之一就是实现社会的公平公正，保障公民基本自由，进而促进整个社会实现自由。在一个法制尚不完善的社会，公权力容易被滥用，直接后果就是公众的合法权益得不到有效保障，因此，维法护法普法就变得尤为重要。公益律师许志永说："我想用行动证明时代一定会进步。"而他的"行动"包括"体验挨打"，"我觉得我是要去体验一下，那么多普普通通的人被打，我为什么不可以

---

① 郭平：《典型报道需要契合时代的精神特质——从政治学的视角看典型报道的式微的原因》，《今传媒》2009 年第 10 期。

呢。我觉得这件事情太不可容忍了，不能允许它存在"，他高举着法律的旗帜告诉歹徒们"随便打，我绝不还手"。社会底层的生活经历使得他一直很关心社会弱势群体，关怀公民权利，在法制路上"不平则鸣"大声疾呼。韩寒更是被媒体塑造为永远站在权力对立面进行常识批评的公民代表。

2. 新世纪青年精神气质的张扬

《南方人物周刊》记者马李灵珊采写的《像韩寒一样活着》如此评述：在一个大多数人都活得拧巴，活得不高兴，活得遗憾连连的时代，有个像韩寒一样做自己喜欢做的事儿，说自己想说的话，穿衣服不被时尚左右，吃东西随心所欲，挣钱挣得理直气壮，花钱花得心安理得的人，还是个年轻人，还是个又酷、又帅、又聪明、又有趣的人。实在是太好了。并称：一个更加美好的社会，应该有更多的"韩寒"，活得和谐、从容和骄傲，不一定要用眼泪和暴力来对抗威权，也可以用风趣和迂回，来消解压迫。这是新世纪青年精神独有的时代气质。

当然，这种新气质中还包括"狂傲"与"霸气"。黄光裕回想起自己从白手起家到创建"国美"这整个历程，始终坚持"三分把握就去做"，"某些事情，市场已经给了你机会了，就要立即拿出行动，狭路相逢勇者胜，做事情不能每天停留在研究、讨论、调研和犹豫不决上"；无独有偶的是，国家队乒乓球教练刘国梁不管是做球员还是做教练，都一贯保持着这种王者的霸气——"当教练我也要拿大满贯"。

2006 年的青年领袖"将门虎子，IT 先锋"王雷雷功成名就接受记者采访之时，对自己的"奋斗史"表示很不屑，"什么历经坎坷、个人奋斗，成功在于运气"。而当记者问到"你的运气为何如此之好"的时候，他将之归因于自己厚实的耳垂。在下属的印象中，他穿着背心、短裤，在总经理办公室里，晚上经常不回家，长期待在公司加班，"作弊、花天酒地"与"中途不休息，持续 48 小时会议"。自我、个性张扬，不按常规出牌，身上无时无刻地散发出一种不羁的气质，这些"领袖"的精神气质与传统的青年典型相比相去甚远。

3. 传统美德的彰显

在《南方人物周刊》打造的"青年领袖"中，同样有传统美德的彰显。比如民族责任感与使命感、拼搏奋斗精神及奉献精神。奉献精神一直以来就是我们中华民族的传统美德，在现代社会，这种精神依旧没有过时，并且以后都不会过时。入选 2010 年 "青年领袖" 的张中良夫妇，他们平凡，甚至一方还身患严重残疾，在 "丁克家族" 盛行的社会背景下，四处寻求流浪孩子，收养了 10 个孤儿，为他们建起温暖的 "橄榄树之家"，这是对 "爱" 的精神最好的礼赞，他们身上闪耀着最美好的人性光辉。

《南方人物周刊》本质上是一份精英意识较强的新闻周刊，"青年领袖" 作为其旗下的一个人物评选活动，在传递信息的同时又上升到共识、价值、共同体的建构层面。以 "青年领袖" 影响青年，这种影响必须根植于青年人的社会理想和普遍的价值认同之中。相对于传统的典型报道，青年对那些有所作为的同龄领袖会有一个敬仰钦佩的趋势，而这趋势长期、广泛地扩散开来，必将对整个中坚阶层起着非同寻常的作用。

（三）反思

入选青年领袖的人物涉及不同行业。《南方人物周刊》并不仅仅是着眼于聚光灯下的人物，它同样也将目光放在了普通大众这些民间人物的身上。然而，对 2005—2010 年的统计数据分析发现，"青年领袖" 的评选主要集中在如下几个领域：娱体明星（占 22%）、传媒（占 12%）、政界（占 1%）、企业家（占 13%）、学者（占 23%）、文化艺术工作者（占 17%）、公益领域（占 12%）。其中，绝大部分是知名度高的成功人士、市场经济的既得利益者、名声响亮的明星，草根鲜见。

几年来，评选因为娱乐明星的频频出现而备受批评，当成就、影响力等标准难以区分高下时，绝大多数获选者依赖个人的知名度以及在网上的点击率也成为公开的秘密。赵毅衡在《两种经典更新与符号双轴位移》一文中指出，相对于传统的文学经典，作为大众的 "群选经典化"，是用投票、点击、购买、阅读观看等形式，累积数量作挑选，这种遴选主要靠的是连接，"积聚人气" 成为文化活动的常用话语。① 媒体靠点击率、注意力在激烈竞争中求生存，媒体与名人实为互相利用，共同争取与大众的连接。这虽然是针对文学领域作出的判断，但对于新闻报道的考察同样适用。"领袖" 的出现对于打破过去把人物当作符号，是有帮助的，也见证了社会多元文化的形成，是推动社会前进的因素。但社会的碎片化程度越

---

① 赵毅衡：《两种经典更新与符号双轴位移》，《文艺研究》2007 年第 12 期。

来越高，单靠点击率如何面对文化认同危机？社会凝聚力依靠"领袖"是否可行？"领袖"在上升阶段的某个时刻成为关注的焦点，被认可，但容易成为昙花一现的过去式，如此一来，我们有理由担忧领袖选出会不会沦为一场场娱乐秀？

对于传媒中娱乐界偶像、领袖过度和无序的现象，有学者提出建议：应要求和鼓励社会各方面，把榜样群体中有偶像潜质的对象打造成偶像；在强调榜样人物"引领"作用的同时，适当"迎合"青少年受众口味，借鉴"造星运动"的方法和手段，学习偶像崇拜的时尚性元素，使榜样人物也具有一定的偶像气质。同时，应探寻偶像群体中有典型利他行为者，将其培育成榜样。如此一来，在"迎合"受众以充分消费偶像明星商业价值的同时，挖掘偶像明星的"利他元素"，使偶像明星也能展现榜样的力量。① 这种转化方法或许有一定的操作性。

此外，在当下这个商业资本话语霸权的时代，以及资本"丛林法则"和"成功神话"主宰的经济理性时代，青年企业家等创富领袖成为渴望成功和致富的大众心目中最耀眼的偶像和明星，传媒对这类人群的追逐迎合了受众的需求，究其实也是为自身的市场占有量及最终的商业利益。精英启蒙与商业的冲动如何协调？传媒在走过了政治对新闻的过度干预后如何避免市场拜物教的侵袭？这不得不引起人们的警惕。

更值得关注的现象是，当青年领袖成为媒体的宠儿，又会发生什么？比如韩寒，"一个中国最具影响力的公共知识分子之一"，作为一个已被符号化了的品牌，"他"带给一代青年的影响是什么？韩寒说："一个真正好的偶像，应该教会粉丝如何去独立，当我站上台的时候，不一定有大声的喝彩，有快男超女粉丝的狂热，可能也没有人给我做那种荧光棒，但同时我是属于我自己的。"可是，当他在博客上写下一句废话或打一个招呼"喂"都引起数万乃至十几万跟帖时，意味着什么？当有人试图发出不同声音都被他的粉丝认为是非正义的"立场不正确"、出现情绪化的对抗时，领袖是不是成为了消费时代的奇观？

---

①　彭怀祖：《榜样与偶像可以相互转化吗？》，《中国青年报》2012 年 1 月 30 日第 02 版。

三 女性形象建构：以《中国妇女》杂志为例的分析

（一）《中国妇女》女性形象特征分析

创刊于 1939 年的《中国妇女》是全国妇联机关杂志，70 多年来它始终坚持弘扬女性解放、自立自尊的精神，自觉担负起传播女性主体意识的职责，在激烈的市场竞争中赢得一席之地，其成功之处很大程度上在于女性积极形象的建构。笔者以 2010 年上半月刊 81 篇人物通讯为样本，对报道对象的年龄、职业、文化程度、报道主题及品质特征进行分析。

1. 统计结果与分析

（1）生理形象

年龄是女性角色形象的生理方面。在一般情况下，当某一社会时期的人口状况无大的变化时，该社会各种年龄段的女性人口分布也是基本稳定的，这是女性人口的自然特征之一。《中国妇女》所塑造的女性人物的年龄分布是否与现阶段女性总人口的年龄分布相对一致？

表 2-2　　　　　　　　　女性的年龄分布

年龄段	人数（个）	百分比
30 岁以下	19	23.46%
30—49 岁	43	53.09%
50—69 岁	16	19.75%
不详	3	3.70%
总数	81	100%

根据国家统计局 2011 年 4 月 28 日发布的《2010 年第六次全国人口普查主要数据公报（第 1 号）》的结果显示：截至 2010 年末，中国大陆31 个省、自治区、直辖市和现役军人的人口中，男性占总人口的51.27%；女性占总人口的 48.73%。0—14 岁人口为 222459737 人，占16.60%；15—59 岁人口为 939616410 人，占 70.14%；60 岁及以上人口为 177648705 人，占 13.26%，其中 65 岁及以上人口为 118831709 人，占8.87%。在 81 篇人物通讯中，"青年"和"中年"女性为主要的报道对象，这一年龄段的报道人数达 76.55%（见表 2-2）。可见，《中国妇女》

所选取的女性人物的年龄形象基本与全国的女性人口分布相一致。这也表明,《中国妇女》将读者群定位于中青年群体。

(2)职业形象

女性职业形象是最能够体现社会性别视角的变量之一。掌握女性的就业情况和职业分布状况,对于认识和了解女性在社会中的地位具有重要意义。

表 2 – 3 女性的职业分布状况

职业	人数(个)	百分比(%)
党政军	8	9.88
企业管理	15	18.52
文化、艺术、体育	30	37.04
商业服务	4	4.94
教育、科研	5	6.17
传媒	9	11.11
医疗卫生	3	3.70
工农	1	1.23
其他	6	7.41
总数	81	100

从表 2 – 3 可以看出,女性角色比例最高的是文化、艺术、体育行业,高达 37.04%,其次是企业管理者为 18.52%,传媒行业位列第三达11.11%。据《第二期中国妇女社会地位抽样调查主要数据报告》显示,从行业分布来看,女性在批发零售、社会服务、教育、文化、卫生等领域工作的比例超过男性;在金融保险、科学研究和综合技术服务等领域和党政机关、社会团体工作的比例接近于男性。[①] 不难看出,这个职业分布在一定程度上挑战了"男主女从""男强女弱"的性别偏见,文化艺术行业的高比例同时也反映出刊物迎合市场及受众的价值取向。

---

① 中国妇女社会地位调查课题组:《第二期中国妇女社会地位抽样调查主要数据报告》,《妇女研究论丛》2001 年第 5 期。

（3）知识形象

表2-4　　　　　　　　　　**女性文化水平分布情况**

文化水平	人数（个）	百分比（%）
小学以下	2	3.45
中学或中专	14	24.14
大专或本科	34	58.62
研究生及以上	8	13.79
总数	58	100

表2-4显示：在被明确提及文化程度的58位女性中，大专或本科和研究生及以上文化程度者所占比例最高，分别达到了58.62%和13.79%，两者相加占到72.41%。从社会现实来看，近年来我国女性的受教育水平有了较大幅度的提高。全国妇联和国家统计局进行的第二期妇女社会地位调查显示：2000年文盲比例已从1990年的30.1%下降到11.1%，城乡女性中大专以上文化程度的比例从1.4%上升到3.5%。[①] 从两组数据来看，杂志建构的女性知识形象比社会现实显然要高。

（4）报道主题类别

表2-5　　　　　　　　　　　**报道主题类别**

主题类别	个数	百分比（%）
婚姻家庭	7	8.64
事业	19	23.46
家庭兼事业	12	14.81
其他	43	53.09
总数	81	100

从表2-5的数据看出，关于事业型和家庭事业兼顾型的女性占所有女性人物超过三分之一，而涉及婚姻家庭的情感讲述只占8.64%。

---

①　中国妇女社会地位调查课题组：《第二期中国妇女社会地位抽样调查主要数据报告》，《妇女研究论丛》2001年第5期。

（5）女性品质形象

表 2 - 6 女性的品质特征分析

品质特征	次数	百分比（%）	排序
吃苦耐劳	21	16.41	3
善良仁厚	14	10.94	5
无私奉献	13	10.16	6
敬业进取	27	21.09	1
理智独立	19	14.84	4
果敢坚强	23	17.97	2
不良品性	0	0	8
其他	11	8.59	7

（注：由于女性表现的品质特征之间会有重叠，所以总次数为128）

《中国妇女》塑造的女性最突出的品性是"敬业进取"，占21.09%，第二位的是"果敢坚强"，第四位的是"理智独立"，这三种品质合计53.9%。这也表明，杂志注重塑造现代女性新形象。

2. 女性形象的总体概述

《中国妇女》中的女性形象总体上呈现出如下表征：年龄上，以中青年女性为重点，尤以中年女性为主；职业上突破了传统行业，在企业管理、媒体、文体等方面有出色的表现；注重对具有较高文化水平的人物进行宣传报道；报道主题上，不仅仅局限于婚姻家庭、健康美容、情感故事等方面，注重立体呈现复杂、多元的女性形象，并表现出自强、独立、进取的品质。当然，因其机关刊物的性质，仍相当重视"典型人物"的报道，具有明显的榜样示范功能。

（二）《中国妇女》对积极女性形象的建构

《中国妇女》持续关注女性社会热点：参政、教育、法律、科技、公益慈善、环保、成才、理财等，有意识地超越日常生活中物质层面和婚恋等问题，该刊对职业女性的重点关注，拓展了女性视野，凸显出刊物的社会责任意识。

1. 强者的励志范本

《中国妇女》杂志以人物报道为主线，不过却有效规避了许多女性杂志普遍呈现的有色相没内涵、懦弱无助的"被看"的女性形象，刻画出一个个强者姿态的女性形象。

一些女性在自己的行业和工作领域取得了杰出成就，她们所取得的业绩以及开拓进取、自信创新、果断理智的品质一般会成为报道的焦点，如民营企业家、国企管理者、科研牛人等。还有的女性身残志坚，通过不懈的努力，在某一领域获得超越正常人的成就。如《邰丽华：残缺的花朵也芬芳》（2010 年第 1 期），以三个小标题"于黑暗中体味光明""于无声中感悟音律""于残缺中寻求完美"完成她的心灵独白。

杂志频频关注普通职业及农村女性。如《草也要花开》（2010 年第 12 期），记者在导语部分表达了对春草们的敬意：是生活中的"春草"打动了我，她的那种坚韧的性格，那种吃大苦的劲头，那种始终抱着希望不放弃的心灵，让我对她产生了深深的敬意。从大标题"草也要花开"，到小标题"春草们是生活的亮色""小人物也要过好日子"，无不透露着记者对坚韧女性的敬意。为了更好的生活而在挫折、苦难里挣扎、奋斗、忍耐、不气馁、不放弃，这也是强者的风范。

2. 知性的成长蓝本

娱乐时代，演艺明星成为当下时尚消费类女性杂志的首选对象，翻开杂志入眼即是大幅的美女图片、广告，不是女性人物的自我吹捧，就是"先锋""前卫"的另类生活大爆料。《中国妇女》对明星的报道不落俗套，重点落脚于女性的知性魅力。

如《海清：想跳得高必须先蹲下》（2010 年第 2 期），红透荧屏的海清因为长相不漂亮，星路并不平坦，但与那些为了获得成功不惜代价的女星不同，海清对自己仍有清醒的认识，她可以在翻看刊登她照片的杂志时，脱口而出"感谢他们，没有把这里修掉（眼袋）"，"我喜欢这位化妆师给我化的，能体现出我的特点，与漂亮无关"。文章结尾引用海清的原话："一个人是有蛰伏期的，越是把自己往地里沉，往土里砸，有一天反弹得才会更高更远。奋斗的过程正是我心甘情愿想要的。"一个性格大方、自我、洒脱、坚韧、挺拔、思想深邃的知性女性形象跃然纸上。与一些媒体将女性限定在家庭、娱乐消费领域，或者热衷于追星猎艳相区别，《中国妇女》塑造了无数如海清般的知性女性形象，她们的成功与漂亮无关。记者也很少对人物外貌形象进行细致的描写，有思想、有个性、有追求、完整的个体才是她们的标签。

3. 解放的自由样本

过去的中国女性们最骄傲的不过是"出得厅堂，下得厨房"，今天，即使妇女的地位得到了社会的认同，许多女性也仍喜欢用中国传统文化中男性的价值观来看待自身。2010 年是国际劳动妇女节 100 周年，《中国妇女》重提"妇女解放"，不同于传统意义上的争取社会地位、权利平等的斗争，杂志将视角放在心灵与自我的解放，赋予妇女解放以新内涵。杂志邀请了几位代表性的作家、学者对此做出她们的解读。中国作家协会主席铁凝认为"解放"应该有新的内涵，"今天解放的含义应该包括女性自身从自我禁锢中解脱"；文化学者于丹提出"牺牲不是中国妇女的传统美德"，"社会正在解放我们外在的空间，我们不能再给自己的心灵上枷锁，解脱自己就是解放，砸开心灵的枷锁就是解放"。

杂志对杨文的报道很好地体现了这一点，《杨文：孩子是妈妈弓上的箭》（2012 年第 1 期）成功建构了有别于"牺牲自我、成全孩子"的新母亲形象。培养出剑桥大学生物学博士儿子的杨文拥有精彩的人生，彰显出现代母亲的特质：杨文的母爱，不是化作春泥，而是与儿子一同成长；不是剑拔弩张，而是深深拉弓、早日放箭；不是蜡炬成灰，而是在照亮儿子前程的同时，也让自己的生命绚丽多彩。对于典型人物的报道也着意突出对象的自由灵魂，比如吴菊萍与于莺，一个是中国最美妈妈，一个是急诊科女超人，都是坦然选择做有血有肉的普通人，而不愿意牺牲自己和家人成为媒体拔高的"高大全"。由此可见，《中国妇女》不进行贩卖"苦情悲情"的催泪讲述，不强化女性如何为丈夫为孩子为外在的名声牺牲自己，而是更看重女性的心灵解放，强调女性个体价值与社会意义。

（三）新女性形象建构的意义与价值

当代最负盛名的女权主义者西蒙娜·德·波伏娃说过："女人并不是生就的，而宁可说是逐渐形成的。在生理、心理或经济上，没有任何命运能决定人类女性在社会的表现形象。决定这种介于男性与阉人之间的、所谓具有女性气质的人的，是整个文明。只有另一个人的干预，才能把一个人树为追随者。"[①] 男尊女卑、男主女从、男强女弱等传统观念早已渗透到社会生活的各个领域，内化到人们的道德观、审美观，积淀成一种心理

---

① ［法］西蒙娜·德·波伏娃：《第二性》，陶铁柱译，中国书籍出版社 1998 年版，第 309 页。

定势和潜在意识，导致女性刻板印象的形成。在学者卜卫看来，性别的刻板印象主要包括对男女两性的性格、形象、智力、社会分工、家庭角色等方面的定型化。比如女性在性格上总是被归纳为"肉体的、非理性的、温柔的、母性的、依赖的、感情型的、主观的、缺乏抽象思维能力的"，男性则被归纳为"精神的、理性的、勇猛的、富于攻击性的、独立的、理智的、客观的、擅长抽象分析思辩的"的性格特征。①

　　随着市场化的深入和细分，媒介领域也逐步趋于商品化。当前女性期刊中纪实情感类和时尚消费类占据了大部分的市场份额，例如在市场上比较成功的《家庭》和《时尚》，为大众提供了生活各个方面的信息知识，虽然在生活中具有一定的指导意义，但是仍逃脱不了市场经济的利益驱动。女性往往被简单地褒扬为吃苦耐劳、贤良忍让的道德典范，或是充当上当受骗、孤立无助、哭诉喊冤的弱者形象，内容总不外乎情爱、情殇、情仇，暴力恶性事件，隐私内幕揭秘，等等，文字夸张缺乏真实性，标题追求噱头、哗众取宠，如《"巨额遗产"套男友，女白领冲出围城亦疯狂》《女主播情殇：倾情七年竟成"备份"》，等等。女性仍被禁锢在家庭、生活、情感领域，缺乏自己的追求，始终剥离不了"被"字。而时尚类杂志，大篇幅的性感图片是必杀技，文字内容方面则致力于为追求高质量生活的人"造梦"。

四　老年形象建构：以《快乐老人报》为例的分析

　　中国不仅是世界上人口数量最多的国家，也是老年人口数量最多的国家。20 世纪 90 年代以来，中国的人口构成结构发生了相当大的变化：据有关资料显示，2000 年中 65 岁以上的老年人口超过 7%，典型的老年型社会已然到来。中国社会科学院发布的《中国老龄事业发展报告（2013）》指出，中国将迎来第一个老年人口增长高峰，2013 年老年人口数量突破 2 亿大关。在 2025 年之前，老年人口将每年增长 100 万人。人口老龄化问题随着庞大的老年群体数量而产生，我国人口老龄化的突出特点是：绝对数量大、呈现"未富先老"以及高龄化趋势。目前，虽然社会各界对人口老龄化后果的认识尚不统一，但老年人口比例的上升，老年人在家庭日常支出、医疗等方面的实际消耗和老年人精神上的需要，致使

---

① 卜卫：《媒介与性别》，江苏人民出版社 2001 年版，第 15、16 页。

老年群体往往被认为是社会的负担。

2002 年世界卫生组织提出"积极老龄化"概念,即"让老年人认识到自己在一生中体力、社会以及精神方面的潜能,并按照自己的需求、愿望和能力去参与社会活动,而且当他们需要帮助时,能够获得充分的保护、保障和照料。"① 这个概念的提出意义深远,媒体特别是老年报刊在"积极老龄化"议题上负有重大责任。

(一) 老年报刊现状

我国老年报刊的历史不长,但已形成中央到地方层级分布的老年报刊体系。创刊于 1998 年的《中国老年报》是我国唯一的一份"国字头"的老年报,肩负着宣传老龄工作方针、政策的历史使命,是党的老龄工作和老干部工作的重要喉舌和重要舆论阵地,每周出版五期。1984 年问世的广州《老人报》则是我国第一份专业性老年报,它也是全国 28 家中心城市以上级别的老年类报纸中办报规模和效益名列前茅的报纸,日均出版 40 个版面,除常见的新闻、养老、健康、文史、生活板块外,还开设乐活、乐购、娱乐、读书、理财等版面,拓展了老年报的报道范围。总体来看,地方老年报相对而言更注重地方性与服务性。版面设置主要分为五大类:新闻类(包括对老年人先进事迹的报道)、医疗保健类、文化娱乐类、旧闻逸事类、服务信息类。

无论是面向全国的大报还是地方性的老年报纸,我国老年报对老年人形象再现不外乎六个方面:性别的再现、年龄的再现、对老年人生活状态的再现、对事件性质的再现、对老年人凸显品质的再现和对老年人活动领域的再现。

长期以来,媒体对老年群体的报道充满误读与偏见,并且报道程式化现象严重。李普曼在其著作《公众舆论》中最早提出"刻板印象"(stereotype),他认为个人既有的成见或头脑中的图像,很大程度上影响个体对事物的认知。他说:"在所有具有支配力的因素中,最让人难以捉摸、最有普遍性的就是创造并维护成见库的那些因素。我们在看到世界之前就被告知它是什么模样。我们在亲身经历之前就可以对绝大多数事物进行想

---

① 世界卫生组织:《积极老龄化——政策框架》,转引自熊必俊编《人口老龄化与可持续发展》,中国大百科全书出版社 2002 年版,第 309 页。

象。"① 不少已有的对老年群体的研究都指出，大多数人对老年人存有偏见和负面的看法。人们对上了年纪的人往往存有一种消极、否定的印象：老年人孱弱、沉闷、孤独、沮丧、爱唠叨；寿命长、体弱多病、行动迟缓，是家庭的负担；对生活、对社会无可奈何，公共事务参与度不高等。

一切形象都是人的认识的反映，而在当今信息社会，大众传播媒介已经建构了一个由各种符号系统所组成的超真实的"类像"世界。老年人形象的形成，一方面因为其外在生理上的特点，比如说老年人行动迟缓，思维相对较慢，身体在慢慢衰老等。但传媒，尤其是老年媒体在很大程度上也塑造了老年人的形象。刻板印象一经形成，就很难改变，因此正确而全面地反映老龄化、建立积极的老年形象具有相当重要的意义。老年人期待通过展示自我形象影响他者，期待从他者的肯定评价中满足群体心理需求，从而增强关于共同体的愉快想象和聚合力。因此，老年报要力图塑造精神上进取，内心情感上控制能力好的老年人形象，即平时社会舆论称之为"成功的老年人"形象。

（二）《快乐老人报》的成功案例

《快乐老人报》于 2009 年由湖南长沙《潇湘晨报》独资创办发行，并在北京、广州、成都、长沙等 15 个城市同步印刷。4 开 16 版，周二刊。该报以提升中国中老年群体的生存幸福感，帮助他们达到独立、尊严和自主命运为宗旨，定位于老年问题解决方案提供商和老年群体意见表达服务商，以现代都市中老年人群为核心受众。其广告语为：快乐伴一生。

作为国内首份精准定位"快乐老人生活"的现代都市纸媒，它从所有中老年人心理、生理的真实需求出发，为中老年读者量身定做，正如总编辑周钢对报纸的介绍："大字报，健康品，互动圈，信息源，创作园"，倡导和推动有品质的老年幸福生活，使他们能自主命运、享有尊严和快乐。创刊至今，《快乐老人报》受到了来自全国各地老人的好评，在"服务老人""打造中国最好的老年报"的理念指导下，该报纸在业内成为屈指可数的获得受众认可的优质老年报纸之一。该报形象代言人是袁隆平院士——"80 后资深帅哥"，由这样一位建树颇丰同时乐观、豁达、幽默的老人担任形象代言人，显然有极强的号召力。

① ［美］沃尔特·李普曼：《公众舆论》，阎克文、江红译，上海人民出版社 2002 年版，第 73 页。

《快乐老人报》前期的市场调查结论显示：老年人群需要的不是养生，不是回忆旧日时光，而是被社会关注、重视，不愿被边缘化，这一点可以说颠覆了人们惯有的看法。老年人期待通过展示自我形象影响他者，期待从他者的肯定评价中满足群体心理需求，从而增强关于共同体的愉快想象和聚合力。

1. 版面栏目设置

《快乐老人报》大多都从正面或者侧面对老年形象做不同程度的建构：头版以国内重大新闻、老年人相关政策性解读为主；《评说》版让老人们充分展示自己的思辨和睿智；《家庭》版里我们看到了以老人为切入点的整个社会家庭轮廓；《作品》版专门刊载老年人的优秀作品，如剪纸、绘画、摄影等作品，整体反映了当下整个老年群体积极乐观的生活心态；《当年》版引领读者分享老人们年轻时期的独特经历和人生感悟，更反映了老一辈年轻时候的困苦与激情、坎坷努力。《快乐老人报》对老年人的关注不仅停留在对其物质生活的关照上，更体现在其精神生活上。读者在读报时有一种感觉很明显：老年人在物质生活上可能是拮据、贫乏的，精神生活上则洋溢着一种乐观和豁达之情。

在板块及栏目设置上，相比其他老年报，该报加强了评论、人物故事比重，"评说"版、"特别关注"版、"社会"版、"老年大学"版、"分享"版等版面也特色鲜明，比如小栏目《电脑课》，由报社技术部供稿，每期教一招实用技术，还会关注网络流行元素，如3月31日的短文《茶叶蛋》：

> 台湾近日一档综艺节目中，主持人和嘉宾说大陆群众收入低，消费不起茶叶蛋。网民纷纷晒出自己吃茶叶蛋的"炫富照"调侃、还击。
>
> 举例：同学聚会我各种低调："我混得不咋地。"大家不依不饶，我只好掏出一个茶叶蛋表明身家。然后，大家都问我是如何致富的。

2. 积极老年形象的建构

20世纪八九十年代，老年人常常以两种主要形象出现在报纸中，一种是典型的无私奉献的榜样型，一种是体弱多病型的老人，这两种老人形象塑造相对而言比较笼统，也不能全面呈现老年群体的形象。然而，在

《快乐老人报》中，我们可以发现老年人的形象越发多元化、生活化和具体化。该报致力于塑造乐观开朗、健康长寿、好学睿智、热情多样的生存状态，展现出新世纪老人的全新面孔。

笔者选取该报 2011 年 11 月 1 日至 2012 年 3 月 10 日为样本，对其中 291 个文本进行统计分析，结果显示：老年人以正面积极形象出现的报道有 148 篇，占报道总数的 50.86%，老年人以负面消极形象出现的报道有 119 篇，占 40.89%，无明显倾向的中性形象报道有 24 篇，占报道总数的 8.25%。中性的报道主要为一些读者投稿或者提供服务的报道。积极老年形象的相对数量在增加。

我们可以对老年人的形象进行三种简单的划分：积极形象、消极形象和中性形象。过去消极的老年形象往往占主导地位。即使是正面报道中，老年人也常常以需要帮助、无奈等形象出现。老年人以消极负面形象出现在报道中，给读者以"老年人是社会负担"的感觉，从而使社会形成对老年群体的刻板印象。《快乐老人报》中积极形象的塑造远远高于从前，甚至超过半数。这也正是对老年群体发展变化的一个客观的展现：老年人已经逐渐意识到了自身的优势和力量，开始寻找本群体参与社会劳动的新形式。社会也已经开始意识到老年人这一特殊群体的庞大市场，"银发市场""银发经济"这些词语开始进入大众的视野。

"快乐老人"是这份报纸最突出的老人形象，它包括：健康的生活、终身学习的机会和能力、继续贡献社会，等等。《中国老龄事业的发展》白皮书提出的快乐老人的标准为："老有所养、老有所医、老有所教、老有所学、老有所乐、老有所为。"就是说让老年人在受教育和学习中完善自我，提升自我，从而获得身心健康、精神快乐的享受，这样的老人是时代发展的新力量。

头版专栏《我最快乐》定期刊载快乐老人的故事，讲述老年人的愉悦生活经历，体现出了老年一代简单、幸福、充实的精神面貌。如：《一年有一半时间在外游玩》讲述了 79 岁的裴九锡与老伴四处游历长见识的故事；《耶！终于画出小狗的调皮模样》写北京 66 岁的何兰秀老人从养狗到画狗不断学习的过程；《他家的石头会讲故事》介绍了重庆 81 岁的吴孝文喜欢收集石头、给每一块石头赋予意义的生活情趣；《潮老太爱拍照人称"萌正太"》秀出老人刘贵贤热情乐观的心态，喜爱拍照、扮可爱的她引起了广大网友的关注……该专栏持续记录全国各地老人生活，呈现一系列多元、乐观、真实的快乐老人形象，使得读者对"快乐老人"的意义有了更具体更深入的理解。

3. 主动设置议程，引导社会舆论

老年报要办出影响，取得传播效果，仅靠碎片化的信息与健康养生服务难以实现，在报道选题上《快乐老人报》主动出击，精心推出专题报道，《特别关注》版面刊发的报道善于捕捉热点话题，设置议程，引发社会关注，引导舆论。2013 年 9 月 16 日组织的讨论式报道《人生的价值啊为何越老越小》，持续发酵，引起全国范围的关注，报社开通热线电话鼓励读者参与讨论，先后形成不同的讨论焦点，约 1140 人参与了讨论。期间还开展了全国巡回聊天会，101 位老人也就此话题自发站队并各推选 4 位辩手展开激辩。持续了 26 期的报道至 12 月 16 日完结。这次策划不仅仅是倾听各方声音，报社还展开了扎实的社会调查，对五种不同类型的老年状态逐一分析，并请专家对老年人的心理进行把脉，正面引导，指出老年人不是真正没有价值，而是小看或忽略了自身价值。在报道的完结篇中，报纸注意舆论引导，增强老年人的信心。相比创造社会财富（就业创业等）等体现价值方面，老年人在精神需求的满足上分值更高，能把自己照顾好、拥有良好精神面貌及和谐家庭关系的老人，其所体现的价值自然会辐射到社会。

除此之外，该报关注网络热点话题或段子，善于从段子中寻找新闻焦点，比如 4 月 7 日的《特别关注》版深度报道"曾经熟悉的无私精神去哪了"，就是以最近微博上流行的小学语文关联词填空为开头：

他 ＿＿＿ 牺牲生命，＿＿＿ 出卖组织。

60 后填"宁可 也不"；

70 后填"害怕 所以"；

80 后填"与其 不如"；

90 后填"即使 也要"；

00 后填"白白 忘了"；

10 后填"何必 只需"……

报道通过不同年代的人物采访就"无私奉献"的变迁进行了事实陈述与深度分析，可以说是对网络话题的及时回应，成功地抓住了受众的眼球。

　　塑造全面、丰满、具体的老人形象,彰显老年人的活力与热情,引导社会正确看待老年人,报纸才能获得高度的认可和新的生命力。老年报纸的发展进步离不开理念的更新和思想上的与时俱进,报纸的积极形象建构反过来也会促使老年更主动拥抱生活与社会。

第三节　逐渐兴起的人物报道新品种

一　历史人物报道

　　20世纪90年代以来,国内媒体人物报道在报道领域、对象选择上不断突破原有局限。以时空顺序来区分的话,长期以来只有现实人物新闻报道,历史人物报道的出现大大拓展了人物报道的空间,历史与现实的连接使得文本具有厚重的文化内涵。一般而言,历史人物是指近现代史上的人物。

　　(一)概况

　　1. 新中国成立以来历史人物报道发展演变轨迹

　　历史人物报道始于20世纪80年代,经历了十年动乱的国人,急切地想要"以史明鉴",传记文学的风行一定程度上反映出这一社会现状。这类大量刊发于报刊的纪实性作品以挖掘伟人业绩、名人精神人格、历史贡献等为重点,新闻性较弱,基本上由作家或名人亲属撰写。1980年创刊的《人物》杂志,作为新中国成立以来第一家以刊载名人传记和当代高端人物报道为主的期刊,也是国内创办最早的人物传记类刊物,该刊强调第一手资料及史料价值,强调扬善而不溢美,批判而不夸张,被读者、研究者及业界同行誉为"当代史记"。

　　近年来,开设相关专栏的媒体日益增多:《中国青年报》自2006年创办《冰点》之初就开设了《钩沉》专栏(后改名为《起点》),用灵活的笔触勾勒历史人物,告知读者一段被淡忘或不曾知晓的故事;《北京广播电视报·人物周刊》的《历史钩沉》专版;河北省作家协会主办的《人物周报》的《百年回眸》《解码历史》专版;长沙日报报业集团主办的《人物汇报》的《世纪风云》《人物秘史》《民国往事》《史海春秋》,等等。期刊方面,《三联生活周刊》开设了《口述》专栏。电视媒体方面,2004年中央新闻纪录电影制片厂开办了一家面向全国的付费数字频道，设《人物志》等栏目，用纪录片的形式报道历史人物。各大门户网站则充分发挥网络的超链接功能，建立起庞大的历史人物库。

种种现象预示着历史题材不再是单纯地作为背景材料出现在新闻中，而是有了独立的一席之地。这种转变集中出现于 2005 年，恰逢抗战胜利 60 周年之际，国内各大媒体纷纷推出专题策划，其中尤以《南方都市报》"寻访抗战老兵"系列报道引人注目，它所遵循的"重现历史迷思中人性的温暖，还原宏大叙事下细节的真实"理念越来越成为媒体操作历史事件与人物报道的共识。

2. 社会背景

从某种程度上说，是竞争激烈的媒介行业生态环境成就了历史人物报道。而复杂、全面的历史人物报道，还应归功于改革开放深化所提供的宽松社会语境，所谓"历史无禁区"，在社会变革和经济文化急剧转型的年代，人们对历史的认知发生了较大改变。在革命斗争范式中，历史人物被二元对立地分为红与黑，进步或落后，革命或反动，以致人性的丰富、历史的多样被政治话语遮蔽，"重写文学史""重构历史"等声音自 20 世纪 90 年代以来持续引发热议，重新打量历史人物也被提上日程。媒体以人性化、故事化、较少革命斗争范式的客观叙述取胜，从新的角度解读这些历史人物，借以展现时代变迁。

3. 存在的误区

因为对象的离世而日渐久远模糊，历史人物报道要做到真实客观不是一件容易的事。当前一些媒体的报道在价值取向与操作方法上出现了三种误区。

首先，流于玩味野史、秘史，以猎奇、暧昧等为噱头，失去新闻报道价值。如《人物秘史》版《李宗仁用三颗舍利赌"副"之职》一文，停留在奇闻逸事的叙述，演绎色彩浓厚。在凤凰网和腾讯网等历史频道中，对历史人物的报道也多带有揭秘性，有些标题更让人觉得与市井小道消息无异，完全丧失了历史应有的厚重感。

其次，喜欢用当代流行词语或热点问题"重写"历史人物，这似乎已成为一种时髦。比如《人物汇报》上《孟子收入惊人也为减薪纠结》，标题就非常具有吸引力，通篇是"年薪""跳槽""老板""辞职""策划""办公室"等现代词汇，以所谓的职场戏码迎合受众心理。

此外，还有一些严肃的报道在解读历史人物时主观色彩太强烈，往往以自己的立场、态度与观点重构历史人物，缺乏温情与敬意，有违真实客观。或者是受阅历、知识、观念、方法的局限，或者是"重写历史"野心太胜，以至于脱离了具体的时代语境。

以上做法固然能在短时间内赢得受众眼球，但长久来看，必将损害媒体公信力，负责任的严肃的态度是所有媒体应该遵循的基本准则。在这方面，《南方日报》的"世纪广东学人"系列报道不失为成功的范例，历史人物和历史事件的评价历来是媒体报道的敏感点，而 20 世纪中国政治风云变幻，不少学者或主动或被动地参与到社会政治活动中。作为追求"高度决定影响力"的省级机关党报，既不能以政治立场划线使报道失去公信力，又要规避报道风险，策划团队的操作经验是：回避学人的政治属性，重点发掘其学术属性，不做翻案文章，不质疑已有公论的史实。①《南方日报》经过一年的酝酿，从 2010 年 4 月起，正式启动大型系列报道"世纪广东学人"，每期以两个版 1 万多字的篇幅，报道近现代学者大家，以翔实的史料、生动的文笔，彰显了学者们严谨务实的治学为文之道、学术精神与道德风范，报道的传播效果在很大程度上取决于学人们精神与灵魂、格调与趣味的可贵，这是理想的烛照，对于今天过于现实功利的受众无异于一记警钟，促人反思。

（二）历史人物报道专题策划个案解读——"百年家族"系列

作为综合性人物周刊，《南方人物周刊》在人物报道上拥有成熟的操作手法。主编徐列曾说刊物秉承对人的认识理念是"希望一改过往的二元对立的认识论，把人还原到人性原点上，抛弃意识形态的功利性和道德的简单化，回归人物应有的多元、复杂、善恶并存、变幻莫测的基点上"。② 刊物对历史人物的报道一直贯穿着"打破意识形态束缚，重新打量历史生命"的目标。2009 年推出的"百年家族"系列为历史人物报道起到了较好的示范作用，部分精品报道结集而成的《世家》也已出版面市。"百年家族"选取清末民初具有影响力的家族，由一个杰出人物为由头，寻访家族后代，将其放在更广阔的百年时代风云中考察，试图探究中国整体的国民性。从每一个家族中，我们或多或少地可以看到时代的烙

---

① 杨兴锋：《南方报业采编经典案例》（第一辑），南方日报出版社 2011 年版，第 84 页。
② 徐列：《重新打量每个生命——〈南方人物周刊〉人物报道手册》，南方日报出版社 2009 年版，第 1 页。

印，从曾国藩、李鸿章家族身上可以看到近百年来中国国防的进步，从宋子文家族身上可以看到中国经济的近代化，这些都是时代变化的缩影。正如编辑部所言："1949 年距今是一个甲子，再往前推进一个甲子，恰恰可以涵盖百日维新的重要时刻，并且可以衔接由奕䜣和曾国藩等人主导的自强运动，将近代中国的梦想和今天的光荣打通，将百年前的激荡与今天百味杂陈的现实连接，通过一个个影响过中国的著名家族的故事，来完成我们对于百年中国的回望。这是我们推出'百年家族系列'的缘由。"① 持续几年的近现代风云人物的百年家族史，一定程度上改变了意识形态对于历史的扭曲与遮蔽，突破了过去非黑即白的粗暴判决或者光环加身的局限性，以及只可意会的重重禁忌。

记录历史人物及其后代命运的同时，也是记录这个时代我们自己的命运。正是在独特的理念指导下，新中国成立 60 周年的主题报道策划中，"百年家族"不仅没有与其他媒体撞车，而且掀起了一股报道清末民初时期历史人物的热潮。

一般受众对历史人物的评价受历史教科书影响很深，即正反形象的简单区分。在大多数人的意识中，提到袁世凯必联系到"窃取革命果实""卖国贼"，提到宋子文一定会联想到民国时期"蒋宋王朝"对百姓的欺压，而"百年家族系列"在报道这些有争议性的人物时，改变非黑即白的认知方法，将人物还原到当时的时代背景中，尽可能还原历史场景中的每一个细节，消除政治因素形成的偏见，挖掘历史的真相，使读者见到一个个有血有肉有个性的、真实的历史人物。《南方人物周刊》一直将"平等、宽容、人道"作为杂志所要传递的核心价值，"平等"意味着不仰视被神化的鲁迅，也不贬视一直被政治枷锁束缚的袁世凯后人。"重新打量"意味着不信奉某位研究专家的一家之言，而是将能够搜集到的各种学者观点放在一起探究，让读者自行评判。

1. 报道策略

第一，寻访亲历者，口述还原历史场景。

口述史是对历史进行研究的一种方法，近年来广泛运用于新闻传播领域，有利于挖掘被掩盖或隐藏的事实真相，也能够使报道的画面感更强，使史学和新闻学很好地融合在一起。

---

① 李佳怿：《世家》，上海书店出版社 2011 年版，第 260 页。

这样的口述不仅真实地还原了当时的环境和情景，而且赋予了历史人物鲜活的生命力，历史人物不再是一堆枯燥无味的史料，而是一个有血有肉有个性的人，可以触摸的人。

第二，重读史料文献，解读人物个性和家族共性。

"百年家族"系列在史料运用上有其独到之处，主笔李宗陶曾说，"我尽量不看那些综合性著述而选择粗矿，即第一手材料——即使是史学大家解读也总带有时代痕迹，不如让今天的读者自己去感觉、评判"。①

在《被遮蔽和高悬的鲁迅》一文中，提到六十高龄的许广平提笔写《鲁迅回忆录》是为了"献礼"而"遵命"做的一件苦差事，该文还截取《鲁迅的生活之一》：

> 衣服他是绝对要穿布制的，破的补一大块也给一样地穿出来。为了衣着的随便，于是乎在十里洋场的上海，他到医院给朋友当翻译，医院里面的人就当他是吃翻译饭的，大敲其病人的竹杠；到印刷所接洽印件，或到制版公司去制锌版，人家当他是商店里的跑街或伙计；到外国人的公寓去拜访，电梯司机人就当他是BOY，不准他乘电梯，要他一步步跑到九层的楼上。

扎实的生活细节给读者呈现的是不一样的鲁迅，真实可感的形象有利于打破他一贯的刻板印象。

在写袁世凯复辟帝制时，李宗陶选取了两段材料：一是美国《独立周刊》1915年11月22日对袁世凯的专访（《中国的共和制将继续下去》）。袁世凯对记者说："你们的杂志一定有能力让美国官方和人民深刻地明白：说我赞同恢复帝制，希望成为皇帝的论调，并不是我的朋友，而是由我的敌人虚构的。"二是刘成禺在《世载堂杂忆》中披露了袁世凯与老友英国公使朱尔典的秘密谈话。在谈话中，袁世凯透露"我考虑帝制的事情，不过就在这几年，只是与我的子孙，甚有关系"。对复辟帝制这一问题记者没有发表意见，只是将史料摆出任凭后人、读者评判，从中读者可以看出袁世凯嬗变的个性。

从史料文献中不仅仅看到人物的个性，在探索家族踪迹的过程中还可

---

① 李宗陶：《文火煨慢汤》，《南方传媒研究》2010年第22期。

以总结出家族的共性，可以寻根溯源，找到这些共性的源头。如"辉煌的钱氏家族"这期中写到《钱氏家训》的力量，短短635个字的《钱氏家训》，解答了钱家多寿星、多才子、多俊杰的家族特征，也解答了钱家子弟知书达礼，所娶配偶才貌与德行兼备的家族共性。

第三，专访研究专家，审视多面历史人物。

历史的真相究竟怎样？生活在现代社会的我们无法定论，作为媒体也没有权利对历史人物妄下定论，对话研究专家是重新探讨某些历史问题比较权威的一种途径。

比如晚清至关重要的人物曾国藩与李鸿章，在其生前至去世后，可以说是集各种符号于一身，其所处的时代外部世界如何，其内心世界如何？刊物以严谨的学术态度进行了梳理与多元呈现。在《告诉你一个真实的袁世凯》一文中没有对袁世凯做简单判定，只是将史学家的最新发现告知大众，为受众思考提供材料。

对于周作人这样的历史人物，连香港卫视执行台长杨锦麟都在读者来信中写道"将周作人作为封面人物，在当下仍需一点点勇气"。针对读者好奇的汉奸、兄弟失和等问题，《南方人物周刊》专访了周作人研究者止庵。在回答记者李宗陶提问的"周作人亲近日本文化，想以它来替代中国文化"时，止庵举出周作人在写《日本管窥》和《谈日本文化书》两本书中的态度，指出周作人对日本文化的态度是停留在对其民间艺术或文人画师作品的欣赏上。而对于"周作人访日时慰问日本伤兵和进出神社"的问题，止庵提供了《庸报》的报道和倪墨炎的《苦雨斋主人周作人》对该事的记录，真相是"当日计划没有实现"。如果不是专门研究该历史人物的专家，不可能提供如此精准全面的史料，也不能让受众如此信服。

重新以新闻的眼光打量重要历史人物，不仅需要勇气，还需要探索精神。而经过与史学家的探讨形成的新闻作品，甚至可以作为日后史学家的研究文本，实现史学与新闻学的有机融合。

2. 文体特征

每期"百年家族"一般由3—5篇不同文体的报道构成，形式多样，角度各异，从个人到家族的报道层层深入，在形成报道合力的同时，也增加了报道深度。

从文体上而言，第一篇固定为编者按，在新闻文体上属于新闻评论，交代选取该家族的缘由和表明编辑部的价值倾向。第二篇为深度报道，因历史人物报道的特殊性，在写稿时，除了从历史人物的遗著或家庭信件中获得直接体现人物性格的事情和言语外，还需走访名人家族故居，从当地居民和现存的家族人员中获得间接的消息。而第二篇文章到第三篇文章的跨越体现的则是点到面的转变，是人物由个像到群像的呈现。由个人到家族群体的人物通讯，展现家族的当代面貌，家族在历史变迁中的纵深感和时代感得到很好的体现。这也是"百年家族"系列区别于其他媒体的历史人物报道最鲜明的特色之一。

经常看《南方人物周刊》的读者，不难发现其文本一贯具有很强的"文学性"，"百年家族"系列也不例外。这种文学性体现出新闻写作文学化的趋势，打破了传统新闻报道生硬化、程式化的语言特征，从注重事实的单一理念中挣脱出来，提高了文章的可读性。文学性的新闻写作方式体现在文本上，首先是新闻故事化。设置悬念是新闻故事化常用的一种手段。在《中学语文课本中鲁迅作品的变迁》一文中，开篇便是：

> "孔乙己是站着喝酒而穿长衫的唯一的人"揭示了：
> A. 孔乙己的经济地位和思想意识
> B. 站着喝酒说明他经济地位低下，穿长衫说明他放不下读书人的臭架子
> C. 孔乙己是个思想迂腐的读书人
> D. 孔乙己没钱，所以只能站着喝酒，当时读书人都穿长衫，所以孔乙己也穿长衫

看到这样的选择题，不少读者会纳闷，甚至有些读者会下意识地在这四个选项中思考答案，这种悬念的设置第一时间抓住了读者的注意力。文章接下来说明了设置这道题的目的，测试应试教育在读者思想中留下的印记。

这样的悬念一方面可以强调鲁迅的文章在语文教育中烙印之深，另一方面可以使文章形式多样化。"百年家族"之李鸿章专题中，开篇用细腻的笔触勾勒出李鸿章家乡今日的场景：

> 从李道炯家里新开张的饭店走出来，往西踱去不远，是一眼斑驳的古井，几百年来井绳上上下下的负重运作，已经把石井勒出许多道

深深的豁口，仿佛大地上张着一圈缺了牙齿的嘴巴，犹豫着不能说的秘密。

这样的环境描写，一方面描述的是记者所见，客观的记录具有新闻性。另一方面，把石井的豁口比喻成"缺了牙齿的嘴巴，犹豫着不能说的秘密"，这样的写法很容易将读者带入厚重的历史情境，又似乎是某个小说中描写的片段，使读者的思绪游离于文字之间，很好地将新闻、历史和文学三者结合于一体。

此外，值得一提的是以第一人称语气写出的"口述"，记述人并非只是被动的倾听者，前期背景材料的大量阅读，话题的选择和谈话方向的把握，文章的主线、结构和素材的采用，等等，都反映出记述者的见识和功力。新闻界擅长做"口述"的有《三联生活周刊》，该专栏记者李菁还相继推出了报道精选集《往事不寂寞》《记忆的容颜》，她与李宗陶均擅长文化人物和历史报道，业界号称"双李"。

除上述文体外，在报道完每一个家族之后，都会在下一期的"读者来信"中刊登媒体人士或网友的评论，内容涉及整个系列报道传递的时代意义和社会意义、选取"家族"的角度、写作采访等专业问题。这种与受众的互动可以提升报道的传播效果，也能帮助其他读者更好地理解报道传递的理念。

温家宝总理在 2007 年访日演讲中说："在一个国家、一个民族的历史发展进程中，无论是正面经验或反面教训，都是宝贵财富。从自己的历史经验和教训中学习，会来得更直接、更深刻、更有效，这是一个民族具有深厚文化底蕴和对自己光明前途充满自信的表现。"① 优秀的历史人物报道搭建了一个连通历史、现实与未来的重要平台，将开启媒体获取新闻资源的另一个春天。

（三）口述史报道

1. 何谓口述史

口述史是对历史进行研究的一种方法，美国著名历史学家唐纳德·里奇认为口述历史是指"由准备完善的访谈者，以笔录、录音或录影的方

---

① 温家宝：《为了合作与友谊——在日本国会的演讲》，2007 年 4 月 12 日，人民网（http://cpc.people.com.cn/GB/64184/64186/207393/13304308.htm）。

式，收集、整理口传记忆以及具有历史意义的观点"。① 口述历史作为一种"公众记忆"式的历史记录方式，融合了历史学、新闻传播学等多学科的特点。它有助于普通民众书写历史，展示历史叙事的多元性，有助于深入认识人类思维及叙说方式的特质，它所主要运用的访谈手段回归了中国历史的传统，同时也赋予了历史以鲜活的人的气息。② 媒体借助这种方式扩展报道领域，在丰富历史的同时提升品牌美誉度。

2. 当前国内媒体口述史现状

口述史对象主要集中于抗战老兵、文化名家等，后来逐渐扩展到普通百姓的个人史。2014 年《深圳晚报》与深圳市政协联手推出大型策划《深圳口述史》，首季征集 1980—1992 年的个人史素材，计划通过 100 期重点访谈书写深圳的光荣与梦想，致力于留存一份有态度、有力量、有故事的家国记忆。该报《非虚构》版面集中刊发。

3. 口述史个案解读——《潇湘晨报》抗战老兵口述史

《潇湘晨报》口述历史工作室成立于 2013 年，这是一个以文字、图片、视频等多种介质，记录、抢救特定年代或区域居民个体记忆的工作团队。口述历史不以营利为目的，其团队成员由三部分构成：专业媒体人、不同行业背景的签约成员及志愿者。早在 2009 年该报已启动"抗战老兵肖像采集计划"，该项目以湖南（或湘籍）健在抗日战争抵抗者为对象，以抵抗者个体的经历、记忆为内容，多介质地收录起于"抗战生死地"、三湘四水间的个体抗战史。

老兵走访作为一种人物专访有其特殊性。健在抗战老兵的年龄大都超过了 90 岁，他们的身体状况与记忆力状况多已不如人意。由于老兵身体条件的限制，采访场地、时间等选择较为局限，甚至有很多采访是在医院、在老兵的病榻前完成的。崔永元口述历史团队曾形容这样的状况："他们大多是当年的普通一兵，其中 90% 的人可能既是一生中第一次接受采访，也是最后一次……他们在做一生的终极回溯。"

除极少数老兵依然持有较完整的记忆外，其他绝大多数是片段式、零碎化的。另外，因为经历过较多的非常态事件，老兵身上体现出的那种被

① ［美］唐纳德·里齐：《大家来做口述历史》，王芝芝等译，当代中国出版社 2006 年版，第 2 页。

② 王宇英：《口述史：为何与何为》，《中国政法大学学报》2011 年第 4 期。

政治裹挟的特点更甚于普通人，在某些方面，他们的个体记忆受到社会权力性话语的影响也更明显。在走访中经常遇到老兵的讲述偏离了提问的引导，或是讲着讲着又绕回了某个记忆点而重复叙说的情况。这种因口述者的特殊性带来的现实问题，也是对访问者的某种挑战。主创马金辉将老兵走访称为"重压下的人物采访"，除开政治上的压力，最大的困难便在于采访对象各种条件限制。

对于作为访问者的文字作者而言，采访后的口述笔录整理与写作无疑是需要下功夫的环节。如何尽量客观呈现，怎样恰当把握主体性，又如何进一步使历史、文学和新闻三者结合，是口述史的关键。

（1）老兵走访写作特点

第一，写作中主体性（介入度）的把握。

口述史与文本史的结合不可避免的会有关于介入感与融合度的考量。在操作过程中，作为访问者的文字作者既是一个倾听者，也是一个观察者、交流者。访问者的主体意识体现在很多方面：在访谈中为挖掘更多信息而发挥的主动性（如追问），提问的导向性，以及他在与老兵的接触、交谈中观察到的各种细节，这些内容在口述整理和写作中是无法做到完全客观呈现的，访问者已经或多或少在观察和交流中产生了自己的某种思虑和感受。

关于写作中主体性的考量，第一点便是：文字中可不可以出现"我"？关于这点，《中国青年报》《冰点》栏目曾做过有益尝试，在其众多专题报道里，记者采取的是体验式采访，因而在文字中记者不避讳地将"我"写进报道，给人较强的现场感以及与人物的交互感。这样的表达也更利于读者感受到人物，感受隔着文字的人物身上的温度。

对主体性的另一把握，则是对"重构历史意图"的把握，即价值诉求的把握。当从老兵的口述中接收到大量的不同于过往接触的历史信息，看到老兵激动于所受的苦难，或是遗憾于未能得到后世承认时，作为一个有着较强价值诉求的访问者，多数怀着一份关注当下社会的情怀和改变历史生态的志趣，但这种情感却不能在写作中有所流露，同时要提防先入为主，要保持一个倾听者、记录者应有的判断力与定力。另外，也不宜在文字中发表议论而以论带史。如团队幕后把关人所说："记录者就应尽量少做想象。你的感情是寄托在你做出的选择，而不是你的呈现。"诚然，口述历史对历史的重建已经反映在了它主动选择访谈对象、对口述内容进行取舍等主体性行为上。

崔永元在接受《人物》杂志采访时说："我们随便去歌颂一个时代，或者随便去诅咒一个时代，都是不负责任的。那个可能是诗歌、散文、电影、电视剧干的事。历史学者永远应该冷静，永远对社会和掌握的史料有一个客观的态度。"①

第二，历史、文学、新闻的有机统一。

唐德刚曾风趣地说："写历史必须用文学来写，并与新闻合作（新闻是当前的历史），才能把未被科学征服的百分之二三十保存下来。现在搞历史要像桃园三结义一样，把历史、文学、新闻三位结成一体变成刘、关、张三兄弟，就可以写成很好的历史了。"② 他的这个观点，是在文史不分、史以文传的传统观念上，增添了历史与新闻结合的观念。历史、文学、新闻三者的结合也是网络迅猛发展的当下对口述历史提出的要求。

口述史料来源于具体真实的口述者，因而口述历史的作品也可归属为非虚构文学的一种，如何在写作中增强这种非虚构作品的可读性？刻画细节、场景画面的渲染、故事情节的展现等都是重要手段。沈荣华撰写的《那时绍兴：翻过围墙跟闭关的和尚聊聊天》一文，开篇写道：

> 谢礼谦那时就常坐着乌篷船回外婆家，大概4小时的水路。比乌篷船更大的船，有"三明瓦"、"五明瓦"、"六明瓦"。明瓦，用牛羊角做成半透明薄片，嵌于篷上以取光。

生于浙江绍兴的老兵谢礼谦的口述挖掘的是记忆里的绍兴，这样的引入使人很容易进入到江南水乡的情境中，整篇文字行文舒畅，场景描绘细腻，间有人物故事的铺叙，还穿插了许多相关的资料图片和图说，分别从绍兴的船、院、寺与牌坊、酒、书生五个部分打捞老人对故乡的记忆与情谊。

（2）老兵走访的历史价值

第一，寻求与记录"微观历史"。

"历史是一种意识形态的编码"，掌握历史书写权的大多是政治斗争

① 张捷、张悦、崔永元：《我有一事，生死与之》，《人物》2012年第6期。
② 唐德刚：《史学与红学》，广西师范大学出版社2006年版，第29页。

和军事斗争的胜利者。对于这一点，古今中外概莫能外。我国以抗战为内容的历史读本不可胜数，但大部分是以中共领导的新四军、八路军和为其领导的地方游击队武装力量为表现对象。胜利者的成功叙事中，美与丑、是与非、好人与坏人、正义与邪恶、爱国与卖国、英雄与小人泾渭分明。

　　将镜头聚焦于战争中的普通士兵，触碰真实可感的个体生命，着眼于以"人"为核心的"微观历史"，有助于超越经典文本关于抗战的叙事框架，使粗线条、概念化的历史撰述生动鲜活起来。老兵口述是一项抢救性的采访，许多老兵年事已高，记忆和说话均十分困难。如今采访到的健在老兵均在 90 岁以上，70 多年前，他们不过是 20 岁上下的小伙子，在当年绝大多数是普通士兵及下级军官。这种立足于普通人的口述历史，也是一份"人民记忆"的记录。

　　崔永元口述历史团队的记者张钧 2010 年在接受《时代周报》采访时曾说："不管是在历史还是在现实中，人民一直是身首异处，在中国大概只有'民'而没有'人'。我们如今有机会做这个事情，能不能在大的历史语境里多出现一些人的影子？"① 正如《南方都市报》深度报道组编著的《寻访抗战老兵》（南方日报出版社 2005 年版）一书代序中所说："伟人领袖的丰功伟绩已经史有明载，英雄将领的横刀立马也多家喻户晓。60 年间，最易被尘土掩盖，最易被流云吹散的，是那些无名战士的愤怒、血气、迷茫与坚忍，是那些负枪荷弹士兵的急行军、狙击战、在硝烟中亮出刺刀、在搏杀中拼出最后一分力气、在最后一分力气中想起家乡的母亲与妻儿……"

　　口述史寻求的是亲历抗战的幸存者丰富的个人生命故事，是个人化的抗战史。老兵们在回忆和讲述的过程中追溯保存于记忆中的细节，以及他们深埋于内心的感受。细节是历史，感受也是历史，这些是难以在框架式、概述化的文本中看到的，是对过往宏大历史叙述的补充与匡正。

　　第二，"还原"与"重构"历史。

　　"还原"包括两个层面的意思，一是还原历史情景，即从众多老兵的口述中还原抗战正面战场的情景；二是还原真实的人性，直面复杂而多面的人性。它区别于简单、僵化的二元对立的人格，区别于政治意识形态化

---

　　① 喻盈、崔永元：《〈我的抗战〉：崔永元做口述历史》，2010 年 6 月 10 日，时代在线网（http：//www.time-weekly.com/index.php？m = content&c = index&a = show&catid = 13&id = 8696）。

和神话化的英雄。

　　对于第一点，《潇湘晨报》"湖湘地理"前记者邹容采取田野调查访问的方式，在湖南境内的抗日旧址（正面战场的 22 次大会战中 6 次发生在湖南）搜集资料，以一种现场感和强烈的对比感再现历史情景。口述历史团队采用的是走访在湘抗战亲历者的方式，尽力引导老兵较完整讲述其当年行军、作战或后勤的亲身经历和见闻，试图从众多老兵"记住的过去"（据笔者的了解，西方当代口述史学家们把口述研究的目的从往事的简单再现深入到大众历史意识的重建，把关注的焦点从"真实的过去"转移到"记住的过去"，不仅增加了历史认识的深度，而且扩大了历史认识的广度）中还原一个个真实的生命和其所处的历史场景。

　　还原人性则是还原历史真相的客观要求，面对那些饱满而沧桑的生命个体，老兵口述史寻求"重现历史迷失中人性的温暖"，唯有真实的人性，才是具有温度而可感的。当年走上战场的多数都是迫于形势与生计的普通人，"保家卫国"这一宏伟口号与其说是强烈的个人主观，不如说是行动带来的客观效果。战争的大背景下是真实的个体，并非笼统、壮阔的语言所能够概括和描述的。老兵文尧武三次被抓丁、两次"开小差"的经历，就体现了特定历史情境下一个人出于个人求生意志做出的选择。

　　"重构"历史可以从主观和客观两方面进行分析。从主观上讲，作为带有一定诉求的访问者，往往也带有一份改变历史生态的志趣。著名口述史学家罗纳德 J. 盖列更是将口述历史界定为"出于历史重构的意图对于过去事件的参与者或目击者的调查访问"[1]，便揭示了口述工作者的主体意识。但在走访中，"重构历史的意图"需要把握好度，否则将影响口述者提取回忆和诉说的角度。

　　从客观上讲，以回忆叙说为主的口述史料本身就有一定的重构性。口述是唤醒记忆的一种方法，记忆是通向过去的幽径，口述以记忆为媒与历史发生媾接。[2] 而记忆不可避免的会带有个人色彩和偏差。对于年事已高的老兵来说，记忆在时间上的变异性和重构性更加明显，他们已经有选择性地记住并遗忘了一些，也从各自的角度对过往的情境和事件赋予了意义。

---

[1]　转引自陈献光《口述史二题：记忆与诠释》，《史学月刊》2003 年第 7 期。
[2]　黎煜：《对话过去、当下、未来：口述与历史》，《当代电影》2012 年第 1 期。

（3）人文价值

第一，走访中的人文关怀。

"抗战老兵肖像采集计划"的对象——原国民党抗战老兵，是一个没有被明确定义的群体，"抗战老兵"只是一个民间称呼。到2013年6月民政部颁布红头文件（2013年6月4日，中华人民共和国民政部签发红头文件，将原民党抗战老兵列入优抚对象，享有与退役中国人民解放军同等的社会养老保障待遇。此文件出台的幕后推动者系深圳市龙越慈善基金会理事长孙春龙）将抗战老兵列入优抚对象前，这一群体未曾得到过官方的承认与优待。

在历次政治运动中老兵经历坎坷，但他们对物质生活并无太大要求，内心渴望的是一个承认与一份尊重。口述历史团队在走访中秉承"尊重相关史实，尊重现场，尊重老兵的身体状况"原则，在与老兵对话的过程中给予他们充分表达的机会，并在倾听中适时给予他们积极的回应。对于老兵来说，团队以较为正式的方式与其交流、付诸倾听，他们已经感到了一种承认与尊重。广东籍胡宗煊属于较晚被发现的老兵，当团队来到他家里，他的儿女显得很高兴："第一次有人因为爸爸是抗战老兵来看他，他的故事过去都不敢对外讲的！"采访结束时，胡老紧紧握住走访人员的手，说"你们这是在行好事"。

老兵走访中的人文关怀还体现在采访中引导老人持正向态度回顾过去的经历，引导他们总结有意义的人生经验，从而让他们觉察到自己生命的意义。口述历史团队成员被要求首先要树立正确的史观，这点既是口述历史基本的素养要求，也有利于在与老兵相对时进行积极的正向引导。

第二，口述历史与"怀旧疗法"。

老兵们的体力、心力与健康每况愈下，他们的内心充满了各种心理冲突，在生命的最后阶段往往会回顾历史，想知道一生是否有价值。对他们来说，年轻时为国难赴战场的经历本是值得与后辈叙说的峥嵘往事，但由于后来的政治变局，他们中的绝大多数都经历了荒谬历史年代里的政治迫害。很多老兵在日后都选择了沉默。民间关爱组织大规模行动起来前，抗战老兵这一群体处于一种自尊感极低的生存状态中。

口述历史对于怀旧疗法（也称回忆疗法，是以过去事件、感觉和想法去促进愉悦，提升生活品质及环境适应，达到调试行为的目的）的运用主要是两点：一是通过让老兵回忆与叙说唤起他们曾经作为历史事件参与者、见证者的豪情与自信，二是让他们在诉说曾经的苦难遭遇中宣泄压抑已久的情感。

团队将提问重点放在老兵的抗战经历和战后的人生遭遇上，这两段时间里老兵们的人生节点和各历史事件交织，更能加强人物与历史事件的互动。比如那些曾经上前线作战的老兵忆起自己的抗战经历，多能从中感受到当时奋不顾身的英勇，由此产生一种自豪感和与之相伴的自信。对于经历过数次政治运动的老兵，长时间的沉默无疑让他们心里积累着压抑等负面情绪。口述历史过程中访问者与口述者间的互动，实际也起到了谈话疗法的作用，它为老兵提供了一条情感宣泄的渠道。驻印军老兵胡中祥在"反右"运动中因"国民党伪军官"的身份被打成右派，说起那段"夹着尾巴做人"的日子，胡老脸上仍有"不知道搞什么鬼"的无奈。而通过诉说，他在过往情境中的苦闷感受和冲突得到了一定程度的化解。

此外，走访中对老兵保存下来的物件（相片、信件、证件等）进行发掘和相关问询，这些都是为更好地引导老人回忆与讲述自己的生命故事，来组织、整合个人的人生经历，进而增强他们的自尊感及自我认同感。

（4）新闻价值

口述历史寻求的新闻价值，是发掘口述史料中珍贵的记忆，寻找其中适于传播的信息点。就抗战老兵口述来讲，这些信息点可以是他们的乡土记忆，如家乡风物、人们的衣食住行等，可以是特殊部队的非常的见闻经历，也可以是已经消逝的景物或风貌。

比如，在长沙老兵王金柱清晰的回忆中，长沙城的老街道：黄道街（今黄兴南路）、高景街、灯笼街（现称登隆街）——生动起来，一些老店铺的名称、方位也——被复原。他的讲述还包含抗战爆发前后老百姓的生活形态等信息，这些信息尽管难免带有记忆的误差或是个人的视角，但对于同一个历史事件，如果能搜集到尽可能多的样本，进行综合比对后也就变得全面、具体，有助于对历史面貌进行一定程度的复原。老兵胡宗煊家中的几本老相册里就有不少长沙老建筑的珍贵影像，如20世纪50年代的老中山百货大楼（前身为1932年建成开业的国货陈列馆）、天心阁抗战纪念碑（在"文化大革命"中遭到摧毁）等。而胡老一家自1942年开始断断续续拍摄的全家福和照片背后的故事，也较好地反映出了时代变迁及其对个体生活的影响。

走访中遇到的特殊部队的老兵，因其经历与见闻的独特，不仅是历史研究的珍贵资料，于媒体而言也是一份难得的"独家新闻"。望城老兵叶菊明所在部队是国民党陆军独立炮兵第一旅第十团，简称"炮十团"，是原国民政府在抗战时仅有的两个机械化炮兵团之一，他们的主要武器是当时被誉为"战神"的德式150榴弹炮，宝贵资料的打捞很好地满足了人们的信息需求。

另外，对老兵受教育经历的关注与问询也可从中获取不少信息，一定程度上了解民国时期的国民教育情况、课本内容、课程设置等。新闻是明天的历史，历史是昨天的新闻。所有这些能从老兵记忆中挖掘到的信息，一方面是从历史中发掘新闻，另一方面也是为特定时代打捞一些时代标本。

二　网络红人报道

（一）网络红人概念及产生背景

2014年7月中国互联网络信息中心（CNNIC）发布的《第34次中国互联网发展状况统计报告》显示："截至2014年6月，中国网民规模达6.32亿，其中，手机网民规模5.27亿，互联网普及率达到46.9%。"信息社会网络时代的到来，催生了丰富多彩包罗万象的网络文化，也造就了大批因网络而成名的"红人"。

要说明一点的是，网络红人不包括互联网行业人物，在网络上具有人气的传统名人、网络歌手、网络作家等，而是特指因受到网民关注而出名的特定的网络名人。

网络红人经历了三个不同的阶段。最初是一批凭借文字的魅力和独特的创作风格而走红的人，代表人物有在博客上公开性爱日记而走红的木子美、以重口味诗歌闻名的"梨花教主"赵丽华等。接下来是一些人通过图片配文字的方式，很快吸引了很多网民的眼球，迅速红极一时，典型代表有凭借其搞怪作秀或者暴露的照片快速在网络上蹿红的"芙蓉姐姐"，因一系列雷人言论成名的"凤姐"，因天涯论坛一帖《秒杀宇内究极华丽第一极品路人帅哥……》并附有"乞丐"照片而迅速走红的"犀利哥"等。随着网络技术进入到宽频时代，现在的网络红人都是通过各种视频的快速传播，来成就自己网络红人的梦想，这个时期的代表性人物如因在台湾综艺节目《大学生了没》上，一段七分钟的视频中"一秒变格格"的桥段，"整个场面我 hold 住！"的金句而迅速通过网络从台湾一直红到了大陆的"Hold"姐；因"浴室征婚门"事件从一不知名小演员，摇身一变成为 2011 年网络红人的干露露等。

网络红人的产生是其自身、传统媒体、网络推手的利益以及网民心理需求等因素综合作用的结果。网络红人能够吸引网民关注的原因有很多种，有的是因为自身特有的素质或特殊的能力而成名，一般带有正面影响力；有的是通过搞怪作秀、暴露自己来哗众取宠，他们的言论和行为通常很出位，目的性很强；有的是意外被动出名，这类网络红人是因为自己不经意间的行为被网友用摄像或摄影镜头抓拍并发布到网上去，从而引起强势关注而走红，不带有主观炒作自己的意图；还有的则是处于一种商业目的的有意识的炒作而走红，是网络推手精心策划的结果。

网络社会是现实社会的折射。以年轻人为主的网民个性越来越突出，生活中他们彰显自我，从不盲从权威，同时生存压力较大，需要找到一种释放压力的方式，网络红人的出现契合了这批新生代人群的需求，使其暂时摆脱现实社会角色困扰，并为满足其猎奇、恶搞、窥淫乃至审丑等心理提供了渠道。

有学者指出，传媒实际运作中的新闻价值标准为："第一，符合媒体受众需要；第二，符合新闻价值标准；第三，符合记者经验积累；第四，符合社会控制要求。从一定程度上讲，网络红人具备了真实性、接近性、新鲜性和趣味性等新闻价值，也符合受众需要。"[①]

网络红人"成名"路径中，网络媒体自然是主推手，相关消息最早出现于天涯、猫扑等著名论坛或者博客上，以帖子或博文的形式发表，并引起了网友大量关注和跟帖转载，这成了网络红人报道最早出现的形式。而后，一些专业性的门户网站如搜狐、网易、腾讯等利用自身的优势并结合受众的需求把一些热门词汇或热门事件放在显著位置，通过特色非常明显的刺激性字眼，配以精彩的图片及视频，对网络红人进行全方位的立体式报道，扩大了网络红人的影响。但"红人"真正走入现实社会当中，还是需要经过传统媒体的报道。正是传统媒体的跟进，使得网络红人超越了网络的范畴，在社会上拥有了一定的知名度。传统媒体的报道又被转载到网络中，引起新一轮的波澜。网络红人的新闻价值通过网媒和传媒两者

---

① 王仕勇：《理解网络文化——媒介与社会的视角》，重庆出版社 2011 年版，第 25 页。

间的议程互动，被不断放大，"最终这一事件变成了一个有些行为艺术性质的狂欢盛宴"。①

纸媒关于网络红人报道的真实性、可信度等相对较高，但也不可否认，纸媒在对网络红人的报道中存在着一些道德缺失问题。有些通俗类和娱乐类的报纸为了追求发行量，在未求证事实的前提下，盲目跟风报道，过度报道或者随意从网页上摘抄引用，严重违背了新闻真实性原则；有的为了吸引读者，造成轰动效应，不惜大篇幅报道，内容肤浅，肆意调侃，走向了低俗化的趋势；还有的一些为了获得独家新闻，不顾采访对象的感受，长枪短炮围堵或用犀利的言语刺激抑或泄露他人隐私，给受访者的家庭和生活造成了严重干扰，不仅丧失人文关怀且违背了新闻工作者的职业道德，使媒体的公信力大大降低。

（二）网络红人报道的缺失

1. 过度报道

前已述及，网络红人之所以能够迅速蹿红，成为网友关注的焦点，传统媒体的报道"功不可没"。在媒介市场竞争激烈的今天，为了与新媒体和同类媒体争夺一席之地，纸媒纷纷不惜余力地进行了大量的跟风报道。例如，2010 年"奶茶妹妹"以其清纯甜美的形象吸引了大量网友的关注，后经过媒体长时间广泛地报道成了红极一时的网络名人。仅在 2011 年 1 月，就有：《奶茶 MM 我等着被淡忘的那一刻》（《现代快报》2011 - 01 - 09）、《"奶茶 MM"被保送清华》（《重庆商报》2011 - 01 - 07）、《"奶茶妹妹"实习引网友"求偶遇求采访"》（《扬子晚报》2011 - 01 - 22）、《奶茶妹妹 主播之路启程》（《温州都市报》2011 - 01 - 27）、《被保送清华 奶茶 MM 全凭真本事》（《半岛晨报》2011 - 01 - 10）、《"奶茶妹妹"当实习记者 网友：上〈非诚勿扰〉吧》（《东南快报》2011 - 01 - 25）、《拒绝担任谋女郎"奶茶妹妹"保送上清华》（《郑州晚报》2011 - 01 - 06）等报道。

2014 年 8 月郭美美涉赌案发，这个 2011 年微博认证为"中国红十字会商业总经理"并炫富出名的网络红人再次占据媒体显著位置。8 月 4 日凌晨新华社刊出郭美美案的长篇报道《从炫富到涉赌，她为何堕入犯罪深渊》，通稿对郭美美其人作了"起底式"的报道。央视《新闻直播间》

---

① 杨明慧：《网络红人：新闻价值被放大的产物》，《新闻爱好者》2011 年第 4 期。

栏目以《起底"网络红人"郭美美》为题，做了长达 29 分钟的报道，视频中透露了很多比较恶俗的细节。在国家级媒体带动下，"郭美美起底"一词以 2100 万的数量迅速成为新浪微博的热门话题。此后一些媒体迫不及待地抛出关于郭美美的报道，数千字的长文充斥着性、赌博、炫耀等字眼，《新京报》《京华时报》《北京青年报》《三湘都市报》等均刊发报道，报道的过度引致受众质疑，因为就在 8 月 3 日 16 时 30 分云南省昭通市鲁甸县境内发生 6.5 级地震，造成几百人丧生，数千人受伤。而关于郭美美的报道就像是开启了一场媒体狂欢。媒体在迎合当今中国部分网民眼球的同时，遗忘了社会责任感与新闻伦理。《扬子晚报》更是在 8 月 4 日的报纸头版大篇幅主打郭美美的报道，虽然头条是与昆山爆炸事故相关的报道，但标题简短，突出位置上却是郭美美的 2 张大图，一张受审的素颜照，一张写真照，标题是《从炫富到涉赌，郭美美谜团揭开》，仅在左下角配有小幅鲁甸震区图片，用文字简述"云南 6.5 级地震 367 人死亡"，被人评为"最不要脸的头版"。

为了紧跟社会热点，各媒体争先恐后地围绕着某个红人进行多篇幅、解剖式的报道，内容从一件单纯的新闻事件覆盖到当事人的家庭、情感、背景等方面。虽然媒体的及时报道有利于人们对新闻事件的全面了解，满足受众的知情权。但是过度报道使大量信息重复，此外不同观点的相互冲突，也导致受众对事件真实性的认知迷失在海量的信息中。

2. 低俗化倾向

在竞争激烈的市场环境下，一些媒体为了吸引更多的读者，以感官刺激受众，猛料、卖点流行导致新闻报道的娱乐化、低俗化倾向越来越严重。

例如，《羊城晚报》2011 年 1 月 10 刊发的《脱下衣服，和这个世界谈谈》，将网络红人裸模苏紫紫全裸接受法制晚报记者采访的照片放在报道最前面；《长江日报》2012 年 12 月 3 日的《搭理干露露是传媒人的耻辱》一文，标题乍一看，还以为是关于网络红人的批判性文章，其实是记者在光线传媒副总裁刘同新书发布会上对刘同所做的采访报道。更为过分的是，刘同当时的原话是：

　　　　我们每一个做传媒的人，经过自己的努力学习和奋斗才谋取了现在这个地位，如果因为干露露说了一句话我们就要拿着话筒去采访她，是对我们传媒人的侮辱。

而记者居然断章取义，直接去头去尾，让干露露代替刘同成了主角，造成受众的误读，十足典型的"标题党"。《渭南日报》2013 年 4 月 17 一篇题为《干露露疑被捉奸遭毁容　戴口罩出入整形机构》的报道，以悬疑新闻的手法，放大"捉奸""隆胸""殴打"这些敏感字眼，博人眼球。

这些报道主旨立意低俗，给受众造成了视觉和思想上的严重污染，尤其是对于一些未成年的孩子的健康成长造成了极大的危害。

3. 报道中人文关怀的缺失

至于被动或者客观因素出名的网络红人，部分媒体为获得独家新闻，不顾当事人的感受，随意揭露他人隐私，过度消费其创伤经历，硬闯家宅等，给当事人及其家人的正常生活带来了严重的困扰。这方面最为典型的当属流浪汉程国强。他原本只活在属于他的世界里，但自从被某摄影爱好者抓拍到后，其用以裹身的衣物被视为"超前卫混搭风格"，并称其为"犀利哥"，他的表情图片在网上疯传，此后，便遭网友人肉搜索，被爆出精神失常，各路媒体用长枪短炮争相对其采访和报道，还蹲守在其家边，将其身世故事摸了个底朝天。面对这突然的围观和话语，程国强害怕得竭力嘶吼并哭了起来，为难这样一个弱者，试问媒体的职业道德何在，人文关怀何在？

（三）报道模式的突破

1. 坚守专业理念，加强社会责任感

在当前信息泛滥的情况下，传统媒体通过记者、编辑的筛选和把关，可以确保读者从海量信息流中解脱出来，获得及时、有效、精编的高质量信息。特别是面对弥漫于网络世界的价值观扭曲混乱、审丑泛滥等现状，更需要媒体扮演好"把关人"角色，弘扬我们这个时代应有的主流价值观。这就要求传统媒体加强自我监督意识，严格把控新闻质量，同时媒体从业人员要树立专业的职业理念，加强社会责任感。

《南方周末》作为国内一家具有巨大影响力的严肃纸媒，一直以来坚守"正义、良知、爱心、理性"的新闻理念和"关注民生，彰显爱心，维护正义，坚守良知"的新闻职责，在受众心中树立了难以撼动的权威。该报《犀利哥正传》（2010 - 03 - 18）一文，给网络世界的喧嚣带来了一股冷静之风，引人深思。

报道中，记者先以一段描述性的文字作为开头：

> 犀利哥似一面无语的镜子，被放置在舞台的中央，镜子中浮现出一张张曾在网络或现实中围观或推动犀利哥的脸，似一片光怪陆离的精神沙漠，沙子反射出空虚而犀利的白光。

正文客观交代了"犀利哥"回家后的状态，记者对"犀利哥"的关注，不像一般媒体一样，仅仅停留在其犀利的外表上，或是定格在一个流浪乞丐成功回家，受领导接见，遇老板青睐这样悲剧故事喜剧结尾的情节上，而是透过对人物情感状态的客观描述，深刻揭露了"犀利哥"的心理变化过程：

> 终日呆在房间里的程国荣喜欢看电视，每每看到自己，先是一眼茫然，随后垂下头，吃吃地笑。
> ……
> 摄像机、镜头都进入准备状态。程国荣看看怯生生的儿子、看看一脸热望的陌生人，突然皱皱眉头，扭头又向房间走去。
> ……
> 数分钟后，程国荣终于从房间里走了出来。他身上套着几件长短不齐、颜色不一的毛线衣，脚穿军绿劳保鞋，双手捧着个红双喜瓷缸，迷茫地盯着院子里一干陌生人。陌生人也用迷茫的眼神盯着他。
> ……
> 3月12日这天，犀利哥回家第5天。忽然，房间里传出几声低沉的嚎叫，院子里的乡亲们骚动起来。程国胜向大家解释，哥哥在宁波吃了太多苦，心里憋得慌，需要发泄。

这段话用细腻的笔触对人物的外貌神态进行了形象再现，一个生命个体的悲喜沉浮的影子便跃然纸上。并且凸显出程国荣面对围观无所适从的紧张感和孤独感，这些感觉与社会大众的狂热追捧形成强烈对比，更能激起读者内心情感的波动，对自我行为进行反思。

2. 社会审视与反思

当前纸媒关于网络红人的报道越来越偏向于对新闻事件进行深度挖

掘，从而避免雷同、肤浅，在竞争中取得优势。

比如《南方人物周刊》刊发的《中国制造 欲望年代的干露露们》（2013－04－15），整篇文章由表及里、由点及面，全方位、多层次的透视，对事物的层层挖掘，将事物的本质和问题的症结暴露在受众面前，解释了他们对现实问题的迷惑，让受众了解新闻背后的东西，具有深刻的理性启迪意义。

文章由"引子""推手""节目""生养""北漂""夜店"六个小标题构成，用了近万字，从不同侧面和角度对干露露的人生经历和走红过程进行了全面的展示，不仅充分开发利用了新闻资源，还满足了受众对信息的深度需求。另外这也是一篇为数不多的将她作为一个人来打量，而不是当作一件娱乐产品来消费的新闻报道：记者站在人性的角度，通过零距离接触，从人物外貌、神态、举止、他人评价等方面更为真实地还原了干露露作为一位普通人的形象，拂去种种名利交易和社会谩骂，她只不过是在母亲保护下的一个任性的小女孩而已，只不过理想与现实的冲突让她选择了一条达到目的最快但不怎么光鲜的道路。

报道中充斥着假征婚、假表演、假唱、假摔、假情感、假人心等丑陋行为，金钱、名利、成功、喧哗汇合成一股强大的欲望，推着当事人一步步走向悲剧。记者在揭示干露露困境的同时，也让受众对自身的行为和所处社会环境进行反思。

《南方人物周刊》并没有流于简单片面的报道，而是把人物放在多个坐标体系中观察。

第一个坐标系：她的家庭因素解释了她性格的形成。父母极其的溺爱："干德轩什么家务都不让闺女做……到了今天，干露露的内衣是母亲洗的"，"她从小就表现出爱美和有主意"。据她自己爆料，十几岁时，刚有双眼皮手术，她自己攒钱去做……文章还借她的高中老师张忠成之口说出另一个原因，"当孩子流露出对人生过高的要求时，家长如果有足够的预判、分析和说服能力，多少能平衡一些"。而干露露的父母一直扮演着她背后的推手，在他们眼中"不管怎么说，露露是出名了，成功了"。另外一方面，从教育的缺失方面，揭示她是如何一步步成为今天的干露露的。她的老师说，"如果20岁以前一直处在受教育的状态，她也不会因过早踏入社会而走偏"，这映射出农村教育缺失带来的严重问题，父母们忙于生计或进城打工，电视互联网城镇化建设把外面的世界带了进来，教育的要义不仅在书本知识，还有更重要的伦理规范。

第二个坐标系：把她放在社会阶层的坐标系中。干露露成名的路径是拍摄视频、网络助推、电视节目再造势、赢得知名度。尽管之前众多网络红人"苏紫紫""芙蓉姐"都通过此方式走出自己成功之路，但干露露并不是一个成功的案例。从中不难看出阶级固化日益明显的今天，向上层流动的不易。文章用乔志峰和网友的话道出了时代的悲哀"干露露确实是弱者，是时代塑造的一个悲剧性人物，他若有个爸叫李刚叫XX，不会走得这么艰难而扭曲"。

第三个坐标系：大社会环境的坐标系。"所有拖着眼球来看她的男人，脸上的表情惊人的相似——是小男孩看到一件新鲜的玩具，想触摸、想把它拆开看的那种眼光，但比那浑浊……"价值观错乱，社会大规模失德都是造就干露露的土壤。另外，网络、电视推波助澜，为吸引眼球，道德底线一次次被突破，网络生态也日趋恶劣。

作为与她同时代的读者，更像走进了悲剧场，没有了观赏闹剧的哄笑，没有置身事外的轻松指责，因为"揭示干露露的困境，便是揭露我们每一个人的困境"。因此，杂志不是简单地讲人物的故事，它更是要通过人物勾勒我们生活的时代。他们成功、成名或深陷泥潭的过程中，也有我们的身影。

事实表明，成功的深度报道能助推媒体在同行业竞争中脱颖而出，形成自己的个性化风格和标志，从而确立在市场竞争中的地位和影响力。

（四）新网络红人报道的意义

在一波又一波负面网络红人报道的强势冲击下，大众早已产生了审丑疲劳并引发了质疑，在这种情况下，社会对审美价值回归的渴望越来越明显，与被推手炒作的网络红人不同，一批自发由网友推选的新网络红人涌现出来——因徒手接住坠楼女孩小妞妞的"最美妈妈"吴菊萍，为保护学生而遭遇车祸的"最美女教师"张丽丽，身受重伤却仍顾及群众安全的"最美司机"吴斌……他们的美不在于他们的外貌、财富、地位、职业，而是他们的爱和牺牲精神，媒体对他们的报道能弘扬社会主流价值观，得到受众的认可。比如《株洲晚报》（2013-03-12）用了几乎一个版面对也被称为"最美司机"的宋洋在发生脑干出血时却不忘踩下刹车，把车停在应急车道上，将33名乘客从死亡线上拽了回来的感人事迹进行了报道；《西宁晚报》（2012-12-06）对因在汶川地震献爱心而出车祸的"最美妈妈"李成环的葬礼用整个版面以图加文的报道形式与受众一起进行哀悼。

对这些积极的新闻人物和事件给予广泛的关注，改变娱乐化倾向，在大众心中树立起良好的媒介形象和地位，不仅有利于媒介自身走出生存困境，并且传统媒体通过与网络媒体良好的议程互动，也能够为社会舆论进行积极的引导，形成良好的文化氛围。

"网络红人"是网络时代的产物，是全民娱乐时代的体现。在当前的社会转型语境中，媒介应该是"看着公众走"而不是"跟着公众走"；主流媒体应当把握好自身的航向，提高对传播手段的创新意识，保持自身的格调和独立性，积极主动地承担一定的责任和义务，不能只顾追求自身利益而忽视正义和品位。同时，要对网络议题进行理性审视，不能为了眼球经济而盲目跟进报道。

三　讣闻

（一）概念界定

面对逝去的生命，以特别的方式表达对逝者的怀念，是媒体在新闻理念成熟阶段的一种价值选择。"讣闻"便是一种关注特殊群体的"人"——逝者的文体，在西方，讣闻报道是一种比较固定和成熟的新闻报道形式，美国学者甚至认为死亡是很多人一生中最具新闻价值的事件。[①] 死亡是最高的平等，讣闻的目的不仅仅是报告某人死亡的消息，而是把死亡作为新闻由头，重现逝者一生中的光荣、成就、平凡与失败。一般的报纸都会开设专门的"讣闻版"并由专职记者采写，报道对象不局限于社会名流、政坛要客，而是扩展到广大的社会普通民众。形式上，它可以采用消息、通讯、特写等多种体裁写作。

而在我国，讣闻报道长期以来未能得到足够的重视，这与我国的文化传统不无关系。古代崇尚的儒家文化重生恶死，生命的消失是严肃、沉痛的，也是不完满的，与中国人传统的"大团圆"情结相悖，人们在对死亡的态度上，一直怀有排斥心理。在民间尚且谈死色变，更不要说在报刊上公开发表亲属死亡的消息。我们在报纸上只能看到以讣告形式出现的短

---

① ［美］米切尔·斯蒂芬斯：《新闻的历史》（第三版），陈继静译，北京大学出版社2014年版，第71页。

小讣闻，零星地散落在报纸版面上。

（二）国内讣闻报道现状

我国讣闻发展初期，常常从宣传视角出发，官员几乎是所有讣闻报道的主角。市场化程度较高的都市报最早突破这种局限，报道多选取普通人，同时超越了国籍限制，人物选择视角开阔。2003 年《楚天都市报》推出"怀念"版，2005 年《新京报》开辟"逝者"版，这可以看作是中国讣闻版起步的标志。此后类似版面与专栏遍地开花，讣闻报道进入快速发展阶段。

《新京报》"逝者"版在形式上固定为四个小板块：主稿、亲属的哀思寄语、逝者生前照片及个人档案。据"逝者"版编辑介绍，关于稿件的采写和编发，须征得逝者家属同意，如果逝者家属反对，则不做报道。该报也不对逝者做批评性评价，只是通过陈述事实让读者品评，避免因不当评价引发逝者亲友与报社的纠纷；同时控制因火灾、交通事故、坍塌等突发事件和犯罪事件致死的逝者稿件，以吻合"正面报道为主"的方针。2013 年 1 月 1 日至 2013 年 12 月 22 日间《新京报》"逝者"版讣闻报道共 31 篇。报道对象身份各异，工人、农民、军人、保洁员、外来务工者、无业游民、教师等，各种职业均有所关照。报道对象平民化，基本上都是普通人，不论身份、年龄、性别、死因（正常死亡居多，也有非正常死亡），31 篇讣闻中，61.2% 是普通百姓。稿件的主题主要有四种：或是展现逝者一生散落的细小珍珠，或是抓住逝者显著的个性特征叙述，或是紧扣意外事件展开，或是侧重于逝者对家庭、社会的贡献。报道实践中往往根据逝者特质选择恰当的叙述模式，无论是平淡、光彩还是曲折，《新京报》都努力呈现普通人的生存状况和真实人生，并从文化角度肯定每个人的存在价值和尊严。

上海《东方早报》的"逝者"版则是关注对中国以及全球的发展起重要作用的人，他们都在各自的领域内有一定的成就，重点放在文化名人身上。

（三）个案分析：《南方人物周刊》"逝者"专栏

《南方人物周刊》从 2004 年创刊始即开设"逝者"专栏，十年间从未间断。

作为生命的终结点，死亡似乎是人类永远探讨的话题，但其探讨的本质并不是让人抗拒死亡，而是教人更好地活着。"往生也好，轮回也好，都要与此生的所有记忆永别后，才能以某种方式延续生命。在我看来这并没使死亡消失，反而成了对死亡最好的诠释，从而告诉我们死亡的真义和不可避免。人们惧怕死亡并不是惧怕生命，而是惧怕失去此生的生活，我们恋恋不舍的也正是这些记忆。"（《太姥姥，被这个世界遗弃》2012 年第 21 期，作者：王海同）《南方人物周刊》"逝者"专栏也正是基于以上理念，把人的生命以及生命的逝去作为主要内容。传统的讣闻报道对象往往是社会上有名气、有地位的社会名流，很少有媒体对普通人的逝去加以关注和思考。然而每个人的生命历程都是珍贵而值得关注的。17 世纪欧洲玄学派诗人约翰·堂恩在《丧钟为谁而鸣》中说，"每个人都是包孕在整个人类当中，每个人的死亡都使我深受损失，所以永远都不要去打听丧钟为谁而鸣，它就为你我而鸣"。"逝者"栏目中的大多数稿件都是由普通民众投稿刊登，稿件来源面广，逝者来自各个阶层、各种职业。普通人的故事恰好是百姓生活的缩影，他们的故事有真实的过去与当下，因而更贴近社会现实。这种特别的呈现方式使该栏目表现出一定的风格，主要有以下几个方面。

1. 以逝者带动历史，反映时代进程

在《南方人物周刊》人物报道手册中，徐列这样说："观察一个人，我们常常要把它放在大的时代背景下，既要找到人物的个性和职业属性，又要看到时代的潮流是如何改变了人生的轨迹。""逝者"栏目中人物生前或普普通通、无所作为，或在某一领域有突出成就值得纪念。文中最大限度的展现出他们无论在事业上还是人性上的闪光点，挖掘出他们生前生动的细节和故事。但不管是怎样的人生历程和境遇，透过这些个体的命运故事，终究可探寻到其背后的大时代背景。

比如"举家食粥不得，少年参军"的姥爷（《尘埃中的姥爷》2010年 12 月 20 日第 44 期），不是有"男儿立志出乡关"的壮志，而是逃不过"抓壮丁"，做不了闾左黔首，只能帐前效死。做个国军大兵，混个果腹；回到家乡，荒村新坟，不见家人影子。抗战结束，内战又至，不久又卷入"文化大革命"。通过姥爷的人生故事，我们能看到小人物无法把握自己命运的大时代背景，姥爷的坎坷人生正是对宏大历史具体而微的解读过程：

> 姥爷这一生是糊涂的，三民主义或马列主义，他一个都不懂，却

又被这些他不懂的东西左右了一辈子。历史就在他这种小人物的悲欢离合中，卷起尘埃，一路向前。

讣闻中展现出人物的故事，带出人物生活的历史，以一个人一生的波澜起伏来反映历史进程。读者在阅读中了解历史，获取知识养料。

2. 叙述视角多元，叙述基调气脉相连

讣闻叙述者（作者）多样（不同的职业、身份），叙述的对象（逝者）各有特色，故事内容也千差万别，作者与逝者的关系也不尽一样。这些因素使"逝者"栏目形成多元素、多视角的叙事特点。但相同的叙述基调又使得"逝者"栏目的叙事气脉相通：记叙个体的生命历程，表达对逝者的追思缅怀。从2012年的稿件中随机抽取几篇作为样本分析，可见不同的叙事主体带给读者不同的认识和感受，详情见表2-7：

表2-7 稿件叙事者及主要内容

文章名称	主要的叙事者	叙事的主要内容
《怪人父亲》	逝者儿子	叙述父亲的真性情与现实世界的格格不入
《冷灶热灶都要烧一把》	逝者儿子	回忆厚道、没文化的母亲善待世间的人生之道
《我的好朋友熊顿》	逝者朋友	叙述往昔，感念爱生活、爱漫画的好友离去
《疼》	逝者侄儿	讲述大舅生前对我的关爱和得病后所受的痛苦
《我的导师李斯颐》	逝者学生	祭奠导师不凡的学术成就及其高洁的人格魅力
《"画坛怪杰"沈逸千》	逝者孙儿	追述爷爷坎坷多变的人生、绘画的突出成就
《"拓荒者"吴龙之死》	关系不详	呈现吴龙的生活原貌，追诉声乐教授自杀之因

这些民间的叙述者与逝者有着深层次的联系，与逝者一同生活过、共事过，甚至是亲密的家人朋友。对逝者的生前过去或有切身的了解和体会，或有独到的见解，能够从不同视角原汁原味地再现逝者生前的事例。不仅增添人物的形象魅力，让读者更好地了解逝者生平，而且叙述事例鲜活真实、朴实家常，拉近了读者与人物主体的心灵距离。

"逝者"栏目的叙述方式呈现多样性，如《寄往天国——叶渭渠收》（2010年12月27日第45期）是以书信体的形式，表现学生对叶老师（我国著名的日本文学翻译家）的敬爱和缅怀之情。"看到你庞大的工作台及其周围照例堆满的各种资料，我感觉您只是前一晚亲手关闭了电脑，没打开而已。您太累了，就休息一段时间吧！"文章以第二人称的叙述法，娓娓道叙恩师生前的工作状态、学术成就及对"我"的教诲，作者的感情在寄往天堂的书信中自然流露，多样的文本表达形式为更好地塑造逝者形象提供了方便。

3. 概括性的语言开篇，故事化的手法记述

"逝者"栏目每期稿件约占一个版面，字数控制在1500字左右，这就需要作者在非常有限的版面内将人物的个性特点、人生境遇呈现给读者，并且因为读者往往对逝者不甚了解，所以作者还要运用高度概括性的语言开篇：

> 爷爷沈逸千被美术界泰斗刘海粟先生誉为"画坛怪杰"，他也确实在20世纪中国画坛上独树一帜。适值老人家冥诞105周年，笔者借《南方人物周刊》"逝者"版面，略表纪念之情。（《"画坛怪杰"沈逸千》，2012-12-18）

> 姥姥有4个儿子，2个女儿。大儿子是姥爷前妻生的，大女儿送了人，家里太穷了，养不起。大女儿对姥姥一直有隔阂，对待她不如养母，姥姥心里也一直愧疚着。（《姥姥的旧时光》，2012-12-04）

高度概括性的开篇以简略的语言迅速勾勒出人物的大体背景和经历，从内容上使读者对人物有一个大致的把握，引导读者进入人物的叙述场景，然后娓娓道来故事细节。

> 1940年前后，父亲是军委总供给部粮秣处下属的科长，军委组织部长找他谈话，让他去中央机关幼儿园当院长。幼儿园是延安当时的"贵族"班，里面都是大首长的孩子，干好了自然会得到上级的赏识，但要求是：自己的孩子不能进幼儿园。父亲拒绝了："我给别人看孩子，自己的孩子却没人管（当时我的大姐、二姐已出生）。"

看来父亲的觉悟没有文学作品中塑造的党员那样高，给党做工作时还不忘自己的利益。(《觉悟不高的父亲》，2012 – 11 – 27)

讲故事摆脱了传统讣闻的陈词滥调，看起来觉悟不高的父亲有着真性情，在革命年代敢于向上级提要求，真实的个体情感格外动人。

（四）传播效果

从个人体验来说，讣闻直面死亡又超越死亡，在记录已逝生命的同时，能够让读者更好地体验和感悟生命。大多数讣闻讲述的不是死亡，而是生命，帮逝者还原生前的点点滴滴，帮读者、亲人进行追思。无论是亲人、朋友还是陌生人，不管是高官还是平民，无论是有名望者还是无名氏，每个生命都值得怀念。在物质生活极大丰富的今天，人们对"人"自身的关照达到了空前的程度。人们更愿意自己的生活经验被人分享，愿意更多的人来了解个体生命的特征，并通过倾诉来寄托哀思。

从宏观层面讲，逝者身上带有时代的烙印，我们得以看到时代背景下这些人物的个性以及时代潮流对其的冲击。在有限的生命里，展现出每个人不同的命运，它既是时代的，又是个人的，既能看到人物个性的张扬和命运的陡转，又能呈现一个远去的时代的风云流变。

2011 年《南方人物周刊》"逝者"专栏首度结集出版《最好的和最坏的都已过去》，该书的介绍中写道："他们试图接近一个人的死亡，同时也向我们传递一个人曾经活过的消息。有的人走了，或许带不走一个时代，但却带走了我们的一部分生命。他们的命运，也正是你可能的命运。"正是因为这种情怀，使"逝者"视角多元，但又有一致的价值取向与叙述基调。有读者评价："前半部分是名人明星，后半部分是我们身边的普通人。前面的那些辉煌人生、志得意满、一呼百应固然再好不过，但我总更容易被后面的屡战屡败、愈勇愈挫或是平平淡淡打动。他们不过是些普通人，是些小人物。"但是"他们，似乎才更代表了真实的生活，他们中的每一个，都是我"。

2014 年，"逝者"作为自创刊以来一直保留也是最具有民主精神的栏目，再次精选十年来的文章以《活过》为名出版，全书按"尘烟""勤业""达观""死生""深情""无常"几个部分重新编排，该书的推广文案中如此写道："聚焦草根与俗世，为转型时期的中国留影。"余世存为《活过》写的序三《夭折的和成熟的》对专栏作出了高度评价："……他们组成了我们中国人的死亡纪念馆，形象化了当代中国的历史，有着个体人生不可代替的经验，更含有精神寻求突围的消息……悼亡，既反映了大时代中的个体命运，安顿了自己和亲友，又无意中透露了死亡本身的消息。人们可以从中了解并印证养生送死的庄严，可以理解人生惊心动魄的瞬间和人生如蚁的典范。"① 这即是讣闻的价值与意义。

(五) 存在问题

与西方国家相比，我国报刊的讣闻写作仍存在不小的差距。

第一，报道理念相对陈旧。"为尊者讳"缘故使得不少讣闻成为"歌德派"。《南方人物周刊》常务副总编万静波说："我们也不想文章总是写'恩情难忘'，更希望看到逝去的这个人过了怎样的一生，开心还是倒霉，怎样得到快乐，又怎样面对厄运。总之，希望看到一个有灵魂、有温度、真实地活过一场的独特人生。"

第二，文体意识不明确。《纽约时报》著名版面"讣闻"，由受过新闻职业训练的记者查访资料、采访死者亲友，以克制之笔，简练描述亡者一生。好的讣闻，甚至有传诵万口的动人力量。而《南方人物周刊》以投稿为主，并没有专门的记者队伍。《新京报》有专职采写记者，但又不定期刊出，难以在数量上得到保证。

第三，主动策划相对欠缺。《中国青年报·冰点周刊》"人物"版曾在清明节推出逝者专栏，但那只是适应了特殊的时间点，当某些人的离去具有共性时，可以从中挖掘深刻内涵。

---

① 南方人物周刊编：《活过》，新星出版社 2014 年版，序三。

第 三 章

人物报道操作手法探讨

第一节 不同体裁的人物报道

新闻文体是新闻报道的话语体式和结构方式,包括新闻报道的语言表达、结构方式、表现形式、体裁样式、报道方法等诸多方面,解决"怎么写而不是写什么"的问题。因此,新闻文体的外在形式——新闻作品的变化最能展示新闻文体的变迁。[①] 在新时期新闻文体发展的进程中,新闻作品类评奖发挥了巨大的作用:它不仅是对过去新闻实践尤其是文体实践成绩的回顾与检阅,也对未来新闻文体的发展具有示范与引导作用。中国新闻奖获奖人物报道体裁有消息、通讯、专题、系列报道等,其中人物通讯占有相当大的比重,媒体自设的年度评奖有所不同,调查性报道、特稿等份量较重。

就电视人物报道而言,有消息、通讯、特写及人物专题片等,人物专题片是以表现人物事迹、展现人物性格、探究人物内心、塑造人物形象为主的一种电视纪录片,拍摄对象主要是已去世的历史伟人和文化名人、榜样和先进典型、普通人和小人物,以表现普通人的喜怒哀乐、生活百态来反映时代背景、折射社会现实,记录小人物的专题片最易引起共鸣与思考。至于网络人物报道,很难用传统的体裁来界定。

本节重点介绍纸媒人物消息、人物通讯、人物专访、调查性人物报道、人物时评、人物特稿等体裁。

---

① 刘勇:《记录、认可与导向,论新时期新闻作品评奖对新闻文体发展的影响》,《新闻记者》2012 年第 8 期。

一　人物消息

又称人物新闻，即用消息的形式来报道新闻人物的事迹、成就、行为、风尚或遭遇的报道方式。① 它要求抓住人物的本质特征，选取新鲜、典型的事实材料，迅速地反映新闻人物的某种行为或某个侧面，从侧面反映人物的性格、精神、境界，人物消息的主角往往具有时代精神，可以是英雄模范、名人领袖，也可以是普通平凡的老百姓。

人物消息的特点是篇幅短小，叙事单一，内容、主题集中，时效性强，其内容必须是"现在进行时"或"现在完成时"，要求快速采写、报道，人物消息不是详写人物，而是为人物做剪影、画速写，此外，他们大多依托与人物有关的新闻事件写人，使人物消息带有动态消息的特点。报道人物逝世的消息即讣闻也是人物消息的一种。②

作为传统人物报道的重要体裁，人物消息日益边缘化，影响也渐趋弱化。纸媒为了对抗电视、网络的冲击确立了以深度报道为主的突围策略，时政期刊尤其是人物类时政期刊的发展更是促使长报道盛行，人物特稿及专访等体裁占据更大比重。至于电视人物报道，也以特写居多。

二　人物通讯

人物通讯是我国媒体的主要新闻品种之一，建国 60 多年来一直发挥着重要的作用，它往往通过较详细地再现某个人或某个人群的生活、事迹来展现人的思想与生活观念，折射出一定时期的社会心理特征，具有浓厚的主流意识形态色彩与鲜明的时代特征。

穆青在发表于 1979 年的《谈谈在人物通讯中写作的几个问题》一文中指出，"能否高瞻远瞩地提炼出能够反映时代特征的主题，并且从这个高度来表现英雄人物的革命精神和思想风貌"，是决定人物通讯成败、优劣的关键。但是"离开人物本身的客观事实，主观主义地'拔高'，硬要'提炼'出一个什么'主题'是错误的"。③

时至今日，前辈的观点仍未过时。当前的人物通讯注重提炼符合大

---

① 刘保全、彭朝丞：《消息范文评析》，新华出版社 2001 年版，第 262 页。
② 廖雪琴、郑贵兰：《优秀新闻作品选读》，华中科技大学出版社 2009 年版，第 29 页。
③ 穆青：《穆青论新闻》，新华出版社 2003 年版，第 151 页。

局、反映时代的主题，人物通讯依旧是典型人物报道的主战场。我们可以以中国新闻奖获奖人物通讯为例分析其特点。

第一，主题宏大，彰显时代精神。

中国新闻奖作为中国新闻奖最高官方奖，评选出来的作品必定与时代精神相联系。如《人民呼唤焦裕禄》《索玛花儿为什么这样红》《人民的好干部——孔繁森》《百姓心中的丰碑——追记公安局长的楷模任长霞》，焦裕禄、王顺友、孔繁森、任长霞都是很典型的人物，他们是奉献、勤劳、坚持、诚信、无私、忠诚的代名词，而这些也正是时代所需要的精神。在历届中国新闻奖获奖作品中，人物通讯以全面展示型通讯为主，其写作关键并不在于展示人物的魅力多么的迷人，不在于告知读者多少人物的信息，而在于党和国家所倡导的行为规范、所弘扬的道德准则、所宣扬的思想路线有没有得到、在多大程度上通过人物的报道而得以宣扬。[①]

第二，报道手法模式化，思路较单一。

典型人物报道在报道手法上形成了一定的公式与套路：上级领导机关（宣传部门）确定先进典型人物及报道主题→新闻媒体进行采访或者走通稿路线，转载新华社通稿，媒体按照预定的计划同步展开"地毯式"的宣传攻势，开辟专栏、专题在显著版位或时段进行集中、突出、持续的报道→典型人物受到上级领导的接见和表彰，学习先进的活动随即展开，典型事迹报告团在地方或全国巡回报告以扩大影响力，媒体跟进报道→侧面采访典型人物所在单位、家庭，并关注社会人士的反应。[②]

在统计获奖人物报道的过程中，发现不少由上而下推选出来的人物，如第十三届特别奖《公仆本色——追记湖南省副书记、省人大常委会原副主任郑培民同志》、二等奖《生命有限笑声永恒——记曲艺艺术家夏雨田》，第十五届一等奖《百姓心中的丰碑——追记公安局长的楷模任长霞》、第十六届一等奖《索玛花儿为什么这样红——记优秀共产党员、木里县马班邮路乡邮员王顺友》，此类报道方式经过多次运用，已经形成固定的模式。

近年来人物通讯反映社会热点上有所转变，如下岗再就业、教育、民

①　李毅坚：《中国新闻奖的价值取向探析——从两类通讯的获奖情况看》，《柳州职业技术学院学报》2012年第5期。

②　麦尚文：《中国典型人物报道创新研究》，硕士学位论文，暨南大学，2005年，第33页。

生、住房、农民工、官员腐败、环境、食品安全、社会文化心理等均得到体现，但思路较为单一，说教意味仍然明显。比如关于诚信危机、金钱对人性的腐蚀等社会问题，就有《"我要做一个诚信的人"》《世间大爱写就人性回归》这样的获奖作品与之呼应，回应大学生就业难问题的有《"就业奇人"皇晓东》，也就是说，主要还是通过树立正面典型来提供某种示范。

第三，表现手法上太过于抒情。

新闻是对客观事实的报道，报道中不宜出现太多带感情色彩的词语。即使报道对象的事迹非常感人，也只能在文本事实的陈述当中体现，而不是直接将个人感情表达出来。赞扬一个人，可以通过具体的事例来表现，读者自身会有判断力。在历届获奖人物报道中，第一届《人民呼唤焦裕禄》中记者直接抒发自身的感受："他爱树如命，说：'谁要砍死一棵树，就是砍我一条腿；谁要撅折一根树枝，就是断我一个指头，我决不答应！'这句话，表达了老人对党、对他心目中的焦书记多么深沉的感情呵！"第六届《人民的好干部——孔繁森》中"艰难困苦，对于弱者来说是可怕的，而对于坚强的共产党人来说，则往往是一种无声的召唤。沧海横流，方显英雄本色。孔繁森是清贫的，同时也是富有的。他拥有人世间最美好的心灵，最丰富的情感，最高尚的精神境界"。诸如富有的、最美好的、最丰富的、最高尚的这些词语，语境大而富有情感。或许有人会说，中国新闻奖成立初期，正值社会主义建设刚起步阶段，社会环境使然。那么，新世纪的人物通讯又如何呢？我们可以看看2006年第十六届中国新闻奖一等奖人物通讯《索玛花儿为什么这样红》：

> 这是王顺友无数山歌中的一首，邮路成为他心中一道神圣的使命。既然他深爱着自己大山连大山的故乡，既然他牵挂着山里的乡亲们，既然他崇敬着像太阳一般照耀着大山的共产党和人民政府，既然他生在中国邮政史上马班邮路的"绝唱"之年，那就上路吧！一个心怀使命的人，才是一个有价值的人。

> 如果说马班邮路是一种"心"的冶炼，他在这冶炼中锻铸了最壮美的词句——"忠诚"。

> 这身邮政制服给予王顺友的何止是胆？它给了他一个马班邮路乡邮员的最高品质——忠诚。这也是他作为一个共产党员对党的事业的

忠诚。忠诚洒满了他邮路上的每一步。

"山若有情山亦老。"如果王顺友走过的邮路可以动情，那么，这里的每一座山，每一道岭，每一棵树，每一块石头，都将洒下如诗如歌的泪水，以敬仰这位人民的乡邮员，用 20 年虽九死而不悔的赤心，锻铸了一个共产党员对党和人民事业的最高贵的品质——"忠诚"。

新华社的报道先后被 120 多家报纸刊用，引起了很大的反响，记者跟随王顺友走邮路，内容真切，观察细腻叙述传神。但从上面摘取的两段原文看，记者还是把主观意念表达得有点过度。中国新闻奖很多作品的弊端也在于此，忠诚、使命、价值等有感情色彩的词频繁出现，把主人公的精神品质太过于明显地表达出来。

再来看看 2011 年获一等奖的两篇通讯：

这些战士 20 岁上下，不管昨天的生活怎样五光十色，他们在雪山上被感动了，改变了，变得如此坚强。在雪山上他们懂得了什么是军人的使命，什么是为国担当。他们是这棵"英雄树"的新枝嫩芽，风华正茂，茁壮成长。（《雪山上，好大一棵"英雄树"》）

对边境团场的护边员而言，他们今天的选择和担当，或许在出生的那一刻就已经注定了。"父母把我们生在这里，我们生命的根就扎在了这里。现在父母老了，我们就要担负起自己的责任，照顾好父母，守护好国门，这些事我们不干谁来干？"这是许多护边员的肺腑之言。（《我的哨所，我的家》）

相较于中国新闻奖成立初期的获奖人物报道来说，报道的抒情色彩淡了许多，但仍能明显地感受到记者在写作过程中流露出来的赞美之情。

长期以来，典型人物报道往往是以长篇通讯的面目出现，描述人物的先进事迹和高度的政治觉悟，重要的典型人物报道还配发社论，以表明这是来自权力高层的意图。展江在比较特稿与人物通讯的异同时指出，人物通讯在价值取向上体现为权力取向，面向和取悦既成体制；在采写上有整体和细节的失真和主观想象，是宣传和文学杂糅的文体。① 当然，人物通讯这一报道文体随着民众观念与媒介生存环境的变化而发生演变。有人将20世纪90年代以来人物通讯的变化总结为："崇高性"的消解；"平民化"的注重；对"模式化"的否定，对"多样化"的追求；"宣传性"的削弱，"真实性"的增强。② 的确，人物通讯的报道面越来越宽广，人物形象从单一的正面人物到反面人物、中间人物、争议人物兼具。

三　人物专访

（一）相关概念

人物专访也曾称为"访问记"，相对于消息、通讯等文体，它经过记者的编辑加工较少，因而在描述和刻画事实、保持现场感方面有着自己独特的优势。最初人物专访只是一种采访手法，后来逐渐发展成为通讯体裁中的重要文体之一。因为受到重视而其地位日益提高，人物专访已经慢慢演变成独立于通讯之外的一种文体。国内关于"访问记"较早的定义出现在《新闻学大辞典》中。

《新闻学大辞典》人物专访条目：对特定的新闻人物进行专门采访的纪实报道，属访问记（专访）的一种。人物专访的对象一般是那些知名度较高、社会地位较为重要的人，如科学家、作家、政治家、艺术家、著名运动员、劳动模范，等等。普通人有时也被作为专访对象。人物专访主要是向受众展示人物的经历、事迹、思想及独特的性格、风采，写作上多采用记叙体，对访问的具体情况、现场情景、言谈举止、音容笑貌作生动描写的同时，借助访问对象之口，或由记者出面叙述，将专访的主要内容写出来。人物专访可以访一个人，也可以访几个人或一个集体。撰写人物专访，记者应做充分准备，选好专访对象，精心设计问题，注意观察现场气氛，做好记录，并能准确写出专访对象肖像、风度、性格、举止上的独特之处。③ 由此可见，人物专访有两个层面的意思，一是指记叙体的现场访问，一是指对话体的访问记，笔者主要就后者展开论述。对话体报道的

---

① 展江：《新闻文体范式革命的引领者》（序一），载杨瑞春、张捷编《南方周末特稿手册》，南方日报出版社2012年版，第3页。

② 贺岩：《新时期人物通讯写作研究》，硕士学位论文，长春理工大学，2010年，第10页。

③ 甘惜分：《新闻学大辞典》，河南人民出版社1993年版，第160页。

叙事主体是记者和人物，两者作为叙事主体都完全以"台前"的方式出现，特别是记者更是从以往的幕后走到了台前，充当一个显性的角色。两者直接进行语言的交锋，深掘新闻人物的内心世界，是新闻人物思想观点的客观真实记录。

在西方，最早创立问答式记者访问记的是富有创新精神的《纽约先驱报》创办人贝内特，而意大利女记者法拉奇因对几十位国家元首和政界要人进行了成功的访问，成为世界上最出名的人物专访记者，她因此被称为"世界政坛采访之母"。在中国，从现有资料看，著名记者黄远生是写人物专访的第一人。早期人物专访主要在平面媒体上进行，随着电视和网络的普及，电视人物专访和网络人物专访也兴盛起来，国内人物专访从20世纪八九十年代兴盛起来，至今方兴未艾。

20世纪80年代末，对话体曾在国内出版界盛行过一段时间，上海《文汇报》曾经在头版推出"对话录"栏目，专门发表对话新闻。该报采取记者和权威人士对话实录的方式，报道大家关心的话题，引出他们的思想观点。20世纪90年代末开始，《南方周末》开始出现对话文体，尤其是在副刊部分，对学者、作家、导演等文化精英的访问，渐渐多以对话的方式呈现。对话体的使用是中国社会的剧烈转型，以及民间力量、公民空间、市民社会逐步形成的必然结果。①

对话体人物专访因其简洁、清晰、现场感强越来越受到重视，在报纸及新闻周刊上比重渐增。国内南方报业集团旗下《南方周末》《南方都市报》《南方人物周刊》所刊登的专访非常具有代表性。相较而言，主流、精英类媒体更加青睐此种赋予话语权的体裁。其出现的频繁程度和所占版面要高于其他同类报纸。在大量同题采访写作文本的比较中，《南方周末》总能略胜一筹，对被采访对象高度认同，读者也读得过瘾，可见人物专访质量之高。国内一些著名公众人物一般不愿接受媒体采访，但却对《南方周末》另眼相看；奥巴马访华时也只接受该报独家专访；李嘉诚多年未接受媒体采访，但就在2013年底主动向南方报业发出邀请，上述三份报刊均同时进行了专访，并集中刊出了报道。《南方人物周刊》对话体人物报道也偏向于精英人士，因为他们担当社会的意见领袖，包括专家学者、公众人物、文艺人士。

---

① 吴锡平：《对话体的魅力》，《中国教育报》2002年6月20日第07版。

（二）对话体人物报道的特点

对话体是目前比较流行的人物报道的体裁，它具有以下几个特点。

1. 报道原汁原味

如果是叙述体，记者在接收了海量的信息后，后期的整理和组合将会呈现出记者的思维逻辑习惯，相较于对话体，少了客观，比较容易犯主观错误，要么曲解了受访者的意思，要么删减了受访者重要的思想，要么遗漏了受访者个性风格的语言事实，等等。

由于去除了记者传统的二次加工和整理，因此相较于传统的消息、通讯、特写等传统新闻体裁，对话体人物报道最大程度地保留和再现了新闻的原生态，给读者以原汁原味的感受和印象。好的对话体人物报道，能创造一种强烈的气氛，把人拖到具体情境中去，当对话开始时，读者已是听者，参与感会特别强。

2. 准确性和自由度

著名记者、《财经》杂志原主编胡舒立曾经大量运用对话体这一形式，在 20 世纪 90 年代中期她做了一组"金融家采访记"，采用的就是问答式专访，在当时引起极大关注。2006 年 12 月 1 日，胡舒立在《财经》杂志内部交流会的演讲中特别强调了对话体的"实效性"，比如避免转述对象原话时出现问题，并且有助于"夹塞"敏感话题。在中国现实环境下，对话体的运用是追求客观和还原真相的必然手段，对话中，可以看出在当时语境下被采访对象的心理状态和心理活动。通过记者提问被访人物表达自己的思想和观点的方式，减少了有可能因第三人称转述造成句意歪曲的机会，也可以一定程度上降低记者断章取义的可能，从而为历史留下人物内心世界真实的底本。在对话体中，受访者的独立思想和独特个性一览无余，不夹杂任何记者的主观叙述，没有外界环境的干扰，受访者的想法、观点、态度会很均匀地分散在回答中，尤其是去掉了引号的束缚，对话表达起来更顺畅、更自由。

3. 回归民主与人性

《南方人物周刊》对话体人物报道最突出的特点是，对人性的关注以人为本，彰显人性魅力。这与该刊的办报宗旨"记录我们的命运"和办刊理念"平等、宽容、人道"不无关系。

直接引语在人物形象的真实与生动上发挥了巨大作用，在维护民主客观上同样贡献卓越，一定程度而言直接引语是消解话语霸权的利器，即叙述主体的话语权被消解。陈述和论述被分散到各个叙述对象身上，记者能做的只是保证叙述对象正常发言并将之记录在案。更重要的是，直接引语便于对核心人物进行更加全面和开放的阐释，避免偏听偏信，这也是新闻话语回归民主的一种表现。

在这样的对话递进式文本呈现方式中，记者往往会将被采访对象当时环境下的原话、动作、表情、语态和肢体语言以及有特别之处的东西辅助记录，让人们从对话中直面被采访对象的心理焦灼过程，让读者有身临其境之感，将复杂饱满的人性客观呈现。

此外，记者遵循多元价值观，把握提问方向，多角度来诠释人物，如对姚晨的专访《我被命运选择走到了今天》（2011 年第 28 期）问题设计：

1. 你最开始对微博抱着什么样的愿望或态度？

2. 有些人认为，现在的娱乐圈有娱乐至死的趋势，你有这种感受吗？

3. 离婚前后，你面对媒体的回应有没有失策的地方？

4. 作为一个演员来说，你的代表作是电视剧，这会不会让你觉得失落？

5. 如果让你总结一下自己 32 年的人生，你会怎么说？

对姚晨的访谈从微博事件问到了她的个人感情问题再到她作为演员方面的诸多经历，最后回归到对自己 32 年人生的总结。对于作为明星的姚晨，刊物首先不是带着符号化的框架去报道，而是注重把人还原到人性原点，即人物本身具有的多元复杂性。从多元甚至对立的价值观判断人物，有利于体现人物独特的个性、思想、体验和观念。

4. 开放性与平民眼光

在对话体人物报道中，对话不一定要得出某种正确或权威性的结论，甚至允许没有结论，双方从不同角度、不同侧面围绕话题展开的交锋及推进，有利于扩展思路，拓宽言路，引人深思，如思想的火花、体现某一事实真相的重要材料，哪怕是冰山一角。

对话体不是论文，也不是结构完整的小说，所言所语不一定那么成体系，但却可以保留最有价值的东西，如世界著名女记者法拉奇所说，"至少能带回一块对拼组镶嵌图案有用的小石头和对人们思考问题有用的情况"。①

随着政治民主化进程的加快，人们追求独立思考，追求精神自由与人格的平等。这在人物报道中反映为平民眼光的报道角度有更多的呈现。平民眼光是一种意识，是一种处事态度，是一种生活形式，它是经济发展和政治文明、文化进步的必然产物。当下，记者、报道人物、读者等人与人之间的关系趋于平等，人物报道注重挖掘、展示读者对人物的普遍关注。

《南方人物周刊》对政要名人的报道不是建构传奇神话，而是逐渐让其走下台阶。该刊记者曾对话龙应台，希望龙应台能对自己的身份转换做一些介绍。访谈中，没有正襟危坐，没有官话套话，有的只是一个跃然于纸上的平和又坦诚的官员形象。《对话龙应台　民主和爱一样，就在屎尿中》（2012 年第 37 期）：

> **人物周刊**：不少人在问，龙应台真的那么想当官吗？
> **龙应台**：在台湾，当官几乎是受难的同义词了。那一刹那的念头其实也很简单，今年刚好 60 岁，如果再晚 4 年来找我，我肯定干不了。也就是说，如果人生还要再用一次大力气，这是最后一次。
> **人物周刊**：而且在"文化部"工作薪水也不高。听说你的收入是在大学教书的五分之一？
> **龙应台**：四分之一。原来除了在大学教书，还有版税、稿费之类。

平民视角的选择，更容易让受众在阅读的过程中保持一种平等的姿态，而非仰视或者俯视的姿态，这样的故事，更加有亲近感。

（三）对话体人物报道的局限

任何报道都不是完美的，对话体在展现它独特魅力的同时，局限也在不同文本中暴露了出来。

---

① ［意］奥里亚娜·法拉奇：《风云人物采访记Ⅰ》，嵇书佩、乐华、杨顺祥译，译林出版社 2012 年版，自序。

1. 单一信源

相对于其他类型稿件，对话体人物报道缺乏多视角阐述，对话会对单一人物提供的信息作大篇幅，通常是肯定性或者信任性的处理，记者只有一个消息源，并且呈现形式是照录，即使记者有质疑和追问，对其他事实的呈现也是先天缺失的。单一的信息源如不加以求证，其真实性值得怀疑，也无法很好地平衡各方观点。

不少媒体针对李阳家暴风波的专访，是在李阳的妻子为了保护家庭而拒绝大多数媒体采访的情况下进行的，包括中央电视台的《新闻周刊》，以及《南方都市报》等，虽然记者可以以质疑甚至责难的姿态来表明立场，但对话仍给了李阳充分的机会诋毁被害者、为自己辩护。李阳是一个商人，这种辩解不单单是对家暴责任的推脱，也是该公司的危机公关，加上李阳有一套容易为当代中国人接受的逻辑：冷落家人、不承担家庭责任是为了千万个家庭的教育事业，所谓舍小家为大家。在家暴防治既缺乏立法、司法和行政系统配合，社会大众仍对其危害缺乏认知的情况下，这一轮媒体对话潮的社会效应，是李阳大肆宣扬自己是反家暴代言人，让加害者更正当更有影响力。同样，要调查官员是否贪污腐败，对话体无法胜任，作为具有精英气质的体裁，对话体只适合呈现官员的执政理念、政策思路或心路历程。

2. 对人物内心挖掘的深度不够

在有限的时间里去深入地了解一个人是非常困难的。因此，为了避免采访时间不足对报道的影响，记者必须提前做好大量的准备工作，预先提炼好问题，学会打心理战，尽可能地在短暂的时间内，把采访对象内心的闪光点挖出来。但是，国内多数媒体的从业人员并没有积累太多关于人物采访的经验，因此使得人物类的报道看起来稍显单薄了点。从对企业家的采访中可以看出，许多企业家在有限的采访时间里往往都是和记者"打太极"，说话含糊不明。同时，还有媒体以专访企业家的形式为企业做软广告，商业利益的侵蚀使得专访失去应有的专业水准。

3. 记者话语权旁落

对话体与叙述体报道不一样，无法在文本中提炼与办刊宗旨相符合的话语。只能通过提出问题和对被访者的回答进行机智灵敏的判断，以把握采访原定的方向和想要达到的效果。《南方人物周刊》记者张欢、徐列和方迎忠在采访李嘉诚后写了一篇特稿《85岁的李嘉诚在想什么》和一篇对话体人物报道《做一个有价值的国民——对话李嘉诚》（2013年第41期）。

特稿一般记者都是非常全面地对被访人物进行叙述。其间会掺入一些历史背景和社会情境，比如说：

> 今年他以310亿美元的身家排名《福布斯》全球富豪排行榜第八位，连续15年蝉联华人首富。

特稿的叙述空间非常广泛，记者采用的是全知的叙事角度，这也使得人物的形象能得到更加丰满的呈现，对受访者的举止言行会有细致的描写：

> 李嘉诚给人的第一印象是谦逊而固执。他总是着深色西装、系蓝白条纹的领带。他的身材还很结实，行动非常敏捷，个子不高，略有1.7米，但没有肚腩，这或许应该归功于多年的简单饮食和打高尔夫球。

对话体人物报道是记者与受访者之间直接的话语交锋，它是在一问一答之中呈现原汁原味的采访现场和人物内心，但是要达到记者既定的采访目的并不容易，我们可以看记者的几个提问：

> 1. 您对国内目前的经济形势，特别是楼市走向持何种看法？怎么看待房价上涨和地价问题？
> 2. 对于实现"中国梦"，您如何看？
> 3. 您觉得儿子在商业才能上哪一点比您强？
> 4. 您是华人之光，不仅因为巨额财富，更因为财富之外的拼搏精神和回报社会的善举，您的一举一动都备受世人关注，您是否有计划出一本详细的传记，系统分享您这一生的宝贵经验？

本来记者旨在通过对话体来谈撤资这一事件，看上去报道是在针对谈撤资说事，但记者在采访过程中碰到的是一位强势且能言善道的被访者，本来的采访变成了对被访者的宣传素材，很好地呈现了他谦和的老者和成功人士的形象，并没有对记者提出的问题给予实质性的回应，也就是说没有达到记者采访的既定目的。这一点也正说明对话体中记者把握主动权非常重要，如果主动权没有掌握好，就会让对话体人物报道偏离预先的设计和想要亮明的观点和立场。借用王辰瑶的观点来说就是："专访本身应成为富有意义的对话，优秀的媒体应该发挥更强的'主体性'。"①

如果说上述案例只是媒体主体性欠缺的问题，那么，对于某些争议人物的专访，则已涉及报道专业伦理问题。对话往往在采访对象高度配合的情况下完成，因此，被访者维护个人立场和利益的能力，或者说伪装和自圆其说的能力，往往是各种采访情境中最强的。此外，在操作的整个情境中，由于采访对象的主动性很大，不管记者自我感觉如何，其实在信息处理上都相对弱势。比如关于李阳"家暴"事件的报道，因李阳妻子的缺席，尽管有记者在对话中以质疑的方式提问，但仍无法取得应有的审视与反思效果。

基于这些理由，从伦理和版面处理上，对话体在对象选择、刊发时机等方面均需要谨慎考虑。比如郭美美作为炫富网络红人，媒体对其专访最初是出于公共监督目的，但是如果没有新的发现，当后期媒体一拥而上在形式和篇幅上失当时，就可能变成炒作，导致受众将注意力放在她的财富与生活方式上，偏离报道的初衷。调查记者李思磐认为："对于严肃的新闻媒体尤其是印刷媒体，有些人物不适合作对话体呈现。对于那些一定会撒谎和修饰的人，已经拥有过多社会资本的人，或者将偏见和歧视论证得很自圆其说的人，对话很容易为其利用，媒体自然失去了中立和平衡。在印刷媒体上受众看不到撒谎、圆谎时的身体语言和神情细节。"②

总之，对话适合呈现个体的经验、思想和价值观，而不适合追踪事实。不管媒体的主观意愿是什么，对话通常都会给采访对象"重要人物"和"核心人物"的位置，相对于调查稿中的消息源，采访对象有着更大的话语权和优先位置，其说辞造成的影响力要大得多。如对话对象选择不当，其传达的信息可能导致负面效果，伤害媒体公信力和公众。

① 王辰瑶：《独白还是对话？评南方报业专访李嘉诚报道》，《南方传媒研究》2013年第45期。

② 李思磐：《对话作为新闻：边界在哪里》，《南方传媒研究》2011年第32期。

四　人物调查报道

顾名思义，人物调查报道是调查性报道与人物报道的结合体，属于深度报道范畴。人物深度报道相比人物通讯反映出的是更复杂的社会生态主题。相对于消息、通讯与专访，人物类调查性报道总体上所占比例不高，有当面采访又辅之以实地调查的更是少之又少，因为调查报道必须要有确切的证据来还原真相，其采访难度更大。《南方人物周刊》记者曾将调查对象分为三种类型，即神秘富豪、时政高官、民间新闻人物。①

《南方周末》在多年的报道实践中，推出了为数众多的调查性人物报道，如《"五毒书记"和他的官场逻辑》《李经纬陨落》《张海调查：从藏密大师到资本巨鳄》《李一"成仙"》等。

《李一"成仙"》（2010 – 08 – 05）的调查对象是被一些电视台和刊物炒热的李一道长，《南方周末》记者以卧底方式进入李一的养生班，调查其养生模式、圈钱手段及规模，还原其"成仙轨迹"。记者在后记中谈道：采写原则是"不谈'道'，只谈'钱'"，因为涉及宗教问题。在该报报道后，国内媒体同行齐上阵，揭开李一的面纱，揭露了他借道家养生谋利的真相。最终，李一向中国道教协会申请辞去副会长、常务理事、理事职务，同时辞去道家养生委员会主任职务。张寒采写的《隐秘"大师"王林的金钱王国》也是调查性人物报道的成功范例，报道以扎实、绵密的事实，展现了记者过人的观察力和理性思维，揭示了王林的金钱链条，文章发表后，王林恼羞成怒公开指责记者是收了别人的钱污蔑他，并宣称要告记者。

总体来看，人物调查报道具有一般调查性报道的采写特点，不论是调研式、追踪式，还是揭露式调查报道，都讲求采访上的独立与科学性，文本写作上逻辑缜密，结构平衡，语言平实。

五　人物时评

人物时评是评论的一种，以简约的文字完成人物述评，是一种形式的创新。典型代表是《中国青年报·冰点周刊》的"点评"专栏，每期由一组三至四篇人物述评文章构成，每篇两百来字，寥寥数笔对新近的新闻

---

① 陈磊：《人物调查报道的三种类型尝试》，《南方传媒研究》2007 年第 8 期。

人物进行解说，或褒贬或赞叹或倡议反思，短小精悍，时效性很强，思辨色彩很浓。这种新颖的人物评论品种依托新闻事件，透析新闻人物，阐发意义，新闻性强，可以作为人物报道的延伸——思辨空间的延伸。专门的人物时评有待媒体深入挖掘。整体来看，"点评"在人物报道理念上有诸多创新，它在人物报道的新闻性追寻中注入了社会情景，让人物的社会意义更为深邃突出。

"点评"栏目在写作上匠心独运，具有独特性。每篇"点评"短小精悍，高屋建瓴，富有哲理，语言风趣幽默，读来饶有趣味，并且引人深思。这个特色体现在文本上主要表现为：作者首先对一个事件或一个社会问题进行粗略的描写介绍，然后再用一句或一段具有总结概括性和思辨性的话升华全文，但它的立意是高远的，而且语言极富诗意和哲理，令人深省，耐人寻味。2012年12月19日"点评"栏目的《环卫老夫妻：暖手》

> 再有爱的句子，或许都抵不过这张充满暖意的照片：夜晚的路灯下，穿着桔黄色环卫衣服的段换文老人，把老伴冻红的双手放到自己的嘴前哈着气，想给她一些温暖。
>
> 两位老人都是环卫工，每天各自蹬着一辆环卫车来到负责的路段，一干就是14年。但这14年的故事，就像他们铲过的雪一样干净、简单。膝下有子，家中也不缺钱，做环卫只是想"图个事儿干"。
>
> 老人每天都在街道上忙忙碌碌的，休息时相互的偎依足以帮他们抵御北方的严寒。段换文老伴的脑血栓竟然也在不知不觉中好了。孝顺的儿女们曾劝过两位老人回家，环卫工检查员也曾想让他们回去养老，但二人仍执意要干下去。
>
> 他们自己也说不出什么特别的原因，让自己坚守这份辛苦的差事。只不过，有事干，有人爱，人生的幸福，也大抵如此。

这篇点评选取一对平凡的环卫老夫妻作为人物述评的中心人物，用短短的三百多字描写了他们的生活状态和彼此依偎的情感。环卫工人可以说是最普通的底层人物，他们夜晚在路灯下给爱人暖手这一举动看似寻常，却给读者呈现了这个急功近利的社会背景下十分珍贵和稀缺的平常心。述评末尾一句"只不过，有事干，有人爱，人生的幸福，也大抵如此"升华全文，道出了社会上许多普通百姓在寻常生活中的幸福观，也由此上升到一个百姓生活中时常讨论的话题"幸福是什么"，原本的小人物的一件小事由此触动读者的心弦，引起读者的共鸣和思考——人生的幸福到底应该如何定义？

如《徐朝清：因为爱情》（2012 - 11 - 07）：

> 在刘国江去世5年后，他的妻子徐朝清与世长辞。这给一段跨越了半个世纪的爱情神话画上了句号，也给当地的新景区建设项目拉开了序幕。
>
> 50多年前，20岁的刘国江爱上了大他10岁的"俏寡妇"徐朝清，为了躲避流言，两人携手躲进山中，过了四十来年与世隔绝的日子。他们曾"隐居"的那个破旧的小屋，正要被重庆市江津区政府整理成爱情博物馆；刘国江用了一辈子的时间、亲手在峭壁上凿出来的6000多级"爱情天梯"上，也要修建防护栏了。
>
> 徐朝清当初的举动，是因为爱情，江津区现在的举动，则被人指责为"消费爱情"，甭管怎么说，还真有小情侣们乐意跑去消这个关于爱情的费，甚至，还有40多岁的外地夫妇专程前去，给徐朝清送行，打动他们的，绝不是政府将要"斥"的巨资。
>
> 但一切都和徐朝清无关了，在那座深山老林峭壁上留下的、关于她的最珍贵的东西是爱情，不是天梯。而前者，已经陪着她一起离去了。

作者首先对写作对象进行大概的介绍和描写，介绍了刘国江为爱妻花一辈子的时间修"爱情天梯"，最后一句"在那座深山老林峭壁上留下的、关于她的最珍贵的东西是爱情，不是天梯。而前者，已经陪着她一起离去了"升华全文，说明在爱情中除了爱情本身，其他的都是形式，只有那忘我的爱情本身才是永恒的，才是最令人感动的，天梯脱离了爱情就毫无意义了，虽然只有短短的三百多字，但高屋建瓴的立意给了读者关于爱情定义的思考，让这篇短评不仅具有了诗意美，还富含了哲理。另外三篇《孙远：因为稳定》《刘大爷：因为寂寞》《威廉森：因为自豪》的写作特色也是如此，其中《威廉森：因为自豪》这则点评语言风趣幽默，如结尾一句"他们正等着看看这位前市长还打算在门口折腾什么东西，没准儿，是一条护城河"，这句风趣的话中暗含了深刻的讽刺意味，令读者读来饶有趣味。

这四则点评有的讲爱情讲稳定，有的谈寂寞谈自豪，但实质上都与人的发展和生存息息相关，都关乎着人的生存状态与命运。正是由于采用统一的写作风格，让反映不同主题的"点评"栏目呈现出一定的内在联系，有时候是内容上的关联，有时候是形式上的联系。

"点评"栏目显得整洁，呈现出一种对称美，让读者赏心悦目，而且标题一般直接提示了或者评价了新闻内容，概括了新闻大意。如 2012 年 6 月 6 日的点评标题为《詹云超：普通？不普通？》《张法银：有罪？无罪？》《程银宝：神枪手？孤老太？》《贝天牧：坏小子？慈善家？》，还有 2012 年 2 月 2 日的点评标题为《韩寒：解释 VS 不解释》《钟力：实干 VS 作秀》《史蒂夫·斯莱文：幸运 VS 不幸》《约翰·坎贝尔：新 VS 旧》等。这些标题在结构上是一致的，能让读者更快捷地接收主要信息，便于在快节奏的生活中选择自己感兴趣的内容。除此之外，这些标题添加了新的元素"？"或者"VS"，是对标题的创新，十分具有新意，让整个标题在呈现对称美之余又有新颖、独特、诱人的特点，这让"点评"栏目甚至整个专版都增色不少。

六　人物特稿

在人物报道的诸多体裁中，特稿以其特有的深度和广度独具魅力，逐渐成为报刊竞争的热点和评价媒体的重要指标。20 世纪 90 年代以来，中国新闻界特稿写作声势日显，影响逐渐扩大。以《中国青年报》《南方周末》《南方人物周刊》为代表的报刊均常设特稿版面或栏目，擅长特稿写作的记者也各有自己的拥趸者。

（一）何为特稿

特稿这一体裁源自西方，可溯源到 20 世纪 50 年代美国新闻界兴起的一种新新闻运动，即将新闻报道与文学创作联姻，使新闻报道具有文学性。"新新闻"重视对话、场景和心理描写，新新闻主义被认为是 20 世纪实务新闻学最激进的一种报道理论，代表人物包括汤姆·沃尔夫、诺曼·梅勒、杜鲁门·卡珀帝和亨特·汤姆逊。新新闻一时蔚然成风，衍生出了非虚构小说、新闻小说、纪实性小说等说法。由于其报道手法采用了大量的小说、自传体文学的手法，不客观的观察报道，摒弃单一的按时间顺序交代新闻事实，甚至采取人物合成的方法报道现实中人，这种主观性极强的写法，天然地威胁到了新闻的生命——真实性，如国内特稿写手李海鹏所说："理所当然，后来它退潮了，合理的成分被新闻界继承下来，成果就是'特稿'。"①

1979 年普利策新闻奖增设特稿写作奖，其评奖条件为："除了具有独家新闻、调查性报道和现场报道的共有的获奖特质外，特稿主要是考虑高度的文学品质和原创性。"相比致力于揭开表象事实背后的深刻原因的事件特稿，人物特稿要显得"软"一些，在写法上可能文学意味更浓，带给人的心灵震撼与审美快感更突出。本节重点关注人物类特稿。按照普利策特稿奖的标准，人物特稿的基本性质是："以文学的形象化手法报道普通人物，通过对他们的悲剧命运的描述以传达强烈的情感力量和人道主义关怀的非虚构性作品。其旨趣在于向读者传达伦理情感、激起人道主义的同情，而不是揭露真相或解释原因。"②

（二）历史渊源：报告文学

报告文学是最早的比较接近新闻特稿概念的文体。改革开放初期，一大批报告文学涌现，重点体现在对知识与科学技术人才的尊重，其中写人物故事的《哥德巴赫猜想》《扬眉剑出鞘》《中年颂》《大雁情》等堪称载入新闻史的精品。徐迟的《哥德巴赫猜想》作为新时期报告文学的发轫之作，在报告文学的发展史上具有某种标志性的意义，因其重新确认和肯定了畸形年代里被抛弃的常识与公理，对知识分子及科技研究的意义与价值予以确认，在此意义上可以说它是现代社会文明与进步的一个重要标志。作家黄宗英的《大雁情》亦有同样的写作背景与主题。《中年颂》对普通百姓的大笔书写更是刷新了受众的认知，在科学家、运动员、英雄的大写年代，小人物的生活与命运也显得格外动人。

20 世纪 80 年代中国社会的时代主题无疑是思想启蒙，报告文学因此承担着宏大的历史使命，在写作旨意上，高度关注国家政治中心命题，具有浓厚的政治化色彩。它通过披露与揭示社会现实中的矛盾与问题，使人从某种麻痹自乐的病态中得以警醒，从而思考社会改革与现实优化的方略。

① 李海鹏：《大地孤独闪光》，南方日报出版社 2010 年版，第 2 页。
② 文先军：《从普利策奖获奖作品看人物特稿写作》，《中国记者》2006 年第 10 期。

应该要承认，报告文学给中国受众带来丰富的阅读感性体验，这些新鲜的血液涌动在刻板枯燥的假大空文风中，写法上的突破让人耳目一新。1978 年第 6 期《新体育》刊发理由的《扬眉剑出鞘》，理由为写稿，自己尝试击剑，通过三四天的亲身感受，将抽象的专业术语还原为生活的语言、形象化的语言。他所撰写的栾菊杰系列报告文学，以小说笔法全面记录了女剑侠栾菊杰从成长到成熟、从中国走向世界的非凡历程。以高度的文学性生动地实现了新闻的真实性，理由善于在紧张的事件中挖掘人物丰富复杂的内心世界。开头的悬念，文本的叙事节奏快慢相间、变化多端，符合竞技体育的紧张激烈性，符合受众审美心理。他的作品因而被称赞为"新闻小说"。文学手段开拓了新闻的深度，让新闻人物、新闻事件获得了长久的生命力。但在文本表达上，报告文学鲜明地体现出时代的特征，政治化抒情语言较为明显，如：

> 呵！多么纯真的思想，多么可爱的品格！这就是我们一个不到 20 岁的姑娘，站在欧洲的击剑台上，经过独立的判断，迸发出的心灵火花！忍受着巨大的伤痛，凝结着战士的情操，超越了击剑运动本身的含义。我们应该为有这样毫光四射的年轻一代而骄傲！……祖国呵，你的女儿用鲜红浇开胜利的牡丹，为你赢得了一剑！

但整体来看，20 世纪 80 年代报告文学这些表达浓烈个人情感色彩的文字到了 90 年代以后被受众排斥。特别是"真实的虚构"问题引发了质疑，如徐迟认为报告文学应"允许略有虚构，不离真实的虚构"。《哥德巴赫猜想》中"一袋水果"的细节就是虚构的，陈景润交论文和数学所李书记的言行等事实也有改动。徐迟希望在不改变重大事件和基本事实的基础上，通过"略有虚构"的细节显示党对知识分子的关心，让读者看到曾被历史抛弃的"臭老九"多么渴望社会的关心和承认。徐迟"允许略有虚构"的创作理念和作品中的虚构、改动事实的问题，招来许多批评，并引发了一场关于报告文学真实性的论争。①

这种现象随着受众素养的提高而逐渐减少，读者的主体性增强后，

---

① 谢纳：《科学春天里的"报春燕"》，宋玉书：《新闻传播精品导读：特写与报告文学卷》，复旦大学出版社 2004 年版，第 323 页。

想知道更多的事实，并希望由自己进行判断，而不愿被作者强行带着走。

（三）发展：社会转型的现实语境

20世纪90年代以来，《知音》杂志"特稿"以其人情味捕获了众多女性读者，煽情离奇的同质化模式成为此类通俗报刊拓展市场的法宝，这一点与西方新闻史类似，挂着"特稿"之名的纪实类作品虽然地位不高，但成功捕获了市场。

真正的新闻特稿在中国的出现以《中国青年报·冰点》创刊为标志，《中国青年报》（1995年1月推出冰点特稿专栏）、《南方周末》是较早尝试特稿写作（2006年开设特稿版）的两份报纸，一北一南，在新闻报道理念及操作方法上屡有创新。此后，以《三联生活周刊》《南方人物周刊》《中国周刊》《凤凰周刊》等为代表的时政期刊，以《新京报》《南方都市报》等为代表的都市报，以《财经》等为代表的专业期刊纷纷开辟特稿版面，特稿撰写者渐渐形成精神共同体，经常开展业务讨论，爱好特稿者也逐渐聚成圈子。优秀的佳作会通过各种渠道声名远播，记者往往也因特稿而得名。各大媒体的年度评奖中特稿成为重要的常设奖项，比如影响较大的《南方周末》年度传媒致敬（除《南方周末》外的国内媒体），特稿是固定奖项。《新京报》《南方都市报》年度传媒大奖常设人物报道奖，多为特稿。以上所述媒体均是优秀纸媒之代表，但总体来看，国内特稿水准参差不齐，不少地方报纸将长一点的报道称之为特稿，甚至挂特稿的名行宣传之实。

在没有特稿的年代，报告文学以其厚重与文学色彩赢得社会普遍关注。与70年代末80年代初的报告文学相比，人物特稿的主题与操作模式发生了较大的变化。如果说80年代报告文学进行的是思想启蒙，那么90年代兴起的特稿就是心灵与情感的启蒙。

90年代以来个体利益越来越被重视，正面的积极影响是个体价值被承认，负面的影响是精神匮乏，物质压倒精神，现实侵蚀理想，躲避崇高成为时尚。正如有论者所指出的："如果说共和国头30年是用政治手段和计划经济模式统合和解决一切政治、经济和社会文化问题的话，所谓'政治挂帅'，那么第二个30年是经济或市场挂帅，经济或市场也曾一统天下，甚至经济指标一度成为社会的唯一评判标准，好在共和国60年诞辰的前后开始审视和扭转这一态势。"①

当整个社会过于重视经济发展与物质追求，以致诚信、情感等缺失得太久时，市场经济的实行让人们情感疏离、诚信缺失，当改革不断深入，社会转型日益复杂多样，特稿以其经典时代意象的营造既关注现实问题，也关注人的心灵，特稿的主题也变得厚重。特稿在社会转型语境中能取得较大的影响，正因为它积极切入公共生活，起到了重要的介入与推动作用。与美国特稿相比，中国的现实语境使这一文体负载了太多内涵，强烈地切入公共生活的表达冲动影响了其主题与框架。

（四）人物特稿主题与框架

1. 以小人物故事推动社会变革

小人物往往成为特稿的对象，但其选题原则往往强调人物背后的大时代与大逻辑，注重呈现人物背后的中国社会。这与中国正处于社会转型时期有关，因为有待解决的社会问题太多，大众的注意力往往被这些"大问题"吸引，受众没有太多闲暇关注纯粹个体的故事，除非这些个体跟社会大环境体制相关。因此，特稿选题在取向上更强调与时代、社会情绪、社会心态的关联，以绵密的文字在故事中展现现实图景，一方面让受众看到个体命运，一方面促使人反思制度建设的迫切性，带有审视的意味。

比如小龙的故事，农村少年小龙游荡在农村和城市之间，因读不下书，想离开压抑的小县城出去打工。他本想抢劫筹点路费，可真动手时又没了胆量。最后，在一个夏日的深夜，所有的挫败压垮了他，他冲动地杀死路边的流浪汉，"权当练练胆"。在特稿记者李斐然的笔下，"小龙活在一个正努力奔跑的县城里，一如你见过的任何一个城市，人们忙着赚钱，忙着买房，忙着快步迈入成功行列。而小龙却像是这台高速旋转的发动机里被甩在末尾的小石子，跌跌撞撞，遍体鳞伤。小龙已经成为这个时代的弱者，可他却要从伤害另一个弱者身上，汲取可悲的'勇气'。这故事让人深思"。最终，她在报道中表达了事件背后更多的东西，从而得到当地领导的肯定："小龙不应该只是小龙自己，他是更多游荡在城市边缘少年的缩影，应该让更多人，特别是城市的管理者，看出其中的关联性，注意

---

① 李继东、胡正荣：《中国政治意识形态与传媒改革：关系与影响》，《新闻大学》2013年第4期。

到这个故事，注意到城市发展的问题。"可见，特稿的力度与深度使接受采访的官员明知在中国惯有的语境中会惹上麻烦也愿意面对记者。(《彬县少年杀人事件》，2013 - 07 - 17)

《缺氧的家庭》(2013 - 2 - 16)通过对尘肺病人杨书礼一家生存状态的叙写，反映生命财产和利益没得到保障的农民工群体的艰难命运。而像王楠和李静一样怀揣梦想的外地年轻人，虽有稳定体面的工作，纳税、交社保，好像已经融入北京这座城市，在危急关头却被城市秩序抛弃。(《北京的病与爱》，2012 - 04 - 18)

在这一点上特稿好像一个"扒粪者"，利用自己的影响力将社会普通群体所处的弱势地位、严酷的生存状态及遭遇的各种不公平不公正的对待"晒"在广大读者面前。

除了直面现实问题，分析社会心态与社会异化也较为常见。如针对震惊国内外的恶性案件"南京饿死女童案"，《南方周末》经多方采访，刊发了《复制贱民——南京饿死女童案母亲乐燕的人生轨迹》(2013 - 10 - 17)，报道回顾了乐燕被父母遗弃、黑户、半文盲、流浪街头，最终沦落风尘并染上毒品的噩梦般的人生轨迹，她成为母亲后又如何将自己不幸的童年复制到两个饿死的孩子身上。专栏作家顾则徐将乐燕形容为现代"贱民"，他们无法获得最起码的权利与尊重，且极易成为悲剧诞生的沃土。报道中流露出的是恶性循环的悲剧一面，这类负面或争议人物报道往往以大量细节解剖人物性格、成长环境及其与社会的矛盾冲突，正因其善于剖析复杂的人性及呈现社会对个体的影响而引发社会反思。

《智族GQ》主笔蔡崇达曾以《审判》(2011 - 08 - 29)获得无数赞誉。这个带有卡夫卡式寓意的标题，介入药家鑫死后的各种迷雾与疑问，对死者张妙的父亲、丈夫，药家鑫的父母亲，各自的代理律师，后来呼风唤雨的公民代理人张显等展开深度采访，以长达3万字的特稿解剖舆论高潮中的人物内心，让人感叹在一起被贴上标签的公共事件中人与人之间交流沟通的无奈。

2. 以人性呼唤传统的力量

笔者所说的传统不是商业浪潮中的怀旧，而是指突显人性、文学性，对中国抒情传统的回归。在革命与启蒙之外，现代主体建构的另一面是抒情，抒情重视个人、主体及自我意义。前已述及，改革大潮中，理性与感性不再是和谐的关系，两者的紧张最终导致主体失去感性能力。在中国古典的言志、缘情、纪事的三个维度中，抒情意味着对生命节奏、灵境的重视，是人们赖以安身立命的寄托。

《南方周末》前特稿记者南香红擅长对自然与人的书写，《没有木卡姆就等于没有了生命》书写不为大众熟知的群体，探讨关于爱情、生命、死亡、人生等人类普遍永恒的母题，不同的生活方式和思考方式带给读者另一种审美体验；《盲艺人的乐与路》中，盲艺人作为传统文明的固守者与某种信念的坚持者，他们的故事切中大众的怀旧情感，让人感慨被高速旋转的时代车轮抛出、落下的某种珍贵的东西——品质、韵味是多么无用然而又是多么重要。

情感需要深入体会，透过事功之外的理解与认识，我们才能感受到原本存在的深挚之爱，生命中有一些特别的东西，散发出的强大力量足以抵抗世俗通行的成功标准与潜规则。一个普通的中年汉子，多年来一直坚持拍摄自己的父亲：

> 对开影楼的陈鹏军而言，这些画面拍得并不够专业。这些年来，他扛着摄像机，光是捕捉些零碎的家庭画面，镜头有时还摇摇晃晃的。但这段不知主题为啥、不知如何结尾的拍摄，也是摄影师陈鹏军最重要的作品：在他的镜头前，父亲渐渐老去，直至远离。
>
> 到父亲真的走了，陈鹏军才明白，一场父子间的告别，10 年也还是不够的。《和父亲在一起的日子》（《中国青年报》2013 - 07 - 10）

这篇特稿很容易让人想起英国摄影师菲利普·托里达诺的同名书《和父亲在一起的日子》，2006 年托里达诺的母亲突然去世后，他作为独子陪伴 96 岁高龄的父亲度过了最后的 3 年。托里达诺用相机记录下点点滴滴并在博客上发表，父亲一生的故事打动了成千上万的人，世界各地的人给托里达诺发去电子邮件，诉说这组图片如何改变了他们对世界、对父母和对爱的看法。

中国特稿中感悟人生、洗涤心灵的也占有很大比重。上述特稿主题全部都是普通人的平常人生，在强调显著性的新闻世界中，这一常识往往被忽略：普通人的情感悲欢，才最容易打动普通人。

梅内尔指出文学作品的价值与四个方面相关：它们对人生真谛的说明

和揭示；语言使用的创造性以及对情节、人物、情景等的处理；个性、事件、环境的表现；主题和效果的多样统一。"伟大的小说似乎都具有这一本质特性，即促进对人生充分可能性的认识。"① 特稿的评价体系与之类似，优秀的特稿往往能揭示某种人生真谛。既去掉政治上的过多遮蔽，也去掉经济物质上的过多遮蔽，同时强调不被符号化，不被过多标签束缚，做真实的自我。"不要走得太远而忘了当初为什么出发""慢点走等等灵魂"等成为新的时代流行语，文学强调返回初心，人物特稿也常挖掘此主题，有返朴归真的价值趋向。

除了传统的消息、通讯及新兴的调查性人物报道、人物专访、图片报道、特稿之外，日记体、短信体、参与式报道等也时有出现。

自黄远生民国初年开创新闻日记体后，日记式报道因其亲切自然、感性生动而备受青睐，如获第十四届中国新闻奖三等奖的通讯《广州市第一人民医院护士长张积慧日记——对抗"非典" 难忘那 46 个日日夜夜》，"走、转、改"大型新闻宣传活动中记者蹲点日记等。2004 年 8 月 12 日，新华社播发了由 14 则短信构成的新闻故事《赵家富》，讲述了先进典型、因公殉职的县交通局长赵家富的感人事迹，作品共分 14 篇连载，每篇均不超过 70 字，每则短信就是一个小故事，以生动、有趣的语言呈现英雄人物的形象，多则短信合成一篇相当于通讯的作品，文本中充满了现代气息和创新意识，被誉为"中国首部短信新闻故事"。

《博客天下》杂志的"与某人做某事"专栏别出心裁，作者与对象共同参与某项活动，如《与丁磊吃食堂》《与吴秀波一起唱卡拉 OK》等。这种不好归类的人物报道文本，与对话体相比，因记者与采访对象有具体的语境而显得更自然生动，如一起吃饭，一起唱歌，又因旁观的抽离而带有审视的意味。以往的背景被突显，做某事的过程成为主线，同时穿插相关资料，记者的评价性意见与判断杂陈其间。

第二节　反面人物报道

按照价值倾向来分，报道对象大致可分为正面、负面与争议人物。正面人物是代表进步、被肯定的；负面人物代表落后、否定的；争议人物则

---

① ［英］H. A. 梅内尔：《审美价值的本性》，商务印书馆 2005 年版，第 50、51 页。

是中间状态的人物。我国新闻界提倡以正面宣传为主，一部人物报道史可以说就是正面人物报道史，英雄人物、先进人物、模范人物等贯穿媒体发展过程，同步成长，彼此印证。相关研究也多不胜数。本书重点关注另两类人物报道。

一　反面人物概念界定

关于反面人物报道有不同说法，一般认为它是指相对于正面典型人物报道而言的，具体来说包括对腐败、堕落的贪官，行凶、杀人的刑事案件罪犯及有违社会伦理底线行为的反面人物等的报道。这些人物在社会评价系统中有违社会常规、道德、伦理，媒体在报道反面人物时经常注重于突出这类人物行为的反常性以及对社会和他人造成的危害。反面人物报道能满足公众对这些危害社会的违法行为的好奇心，有利于受众了解一个真实的社会，及暗含的社会心理的变迁，当然，更多的是起到警示社会的作用。

对于贪官的报道，建国 60 多年来在数量、内容、形式等方面均有明显的转变，报道比重上呈增加趋势，特别是近几年，党中央持续加大反腐力度，倒下的问题官员增多，相应的报道也增加了；报道内容上有所拓展，成长历程、人生轨迹、案情"内幕"等均有体现，信息量大，过去语焉不详的问题都得到直接反映；报道形式上除了单一的消息，深度报道当前占据了较大比重，刊发媒体方面，过去对级别较高的贪官报道往往是新华社或机关党报发稿，现在各类市场化媒体表现出了极大的主观能动性。总体来看，问题官员的新闻往往追看者、解读者众，阅者大快人心，但其猎奇与色情化倾向也不容忽视，这种倾向一定程度上转移了受众注意力，严肃的政治问题往往被消解为八卦和谈资。另外，一些报道把事实与传闻、谎言、道听途说混在一起，报道中也夹杂有主观感情强烈的评论，影响了受众的认知与判断，有悖专业精神。

本节主要关注的是有反社会倾向的反面人物报道。罪案报道特别是暴力犯罪分子的报道尤其值得关注，张君案、阿星案、马加爵案、杨佳案、郑民生案、陈水总案等具有反社会倾向，杀戮行为恐怖，危害公众安全，其犯罪行为给公众带来重大损失。这类反面人物的出现，给公众的生命、财产安全造成了不良的后果，他们的犯罪动机、犯罪行为，引发社会的广泛关注和反思。2013 年 6 月 7 日发生的陈水总纵火案，各大媒体对于该案的报道，引发社会的广泛讨论。

二　社会转型与反面人物报道模式变迁

在我国，反面人物报道从无到有，从少到多，其报道模式也随着时代的发展而改变，历经重道德谴责模式、重渲染私生活模式、重制度建设模式到重人性化倾向模式几个阶段。20世纪七八十年代，媒体对坏人坏事的报道主题重在对其的道德谴责，对于他们的犯罪行为大多从道德层面进行叙说，较少考虑反面人物个体命运悲剧及深层的社会原因；90年代市场经济体制确立后，媒体竞争加剧，渲染坏人如贪官的私生活容易带来较高的阅读率，提高报刊发行量，这一报道模式伴随着报纸扩版高潮、周末报热、大特写流行等出现。

21世纪以来，"反面人物报道已经由之前的'道德谴责'模式转向探讨道德与制度间的关系，开始反思社会转型中道德问题与制度漏洞间的关系"。[①] 同时，媒介也将注意力更多地放在了社会环境、制度环境对人的影响甚至异化上，比如《南方周末》对湖北天门原市委书记张二江的报道《"五毒书记"和他的官场逻辑》（2002-03-21），文章不是写他有多坏，而是写他如何坏起来的，报道意图展现的是制度、官场文化对一个人的影响，不带先入之见，力求全面呈现他的腐败行为与体制背景之间的关系，而不是将他的问题单纯归结于其个人品质。这篇文章引起较大反响，之所以在众多张二江的报道中独树一帜，就在于立意与角度即报道模式上的差别。

近年来媒体加强从人性化角度对反面人物进行报道，本节着重以陈水总案为例进行分析。

三　个案分析：陈水总纵火案的报道

陈水总是2013年"6·7"厦门BRT公交纵火案嫌犯，惨案发生后，各大媒体纷纷对此进行报道。据不完全统计，6月9日至6月14日，主流媒体对于陈水总的报道共有15篇，考虑到研究的主要是反面人物人性化报道效果，我们选取的样本主要以深度报道为主，详情如表3-1：

---

① 罗哲宇：《伦理重建与当代中国新闻报道》，中国传媒大学出版社2012年版，第52页。

表 3 - 1　　　　　　　　　　　　陈水总纵火案报道统计

标题	刊发媒体	时间	体裁	主要内容及报道角度
47 人的生命"终点站"	《新京报》	6.9	深度报道	采访幸存者，配制效果图，清晰还原事态现场
"纵火者"陈水总	《新京报》	6.9	深度报道	"黑暗的巷子""爱找碴的男人""挣扎在贫困线上""最后的平静"
厦门大火嫌犯系悲观厌世放火	《京华时报》	6.9	深度报道	从陈水总纵火的原因入手
老城小巷里的陈水总	《京华时报》	6.9	深度报道	呈现陈水总日常生活
住在局口老街的陈水总	《东方早报》	6.9	通讯	采访同事等人
陈水总：邻居眼中的一个怪人	《南方都市报》	6.9	消息	陈列来自各渠道的事实
还原厦门 BRT 纵火嫌犯	《南方都市报》	6.9	深度报道	死亡在一刻钟内到来，厦门公交纵火案现场细节还原
妹妹讲述陈水总遭遇，称其年龄被弄错　为改一岁办社保跑了 22 趟派出所无果	《华商报》	6.9	深度报道	采写邻居、家人，试图揭示纵火案的原因
因低保被取消上访不断　脾气不好曾一天内投诉邻居 9 次	《钱江晚报》	6.9	深度报道	从低保取消及性格缺点入手分析纵火的原因
一个焦躁者的"恐怖犯罪"	《齐鲁晚报》	6.10	深度报道	陈列事实并引入专家分析
无法参加的高考	《南方周末》	6.10	深度报道	受害者的角度
记者独家采访陈水总亲属　探访厦门公交纵火案犯罪嫌疑人真实面目	《法制日报》	6.11	深度报道	采访亲属，"生活""较真""纵火"三个部分
一个人的怨毒与 47 条生命	《三联生活周刊》	6.11	深度报道	受害者的角度
陈水总："草民"的极刑	《南方人物周刊》	6.13	深度报道	还原纵火之前的生活，试图分析导致悲剧的原因

媒体此次报道一定程度上纠正了前述不足。从表 3 - 1 可以看出，几大媒体关于陈水总的报道角度大多选择还原陈水总之前的生活，通过采访陈水总身边的人，还原其人生轨迹与重要节点，进而思考导致这一悲剧的深层次原因，反思社会转型中道德与制度漏洞间的关系问题。

1. 以"社会公平"为伦理原则

近年来，一方面是政府加大了对民主政治建设方面的力度，另一方面是随着经济、教育、社会等方面的发展，公民的民主法治意识在不断增强，与此背道而驰的是，正处于加速社会转型期的中国，各种社会矛盾和各类社会问题层出不穷，其间有很多是由于社会不公导致的，人们渴望社会公平，尤其是弱势群体，希望通过自己的努力改变生活的现状。因此，在对反面人物进行报道时，要以"社会公平"为报道的第一伦理原则。反面人物尽管由于种种原因最终走上了犯罪道路，但是并不意味着他们失去了说话的机会。媒体在报道角度的选择上不应该一边倒，对犯罪动机做主观片面的判断，而应该给他（她）诉说的机会，这样有助于了解导致悲剧产生的深层次原因。长远来看，这种处理模式有利于化解社会矛盾，促进各阶层的沟通与交流，也有利于提醒政府部门如何加强管理，有效预防矛盾的激化。

公平原则还意味着报道犯罪行为时，客观描述犯罪过程，不进行倾向性的人格攻击，当然，这一报道方针在处理具体案例时要把握好分寸，一旦处理不当，将个体过失和公共过失、个体权利和公共权力混为一谈，也容易导致极端社会言论的出现。

从具有典型意义的马加爵案、陈水总案我们可以看出，媒体对底层罪犯的生活困境都有所揭示，并持有一种人道主义的同情态度。如对陈水总困窘生活的描述，这种关切的处理态度体现了严肃媒体的人本意识。

2. 反面人物的成长环境

个人是社会中的个人，社会是由个人组成的社会，我们不可能脱离社会而独立存在，个人悲剧的产生也与整个大的社会背景息息相关。从阿星杀人案到郑民生砍杀儿童案，再到 2013 年发生的陈水总纵火案，媒体在对悲剧的深度挖掘上，注重对于反面人物成长环境的报道。如《一个人的怨毒与 47 条生命》就是从陈水总的生活环境、个性等方面来分析的。为了使报道更具张力，《陈水总："草民"的极刑》一文将陈水总的个人遭遇与社会转型结合起来，还原纵火案之前陈水总的生活，将个人的悲剧置于大的社会背景之下，报道中有这样的话语：

> 吸毒、失业、家庭不和与低保是铁门内的底色，像褪去浓妆的城市露出的一张残破的脸。陈每天如过街老鼠般进出这个家门，因房产分配长期不睦。

陈水总的房子一直没有得到解决，暂时居住，一住就是30年，后来他的退休也由于种种原因没有办好。别人眼中的陈水总是刘家"最通情达理"的人，可这样一个人却出人意料地用极端的方式表达自己的诉求，这值得读者深思。

> 他鲜有提及家人，他忘却清苦的安慰剂是读书。

爱读武侠爱情故事，表明陈水总对于生活是充满了美好期待的，不过现实一次次地将他的希望打破，他又没能找到合理的发泄渠道，最终以这样极端的方式表现出来。

陈水总曾经试图通过上访的方式来解决自己的问题，由于政府工作人员的不重视，公权力对百姓的无视，双方产生了矛盾，而矛盾又没有得到及时的解决。最后的导火索就是陈水总去改户口年龄时，工作人员的推脱以及社会中的潜规则使一向沉默寡言的他不堪忍受。

> 事发前几日，家中祭祖，大哥陈述回到局口街老家，听陈水总说起户籍年龄被弄错，"他说公安局的人跟他讲，我愿意帮你办就帮你办，我不愿帮你办就不办，那是我的权力。陈水总当即回复：我死了，也不会让你好过。"
>
> 常年行走江湖的陈述再一次提醒陈水总："送两三千购物卡就搞定了。"但陈水总仍然坚持："不要！我正正当当地办理，实在不行就告到福州，告到中央去！"

3. 关注反面人物的内心世界

反面人物之所以走上犯罪道路，除了与家庭环境、社会处境有关，更与其自身心理的承受能力有关，而这种心理的健康状况往往通过其日常的言行表现出来，通过采访中涉及的一些细节，就可以看出反面人物的内心。新京报的《"纵火者"陈水总》如此描述陈水总给人古怪、爱找碴儿的形象：

> 陈水总不容许任何试图打破封闭的事情。许正的小狗曾有次爬过木头的缝隙，进入陈家，等他听见狗叫找过去时，发现陈水总已经把小狗赶到了柜子的阴影下，一边拿木棍使劲捅，一边叫骂："弄死你。"

上述细节即可以看出陈水总内心的封闭和他的暴戾。由于他特殊的人生境遇，更加重了他内心的敏感和脆弱，而性格软弱、生活困窘的他又无力改变现状，更加重了他的悲观厌世。报道中引用了陈水总的微博，揣测和分析他的内心世界，对于陈水总形象的塑造并没有将其妖魔化，而是将其作为一个普通人看待。"最后的平静"部分为了表现陈水总内心的孤独、焦灼，报道增加了细节描写："在事发前 20 天左右，路过陈家的许正往屋里瞥了一眼，发现陈水总独自一人在家来回踱步，神情严肃，背影看起来'非常孤独'。"对内心世界的关注，可以让读者更深层次地了解他的日常生活状态。大多数报道还直接摘引了陈水总的微博，真实地还原才不会妖魔化反面人物，与几年前的马加爵报道相比，媒体前进了一大步。

4. 以受害者视角切入，彰显人文关怀

《三联生活周刊》的深度报道《一个人的怨毒与 47 条生命》以受害者角度切入，报道分为"那一刻""逃生""命运的通道""由孤僻到疯狂"等四个部分，开头：

> 6 月 7 日傍晚，厦门，陈水总用一把大火把内心当中近乎扭曲的对于自身或世界的不满发泄出来，46 条无辜的生命就这么轻易地被他的怨毒所葬送。

报道开篇简要概括了事件的结果，开头就紧扣标题，一个人与 47 条无辜的生命，在对比中凸显陈水总的怨毒，并且也暗示了悲剧的原因。对于自身或世界近乎扭曲的内心通过一把火的方式发泄出来，让读者产生阅读兴趣的同时也想探寻悲剧背后究竟隐含着什么，而报道的结尾又回到陈水总纵火前的那一刻：

> 6月7日16时左右，陈水总拉着一个载有编织袋的手拉车离家，两小时后，他出现在BRT金山站的监控中，我们已经无从知道他的徘徊是在犹豫还是在选择目标；他最终登上了那辆车号为闽DY7396的金龙客车。

在纵火主线中，穿插写了林诗颖、林地旺、王华丽、江晓婷等普通乘客受害前的生活状态及幸存者的反应。报道中提及的很多采访对象，他们的生活也同样困窘，比如林诗颖，一个为了理想努力奋斗的高职考生，生活在单亲家庭的她很懂事，为了减轻母亲的负担，年幼的她会在课余时间帮助母亲，刚刚参加完高考第一天的她告诉母亲，明天还要考试，今晚要抓紧复习，也不去她那里了。"她说她已经在车上。"可是一切都因为纵火案戛然而止。

> 6月7日，对于林诗颖来说，是要改变命运的日子。虽然初中毕业上了中专，但"要强""努力"的她并没有放弃，今天开始的高职考试她会重新选择自己的专业和道路。阵雨过后，从将近10米高的BRT站台望出去，凤凰木红艳艳的，还是那样美丽。

林诗颖积极向上的生活态度与陈水总的怨毒形成鲜明对比，促人深思。这种报道角度的选择彰显了媒体的社会责任，关注受害者的生命历程，尊重人，关心人，这也体现了反面人物报道日趋人性化。

四　反面人物报道中的伦理危机

媒体进入市场后，受商业利益驱使，媒体从业人员一方面从人物身上的趣味性和耸人听闻性入手，另一方面用一种娱乐化的笔触和话语模式报道反面人物新闻，不注重从影响人物性格形成和反常行为的重要事件入手，分析和探讨人物性格扭曲的成因，而只是一味追求新闻的轰动效应。这种做法迎合了部分受众的心理需求，在短时间内也许能提高媒体效益，但从长远的眼光来看必然会损害媒体的公信力，也减弱了对公众的引导，而且对当事人也带来了伤害。

故事化写作存在着先天性缺陷，即悲情叙事、简单的社会归因、隐藏着民粹主义倾向。如何避免"人性化"处理带来的简单二元判断，如何处理好个体道德与制度间的关系，是新闻媒体面临的叙事伦理困惑。

（一）应把握报道的度

媒体对于反面人物的报道，常常容易出现"先入为主""过度渲染""妖魔化"等现象，导致负面社会效果。反面人物身上存在与人们价值判断相异的东西，这些东西很容易使人们带着既定的看法和思维模式去判断他们。而媒体为了抢发新闻，来不及核实一些信息，有时在没有与当事人进行面对面的交谈和深入调查的情况下，根据自己对此类事件的既有看法和观点来编造新闻，很容易损害媒体的公信力和报道的真实性。尤其是对重大刑事犯罪人员，特别是那些所谓穷凶极恶的反面人物，随意贴标签，将其妖魔化，一棍子打死，使其失去辩解的话语权，成为任人宰割的对象。

2004对马加爵案的报道，在案发的最初一个月里，媒体以近乎疯狂的报道建构出一个"杀人狂魔"、云大"屠夫"，报道中充斥着细节、情绪的渲染，意味不明的联想与暗示，事实上，马加爵不过是一个有心理障碍的普通青年学生，长期积压的不良情绪、封闭的生活方式和不够健全的心理导致他走上犯罪道路。节制报道的提倡正是诉之于理性与沟通，王辰瑶认为"有节制的新闻叙述观念是在一个越来越强调公开透明的社会里，促进不同群体间互相理解而非扩大分歧的良性新闻实践方式"。① 狂欢化、娱乐化的方式于事无补，非但不能弥合裂缝，反而影响受众的思考力和判断力，不利于了解社会真实图景。

（二）避免归因的简单化

当前，反面人物报道悲剧原因分析中个体道德与制度间的关系处理问题，已成为新闻媒体面临的叙事伦理困惑。为了增强报道的深度，一般都将其放到一个大的社会背景下进行考量，但其悲剧的产生到底多大程度上是由社会造成的需具体问题具体分析，媒体在对反面人物进行报道时，不能将个人问题扩大化，将悲剧的产生都归咎于整个社会，而应该在看到社会原因的同时，也意识到反面人物自身性格、行为上的不足，这样才能使

---

① 王辰瑶：《"节制"报道：一种新新闻叙述观》，《新闻记者》2012 年第 10 期。

分析更加真实、全面、客观。比如 2005 年 7 月 14 日《南方周末》针对杀人凶手阿星做了题为《阿星的内心挣扎》的报道，文中有很多细节：

> 从 15 岁到 19 岁，阿星一直在东莞一家工厂的重复劳作中度过，每天工作时间超过 12 个小时。"除了春节可以休息六七天外，整年只能休息一两天。但即便这样，一个月的工资也只有 300 多元。"对此，他有点难为情，"每年过春节，我都没钱给爷爷奶奶送礼物，觉得活得很窝囊。"

从上面的描述中不难看出记者对于阿星的生活状态是持同情态度的，但是，"这个悲剧固然有其复杂的社会成因，也确实在一定程度上反映了当今的种种不良现象，对此进行深刻剖析也的确有利于引起社会对民工这个群体的关注，然而，将杀人者的过错归咎于整个时代和社会，将一个人的极端行为放大成为一个广大群体的潜在共性——这种叙事方式是否带有情绪化的非理性态度？"①

关于陈水总的报道也是如此，过分的描述很容易误导受众：是社会的不公正、不公平导致了陈水总去纵火。如果将报道视角过多地放在描写陈水总个人生活的困境上，读者很容易陷入对陈水总的同情中去，而这样的报道视角对那些无辜逝去的 42 名乘客无疑是不公平的。

文学性色彩浓厚的特稿写作运用于反面人物报道中可能存在某些内在缺陷，比如因故事性写作度的把握不够而妨碍专业主义原则；比如写作中的社会归因导致受众质疑媒体立场，渲染仇恨情绪，易诱导新的犯罪；还有就是底层人物的悲情命运叙事等问题。媒体的这种报道模式非常容易呈现民粹主义倾向，节制叙事因而显得尤为可贵。

（三）避免媒介干预

陈水总纵火案发生后，作为事发地的厦门，当地媒体以《陈水总如此丧心病狂　全社会必共诛之》为题发表评论，引发质疑。

媒介参与可以推动事件的进展，让受众了解事件的最新情况，媒体进行反面人物报道应保持冷静、克制的报道立场，应始终恪守客观、真实、平衡等报道准则，不应该在报道中强加对于某一反面人物的看法，避免道

---

① 黄梦阮：《对"阿星杀人事件"报道的反思》，《中国记者》2005 年第 10 期。

德绑架和媒介审判。

媒介在遇到大事时应该发声，通过发声来提高品牌影响力，但也必须铭记自身作为社会公器的责任，切不可为一时利益而损坏整个媒体的公信力。

第三节　争议人物报道

一　争议人物概念界定

出现在媒体中的争议人物是一个较为宽泛的概念，这种"争议"主要有几种情况。一是人物本身存在话题性，如吕日周、仇和，他们作为颇有政治抱负的地方官员，以激进、不同寻常的方式推行各项改革措施，触及到当今社会的热点、难点问题，且改革手段人治与法治、民主与专制兼具，引起不同甚至是极端对立的看法。还有开眼镜肉店的北大才子陆步轩，因其个人际遇在社会转型背景下具有代表性，其职业选择引起广泛热议。二是言语容易引起社会舆论轰动和大众讨论，或是其成长与国内教育体系和人才评价不符，或是其行事风格让一部分或大部分人难以理解或接受，比如韩寒、李敖、虎妈蔡美儿、发微博宣告私奔的成功人士王功权等，这些都属于"争议性"人物的范畴。

二　报道价值与意义

社会转型期，"争议性"人物具有独特价值，与正面人物的积极意义、道德示范因素不同，他们身上的反常与冲突要素体现出新的新闻价值取向，并与媒体、公众和社会价值观形成互动。传媒和传媒从业者的责任要求报道深度、全面、多元，往往要借助"争议性"人物激起讨论并扩大市场认同。受众通过报道获得信息、重塑认知，社会观念宏观层面则在不断的争议中前行。最终起到消解社会冲突，并在维护主流价值观念前提下实现价值多元的目的。具体而言，争议人物报道的意义体现为以下三个方面。

首先，它彰显独立个体的价值，反映出社会自主意识的整体增强。争议人物冲击社会固有的价值观体系，其对社会价值观念具有补充、整合、重塑的作用，这是对人性的极大丰富，也让社会更宽容。

其次，争议人物报道有助于全面呈现时代及社会的复杂性。《南方人物周刊》"打捞三十年'争议者'"专题策划语曾总结争议的重要意义："争议是进步的始点，有争议才能明是非、知真假，才能拨云去雾，抑浊扬清，推动历史的车轮越过沟沟壑壑。这个时代最迷人的地方在于，它激荡着各种观念。姓资与姓社，向左与向右，'新左'与'新右'，激进与渐进，公平与效率，权威与民粹，文化与传统，自由与民主，普世性与国情论。如果按照这样的线索梳理下去，我们真的可以说，这是一个'争议的时代'。"

柴静主持《看见》期间曾专访教练李永波，有观众问为何要采访争议人物，柴静在博客中如此作答："以往有过一种声音，觉得人物访问节目不要报道争议性人物，但是争议出现，说明社会中新的判断已经开始生长，新旧力量交相汇集，激荡中正可以看见社会变化发展的轨迹和方向。一个公共电视台，在争议中理应提供事实，引起思索，才能平息想象，消解不必要的冲突。不去报道这样的人物，才是漠视自己的公共责任。"[①]

再次，争议人物报道能引起受众对社会各领域改革的思考，而不是仅仅停留在个体和现象层面。《南方周末》记者张立采写的《最富争议的市委书记》（2004 - 02 - 05）就借仇和展开了对转型期中国改革许多重大主题的探讨，如手段与目的，人治与法治，个人权威与公民权利，不提供答案，只提供思辨空间，扎实而深入的采写既让受众认识了一位个性丰富的地方官员，又引发了对改革及领导体制问题的关注，社会反响强烈。媒体之所以热衷于报道有争议的官员，并不只是制造话题，正如仇和在接受记者采访时所说："他们表面上在写我，实际上在写中国，我只是他们借以透视中国改革和命运的一个象征，一个符号。"的确，报道"争议性"人物并不是干扰社会的价值观念，而是为新旧价值判断提供平台，相互博弈，为争议和不争提供事实，引发思考，更好地推动改革进程。

新华社记者王军曾说："在这个时代，需要靠处在自由状态下的媒体来扮演更积极的一种角色。我觉得我们这个工作最终的价值，就是能够让社会相互沟通，而不仅仅是传播。一个社会可以相互沟通之后，它就会成为一种良性的状态。可以沟通，大家才可以有共识，才会有真正意义上的建设，人跟人之间才会有爱，否则就是仇恨和误解。反观我们中国的历

---

① 柴静：《李永波采访回应》，2012 - 09 - 19（http://blog.sina.com.cn/s/blog_ 48b0d37b0102eixa.html）。

史，几千年下来，真正缺乏的是相互沟通。没有沟通，就会无中生有地把别人想象成魔鬼，然后他们必然成为魔鬼。我们的工作就是要改变这种状况。"①

三　个案分析：郭敬明报道

新闻是一种叙事，新闻报道中，叙事人的意识形态建构、叙事人的态度与功能隐蔽地传递着媒体的价值取向，这一点在争议人物报道中尤为突出。

何纯在《新闻叙事学》中指出："我们所指的叙事者，是叙述文本的讲述者，也就是体现在文本中的声音，或者说叙事声音是叙事人在文本中的存在方式。谁发出的声音？谁在说话？新闻的本质就是发出声音，传播声音，通过声音唤起更多的声音，即形成舆论和引导舆论。"在新闻叙事中，叙事人的身份、视角、聚焦、功能等并由此合成的"声音"，表现出的是叙事的立场、观念与态度。②

我们可以就郭敬明报道进行分析。一直以来，郭敬明因为抄袭、团队集体出走、拜金、拍电影等，始终盘踞话题榜。

《中国周刊》张卓 2010 年 3 月采写的《时代宠儿郭敬明》相对来说较为中肯，客观描述郭敬明与时代的互动关系：

> 有多少人恨他，就有多少人爱他。短短十年，从一个小城青年华丽转身为中国出版业的印钞机。他有理由为这样一个自己喝彩。
>
> 他自比好莱坞商业导演，非常清醒自己是在向年轻人贩卖一种生活方式："我最擅长给读者带去愉快的阅读体验，我不擅长剖析社会，别让我写深刻的东西。我的产品就是让大家去享受青春美好的故事，去享受阅读小说的快感。"
>
> 他喜欢在博客上贴自拍照，照片中呈现的是一个美轮美奂的美少年，身居豪宅，穿价格不菲的国际大牌；在他的书里和各种访谈节目中，他极力推崇这种享乐主义。很多人骂他带坏年轻人，讥讽他是

---

① 熊蕾、朱迪·波罗鲍姆：《变脸：中国新一代职业媒体人口述实录》，新华出版社 2009 年版，第 11 页。

② 何纯：《新闻叙事学》，岳麓书社 2006 年版，第 19—20 页。

"名牌杂货机"。

　　他出身草根，毫无背景。"我爸妈没帮过我，因为管不了。"郭敬明淡淡地说。黎波形容郭的父母普通到不能再普通："父亲爱炒股，母亲爱玩游戏机，有这么一个儿子，挺自豪。"

　　所以，郭敬明有理由为自己振臂高呼。在上海这个被他形容为"冷漠而理性"的城市中，他用短短十年在中国完成了一个"美国梦"。

　　从他在上海居住的高级豪宅俯视，繁华都市扑面而来。他享受这样的感觉，一如他在小说中所写"身背名牌 LV，手拿星巴克咖啡，在恒隆广场穿梭"。

　　"在上海，生活得最舒服的永远是金融家和有钱人。"郭敬明很现实，"普通人在这里活得压抑。如果今天，我还是一个傻傻的文学青年，要想在上海生存，早就被咬得连渣都不剩。"

　　《南方周末》也一直在关注这位"80 后"。2010 年 6 月 24 日，该报推出一组专题，《捧我的人把我捧上天，踩我的人把我踩成屎——访问郭敬明》《"郭敬明不会伤害我们"——专访〈收获〉执行主编程永新》《"一个郭敬明不会使殿堂倒塌"——专访〈人民文学〉主编李敬泽》，以及自述体《郭敬明说》、记者手记《郭敬明印象》。面对质疑与争议，《南方周末》表现出了一定的偏向，从标题中即可看出，特别是对两位文学期刊主编的选择与访谈，基本上都是对郭持谨慎的肯定态度，这与该报对韩寒的报道立场类似。2013 年，郭敬明导演的两部《小时代》以 4000 万成本，开创了 7 亿票房。12 月 14 日，在北京落幕的《南方周末》"2013 中国梦践行者致敬盛典"上，郭敬明获评"2013 年中国梦践行者"，与他一同获得这个称号的是"中国环保之交"曲格平、"顽主型企业家"冯仑、"不守规矩的"李冰冰、"健康先生"郁亮、"最传统最前卫的"梅葆玖、"为发烧而生"的小米手机创始人雷军、恒大足球俱乐部和快递员。郭敬明的致敬理由中这样写着："生长于西南小城，作为中国最普通的'民二代'，郭敬明把握了大时代中的小机遇，发达于超级大都会，创造了属于自己的小时代。他是作家、出版人、导演、商人，他制造的文化产品，抚摸并撩拨了那些迷惘的青少年，成为他们的趣味代言人。他备受争议，又无可置疑地产生了巨大影响力，成为耀眼并年轻的'富一代'。"

2013 年 12 月 19 日该报刊发《两个郭敬明》及专访《郭敬明：我找不到哪个人可以参照》，郭敬明的"商人状态"大获成功，而批评之声则直指拜金、炫富以及肤浅。事实上，这类批评几乎贯穿了郭敬明出道以来的所有作品。在采访中，郭敬明以清晰的自我定位回应外界质疑。他承认《小时代》肤浅，"我一开始就要做一个肤浅的东西"，"没有人是真的走进电影院出来整个人生观都颠覆了……如果电影真有这样的力量，那中国拍一部电影，整个民族就崛起了。"他自信审美很准，"我非常清楚大众的审美是什么，然后我会给他比这个审美再高半格的东西"。2013 年 12 月 26 日《享乐不是罪恶，也不值得羞耻　敢穿拖鞋进 LV 店的郭敬明》，2014 年 1 月 6 日《郭敬明：现阶段不容易得到的，都是奢侈品》，2014 年 7 月 17 日《"老跟别人比没什么意思"导演郭敬明和他的"大数据"》。

考虑到现实语境中"拼爹"等潜规则，《南方周末》将他当作"民二代"的典型代表，靠自己努力获得所有的一切并变身为"富一代"。《中国周刊》也曾以在中国实现"美国梦"来定性郭敬明的成功。

争议性人物报道在报道角度及文本写作上呈现不同风格，这与媒体定位有关。

《南方窗》定位于严肃政经杂志，在《小时代》上映后的各种粉、贬等等争议声中，2013 年 10 下旬第 22 期封面报道《大时代　小时代》另辟蹊径，以一贯的严肃对当下中国的"小时代"群体故事与过去的"大时代"进行审视与反思，配发对文学评论家南帆的专访，同时对以《小时代》为代表的流行影视文本中的时代与个人进行深度解读。

四　存在的问题

许多记者把自己的报道权利误解为一种评判权利，认为记者报道新闻就是要告诉读者某种或是或非的判断。在人物报道中，许多记者不是从客观事实出发，通过对事实的报道，获得对某一人物的认识，而是先有对人物的某种认识（通过介绍或是社会传闻而获得的），然后通过选择相应的事实和表达方式来印证这种认识。郭敬明在被问到媒体对他的态度有什么变化时回答："争议的声音还是很多，但是大家至少愿意了解你，可能我还是不喜欢你，但我愿意来听你说。以前，不喜欢你，连采都不采你，直接妖魔化去写就好了。"① 由于记者带着或是或非，或正面宣传或反面批评的主观意识去寻找素材，进行写作，其报道就不可避免地会打上这种主观的烙印，很难再跳出其既定的认知框架，即使是一些颇有争议的认识，记者也会通过报道手法的运用让其为自己服务，从而导致报道的片面与失衡。真正解读和把握一个有争议的公众人物，必须将人物还原到多重的人际网络、复杂的行业状况和特定的区域生态结构中，由此才能超越简单的道德判断。②

《南方周末》关于方韩之争的报道引发质疑，受众读完后形成的整体印象是："报纸在立场上偏向韩寒，打压方舟子。"在写方舟子的《方法》一文中，尽管是以大量事实还原其早年生活，借以寻找当下行为的思想根源，但因为倾向性太过明显，故在报道中更多地呈现能证明方舟子偏执的案例，在素材选择上是失衡的。《人物》杂志在崔永元与司马南之争处理上，较为恰当，提供同等规模的篇幅版面，让两人以自述的方式相互回应，记者没有发表评论，也没有通过对事实的选择来表态。

---

① 季星：《"老跟别人比没什么意思"，导演郭敬明和他的"大数据"》，《南方周末》2014年7月17日文化版。

② 张志安：《批评性人物报道的操作策略》，《新闻记者》2013年第3期。

第 四 章

纸媒人物报道个案研究

　　不同性质的媒体在人物报道方面有较大差异，以纸质媒体而言，机关党报一般没有专门的人物版，但有相关专栏。以正面人物报道为主，典型人物报道更是其主要特色，往往会在同一时期集中报道某个典型，形成报道的合力，但往往也容易让受众产生抗拒心理。如 2014 年初《人民日报》同一天在第 6 版、13 版、14 版有"人民满意的公务员专栏""最美基层干部""100 个人的中国梦·传递基层正能量"等人物报道专栏，地方机关党报也与此相似。如《湖南日报》散见于各版的主题人物报道专栏，有时是乡村医生，有时是村官，有时是其他群体。曾连续三次被评为"中国新闻名专栏"的山东《大众日报》"周末人物"专栏，最大特色是以人为本，充分发掘人物的思想、情感，让报道"以高尚的精神鼓舞人"。关注底层人物，以情动人，体现"大众情怀"。

　　而都市报因内部的分化出现两种情况。第一阵营的如《南方都市报》《新京报》，更乐于将自身定位于新型时政类主流城市日报，开设人物版面，以特稿、专访、讣闻为主，所报道的人物不局限于本地，常常面向全国，侧重于文化界人士与新闻热点人物报道，有较高的专业诉求，往往在文本上屡有创新，并且已形成内部评价机制，在年度新闻评选中人物报道已成为单列品种。

　　第二阵营的如《楚天都市报》《都市快报》等，以市民情怀、情感诉求为主，以人物通讯为主，善于挖掘草根人物，操作本地普通人物新闻报道，平凡人不平凡的事迹，往往抓住一个典型花大力气策划，通过报道使其形成全国关注热点，待中央级媒体进行报道后，也就意味着完美收官。

专业化媒体如《财经》《智族》等杂志，超越行业局限，利用自身的影响力推出人物特稿，形成话题。

本章拟选取一批代表性较强、持续时间长、关注度较高、反响较大的刊物或栏目进行个案研究，以期呈现当前媒体人物报道热潮的现状。主要包括《中国青年报·冰点周刊》《南方周末》《南方人物周刊》《人物》等。

第一节　《中国青年报·冰点周刊》人物报道

一　"冰点"简介

1995 年 1 月 6 日，《中国青年报》"冰点"专栏问世，以特稿形式一期一篇每周二和周五出刊，在"新年致读者"中主创人员阐述了栏目定位："起这个名儿，并非想哗众取宠，而是想以此来鞭策我们自己，在不放弃社会焦点、热点的同时，更多地去关注尚不那么显著的人群和事物，更多地关注普通人的生存状态和想法，更多地发表一些人所未言的真知灼见。"

冰点的开篇之作《北京最后的粪桶》关注的是北京市最后一批背粪工，这是几乎被社会淡忘的职业群体——虽然 20 世纪 50 年代他们中的一员时传祥曾广为人知并与国家主席握手，报道出来的时候甚至有人怀疑北京是否真的还有背粪工，冰点将"背粪工"这个边缘群体搬上台前，注视他们被时代裹挟的命运，注视他们简单的幸福和沉重的痛苦，报道以新奇的视角、细致的描摹取胜，冰点也在报界打出了名头。这样的对象选择对于市场经济体制确立后普遍关注焦点、热点问题的媒体与受众而言，无疑是新鲜的，记者既非猎奇也非同情的报道理念与真诚的采写更给予受众一种极强的情感冲击。从此，"聚焦小人物，折射大时代"成为冰点报道的一大特色。此稿影响很大，有数据显示，冰点创办三个月后的读者调查中，3000 多封读者来信绝大多数都提到了这篇报道；当年年底，冰点当选为《中国青年报》"我最喜爱的专栏"，1996 年 10 月，成为第二届中央主要新闻单位名专栏（节目），从此深入人心。

2004 年 6 月 2 日，冰点扩版为周刊，从原来的一个版扩展为四个版，在原有的特稿基础上，增添了三个版：文化、人物、科学，后调整为头版、人物、探索、特稿。

二　《冰点周刊》理念

冰点的报道理念一以贯之，其形成有赖于创办人李大同、继任者杜涌涛们。李大同 1979 年进入中国青年报社，此后从驻地方记者到编辑、部门主任，经历了一张报纸新闻生产的所有流程。在 2005 年出版的《冰点故事》里，李大同回顾了《冰点》创办 10 年来的历程，在《用新闻影响今天》一书中，李大同阐述了其新闻思想。"用新闻影响今天"的观点实际上强调的是新闻事业的社会责任感与使命感，承继的是中国新闻史的优良传统。

（一）坚持高远的精神向度，彰显真善美，回归人性本真

新闻报道的精神向度，是指新闻报道通过各种形式的传播，对读者、对社会的精神层面的反映、关照，从而达到渗透精神价值观、人生观、反映新闻报道精神向度的效果。当前社会，我们面临着太多不安定的因素，如社会精神文明的倒退、道德品质的滑坡、诚信宽容的缺失和个人主义泛滥，等等，导致社会出现了很多漏洞，人们心灵过于不安。媒体对种种异化现象应给予关注，发现社会的弊病，弥补现实的缺失，唤醒迷惘的人们。冰点宣传和尊重人的价值和权利，强调人的自尊、自爱、独立、坚强、善良、孝顺等美好品性，它为受众提供向上的力量和人文关怀，展现人性的本真，与社会现实形成巨大的反差，用高远的精神向度彰显人文精神，回归人性本真，让读者看到诚信、善良、正义和执着等美的东西。它所传递出来的人性的真善美和积极向上的精神像一座灯塔，照亮和引导着在黑暗中徘徊的人。

（二）立足于超拔的公共精神，培养公民素养、维护公共利益

对人物的报道不仅限于记录人物，呈现故事，而是强调价值追求，宣扬现代公民应该具备的个性情操和精神特质，公共精神是指孕育于公共领域之中的，它是基于最深层次的基本道德理想和政治价值层面的，以民众利益和社会需求为依归的价值取向。它包含民主、平等、自由、秩序、公共利益和负责任等一系列最基本的公共范畴。①

《温和的言行更有力量》（2012 - 04 - 18）讲述了报道对象潘琦意识

---

① 柴巧霞：《新闻评论与现代公共精神的建构分析——兼论新闻评论在突发事件中的舆论导向功能》，《新闻世界》2010 年第 10 期。

到和明确自己作为公民的权利后，行使自己享有的权利去了解和关注青岛种树的实际情况，用自己的力量来努力维护公共利益。潘琦是"80后"，在人们眼中，现在的"80后"办事缺乏恒心毅力，怕麻烦，"事不关己，高高挂起"，不问政治也没有社会责任感，"只看结果，不问过程"，但潘琦不仅能吃苦、不怕累、不怕麻烦，还具有高度的社会责任感和公民意识，彻底颠覆了人们对"80后"这个群体的刻板印象。"80后"能充分意识到并明确自己的权利，并且能够充分行使自己的权利去维护公共利益。再如《公民第一课》（2011 - 06 - 01）、《"环保疯子"受困记》（2011 - 06 - 29）、《我光头、我女权》（2013 - 07 - 27）等人物报道都充分体现了这些人物身上的闪光点——具有现代公民应具备的公民素养，他们不仅强调自身的价值，能意识到且关心自身权利，倡导自由、平等、权利等，并且能充分行使自己的权利去维护公共利益。

三　选题特色

冰点大多选择默默无闻地生活在社会各个阶层、各个角落的普通人，而且不乏一些经济并不宽裕的农民、民工、个体商贩等。人们常以"平民视角"界定它，并将此当作冰点成功的原因。但李大同并不这样认同这种评价："我从不认为我本人具有平民视角。在实际运作中，我关注的还是'不普通'三个字，任何普通都不能引起我的兴趣。而原本普通的人，做了不普通的事情，或者在不普通的命运中展现了一种普世价值，这才是打动我的地方，也是新闻的基础之一。"①

（一）关注"稀缺"

在现实生活中，普通人占了这个世界的99%，在社会转型期普通人的故事更具有特殊的意义，他们的生存状态和命运是社会变迁中老百姓最真实的反映。但事实上普通人在很长的一段时间内都没得到主流媒体的关注和重视，他们的顽强抗争及鲜活的生活极少在媒体得到真实和详细的报道。冰点的平民视角并不意味着毫无选择地对普通大众进行报道，它有自己独特的选题视角，它关注和强调的是普通人身上那种现实社会所稀缺的人的个性特征和精神特质，以及我们社会和民族丢失的某些传统和精神。

---

① 李大同：《冰点故事》，广西师范大学出版社2005年版，第139页。

（二）注重人文关怀

人文关怀就是对人和人的命运的关注和关怀，对人的价值和尊严的赞美和肯定。冰点在选题上坚持以人为本，注重于对人自身和人的价值的关注，特别是对社会底层人民给予更多的关注，揭示他们的处境和心态，充分挖掘其内在的精神价值和个性特征，把人的情感、尊严、价值、欲望和命运都体现出来了，充分还原人物本身的状态，真正做到对人、对人性、对人的生存状态和命运的关怀。

但人文关怀并不局限于关注底层人民和弱势群体，而是指平视和尊重所有的人。如《周江疆颠覆了"富二代"》（2012 - 07 - 11）、《114 名老人的"80 后"家长》（2013 - 01 - 29）将镜头对准"富二代"这个处于上层社会的群体，真实的反映他们的人格魅力。"富二代""官二代"在现实社会中一直被贴上"拜金主义""玩物丧志""炫富""恃强凌弱""没有责任感和同情心"等不好的标签，但"冰点·人物"充分挖掘他们"具有积极意义"的故事，呈现他们的真善美，关注他们的情感、生存、价值、命运、欲望，特别是那些具有真善美和高尚情操的"富二代"，这也在一定程度上改变了人们对这个群体的刻板印象。

（三）兼顾冷热

冰点周刊从来不曾置身于时代之外，在选题上，往往是"冰点""热点""焦点"兼具，不失平衡。《医学生之死》（2012 - 03 - 28）讲述医学生王浩被患者杀害的悲惨故事，直击"医患关系"难点；此外，广受争议的"高考户籍制度""教育去行政化""小悦悦事件""频发的校车事故"等众多社会热点问题，冰点都给予了关注。

四　"冰点·人物"版分析

人物版主要由"人物头条""点评""影响""传奇""不合时宜""世说新语""逝者"等栏目组成，它们在选题、报道方式、写作特色上各具特色。

"人物头条"每篇 3000—4000 字，它在人物选择上囊括中外各行业领域，他们身上呈现着与众不同的个性特征，或坚强、或温情、或乐观、或坚定、或正直。在内容上它或阐述一个社会问题、社会现象，或强调尊重人的价值、传达一种普世精神，将人间百态、世间真情呈现在读者面前，既打破了对典型人物的神化和极端论调，又不同于个别媒体着重关注上层社会人物的精英群体，它更侧重于将镜头对准普通人群的个性特征和生存状态。

"点评"是固定的人物时评专栏，每期约三至四篇。短小精悍，时效性强，思辨色彩很浓。

"影响"采用第一人称"我"来展开叙述，一般多为讲述一个人或者一本书对作者的某一个时段（或者一生）的某种性格习惯或者某种价值观、理念的形成产生了什么样的影响。第一人称是一种直接表达的方式，容易拉近与读者的距离，使读者进入"我"这个角色，同时也便于抒发作者内心的情感，更易打动并影响读者。

"传奇"和"逝者"这两个栏目虽出现较少，但在人物报道上也具有自己的独特之处。"传奇"栏目是由记者选取一个个非同寻常的人，他们往往很多是社会各个角落一些名不见经传的小人物，他们有的身怀绝技，有的经历离奇，有的是古时皇宫贵族的后裔，有的是当今普通的市井小民，但他们身上都拥有一些独特的个性特征、精神特质、特殊才能、惊奇的生活阅历或不平凡的故事等。"逝者"栏目则是选取一些近期逝去的人，他们有的是寻常的普通人物，有的是原来掌握国家大权的政治人物，还有的是做出了卓越贡献的科学家，但不管他们处于社会哪个阶层，"逝者"栏目都并不是为报道对象歌功颂德，而是将镜头对准他们身上那种寻常人心和精神价值，关注和宣扬他们身上呈现的那些现实社会所稀缺的个性特征和精神特质。

（一）人物头条特点

在保证新闻真实性的前提下，将发生在人物身上的种种事迹经过精心选择和组合后，通过设置悬念，细节描写和多种叙事方式结合等写作技巧形成具有可读性的故事，从而更好地体现人物的个性。《医学生之死》的开头"当穿着白色医生袍的王浩开始值班时，他并不知道，不远处，17岁的少年李梦南和一把尖刀正在逼近"设置悬念，增强了文章的可读性和感染力，吸引读者往下阅读。文中用了大量的细节描写来突出主人公的正义、好学、有责任心和医德等个性特征，此外，还大量引用了王浩身边的人对王浩的评价和看法及王浩死前说过的话，采用直接引语、间接引语的方法使文章融入了更多的人情味，真实感。文本的故事化写作让《医学生之死》这篇人物报道不仅给读者呈现出一个动人的故事，深受读者喜爱，不少读者转载、评价甚至跟帖，同时也很好地彰显出在医患关系紧张的社会背景下医生的良知、正义和职业操守的重要性，更有力地体现了冰点的价值理念，留给读者及社会以深刻的反思。

冰点人物报道善于巧妙地运用一些写作技巧使新闻的结构灵活多变，采用多段落和长短句交叉来吸引读者眼球，触动读者心灵。

诗意化的语言生动活泼，含蓄隽永，精练优美，有诗一般的韵味、意境以及情趣。例如《这只摇了38年的轮椅，停了》（2011-01-05）

（开头）从21岁那年开始，史铁生就一直没有逃过病痛的折磨。他把身体比喻成一架飞机，先是作为"起落架"的两条腿瘫痪了，然后像是"发动机"般的两个肾也"一起失灵"，患上了尿毒症。

……

经历过1000多次的针刺，手臂间肿胀的动脉和静脉就像"3条大蚯蚓"。

……

（结尾）生前，他曾经说过："死是一件无须乎着急去做的事，一个必然会降临的节日。"也许，在这个节日里，这个病人的魂灵已经告别轮椅，微笑地飞翔着，进入了天国。

从文本中我们可以看出记者没有刻意强调史铁生命运如何悲惨，而是用幽默风趣的语言来展现他与病魔与命运抗争时乐观坚强的精神，不仅让语言具有美感，还突显了人物身上非凡的个性特征和精神特质。此外，文章结尾以"也许，在这个节日里，这个病人的魂灵已经告别轮椅，微笑地飞翔着，进入了天国"收束全文，营造了一个令读者充满无限遐想的意境，让整个故事更加生动感人，同时也让新闻顿生意境美，升华了报道主旨。

（二）版面编排

人物版版式设计朴素简洁。相比部分报纸为吸引读者注意力而在版面编排上大下苦功，用"触目惊心"的照片或者浓艳的色调、图片来哗众取宠，人物版如清新的水墨画，独具诗意但又不失庄重。冰点刊头保持不变，但在专版名称的设计上别出心裁，均使用黑白两种对比明显的颜色来突出专版的特色和内容，如"冰点·人物""冰点·探索""冰点·特稿"。

为方便读者阅读，养成读者的期待，人物版版面一直比较固定，"人物头条"位于上半部分，差不多占了半个版面的空间。"点评"栏目在2011年12月28日从右侧移到了左侧，并且成为通栏，"世说新语"从中间位置移到右下角，"影响"（或逝者）栏目位于"点评"栏目与"世说新语"栏目之间，"人物头条"的下方，这种版式变化一直延续至今。

突发性新闻照片通过抓取决定性的瞬间，往往具有强大的震撼力和视觉冲击效果，副刊照片讲究艺术效果，冰点与前两者都不同，它所选的图片重在反映人物的精神面貌或者某种生存状态，描摹经典意象，营造真实感，从而触动读者的心灵。此外，"世说新语"专栏作者的素描画也给版面增色不少。

五　"冰点·特稿"版分析

冰点特稿版每期刊发一篇特稿，人物类特稿所占比重并不大，但在十几年的探索中已形成了鲜明的特色。它强调思想性，通过对人物故事、内心世界、价值观以及与世界的联系等多方面的着力呈现，挖掘出人物背后的与世界相联系的东西，通过人物身上所折射出的价值闪光点来影响读者，给人警醒与思考。

（一）题材分析

在信息大爆炸的今天，很多人愿意选择冰点，并不是为了寻找简简单单的信息，也不是为追逐焦点而来。冰点特稿给读者提供了一个观察世界的视野、一个解读这个时代的视角。

冰点特稿偏爱那些有内涵、有深度的凝重题材，其题材基本可分为经济、时政、社会生活以及公共问题四大类，不涉及煽情性和娱乐性内容。经济类主要指关系全局与人民相关的经济问题；时政类关涉重大时事、政治议题；公共问题类指向与公众利益相关，涉及科学、教育、卫生、文化、环保等领域；社会生活类即指社会中普通个体的生活与生存状态，与民生息息相关。

寻找时代的经典意象是冰点特稿选题的一个重要标准[①]，时代的经典意象是反映一个时代最本质的东西，它构成了一个时代的缩影，冰点人物特稿在题材上有两种选择。

[①]　杜涌涛：《寻找时代的经典意象》，《中国记者》2012年第10期。

第一，选择能够反映时代印象的社会各领域的重大问题。这些问题往往具有相当长的时间跨度性和隐蔽性，是短期内不可能解决但对社会有重大影响力的。如《救救侗族大歌》（2012－12－14）报道民族文化遗产的消亡，《守一村，守一族》报道城市化进程的畸形发展、《荒芜的老人院》报道养老问题。这些问题反映了社会在一定的阶段各个领域存在的问题，也是构成时代最经典的东西。以《最倒霉的家庭》（2010－04－14）为例：

> 这家人正在接近他们"盖4间平房"的家庭梦想。在他们租来的窑洞一角，一本杂志里夹着一本红存折，上面存着5万多元钱。……这孩子又聪明又漂亮，有一双亮晶晶的褐色纽扣般的眼睛，走路、说话都比同龄孩子早，"两岁就能背唐诗，3岁能讲故事"，大家都叫他"灵蛋蛋"。韩爱平想好了，只要孩子能考上大学，她就是"捡破烂"也要供他。

一个普通、坚守梦想和希望的小家庭，成为"最倒霉家庭"，高长宏家的遭遇简直就是一幕幕荒诞剧，这是一个充满疼痛、血泪的家庭，大儿子注射乙脑疫苗后，得了乙脑，小儿子喝了三鹿奶粉后，患上结石。食品安全、医疗安全问题是老百姓最关心的民生工程，公共话题通过个体微观叙事更能体现其严峻性。这些凝重的题材在人物故事的讲述中，伴随着记者冷眼热肠的笔调，在触动读者心灵的同时，引发读者对当前社会问题的思考。

第二，冰点特稿选择年度最具有代表性的热点、焦点，但在报道文本中，最具有代表性的大事均成为背景，冰点着意体现的是这一背景中最有特质的内容，往往形成独家新闻报道。如《无声的世界杯》以世界杯为触发点，文本讲述的其实是一群农民工的故事；《拐点》以2012年9月15日的大规模示威游行行为大背景，突显的是李昭与他所做的"前方砸车，日系调头"纸板，以此促使民众理性反思什么是爱国。2008年的汶川地震报道中，冰点特稿《回家》与众不同，长达8000字的篇幅展现的只是一个寻常人的悲欢，记者以第一人称出场，以手记体的新颖方式超越新闻报道的固有形式，以最朴实直观的记录给受众带来深刻的感动。

（二）文本特征

第一，多维的叙事视角。任何一篇新闻作品，都必然会有一定的叙事视角和聚焦，同一事件在不同的视角下，呈现出不同的性质以及不同的面貌，这是"谁在看"的问题。在新闻叙事中，"聚焦"有其不同的功能和特殊的意义。事实是多侧面的，各个侧面看到的事实并不一致，导致的结果也会不一样，聚焦意味着在同一事实的众多侧面中选择"什么重要""什么被看"。在具体的新闻实践中，任何新闻报道都不可避免地会受到作者的立场、情感和意识形态的影响，这种影响直接体现为作者对新闻叙事视角的选择。在新闻报道中，选择不同的新闻叙事视角，导致的是完全不同的效果。

冰点特稿大多采用了多维的视角，内视角和外视角相结合的叙事策略是最普遍的。这两者的区别在于叙事者的观察位置及其视野：内视角是故事内人物的视野，叙事者的观察位置处于故事之内；外视角是故事观察者的视野，叙事者的观察位置处于故事之外，在冰点特稿中两者常常交叉、渗透。

内视角通常采用大量的引语，当然对于一些已经过世的人也会通过别人来转述，例如在《孤独的教育者》（2012 - 10 - 10）中有这么一段话写马小平先生："莞中的学生黄素珍还记得第一次见到马小平的情景。在面向全年级的电视语文讲座里，他向学生们发问：'你们知道，东莞的工厂里，一年被机器切下来的手指可以排成多长吗？'"通过第三者的叙述减少了叙事者的介入程度。内视角叙事将叙事者的观察位置放在文本之中，报道细腻有人情味，更易于抓住人心。外视角叙事，作者不直接发表观点，如《小丑与都市》中作者没有直接点明要表达的观点，而是通过多维视角，通过叙写不同人的所见所感，让受众自己得出结论，达到最好的效果。另外还有一元视角和多元视角、第一人称视角和第三人称视角、全知视角和限制视角，这些在冰点特稿、人物特稿报道中都有所渗透。

第二，巧妙的叙事结构。"特稿是新闻的展开；特稿是对新闻关节点的深入；特稿还是一个好故事。这种新闻的展开可能就需要借助文学或小说的手法为整个故事搭起一个好的结构框架。"[①] 这种框架结构被视作叙事结构，在此框架上，故事或叙事的顺序和风格都会一一展现在读者面

---

① 南香红：《特稿之特》，《中国记者》2006 年第 1 期。

前。没有这个框架，任何故事都只是一堆材料，没有任何可读性。冰点人物特稿动辄上万字的篇幅，如何将这些繁杂的材料组合得既具有逻辑性，又具有可读性，这是特稿要解决的重要问题。

第一是采用蒙太奇的叙事手法。蒙太奇原意为构成、装配，用于电影电视，指对镜头的组合、分切技巧。蒙太奇手法在特稿中经常被运用，时空秩序的打乱给特稿的写作提供了更大的空间和自由度，让新闻内容更清晰、完整、立体、有节奏感。

以《永不抵达的列车》为例，全篇以人物和时间双向交叉并进的方式，将朱平和陆海文的故事像一个个镜头一样，采用蒙太奇的手法嵌入文中，这样的嵌入不是简单的材料堆砌，而是有条理地将两个不甚相干的人的故事构成一体，凌而不乱，就像看电影一样，两个主人公交替出现，各自演绎他们的故事，然后走向共同的命运。

蒙太奇叙事的镜头感丰满鲜活，让读者觉得离人物特别的近，身在局外，看着可以预见的灾难却无力阻止，当最后人物的悲剧发生的时候读者感同身受。蒙太奇的手法不可避免地会使用大量的倒叙和插叙。例如，在复原朱平和陆海天的故事中就插入了许多别人的回忆。

> 据朋友们回忆，实际上陆海天并不知道自己将去温州电视台实习哪些工作，但他还是热切地企盼着这次机会。开始他只是买了一张普快的卧铺票，并且心满意足地表示，"订到票了，社会进步就是好"。可为了更快开始实习，他在出发的前几天又将这张普快票换成了一张动车的二等座票。
>
> 室友们还记得，她常常为此熬夜，有时24个小时里也只能睡上两个钟头。一个师兄也回忆起，这个小小的女孩出现在校园里的时候，不是肩上扛着一个大摄像机在工作，就是捧着一台笔记本电脑做视频剪辑。

时空的交错转换往往意味着叙述主体极为自由，材料在其笔下恰如其分地得以运用，进而营造出强烈的现场感和节奏感。

第二是设置悬念、制造冲突。人物特稿是一个叙事的过程，对读者而言，也是一个求解的过程，要在报道中设置悬念，激发读者的阅读欲。冰点特稿的悬念设置一般分为三个阶段：开头引发兴趣，中间设置悬念，制造冲突，结尾留下回味。

　　一篇优秀的新闻特稿在叙述上一定要把握好分寸，要讲究构思与剪裁，合理的谋划布局以及注重叙述节奏的轻重缓急，不断地营造悬念与冲突，让读者沉入其中，心系事件进程，牵挂人物命运，让读者先好奇，然后被稍稍打动；再被故事奇异之处吸引，再被感动；最后让故事快速行进，情感达到最高潮，也让读者的阅读兴趣达到最高潮。在《缺氧的家庭》这篇特稿中，起文就设置一个悬念引发读者的好奇心。"住在大山深处的王作礼一家就快喘不上气了，尽管那里遍地翠竹，被称作'天然氧吧'。74 岁的庄稼人王作礼只用短短的 19 个字就向外乡人说清了他家的故事：'我有五个儿子，三个儿子生病，到现在死了两个。'"为什么生活在"天然氧吧"的一家会喘不过气来？他的儿子是怎么死的，二者有什么联系吗？特稿开头就引发读者好奇，接着运用大量的悬念和伏笔，层层跟进，引导读者关注人物的最后命运。

　　第三，各种文学表达方式和技巧相结合。一篇特稿，除了一个好的开头吸引读者之外，如何在具体的文本中继续吸引读者一步步看下去，这需要特稿运用相应的文学技巧。特稿不同于其他的新闻题材，作为一种特殊文体，特稿是运用各种文学手法，通过使用与小说相似的叙述及修辞技巧报道新闻事件或新闻人物。这需要作者有很高的文学修养和写作功底，既不违背新闻的特性，又考虑读者的审美情趣和阅读心理，通过描述性的语言、生动的故事情节和细腻的细节描绘来展示特稿的人情美。

　　特稿中人物的心理活动、性格冲突、事件的跌宕起伏都是靠细节来实现的。特别是冰点人物特稿强调思想性，注重表现性和可读性。要加强感染力，增强可读性，就要在细节描绘上下功夫。细节是最容易打动人心的，人物独特的个性、情感是通过细节来表现的。生动的、细腻的细节描绘是冰点人物特稿的一大亮点。在《守一村，守一族》中，作者用了大量的细节来描写钟兆武守在空空的村子里的孤独寂寞。

　　　　这个家实在太寂静。因此，生火做饭的时候，老钟时不时故意用铲子敲打一下锅沿，以感知自己的存在。有时，他会突然吼上一句什么。看电视的时候，他会把电视的声音开到很大。有时，他还会把那台不离身的小收音机打开，听一会儿"刺激带劲"的歌曲。

……

又是一个寂静的夜晚。密封的门窗，挡不住小溪的流水声；窗外的两条狗，偶尔叫上一阵。钟兆武眼睛盯着电视，不一会儿打起盹来。

突然电话铃声响起，钟兆武一激灵，站起身就接。不小心还碰倒了火盆，他也顾不上扶起。

……

这些细节描写好像哑剧剧本一样，钟兆武就是唯一的演员，通过他的神态、动作，将一个守在空村的老头孤寂的形象刻画得丰满起来。特别是电话铃响的那一瞬间，人物的动作所表现出来的那种急迫、那种渴望，让一个长期孤守、内心孤苦的老人的形象跃然纸上。

相似情境的还有《一个老派共产党人》（2011 - 12 - 21）中的一个细节描写：

晚年的徐雪寒盼望吴敬琏、李慎之、俞可平等可以交心的朋友来，他们每次总是交谈得很久很深。有时候客人怕他身体吃不消，向他告辞，他总是说："别走，别走，我还没说完呢。"告别时，徐老会像小孩般，眼巴巴地看着对方，哀求："下次再来，再来啊！"

如果说上一个情境是哑剧，那这个细节就是小品。老人像孩子一样稚气、赖皮、可爱，但是这种与年龄不符的特质也凸显出老人的寂寞和孤独，让人心酸。

《最倒霉的家庭》中，患乙脑孩子发病抽搐的过程刻画传神，让人对孩子遭受的痛苦感同身受：

口吐白沫，鼻子流血，四肢僵硬，"像中毒一样"……弓得像虾米一样……他徒劳地在空中挥着手，找不准奶瓶的位置。挠他的脚心，他不知道往回缩……孩子抽搐得更厉害了，"哪怕一根头发轻轻落在他身上，他都会缩得更紧，更硬"。

处于困境的父亲的表现则是：

> 这个扛 200 斤煤毫不费力的汉子，坐立不安，小伟伟碰响了扭扭
> 车，他就"蹭"地一下站起来，捶着胸口，以为政府的人来了。韩
> 爱平细心地蘸了点儿水，把头发梳得油光发亮。当然，高长宏也没忘
> 记把蓝色的疫苗本、医院的诊断书等原始材料放在妻子陪嫁的大箱子
> 里，上了把大锁。他说，本子被人撕了抢了，就完了。

"蹭""锤"这两个动作传神地刻画了高长宏的小心翼翼、坐立不安，
犹如怀抱一颗救命稻草的溺水之人，与此同时，也传递出父亲在接二连三
的打击中对儿子的爱、绝境中不放弃的精神。

有些心理细节的描绘和过去场景的过分细化很容易让读者对特稿的真
实性产生一种怀疑。作者不可能跨越时空去见证人物的过去，也没有
"读心术"去解读人物的心理，那么为什么作者能全知全能呢？采访能达
到这种程度吗？故事是不是有部分夸大和虚构成分呢？杜涌涛对冰点的编
辑曾这样要求："一般的读者，不管他层次高低，是没有耐心啃新闻的，
作为记者你得用好的故事去勾引他。有时采访的东西天然有故事性，这最
理想，但是有的本身没故事性，就要用主观的技术来弥补。"① 冰点人物
特稿动辄上万字，故事化、细节化都是必须的。但它毕竟是新闻不是故
事，新闻自有规律，真实性是它的生命。那么如何去调节二者之间的关
系？除了在人物特稿的写作中减少作者的主观涉入，还可转换叙事视角、
多采用引语，让人物为自己代言，或是多采访知情者，从他人的视角去叙
述人物。

（三）精心包装标题

新闻报道最先吸引眼球的就是标题。一篇特稿少则几千字，多则上万
字，那样冗长的稿子，中间不设小标题，恐怕很难让人看下去。无论是大
标题还是小标题，都要推敲琢磨，精心制作，让读者一看就"上钩"。冰
点人物特稿的标题制作除了要符合冰点严谨的气质外，还需要适当的、合
理的想象，使标题既能吸引眼球，又具有可读性，言之有物，与主题相
符。冰点人物特稿的标题有深度而不死板、有内涵且引人注目，具有代表

---

① 杜涌涛：《冰点三书》，福建教育出版社 2009 年版，序言。

性。像《永不抵达的列车》（2011 - 07 - 27）、《荒芜的老人院》（2012 -
07 - 11）、《举不起的重》（2012 - 08 - 08）、《往事并不如歌》（2012 -
09 - 26）、《缺氧的家庭》标题都会让读者产生好奇和联想。

第二节　《南方周末》人物报道

一　简介

《南方周末》作为国内精英类报纸的代表，强调正义、良知、理性、
爱心，关注个人和国家的命运和尊严，人文色彩浓厚，具有明显的启蒙者
姿态，彰显出智慧与思想的深度与高度。《南方周末》在新闻写作上往往
独具风格，其人物报道常常以"讲故事"的形式出现，以精到的细节见
长，擅长挖掘人物的内在精神世界，具有文学的意味；在文本结构上也时
有创新，因此作品的情感力度与思想深度兼具，赢得了读者的认可。作为
一份报纸其意义有时超越写作的范畴。其文本在新闻写作中的意义，来自
一种文字之外的理念和报道旨趣。在人物对象上，除了关注公众人物，还
经常关注"末路英雄"和"争议性人物"，并特别注重将新闻人物的叙述
和其背后的社会整体背景结合，形成文本在阅读上的史料感，同时，积极
挖掘民间人物身上的故事，展现人性的深度和复杂。

二　叙事策略

从某种程度上说，《南方周末》人物报道的成功，得益于写作者们对
叙事艺术的谙熟和人物报道叙事策略的有效运用，笔者试以文本分析为基
础，对该报几种常见的人物报道的叙事策略进行初步探讨。

（一）人文关怀视野中的情感策略

这里主要指关注报道对象的内心情感世界——它相对于有些人物报道
把人物符号化、单纯关注人物的意识形态价值、忽视挖掘人物的情感活动
而言。用"南周人"自己的话来说，就是用自己独创的、有灵气的报道，
来体现价值取向，呼唤一些东西，直击人们的心灵深处，而这些都基于该
报的人文关怀传统。

1999 年 8 月 27 日刊发的《四个乡村教师的现实》既是对贫困乡村教
育现状的考察，又是对生活的一次真实还原，更是对乡村教师内心世界的
精彩表达。平实的日记体报道中记者的情感在暗暗涌动，四个乡村教师在

贫穷中的坚守，他们的进取，他们在接受命运的同时体现出的尊严，他们灵魂的高贵、美好一一展现在读者眼前，尤其是文中的孟老师和巩老师，相信看过的读者都无法忘记。

《还原马加爵》（2004－03－25）从两个小标题"鲜为人知的内心世界""内心的崩溃"可以看出编者探求被媒体称为"云大屠夫"的马加爵真实内心的努力，不妖魔化负面人物哪怕是杀人凶手，这也是《南方周末》的传统。1998年3月20日刊登的《一个叫戚艳明的职业杀手》即以此而有别于其他媒体的犯罪新闻报道。对这类新闻人物的采写，《南方周末》除了收集一些案件相关材料外，还着力于探究杀手们的平时生活习惯以呈现人物的内心世界。

（二）客观性与倾向性相统一的话题策略

就目前的研究来看，话题叙事策略有两种：一是平衡策略，指在一篇报道中对事件涉及的各方面当事人要均衡报道，让各方面的声音都能有表达权；二是语词倾向策略，指通过词语选择、句式选择、隐喻、象征等微妙的使用达到"用事实说话"的效果。[1]

平衡策略在争议人物报道中运用得相当频繁，如《最富争议的市委书记》（2004－02－05）、《"魔鬼教练"王德显的工资门》（2006－12－07）等，由于舆论对争议人物褒贬不一，采用这种策略可以给读者一种不偏不倚、客观公正的形象，增加报道的可信度和权威性。

在对王德显的报道中，多种声音均得到反映。还在训练的弟子："她们就是忘恩负义，教练对她们这么好"，"她们现在的遭遇是自找的，不值得同情"；已退役或离队队员的声音："我说了，他打人，在那吃得不好……"，"谁没被打过？一开始我还以为是严格，后来就觉得不对劲了，他往死里打"；其他教练同事的声音："作为教练，成绩是最重要的指标，王德显做到了，对于队员与教练间的纠纷，清官难断家务事，他们无从评价"。王德显前妻及儿子的态度：他们拒绝为他辩解，儿子不露面。

但是这篇报道真的是不偏不倚吗？我们接着看作者是如何通过词语选择、句式选择、隐喻等手法巧妙说话的，也就是语词倾向策略的运用：

---

[1]　齐爱军：《关于新闻叙事学理论框架的思考》，《现代传播》2006年第4期。

　　"工资门"事发后王德显成了媒体眼中集毒打、克扣工资、出尔反尔、黑社会于一身的"魔鬼教练"，甚至个人喜好——比如养犬，也被揪出，以应证他身上的另一个关键词"驯兽师"。

　　语言学家认为，动词是句子的中心，支配着其他成分，而它不受其他任何成分的支配，直接受动词支配的有名词词组和副词词组，它们都是动词的配价。新闻记者往往借助配价的运用来实现自己对事实的理解，并隐含自己的主观倾向。①

　　在这句话中，作者说王德显成了媒体眼中的"魔鬼教练"，其中"成了"，是一个谓语动词，暗示着这只是媒体对王的评价，然而王到底是不是这样的，还有待考证。同时句中有两个配价"甚至，也"，就更加明显的显现了作者的态度，即我们不能把王的个人喜好拿出来以证明他是"驯兽师"。

　　再如"他前妻的家人拒绝为这个至今仍表现着眷恋的女婿做哪怕一丝的辩解"，其中"仍表现着眷恋的女婿"与"哪怕一丝的辩解"形成鲜明的对比，而"哪怕""一丝"这两个配价则透露了作者对他前妻的家人拒绝为王辩解的淡淡的谴责。"有谁不惮以最坏的恶意去揣度奥运教练可以演戏至此。但恶评依然汹涌……"前一句用反问加否定的句式强调了我们不应恶意去揣度王德显在演戏，对于社会还是存在对王的"恶评"时，作者用了一个"但"字，则隐隐透露了作者的不赞同。

　　新闻话语在进行事实构建时，不仅通过选择不同的词语，而且还通过不同的句式来显现主观情感倾向和意识形态。如，"真相依然扑朔，只有一点可以肯定，如果他不是最大的含冤者，就是最成功的撒谎者"。这句话中，作者用到了"不是……就是……"这一复合句，表示二选一。复合句式"要么……要么……"也可以表示二选一这种关系，如果改成"真相依然扑朔，只有一点可以肯定，他要么是最大的含冤者，要么是最成功的撒谎者"。可以看出，前后两句暗含的倾向有着明显的不同，前者是隐约透露出作者在"含冤者"与"撒谎者"之间有些偏向于"含冤

　　①　曾庆香：《新闻叙事学》，中国广播电视出版社 2005 年版，第 111 页。

者"，而后者则是把"含冤者"与"撒谎者"放在同样的位置的。

除了以上两种方式外，新闻话语还可以通过比喻、隐喻、象征等手法来说话。

> 在满目苍凉的青海多巴高原，王德显小心翼翼地挑选着倾听对象，以窦娥一般的委屈，诉说清白，等到换来更为凶猛的口诛笔伐后，他被迫承认，"事到如今，跳进黄河也洗不清了。"

总之，新闻工作者正是借助了话题叙事及其策略，既坚持了客观报道的原则，又巧妙地隐含了主观倾向与意识形态。

（三）游走于新闻性与文学性之间的语言策略

这里的新闻性指新闻语言的准确性、严肃性等，文学性是指语言的形象性、生动性、情感性等其他方面的风格化。

20世纪60年代穆青提倡用散文化的笔法写新闻，即在新闻写作实践中充分吸取散文写作中那种自由、活泼、生动、优美、精练的表现手法。以特稿写作著称的《南方周末》前记者南香红曾说，她所追求的一是对事实最大程度的准确传达，二是对事实最大程度的精彩传达。其实这也是所有记者的共同追求，要想达到这种感性上的丰富，新闻报道就不得不借助文学生动形象的叙事方式和技巧，以多元化的文学手法使新闻内容和形式融合在一起，达到一种艺术上的契合，以事实本身的张力给人以情感震撼和美学体验。

这些特点集中表现在细节和场景的描写中，传神的细节描写和生动的场景渲染，能使叙事文本具有历时性、动态性、现时性和故事性的画面效果，这也是多年来《南方周末》一贯的传统和风格。

《四个乡村教师的现实》即以此震撼人心。透过记者刘天时的眼睛和心灵，可以看到孟老师的日常生活："一铺被褥，一口锅，三副碗筷，一盏没了灯罩的台灯，一个脸盆，两块辨不出图案的毛巾，一把向学生家借的椅子，每样东西都以不可或缺的功能获得了主人的珍惜和尊重，孟老师轻拿轻放的，尽量延长着与它们相依为命的时间。""孟老师从箱子里掏出半个圆白菜切了两刀，把剩下的放回去，又从锅台边的一个小筐里择了一把豆角（差不多是总量的三分之一），先是用水煮了（这样比较省油），然后捞出来，胡麻油炸锅，撒了盐和酱汤，最后再把切好蒸熟的莜面拌上。"

"它们在那儿了，我就没法不注意到，没法不饱含尊重写出来。"记者刘天时如此看待文中的白描，并认为这些看似无关紧要的细节比其他信息更有价值和意义。①

再看看《冷锋：单挑骗子的"佐罗"》（2005 - 09 - 08）的开头：

> 像地下党接头，这已经是第三次变换碰头地点了。他戴着眼镜，双目炯炯，身材精瘦，看起来一身斯文，但狡黠的微笑仍让人感到久经江湖的历练。
>
> 再穿过一道铁门，就到了三楼他的那月租 300 元的小房间。一张一米左右的板床，床头放着盗版的《文化苦旅》等书籍，还有厚厚一沓笔记，是他自己写的斗骗子经验，旁边是一个牛奶纸盒剪成的烟灰缸。一部陈旧的微型电视机搁在床边的小窗上，只有两个巴掌大的样子，是冷锋用来看新闻报道的。电视机的电线拉到门后，一线多用地挂着衣服和毛巾。水泥地面倒是擦得一尘不染，上面铺着一张席子，进屋都要脱鞋。最抢眼的是窗台上小小一盆茉莉花，在风与阳光中摇曳，令人想到《杀手莱昂》里莱昂奔逃时总捧在手上的那盆绿叶子。
>
> "尽管经常东躲西藏搬来搬去，但我都会带上它。"冷锋说起花来神情悠然，"江湖太复杂了，这盆花可以让我安静下来。"
>
> 冷锋在 6 平方米的出租房里说出这些，目光坚定，神情豪迈，根本没把那只正从门口大摇大摆爬过去的蟑螂放在眼里。

这种文学性的细节描写让纸面上的文章留存于人的心灵，渗透到受众的情感中去，易碎的新闻从而具有长久的生命力。但"狡黠的微笑""目光坚定，神情豪迈"之类的文词已越过新闻语言描述的界限，文学化色彩太强，有煽情和矫情之嫌，在一定程度上损害了新闻报道的客观性。

（四）谋篇布局的风格化叙事策略

第一，结构的跳跃。组织材料别出心裁，结构多样化。该报人物报道

---

① 徐列：《在追问中逼近真实——〈南方周末〉人物报道手册》，南方日报出版社 2006 年版，第 262 页。

善于分散材料，划分小段落，不断变化角度，在各段衔接处有意识地停顿，抬起笔来再写下一段，然后运用类似电影"蒙太奇"的手法把它们组合起来。《城管副队长之死》（2006 - 09 - 14）讲的是一个工作认真、为人和善的城管干部在执法中被杀的故事，开头即引人注目："时隔一月之久，胡天仍然难忘8月11日那个混乱下午人群散尽后的两个镜头：路边积水已被染成暗黑，那是城管李志强咽喉喷射出的鲜血；还有崔英杰含泪的眼睛，脸色苍白的他跑回公司楼下，躲在角落小声对胡天说，'我杀人了。'"接下来以跳跃式结构回放全过程，并巧妙地在其中穿插两个主要人物——烈士与凶犯的人生经历、性格、家庭背景，行文紧凑、流畅，就在作者紧凑、流畅的叙述中，优秀退伍士兵崔英杰杀人的全幕呈现在读者眼前。

《举重冠军之死》（2003 - 06 - 19）则由前亚运冠军才力母亲清早的一个梦开始，以才力死前一日的生活细节为线索，穿插才力的生平及近几年的遭遇，并把报道的范围由才力一家扩展到整个铁西区的生存背景，揭示出悲剧诞生的多重因素。这种对传统报道文本结构的突破使得它们像一篇篇"新闻小说"，节奏感强同时又充满悬念，可读性强。

第二，意境的营造。该报一些人物报道往往蕴藏着某种情绪，这种情绪、意蕴我们既可以在南香红的《贾兰坡：周口店最后的守望者》（2001 - 04 - 12）和《别了，贾兰坡》（2001 - 07 - 12）中找到，也可以在李海鹏的《举重冠军之死》中体会到。前者营造出一种难言的伤感情绪，一种寂寥中的无奈和坚持；后者弥漫着淡淡的孤寂与幻灭之感。这种有益的探索无疑有利于文章审美情趣的增强，新闻作品因而带有更多的主体性，媒介竞争日趋激烈的今天，在坚持新闻真实性前提条件下，风格化的写作往往是致胜之道。

第三，多视角转换。以热奈特的提法为依据，叙事视角分全知视角、限制视角和纯客观视角三种。全知视角的运用可以立体化地塑造人物形象，同时又给人客观公正真实的印象，但是全知视角就像一个全知全能的上帝，也给读者带来单调和疏离感；限制视角是指叙述者只通过故事中某个人物的视野去观察事物，叙述者等于或小于人物，在这个过程中，作者就像木偶剧中的牵线人，调控着一切，从一个限制视角转移到另一个限制视角，人物的各个侧面也随之一一展现；纯客观视角又称外焦点叙事，指叙述者像一台摄像机那样只客观记录事情的表象，不去追溯事情的历史背景，不涉及任何人的心理活动，叙述者也不抛头露面，评头论足，抒发胸臆。该报人物报道尤其是争议人物报道中常常是三类视角在文本中不断转换和交叉使用，成功展示出人物复杂的面貌，并能对人物蕴含的意义进行独到的评价和定位，从中可以体悟到报纸的价值观。这种素养从《最富争议的市委书记》到《狷狂黄健翔》（2006 - 11 - 23）一以贯之，因这方面的研究较多，故不在此赘述。

三　人物专访分析

《南方周末》人物报道一般以特稿、调查性报道、专访的方式出现，少有通讯。其中，新闻人物着眼于时效性和当下感，其写作以事件为中心进行调查报道，人物只是事件引发和延续的主角，对人物的采访重在探寻新闻发生背后的深层次原因。而公众人物已经被媒体广泛关注，以事件作为切入点已无新意，所以针对公众人物的采访大量运用对话体，从而避开事件直抵人物内心。20 世纪 90 年代《南方周末》底层人物报道出现较多，往往以特稿方式呈现，着力展现他们的生存状态及背后的社会背景。

公众人物又分为不同类型，一般情况下，其人物专访擅长从人物性格、身份、经历、爱好为基点进行发散，如《余华："活着"介入现实》中记者提问：

> 你还在写长篇小说吗？什么样的题材？
> 在《收获》发表的时候遇到过什么阻碍吗？

并且联系时代背景，从个体到社会，以小见大，从而升华主题，如：

> 你觉得福贵的乐观主义精神放在今天依旧适用吗？（采访余华）
> 美国游学三年，回过头来看中国的企业和企业家，你最大的反思是什么？（采访王石）

而对争议人物则倾向于质疑式、递进式提问，记者代替受众向他们发问，自己不直接表达褒贬。如 2010 年《捧我的人把我捧上天，踩我的人把我踩成屎——访问郭敬明》：

> 撇开外界的评说，你觉得自己是怎样的一个人？

只要搜索你的新闻和信息，就会看到各种批评和质疑，你有庞大的阅读者和粉丝的势力，也有更多的质疑和批评，比如说你的拜金，你的物质化，还有就像你说的肤浅，你怎么应对这样的情况？

你似乎对社会的疾苦，对现实的困境缺少关注，是不愿意关注，还是觉得关注没有意义？

韩寒给人的印象是关心公共利益，你给人的印象更多的是迷恋财富、崇尚物质。

第三节　人物类期刊现状及发展动因

21世纪以来，人物类综合新闻期刊成为国内出版发行市场的亮点，作为精英杂志，它们的成功与刊物的独特个性分不开，也有赖于宽松的政策环境、中产阶层的崛起，公众整体上的素养与审美需求的提升也起到了一定的推动作用。对此类杂志的研究或可为中国期刊的成功运作提供借鉴意义。

一　人物类期刊统计

20世纪80年代以来，我国出现了多种人物类期刊，大致可以分为以下几类：政府主导以宣传性为主的如《中华儿女》《中华英才》；人物传记类或以史为主的纪实性人物期刊，如《人物》《名人传记》《炎黄春秋》等；商业类人物期刊如《英才》《中国商人》《财经人物》《环球企业家》《中国企业家》等；进入21世纪后新增加了人物类综合新闻期刊，近年呈现蓬勃发展态势，如《南方人物周刊》《环球人物》《时代人物》等，它们的市场化程度较高，多为周刊、旬刊，其中也包括改版重新寻求新的生机的老牌期刊如《人物》。表4-1为报摊上覆盖面较广的几种人物杂志。

表4-1　　　　　　　　　　　人物类期刊出版统计

刊名	创办时间	主办单位	办刊理念
《人物》月刊	1980年创办 2012年改版	人民出版社	人是万物的尺度；Nothing but storytelling
《南方人物周刊》周刊	2004年创办	南方报业传媒集团	记录我们的命运

刊名	创办时间	主办单位	办刊理念
《环球人物》旬刊	2006 年创办	人民日报社	读环球人物，获人生智慧
《世纪人物》月刊	2009 年创刊	中国报刊出版集团	追踪世纪精英人物，呈现事件台前幕后
《时代人物》月刊	2010 年创办	陕西人民出版社	与中国梦想者并肩，与全球思想家同行
《文史博览·人物》月刊	2011 年创办	湖南省政协	关注世界，关注人

二　人物类期刊特点

（一）价值取向

人物是新闻报道的主体，任何一家新闻综合性期刊，都不能离开人物报道。日本著名报人森本哲郎曾说过："极而言之，报纸是从人开始，到人结束。所有的新闻都是人创造的。"①

在媒体实践中，以事件为主线的报道方式总与人本身有着一层隔膜，难以打动人心，"主题事件化，事件故事化，故事人物化，人物性格化"逐渐成为业界奉行的操作规则，将人物命运以新闻的手法客观呈现，以故事化的结构突显矛盾，以客观冷静的旁观者口吻记录，最终以文字的形式叙述，表达社会现实，彰显人性的繁芜、焦灼、矛盾与社会道德、良知、规范的碰撞所折射出的真、善、美和假、恶、丑，以人性重新打量每个生命，感知社会冷暖，或者浮躁，或者内敛，或者沉稳，或者世故，都是多面性社会历史中的人性的一面。《南方人物周刊》作为人物周刊最早的尝试者，诞生仅一年就赢得了 36 万的发行量，它之所以能在竞争激烈的传媒市场中迅速抢占市场，瓜分本已紧缩的市场份额，关键在于其"重新打量每个生命"理念中丰满的人性意味，当然也离不开主办集团的品牌影响力。

在文化快餐盛行的今天，人物期刊对人的发现、认识、理解、尊重与最终的呈现，能带给受众独立思考的空间。所有的历史事件都最终因为有

---

① 刘明华：《西方新闻采访与写作》，中国人民大学出版社 1998 年版，第 197 页。

人的参与而成其为历史，新闻类人物周刊的报道基点不容置疑地回到了"人物"上，对人的关注，对人物的呈现将是媒体趋势。优秀的人物报道往往能在个人的故事中呈现时代价值，并在一定程度上与历史发生关联，使其具有当代史意义。比如最权威、最早创刊的人物时政月刊《人物》，强调以"报道重要人物，细微到每个表情"为内容定位，甄别、描摹这个时代最具进步价值的、最值得尊敬的人士，始终追寻"人之为人"的意义。

（二）选题特色

大体而言，这些期刊都打破了以前只关注有影响的正面人物的报道局限，如《南方人物周刊》的选题中就包括公众人物、新闻人物、民间人物及历史人物，它的"百年家族"系列，开启历史人物报道的新模式，当然，这样的题材对记者的功底提出了很高的要求，新闻报道与历史、与研究、与当下融合在一起，故能以厚重的文化意味、独到的观点赢得读者赞赏。《人物》杂志改版后更是具体地将人物划分为新贵、大佬、偶像、公共、红人、商业，红人一般都是有争议的人物。在"编读往来"中面对读者的质疑时，该刊如此回答："一本杂志不该仅仅只有领袖、政治家、文化人与学者，他们的声音很重要，但有时难免曲高和寡，商人、明星、官员，还有数十亿计的普通人，也同样是这个世界的重要组成部分。我们想做的，无疑是更全面更真实地呈现它。有争议人物的频繁出现反映了刊物的理性，而读者的认可也体现出整个社会的成熟。"

（三）文本诉求

毫无疑问，人物杂志以深度制胜。不论是人物专访，还是白描式的观察速写，人物杂志的特点在于把人物作为报道的基点，从不同侧面挖掘人物个性特征。它不同于通常新闻报道中告诉人们谁做了什么事，发生了什么，而是从更具体的细节探索人物本性：个人的成败、悲喜与内心世界的丰富、性情的变化，细微的表情与习惯。人物报道可以通过事件反映出人物特征，可以通过对话展现人物内心，可以通过观点窥见其思想深度。人物可以是历史的，也可以是今天的，但他们都无一例外地反映他们所处时代的人的精神面貌和文化氛围。这可以看作是人物杂志文本上的个性表达和追求。

这类杂志各有一批擅长写人物报道的主笔和资深记者，如李海鹏、李宗陶等人。在记录时代之外，他们有自己的职业野心，追求独到精致的永恒文本，挑战新闻的速朽，试图冲破日益工业化和流水线式的新闻制作，追求更长久的意义，即使新闻变成旧闻，但报道的认识价值和文本价值永恒，这种超越时代与历史的写作是一种可贵的探索。《人物》杂志特别重视文字之美与人物刻画的完美结合。总体而言，人物杂志以敏锐的眼光观察人物，把具有深刻审美内涵的对象以最适合的外在形式完美地表现出来，使文本具有浓厚的文学色彩，以构建真实的人物形象，为历史留下了一份份"底稿"，这些努力与尝试促进了人物报道多样化的发展。

三　人物类期刊受众特点

30多年来的社会变迁，催生了中国社会新生的中产阶层。学者们通常认为，现代社会的中产阶层成员首先应该是从事"白领"职业的人；其经济收入应该保持在中等收入水平或更高水平，经济条件较为宽裕；代表着社会主导价值所推崇的生活方式和消费模式，其消费习惯、审美品位和一整套的生活方式共同构成了中产文化；中产阶层成员具有共同的身份认同，比如，他们认为自己属于中产阶层，或者认为自身的社会地位处于中等或更高等级，同时，中产阶层的社会政治态度较趋向于温和的改良主义和道德相对主义，他们通常不会支持极端的、激进的政治行动（如革命、暴力、造反等），而是主张渐进的改革模式，对新事物和新变化采取开放的、宽容的、相对主义的态度，中产阶层的社会政治倾向被认为是社会稳定以及现代民主政治的基础。[①]

中产阶层的出现与壮大为人物杂志提供了主要受众群体。他们具有较高的文化修养、媒介素养及社会问题敏感度，拥有独立的思考能力和独特的见解。他们不随大流，渴求通过一种媒介换个角度看世界，多角度解读社会。小众化的精深"专志"吻合了他们的需求。《时代人物》标志性口号是"和有价值的人在一起"，成功抓住了读者心态。学者陈力丹在分析人物类报刊受欢迎的原因时指出："受众有着寻求人物参照系的热情，人们时时在找寻自己感兴趣的'他人'，为的是与自己比较并模仿和感觉他们。"[②]

---

① 李春玲：《中国当代中产阶层的构成及比例》，《中国人口科学》2003年第6期。
② 陈力丹：《让人成为新闻的灵魂——〈时代人物〉周年寄语》，《新闻知识》2005年第11期。

此外，社会经济的进步，改革开放的扩大，导致人们的思想价值多元，相对于过去的非黑即白式的简单二元对立，今天的受众更加宽容、理性、成熟。同时，对处于不同阶层、不同生活状态的群体充满了好奇，如《环球人物》2012 年第 185 期推出的刘晓庆封面报道，以一组文章还原了引起争议的传奇明星"真相"，而在此之前，很少有关于她的深度报道。《南方人物周刊》曾用大量篇幅对台湾一个改邪归正的黑社会头目进行报道，这些文章引起了人们强烈的兴趣和好奇心，各种社会群体、价值观在媒体上一一呈现。

最后，是审美需求的旺盛。人物期刊的主要受众群体素质与修养较高，非常注重对文本质量的追求，他们有着不同于一般受众的情感诉求与趣味，更推崇报道对象的人格魅力而不是娱乐或刺激性的噱头。诚如《人物》读者所言："看完崔永元的封面人物报道后，立即爱上了他。"这种精神上的共鸣是很多媒体难以实现的。因此，人物杂志的受众对刊物的忠诚度很高，相对于一般报刊伴随式的购买模式和看完即扔的快速消费，这种行为和情感上的忠诚度能使报道取得较好的传播效果，杂志的品牌效应也得以维系。

四　人物类期刊发展的媒介生态环境分析

人物类新闻期刊成为我国期刊市场新宠，前提条件是出现了相对成熟的市场空间，具体说来，有以下因素。

（一）政治环境

中国当下较为宽松的舆论空间是人物新闻期刊发展的基础。只有在比较宽松的舆论环境里，人物报道才能拓展思考范围、放宽言论尺度，记者也才可以更全面、更犀利、更富个性、视角更多样化地进行报道。人物新闻期刊探讨的话题范围更广，新闻细节挖掘可以更充分，人物形象可以更立体化、更丰满，新闻报道素材可以更丰富。例如《人物》2012 年第 5 期对李庄、孔庆东、司马南等人围绕后重庆故事展开报道，在过去，这样的题材就不太可能堂而皇之地登上版面。

（二）资源环境

从大的社会环境来看，转型时期的中国是传媒大显身手的黄金时代。经济改革所推动的社会转型逐渐形成了一个典型的社会学意义上的大众社会。一方面充满着消费主义的物体、影像、信息和价值；另一方面又产生着心理意义上的行为控制，一种多样化的生活方式。个人角色和个人信仰的流动说明人的活动的私性意义在扩大，社会背景在褪色。这种体现差异、体现创造的社会修改，突出反映了传统方式的社会化控制的断裂，而以人才、技术、资金和信息的流动状态推进社会转型。[①] 我们处在一个奇迹般的大时代，机会众多、人心不安、价值纷繁，这样的时代，那些拥有清晰、冷静、主次分明的价值认识体系的媒介必定会长久地赢得市场的肯定。

再者，随着媒介文化对社会的影响越来越大，人们对媒介信息传播、整合宣传、舆论导向等功能的认识日益加深，对待媒体采访也越来越主动。自 2008 年《信息公开条例》颁布以来，政府人员接受媒体采访的态度有了明显改变，公众人物隐私权也在逐渐放开。这一切都使得人物类媒体的人物资源空前丰富。

(三) 竞争环境

网络的兴起、各种新媒体的出现对平面媒体的确带来不小的冲击，杂志的生存也面临困境，综合类的杂志首当其冲。人物类杂志为何还能逆流而上，成为新宠？根本原因在于其深度、角度与传递的思想价值。在网络时代，当新闻价值的侧重点由关注信息本身转向关注信息与人的关系，网络的海量信息反而成为一种干扰。而杂志独特视角的魅力，选题上的有所为有所不为，以及精心的筛选使其在信息超载时代体现出个性，此外，网络媒体的信息内容虽然被前所未有地放开了，但与此同时，占据网页醒目位置的新闻鱼龙混杂：严肃庄重的硬新闻，富有人情味的软新闻，充斥着暴利、色情的"黄色新闻"，耸人听闻的假新闻……各种新闻奇观日复一日地上演，新闻的泛化带来思想、观念、认识的相互冲突，网络呈现给受众的是无序、碎片化的世界，它无力提供全面、清晰、多元的社会整体印象。相比之下，主流报刊以正确的思想导向引导着社会舆论健康发展。在浮躁喧嚣的时代，严肃而又有品位的杂志能够让人静下心来想一些事情，这也是尽管杂志价格不低，但依然有强劲发展势头的原因。在一些知名社区，甚至还有忠实拥护者建立的小组，围绕杂志展开讨论交流。

人物类综合新闻期刊作为新兴杂志品种，发展态势良好，蜂拥而至的现象随之出现，目前的几种杂志以及其他新闻周刊往往有同质化倾向，这

---

① 陈卫星：《传媒的观念》，人民出版社 2004 年版，第 289 页。

对于新的新闻产品的发展是不利的。比如在对象选择上，《环球人物》《人物》分别在 2012 第 7 期、第 6 期都以崔永元为封面人物。从内容操作上来讲，各人物杂志的栏目设置大同小异，真正有特色的栏目不是太多。清晰的定位诉求以及成熟的市场营销将是影响杂志发展前景的重要因素，我们期待中国新闻界拥有属于自己的当代人物史记与社会变迁真实图景。

第四节 《南方人物周刊》人物报道

一 概述

创刊于 2004 年 6 月的《南方人物周刊》至 2014 年刚好十岁，作为一本以"记录我们的命运"为理念的新闻性杂志，10 年来已报道上千知名作家、学者、艺术家、企业家、政治家、新闻人物、民间英雄、平凡百姓等，推出众多重磅封面报道，以其独特的报道视角和对时代深度、广度的反映成为中国首屈一指的新闻类周刊之一，它在记录着当下中国人物的命运的同时也记录着中国时代的变迁。该刊关注人文关怀及肩负的社会责任与使命，努力谋求社会公共领域的建构，精英文化与大众文化的契合。多年来，刊物既得到知识分子阶层的肯定，又获得了丰厚的市场收益，其编辑理念为中国期刊的成功运作提供了借鉴意义。

二 编辑理念

在媒介竞争日益激烈的今天，受众定位和功能定位成为影响媒体生存、发展的最重要环节，"我为谁服务？我为他（她）们提供什么？"市场经济体制的确立，带来媒体的多元化，受众的选择也多样化。媒体在长期的报道中会传递什么样的价值，媒介所建构的符号现实与社会文化各层面的观念现实之间是什么关系？

"党和政府的喉舌"曾是中国媒体的集体自我身份认同，政治属性成为媒体主导并且是唯一的认同来源，使得中国媒体的角色地位和社会期望及媒体行为之间取得了空前的一致，身份不成为问题。但是随着改革开放的深入，市场经济体系的建立、政治民主化进程的提速和全球化趋势的凸显，媒体原有的身份被解构和淡化，新的角色意识要求得到表达和认可，暂时缺乏一个具有整体性的身份界定来统一这些角色力量，身份失去平衡，面临危机。① 对于媒体来说，"我是谁"作为一个身份问题就被提出来了，与此同时，建构新的中国身份的尝试也在进行中。比如报刊的分类，业界曾经有三分法，即机关报、通俗类报和精英类报，但这只是比较粗略的划分，事实上，在价值取向多元的当下，即使都是精英报阵营，内部也有区分。当代中国的媒介场中，《南方人物周刊》以什么样的编辑理念建构自我身份认同？它渗透着什么样的价值取向？扮演了什么角色？

（一）以人为本的关怀

《南方人物周刊》是南方报业传媒集团旗下《南方周末》出品的综合类人物周刊。发刊词强调刊物的宗旨是"记录我们的命运"，以"平等、宽容、人道"为理念，关注那些"对中国的进步和我们的生活产生重大影响的人、在与命运的抗争中彰显人类的向善力量和深邃驳杂的人性魅力的人"。在经历过"假大空""高大全"时代的国人眼里，这本人物杂志的确一定程度上做到了"在这个个体被形形色色的宏大事件、观念所遮蔽的时代，我们触摸到了具体的、生动的、能够与这个时代相互印证的个人，将他们真实地、生动地呈现给了我们的读者"。所谓"重新打量每个生命"，即抵达人的真实、时代的真实。在记录人的命运中体现了一种人文关怀。十七大强调"以人为本"，突出尊重人的发展，突出对人的关怀。近几年电视人物访谈类节目深受观众欢迎，也反映出媒体对"人"的日益关注。符合历史发展潮流的事物都具有很强的生命力和发展潜力，《南方人物周刊》无论是宏观上的定位，还是具体的内容采制，都很好地诠释着这些理念。

以人为本首先体现为对普通老百姓的个体生活、精神世界的本真展示，对他们人格与生命的尊重。以人物报道为例，转型时期的中国，新闻报道发生了范式革命，人物报道由过去的"高大全"还原为一个真正的人，即由宏大叙事回归到细节与温情。

以人为本还体现为杂志平等的精神气质。《南方人物周刊》主编徐列曾说："人物周刊的应运而生，正是要找到一条超越于权力和金钱之上的人的尊严，那就是弘扬平等、宽容和人道的价值观。我们承认，由于历史的客观原因，人一出生就带着不平等的烙印；人的能力也有大小，地位有

---

① 邱戈：《媒介身份论：中国媒体的身份危机和重建》，中国传媒大学出版社 2008 年版，第 147 页。

差别，财富有多寡，但我们要强调的是人格是平等的。人物周刊更多地把自己定位为一个精神产品，希望人物身上人性的力量和思想的光芒能给这个物欲尘上犬儒流布的社会一点精神的滋养，他们的地位固然有高低，但他们的精神价值和人格魅力则在同一维度上照亮了人类的前路。"① 某种程度上来说，人格的平等是一把能打开所有人心扉的钥匙，是弘扬真善美、引领人们提升精神高度、追求理想人生境界进而建构和谐社会的秘密通道。

（二）责任意识与使命感

今日之新闻即明日之历史。当然，要使得新闻与历史产生如此密切的关联，意味着媒体要有责任与抱负。古今中外，严肃的媒体往往以历史档案记录为自己的追求目标，期待着未来能成为可靠、权威的历史研究资料。中国现代新闻史上，著名的报业经营家史量才曾提出过"史家办报"之思想，其核心即在于社会责任。作为国内人物类综合新闻期刊的领头羊，《南方人物周刊》有着强烈的责任意识与使命感，致力于"为历史留存一份底稿"。在此目标下，刊物尽量全面地呈现完整的社会环境，各个领域各个行业各个阶层均有涉及，协调社会各子系统关系，发挥整合作用，既引导舆论又监督环境。

在《南方人物周刊》封面人物中，值得注意的是，国学、历史、经济、美学、性学等专业领域均有学者代表，这符合刊物倡导的多元价值取向，更重要的是体现了刊物的文化责任。要营造积极、健康的文化环境，在媒介运作商业化的今天实属不易，尤其像美学、物理学、国学等较为冷僻的学科知识要顺利进入公众视野并取得较好的传播效果，更是难以做到。历史并不善忘，善忘的是人心，那些学识与人品均令人钦佩的前辈们，其一生之思想精华要到达读者眼前往往要越过当前消费文化热点的重重阻隔。媒体的双重属性在一定程度上解放了传媒生产力，但另一方面对利益的追逐也使得媒体品位、格调的降低，比如为迎合读者需要对于影视红星狂轰滥炸式的报道，与此同时，严肃的文化、科学、艺术问题乏人问津。媒介过分娱乐化、商业化、媚俗化，单纯着眼于经济效益和所谓的"吸引眼球"，缺乏起码的社会责任感，在激烈的新闻竞争中丧失了正确

---

① 徐列：《重新打量每个生命——〈南方人物周刊〉的企业文化建设》，《南方传媒研究》2009 年第 20 期。

的判断力和社会良知，带给受众的是碎片化的八卦与谈资。面对娱乐泛滥的低俗之弊病，《南方人物周刊》塑造积极向上的文明形象，在精神文化层面的引导上不遗余力，旨在为读者"奉上一席精神的盛宴"，而这精神盛宴的制作其实就是文化软实力的建构过程。

《南方人物周刊》关注中国人的命运与国家前途，虽未将"爱我中华"等宣传语挂在嘴边，但心之所系永远是国家与民族。诚如该刊在推出"百年家族"系列的策划语中所言："当我们回顾历史，我们最想弄清楚的是，我们从哪里来，以便知道我们想要和可以往哪里去；我们可以知道，我们在哪儿前进了，又在哪儿倒退了，哪些方面超越了前人，哪些方面却原地踏步。"无疑，审视与反思历史是为了更好地发展。

因为责任与使命，杂志在经济利益、市场追求之外，自觉地承担起监督与引导之职。2006 年，《南方人物周刊》即因出色的表现被誉为中国最具成长性的媒体，面对众多的荣誉与期待，该刊表示，它（杂志）不会改变初衷，不会将视线从人物转移到物质那儿去，转移到资本那儿去，移到任何时髦的泡沫那儿去。

（三）公共精神的倡导

《中国周刊》总编辑朱学东认为："在复杂的现实环境中，一个负责任的媒体，其价值判断应与时代潮流文明进步相契合，尊重关怀基本的人性。"[1]《南方人物周刊》定位中高端读者，突出从人物故事中感悟时代的变迁和人性的魅力，兼具《南方周末》"精英式"和《三联生活周刊》以文化视角与人文关怀的思路处理新闻信息、温文尔雅的叙事风格。在中国知识界有较大的影响力。在公信力、权威性和可读性方面体现了更加鲜明的理性色彩。尽管新闻性周刊的文化也脱胎于大众的、市民的电视文化和报纸文化，但是它们自觉致力于"影响有影响力的人群"，普遍有着更高层次的社会关注、经济关注、文化关注，在传播现代文明，推动民主化、法制化进程，主张新的生活方式以及强调"人性""人权"等方面有着更加自觉、频繁而又深入的报道，这些报道不是简单地停留在表象层面，而是立足于历史、文化和社会，富有洞察力和思辨色彩。

公共精神的倡导体现在对教育、环保、医疗等公益事业的报道与相关活动的策划组织上。当社会各界人士纷纷发起组织乡村免费午餐、衣加衣

---

[1]　朱学东：《媒体的底色》，《南方传媒研究》2011 年第 31 期。

温暖行动时，《南方人物周刊》希望借助自己的宣传平台让更多人关注乡村青少年的智力、心理发展以及当地的文化建设，于是联合其他机构发起"乡村启蒙"图书馆计划，为乡村青少年打开看世界的窗，进而改良乡村地区的文化土壤。公益事业的报道、组织既能服务社会公共事务，又能实现媒体品牌价值的增值，可谓一举数得。

公共精神还体现在人物报道的价值取向上。无论报道对象是名人还是普通人，该刊的价值取向都倾向于找到个体与社会的关联点，倾向于解读人物身上的公共意义。《南方人物周刊》2004 年第 7 期推出"影响中国公共知识分子 50 人"特别策划，入选标准为："具有学术背景和专业素质的知识者；对社会进言并参与公共事务的行动者；具有批判精神和道义担当的理想者。"而其推选的"青年领袖"也广泛涉及社会各行各业的精英，从科学家到政治改革家，从法律从业者到普通民间志愿者，他们关注于老百姓的教育、健康、个人合法权益的实现等一系列问题，其奋斗的终极目标之一就是实现社会的公平公正，保障公民基本自由，进而促进整个社会实现自由。

（四）精英文化与大众文化的契合

在具体操作过程中，《南方人物周刊》擅长在精英文化、大众文化之间游走，并巧妙地与主流意识形态保持若即若离的关系，既赢得市场又赢得身份，同时还确保了政治上的正确性。

以该刊打造的"青年领袖"为例，自 2005 年始推出"青年领袖"评选活动以来，截止到 2010 年共评选出 69 人，人物构成比例分别为：娱乐体育明星（15 人，22%）、传媒行业（8 人，12%）、企业家（9 人，13%）、学者（16 人，23%）、文化艺术工作者（12 人，17%）、公益人物（8 人，12%）、其他（1 人，1%）。

从这些数字可以看出，该刊有强烈的主流话语表达倾向，体现在人物选择上，经济界、知识界人士这两类可以影响国家走向的人群所占比重较大，成功的媒体定位其理想的状态都在于"影响有影响力的人群"，主流媒体共同的野心均在于此。对志愿者、环保人士的关注又可以看出其高度的社会责任感，在琳琅满目的消费读物中有点曲高和寡的意味。同时，文体明星的比重之多也可看出刊物在面对市场争夺时如何投其所好，话题的选择、热点的追逐能够让刊物快速捕获市场，更重要的是，这些内容能吻合以"80 后"为主体的年轻一代的需求。《南方人物周刊》尝试在精英文化与大众文化之间游走，努力建构起自身的媒体身份认同，在当下文化形态中占有一席之地，各大网站对该刊文章的重视即是明证。

中国期刊市场目前持续火爆，除少数优秀杂志成功运作打造出品牌形象之外，还存在着不少问题：大众类期刊流于迎合读者需求、猎奇媚俗，如《知音》；部分新闻类期刊因环境所限，大部分都从事边边角角的报道，或者从网上粘贴，或者转摘其他报刊文章，缺乏原创精神，比如《看天下》；多数时尚类期刊只有形式没有内容，更不用说思想了。成功的媒体必然离不开成熟的编辑理念与受众定位。

《南方人物周刊》坚持平等、正义、良知、理性的原则，站在公民立场上，坚持发出自己独立的声音，提供给受众新的生活理念与思想，通过挖掘人物故事引领社会变革，其发展模式值得借鉴。

三　选题特点

《南方人物周刊》官网宣称关注"对中国的进步和我们的生活产生重大影响的人、在与命运的抗争中彰显人性的向善力量和深邃驳杂的人性魅力的人"。

基于纯粹的新闻价值的判断以及它折射出的这种变动的社会现实、人物本身所具有的知名度以及人物所做出的事迹，笔者将被访者的类型分成以下五类。

(一) 焦点人物

焦点人物是当前最热门的新闻人物，人们普遍关注的是社会热点，焦点问题，热门话题，普遍存在而又褒贬不一的社会现象等，记者与焦点人物易于在对话中产生交锋、碰撞、互补、升华。比如说中国电影集团董事长韩三平、"微博女王"姚晨、著名影视演员刘晓庆、"狼爸"萧百佑、电影导演姜文、企业家王小川。

(二) 专家学者

专家学者指在相关领域具有权威性，具有学术科研能力的人物，包括高校和研究所的研究人员，政府机构的研究人员及政策研究者，他们对某个领域了解深刻，研究透彻，具有一定权威性，例如军事理论家张召忠、"非典"功臣钟南山、政治学家陈志武、经济学家秦晓、建筑学家王澍、种植专家褚时健、气象预报播音员宋英杰等，对这些权威的专家学者的采访并不侧重对他本人的采访，而是对其研究领域内相关问题的深入探讨，有时为了澄清近期一个谣言，有时为了表明一种开放包容的学术思想，记者与权威人士直面相对，思想碰撞，迅速将思想认识引向深入，时有火花迸发。

（三）文艺人士

文艺人士即从事文学、艺术、传媒出版及相关领域的人员。笔者把文艺人士分为三类。其一，知名作家，如刘震云、席慕蓉、哈金、村上龙、龙应台；其二，知名艺术人士包括画家、音乐家、舞蹈家、演员、行为艺术家、模特，等等，如演员章子怡、孙俪、邬君梅、阮经天、梁咏琪等。其三，知名传媒界人士包括国内外著名的电影导演、报纸主编、记者、主持人等，如导演冯小刚、陈凯歌、姜文等。这三类人均是在各自领域具有较高声望的人士。名人任何时候都是新闻，其价值在于人格魅力和他们的事业成就，他们的出现就是一条新闻。

（四）公众人物

公众人物是一个新闻和法律公用的术语，来源于美国联邦最高法院的判决书。公众人物指因其身份、地位、成就、行为或与某特定事件相联而成为家喻户晓的人物，他们包括政府公务人员、公职候选人、发明家、作家、频频曝光的学者和科学家、运动员、艺术家、罪犯及其他易受关注的人等。

笔者认为公众人物就是指一定范围内具有重要影响，为人们所广泛知晓和关注，并与社会公众利益密切相关的人物，其以社会知名度和社会公共利益相关性为构成要件，二者缺一不可，共同体现了公众人物的特性，如知名人士、明星等。政府官员由于工作性质涉及公众利益，成为公众关注的人物，因此也属于公众人物。也就是说，与法律用语中的公众人物不同，范围较为狭窄。

（五）民间人士

《南方人物周刊》在人物选择上注重时代感，具有极强的代表性、象征性，这些人物代表的不仅仅是他们自己，而是一群人，他们或是极富个性和争议性的人物，或是发生某个非公众人物身上的事件引发社会舆论，在当前社会中具有典型意义。比如说上海久牵志愿者服务社的创始人张轶超、精明伶俐的专职律师李庄、职业打假人赵正军，即使是个别案例也可以对整个领域乃至整个社会发出振聋发聩的呐喊。

在 2010 年至 2013 年的《南方人物周刊》中，随机选取了 66 期作为本次研究的样本，样本显示，《南方人物周刊》采用对话体形式进行报道的 139 个被访者中，有 52 位文艺人士、52 位专家学者，17 位公众人物、13 位焦点人物、5 位民间人士，分别占到总比例的 37.42%、37.42%、12.24%、9.36% 和 3.56%。

四　封面专题策划特点

封面专题策划是杂志的重头戏，擅长操作厚重题材如历史人物报道，30 年幕后推手等群像报道，任志强、中国大妈等争议人物报道等。除了为读者奉上精心策划的封面故事，杂志还通过年度中国最具影响力品牌活动影响读者。影响较大的人物专题报道策划主要有青年领袖（2014 年第十届）、公共知识分子 50 人、百年家族、改革 30 年幕后推手等，既有新锐偶像，以直面市场，又有思想深度表达精英气质，还有厚重的历史感，证明刊物的底蕴。"中国魅力榜"是国内第一个由主流媒体发布的人物魅力榜。评选范围覆盖政治、经济、文艺、学术等多个领域，入榜者不仅在其领域内具有不可忽视的影响力，更有着令人景仰的个人风范。"青年领袖"是国内第一个由主流媒体发布的青年精英人物名单，入榜者覆盖政治、经济、文化、艺术等多个领域，他们在这些领域中锐意进取、以自己的思想和行动创造了属于自己的领地，并进而对社会产生积极的影响。

杂志注重情怀与见识，认为这些比技巧更重要。因此《南方人物周刊》的人物报道常在视角上有所突破，内涵上能有效拓展，十多年来贡献了多篇传诵一时的优秀报道。《病人崔永元》《少年杀母事件》《大饥荒》《秦晓　走出乌托邦》《昂山素季最美亚洲女人》《官员龙应台》《公民姚晨》，等等，《南方人物周刊》希望通过人物"记录我们的时代"，有其独特的报道与叙事风格。

2013 年《南方人物周刊》先后推出《中国制造　欲望都市的干露露们》（第 11 期，2013 - 04 - 15）、《郭敬明　胜者为王》（第 20 期，2013 - 06 - 24）、《依然周杰伦》（第 23 期，2013 - 07 - 15）三个封面人物专题，从选择的人物看他们都是明星、公共人物，并富有争议性。在相对短时间内推出三篇报道，从三个彼此独立、看似没有关联的人物身上，敏锐地发现他们身后共同的动力场，这就是我们当今的社会与时代。尽管他们的经历千差万别，周杰伦备受追崇，郭敬明在争议中仍享受着自我的认可，干露露深陷泥潭痛苦挣扎，在报道中，读者都能闻到一种时代的气息：金钱、名利、成功、喧哗、挣扎……是的，剥开纷繁的事件外套，撕去各自的身份标签后，他们所处的时代越来越清晰地呈现在人们眼前。《南方人物周刊》之所以选择他们，是因为他们是我们时代的镜像，是一群人、一代人的镜像，杂志借此让社会中的人得以自照。

> 周杰伦是偶像，自我、个性、特立独行，而偶像的形象，某种意义上也是粉丝的投影，是这一代人的一个镜像。
> 周杰伦是 80 后的镜像，想跟上每一代小朋友的步伐，他挺着八块腹肌，坚持中国风，仍在电影中寻找纯爱、演绎热血青春，34 岁的他用一种近乎倔强的固执留恋青春，脸上写满了不甘。

文章说"这其实也是一代人的不甘"。

而郭敬明备受欢迎，又备受质疑，他深谙社会生存之道，紧紧依附时代又不屑旁人质疑目光。"大众需要什么，他便配合什么"，从某种意义上说，出现在公众眼里的郭敬明是我们自己投射出来的影像，拜金也好，做作也罢，"你讨厌他的地方，恰恰是你对这个时代咬牙切齿的地方"。

在干露露的故事里，作为与她同时代的读者，更像走进了悲剧场，没有了观赏闹剧的哄笑，没有置身事外的轻松指责，因为"揭示干露露的困境，便是揭露我们每一个人的困境"。因此，可以看出这三期人物的选择，不是简单地讲人物的故事，它更是要通过人物勾勒我们生活的时代。他们成功、成名或深陷泥潭的过程中，有你、有我，或者还有人正在经历着。弥漫全社会的浮躁、急功近利裹挟着所有人，没有人停得下来。三个没多少联系的人，他们的状态如此相似。郭敬明说他害怕衰老和死亡，抢时间去做更多的事情。网络推手线永京说："这两年，好像把 20 年一下子浓缩过完了。"而干露露也造就了一个"20 岁的身体，50 岁的心"。周杰伦依然不甘被时代抛下，并相信"我的时代不会过去"。普通人又何尝不是呢？欲望、成功充斥着社会，普通人多了更物质化、更具体的理想——买房、买车、更好的房、更好的车。这些动力驱使不安的人一直奔跑，不敢停下。在这场浪潮中，没有人能置身事外，每个人都自觉、不自觉地参与并制造着这个喧哗的时代。这容易让人想到《了不起的盖茨比》中那个疯狂的社会，人人疯狂地追求，但自己也不知道追求的是什么，社会充斥着喧哗躁动，可浮华褪去，留下的只是破落的空虚。

在郭敬明的报道《新时代的淘金者》中，有这样一句话："关于成功与成功学，我们看的太多，想得太多，有人奋不顾身趋之若鹜，也有人慌张、鄙夷、嫉妒、愤怒、暴躁，更多的人在后台跃跃欲试。"干露露不是最好的佐证吗？但无论是谁，从他们的经历中都能看出他们在时代中不断受伤，摸爬滚打学规则。尤其对干露露这个很有争议的人物，《南方人物周刊》并没有标签化，而是以人性的报道手法，跟随人物生活过程，用一个见证者的角度，细致描写很多微小的细节，展现真实丰满的个体。

新媒体时代，不少媒介总是强调"现场"的重要性，结果大量碎片式的信息除了成就时评写手外，并无助于人们了解社会的真实全景，某种程度上还让受众离事实越来越远。迈克尔·舒德森认为新闻最让人难忘的地方，是"它扩大了整个社会可以共同思考的内容"，同时，"媒体对日常生活中微小的个人表演、科学和教育中的成就或悲剧、宗教或文化的冲突或进步的报道，与时政报道一样建构出公共议程并形成共同体。通过这两种方式，新闻促进了共同的社会世界的日常反思与再建构"。① 这意味着媒体要充分发挥整合、沟通功能，全方位揭示时代变动，努力构建公共领域，提升报道的公共价值，维护公共利益。

2014年9月，《南方人物周刊》发表《改版致读者》，平面宣传图片中"再一次，定义人物写作的标杆"明确醒目，编辑部文章称"从栏目设置、结构到编辑方针，都有颠覆性的变化"。但"记录我们的命运仍是办刊核心"。从改版后的几期来看，有趣的栏目增加了不少，封面专题比以前更好看了，表述风格上不复见此前的太过沉重，这与主持改版的团队均是80后有关。

第五节　《人物》杂志人物报道

《人物》杂志创刊于1980年，是人民出版社主办的以刊载名人传记和当代高端人物报道为主的期刊，也是国内创办最早的人物传记类刊物，被读者、研究者及业界同行誉为"当代史记"。其诞生背景与乱象纷呈的十年"文化大革命"有关，作为十一届三中全会后创办起第一份人物传

---

① ［美］迈克尔·舒德森：《新闻社会学》，徐桂权译，华夏出版社2010年版，第253—254页。

记杂志，它希望"通过人了解历史，了解世界，也了解现实。让那些美好的心灵给人以激励；让有益的实践给人以启迪；让恶人丑行给人以告诫"。^① 该杂志在 20 世纪八九十年代曾产生过重要影响。

在我国新闻出版单位转企改制的大背景下，2012 年 5 月《人物》宣告正式改版，短短的几个月时间内，即得到了官方、同行及市场认可，首期改版发行量突破了 40 万份。2012 年 12 月 25 日《人民日报》在《盘点2012 年中国出版十件大事》一文中指出："《人物》等一批经改版而来的新'创'刊物呈现十足的活力，以更加适应新市场、新环境的发展态势扑面，成为今年期刊市场的一大亮点。"在《新周刊》主办的 2012 年新锐榜评选中，《人物》被选为年度新锐杂志。

改版前的《人物》杂志按领域划分人物：政治、经济、科技、历史、社会、文化、艺术等，又尤为偏重历史上的知名人物与已去世的人物，以约稿为主，自采稿件很少。以名家伟绩、历史人物、革命前辈取胜的编辑方针导致杂志缺乏新闻时效性，对社会热点人物缺乏关注，又因以传记为主，所以很难有对人性的思考，以讲故事为主的约稿，使得文字失之活泼灵动，更难有文本的创新表达。

尽管创刊几十年来《人物》取得了不俗的成绩，获得良好的口碑，但在社会急剧转型的背景中，已显得太单调及过于陈腐，这使得它遭遇了与其他专业类杂志一样的发展困境，在激烈的市场竞争中，杂志领地不断退缩，订阅量最后只有两万份左右，杂志变得越来越小众，往往只能在图书馆才能找到，零售市场更是很难看到它的踪影。

我们固然不用怀疑杂志的精神追求，80 年代创刊的杂志有着那个年代特有的精神气质。但是，在残酷的市场竞争中，不变，难以继续获得读者，变，则有失去已有读者的风险。作为人文杂志，依靠订阅的《人物》似乎不具备很强的市场竞争能力，在复杂的转型期中，《人物》杂志如何应对市场的冲击？精英高端的办刊路线能否延续？

在全国文化产业改革浪潮的推动下，杂志主办方人民出版社 2010 年组建的人民东方出版传媒有限公司正式成立，这是人民出版社"事企分离"改革的标志性成果，2012 年 5 月《人物》杂志转制完成，由博雅天下传播机构打造的新版《人物》杂志上市，杂志内容定位于"报道重要

---

① 刘冬青：《九年心血，一缕痕迹》，《人物》2010 年第 1 期。

人物，细微到每个表情"，奉行"人是万物的尺度"的价值观，国内四大特稿高手李海鹏、张捷、张悦、林天宏一起加盟，并由李海鹏担任主编。页码由 90 页增加到 160 页，稿件由外约改为自采自编，并结合当下社会热点，提高稿件的时效性。

主编李海鹏撰写的改版发刊辞清晰地提出："《人物》杂志至关重要的三个要素是当代史、个人、价值观。改版目标是打造符合当下市场需要的新闻性人物杂志，阅读对象以受过良好教育的城市读者为主。"

改版后按综合性新闻周刊的方式设置栏目，有观点、侧写、封面报道、红人、公共、偶像、干部、图片故事、榜单、肆意栖居等，读者来函置于显要地位，杂志不回避批评也不放过赞美。2012 年，《人物》杂志入选《新周刊》主办的年度新锐杂志，颁奖辞写道："它的人物故事里所有的社会众生相，实则是一幅独一无二的中国肖像。"从《人物》改版后的12 期杂志传播效果来看，此次改版的成绩应是有目共睹的。笔者认为，成就其业绩的主要有以下四个因素。

一　清晰的理念

主编李海鹏曾引用古希腊智者普罗泰戈拉的格言"人是万物的尺度"来诠释《人物》所应彰显的价值，普罗泰戈拉的意思是，只有人才是认知世界的主体，人的价值比神的价值更重要，人的主体精神由此确立。《人物》的报道不给对象贴标签，不避讳争议，承认每个人物的复杂性，关注的即是"价值"，并认为这是一切意义的所在。刊物的立场倾向通过具体的报道传达出来，办刊理念方面的独特形象得以确立。同时，注重与读者的互动，在回复读者意见时不忘重申编辑思想。2014 年 1 月刊封面"Nothing but story telling"的口号（slogan）昭示了杂志的核心竞争力："讲故事，非虚构的故事，杂志认为要理解一个人，除了讲故事外别无他法。"这种理念驱使采编人员用慢节奏的手工活做人物报道，一定程度上而言，《人物》的报道可称新闻作品中的"奢侈品"。

二　优质的报道

与报纸相比，杂志可以做得更加精致，更加个性化，甚至可以做成陪伴读者一生的产品。众所周知的事实是，杂志除了满足读者的实用需求之外，还可以满足审美需求、休闲需求。一个人的精神气质往往能从他所喜好的杂志上反映出来。在目前的媒体环境中，对真相和阅读性的渴求会让新闻杂志继续扩张。对于优秀的新闻类刊物来说，对文本的美感追求往往会达到"洁癖"的程度，《人物》杂志记者内部有种说法，"要提供能把人写'死'的文字：定位准确、观察入微、性格传神、文本干净——写了别人就无法下笔再写"。

李海鹏在改版刊首语中说："一本杂志是一个剧场。《人物》要令读者引以为荣，不只要让阅读成为赏心乐事。我们希望这本杂志有好的节奏、色彩，无论是图片还是版式，都让读者感觉受到款待。报道也要活泼精当。如此，被报道的人物到了这纸上就活了起来，他们时而高声，却藏不住人性，时而细语，却意外地铿锵，化身为杂志的一页，即便与读者的手持电子设备竞争，亦有独到魅力。这大概就是我们理解的如何在网络时代做一本好杂志的秘诀：做网络做不了的事。"李海鹏认为网络的多和快并不等于好，网络也许能够满足人们对于多、快、便捷等方面的需求，但不能满足人们对于好和个性化的需求。

《人物》改版以来，屡有佳作，既有高度又有美感，同时不断尝试文本的创新。《与李银河共进午餐》即是一例，很少有记者直接将采访情境推上前台、充当主角的，日常生活的琐碎往往被绝大部分人忽略或嫌恶，文章刊发后被采访对象李银河如此评价："相当于从别人的眼睛里端详了一下自己目前的生活状态。"真实生动的生活场景，比放大的电影片段更能呈现独特的意境，于是，最常见的饭局瞬间生发出独特的美感。

其"专题"栏目也特色鲜明，以聚合式结构的群像方式呈现某个特定群体，每期专题由几篇构成，主题集中，与一般的人物报道相比，图片占据较大版面或者是整版图片呈现。《再相逢·叁十叁》（2013年第4期）是杂志创刊33周年的特别专题，回访曾登上杂志的人物。《"凤凰男"在想什么》（2013年第6期）聚焦出身乡村在城市谋生的男性，话题由热播影视剧引起，"凤凰男"是对这一庞大群体的污名化，杂志以善意和包容的态度理解这个群体，试图去掉污名。"凤凰男"对乡村情感难以割舍又不可能再回到过去，城乡之间的差异带来的阵痛与焦虑让他们面临尴尬处境，可以说，他们身上鲜明地体现出中国社会的剧烈变化。这正是报道的主题，即呈现个体与时代的关系。《临时工背对镜头》（2013年第9期）抓住新闻热点，"临时工"因为总被当作替罪羊而成为网络热门词汇，专题展现了各行各业临时工真实生存状态与社会变革中的人生际遇。《霾困北京时》（2013 年第 12 期）重点讲述北京人在雾霾中的生活方式，切中焦点问题。不同人物的生活、工作片段构成群体生态，有声有色的文本、深入生活肌理的细节饱含信息量，如《烧烤店老板》一篇：

> 　　这个拥有 2018 万人口的超大城市，有 4 万家餐馆与 660.1 万户人家的厨房，每年喷向空中的油烟含有 2.9 万吨 PM2.5 颗粒，这其中自然也不能漏掉密布城市各处的近万个露天烧烤摊。比如中国传媒大学西门外一家烧烤店的老板王先生，尽管其生性谨慎不愿留名，但收入着实不菲，最多时一个月能赚到 21780 元。正常光景下，每天下午 4 点，王先生会准时将木炭放进两米长的烤炉，点燃后冒出呛人白烟。平均每天，他至少能卖出羊肉串 800 串，鸡胗、鸡心、鸡脆骨等共 200 串，烤馒头片 60 串，烤韭菜、烤豆角、烤蘑菇等瓜果蔬菜各二十份，为此得烧掉 6 箱近 40 公斤重的木炭。

这大概就是肉感写作，翔实的数据、考究的细节，所谓深入肌理，触摸生活的质感。

三　明确的受众观念

杂志读者的情感忠诚度与行为忠诚度相比报纸读者更高，杂志的精、深、专使其在满足读者的实用需求之外，还可以满足审美需求、休闲需求。《人物》杂志对社会转型时期的读者心理特点、心理需求、审美期待和视野等有充分了解和把握，所谓"攻心为上"，方能取得理想的效果。我们可从读者来函中发现读者对杂志的认可——不论是批评者还是褒奖者，读者总是读得很认真很细致，甚至认真到就采写专业问题与编辑进行学术层面的探讨，一般的报刊大概无法出现上述场景。

四　市场运作机制

除了受限于采访对象的狭窄，老版《人物》面临的最重要问题是没有建立起市场运行的机制。杂志重组后在整体形象、市场营销、发行方式等方面发生了很大变化。变革的机遇与政府大力发展文化产业分不开，市场资本对新闻类杂志的投资热情倍增，比如博雅天下传播机构，先后投资《博客天下》《财经天下》《人物》，充分体现出投资商对话语权的青睐。

《人物》转制后走向市场，在整体形象传播上改变很大，与以前的庄重相比，封面更时尚大气，内页设计更注重视觉体验。人物拍摄效果达到艺术的高度，从 2013 年第 1 期开始，受访对象的现场拍摄有品牌提供赞助，人物拍摄除了重视与外部环境的融合，还会考虑服装的搭配，画面更有质感、审美意味丰富，也更能呈现个体生命之真。同时，杂志社开始制作视频节目，通过更多的方式传播杂志形象。

在杂志的宣传推广上，微博营销是时下吸引年轻读者的重要途径，杂志主创团队成员均通过微博就杂志事项随时向粉丝直播，这里不得不提到该刊的主创成员。主编李海鹏，执行主编张悦，副主编张捷、林天宏，主笔张卓、赵涵漠，无一不是国内特稿高手。李海鹏曾是《南方周末》的记者，《举重冠军之死》《"神童"到中年》等报道都出自他之手。他的文章立意深，文字也美，从其在《南方周末》开始，就有粉丝群体，豆瓣有他的小组，新浪微博粉丝高达 13 万多。

在传统的订阅方式外，杂志还增加在机场、书店、商场超市等关键位置的零售，并开设淘宝店以八折销售。这种灵活的网络时代发行方式深得年轻群体的推崇。改版不到一年，《人物》成为进入巴塞尔国际珠宝钟表展 2013（BASEL WORLD2013）的唯一中文新闻性杂志，瑞士巴塞尔世界顶级钟表珠宝博览会新增《人物》为媒体合作伙伴。在广告效果上，因为受众细分、内容精准、印刷精美等因素，使得杂志广告最受受众欢迎。而据 Adobe 的调查显示：最受欢迎的广告模式是纸质杂志广告，其下依次为观看最喜欢电视节目时插播的电视广告、访问最爱网站时出现的互联网广告。

变，是应时而动，正所谓在承继中新生。在改版的几期"编读往来"中，不断有老读者批评：挖掘人物的人文价值、经验价值不深，资料不足，失去了保存价值和史料价值。而年轻一代的读者，则会觉得改版前的杂志过于陈旧，但是杂志如果要走向更广阔的市场，要影响更大人群，必然要在版面设计上追求更时尚，编辑部认为这是不可逆的潮流。在消费主导价值的时代，这个主旨似乎也巧妙地融合了文化与商业的期许：互利共赢。

杂志的短报道专栏别出心裁，比如"第二人生"，旨在讲述一个人冲破日常生活的故事，首篇报道的是农民工诗人王二屎，在两种身份的转换中存在巨大的反差，残酷与诗意并存，这就是丰富的现实人生本身。还有"旧日红人"栏目，致力于打捞曾经刻画时代的"过气"名人，在新闻价值选择标准上屡屡突破陈规，开拓出新的报道天地，广度、深度、阔度兼具，改版后的杂志以其新锐与扎实的笨功夫网罗受众情感。

关于报道对象的选择，有不少读者质疑 2012 年第 6 期对干露露、线永京的专访。作为网络红人，特别是前者，完全是低俗文化的代表，传递的均是负面影响。但是，时代发生了变化，消费主义浪潮中个人主义洪流奔腾不休，对此，优秀的媒体是应该漠视吗？该刊编辑张捷曾总结封面选题应符合的原则：人物必须与时代、社会情绪、社会心态相关。① 正是这种高度相关性使不少人发现了这本"新"杂志，认为它很贴近时代、时尚、时事。

不变的是精神上的承继，无论是改版前还是改版后杂志都致力于对真善美的追求。创刊 30 多年来，《人物》始终是一份充盈着人文精神的杂志，20 世纪 80 年代初，它以"人为镜可知得失"为诉求，希望通过人了解历史，了解世界，了解现实，让美好的心灵给人以激励；让有益的实践给人以启迪；让恶人丑行给人以告诫。强调写真人实事，强调第一手资料，强调史料价值，强调扬善而不溢美，批判而不夸张。新《人物》则以当代人物为主，注重以最真实最朴素的心态去认识人、理解人、呈现人，努力成为社会历史的记录者、观察者和思考者。

人，总有精神上的需求，自我实现的梦想。理想与现实的冲突，日常生活的局限与束缚，使得阅读、思考成为人们必不可少的生活方式，经典名著是重要的途径，但当代资料同样必不可少。卡尔维诺曾在《为什么要读经典》中指出经典名著与当代材料应该共同构成我们的阅读谱系。如何以更少的时间了解当代，对于忙碌的受众而言，新闻类期刊是共同的选择。在娱乐至死的视觉刺激中，在互联网的众声喧哗中，新闻期刊完全能以其深度报道与清晰的观点、有分量的内容屹立于激烈的市场竞争中。

期刊改革的目的不仅仅是转企改制，还要是鼓励专业性期刊走内涵式发展道路，形成品牌优势，对于新闻期刊而言，更重要的是以专业主义精

---

① 张捷：《上〈人物〉杂志封面必须满足两个条件》，2013 - 01 - 28，新浪传媒频道（ht-tp：//news. sina. com. cn/m/2013 - 01 - 28/144426141864. shtml）。

神发出负责任的声音，在当前一些媒体呈现出过度商业化和娱乐化的危险倾向中，坚守理性、公正的严肃品质，以高超的文本表现力、超远的价值引导力服务受众，维护公共利益，进而推动社会进步。

第五章

电视人物报道个案研究

本章以央视为例，对其人物报道的变革趋向及内在的文化精神进行分析，以期探讨文化大发展背景下人物传播的特点及发展方向。

变革趋向的总体特征是目光向下，本真叙事。2010 年 4 月 12 日央视在《焦点访谈》后推出《身边的感动》栏目，把焦点对准身边的普通人，每次播出时间 4 分钟，以平实的视角，讲述日常生活中发生在普通百姓身边的感人故事，首播节目《老人和老人们的故事》展现了老年群体"老有所乐、老有所为"的新精神面貌，总体来看，栏目贯穿始终的精神内核是社会主义核心价值体系，普通百姓虽然不见得明白核心价值体系的内容及政治意义，但故事中无不体现出某种价值层面的追求。这是央视首次在黄金时段开设常态化的人物专栏。

相对于以往的典型人物报道，这些平时被镜头忽略，被人群淹没的普通人，卑微而弱小，但他们每个人都有自己的理想与坚守，他们身上的亲情、友情、爱情与奉献的精神，正是消费社会中日益匮乏而显得珍贵的价值与传统。这种转变可以追溯到 20 世纪《东方时空》中《生活空间》的全新亮相。此栏目开创了中国新闻史的先河，创造了中国电视业界的一个神话，被誉为"在飞速发展的时代中，替未来留下一部由小人物书写的历史"。这档由陈虻（后任央视新闻评论部副主任）创立的栏目，在初期以提供生活常识为主，后来提出了"讲述老百姓自己的故事"的口号，把镜头转向老百姓，用严格的电视纪实手法，展示底层百姓的生活状态和奋斗历程，为中国电视界提供了"观察式纪录片"的参考模式，人文关怀成为一代电视人对社会、历史负责的一种职业底色。1999 年从《生活空间》中分拆出来一个纪录片栏目《纪事》，2000 年 11 月因《东方时空》改版，《生活空间》更名为《百姓故事》，2008 年，《纪事》和《百姓故事》合并为一个栏目，2010年，再次改为《新闻纪实》，时长缩短为15分钟。

逢年过节，主流媒体中常见的镜头是政府官员、权贵阶层对底层百姓的俯视性慰问，那些卑微的弱势群体闪烁着感激的泪花，恭敬地接受着恩赐，这种仪式性模式化的报道固然也体现出温暖与爱心，但无法改变底层被"怜悯"的他者形象。2012年央视"新春走基层"系列报道将重心放在展现各条战线上的普通劳动者，他们或许卑微，或许弱小，但镜头前小人物的本色生活与工作场景的真实表达，劳动者的艰辛与尊严得以展现，与宏大叙事中凌驾于人的尊严之上的报道相比，这样的电视新闻更显平等与温情。2013年五一国际劳动节期间，中央电视台新闻频道从4月28日至5月3日推出了《走基层　工人伟大　劳动光荣　劳动　Style》共计15组系列报道。跟往常一样，在这一组系列报道中，虽然摄像机镜头对准的依然是一群劳动典型，但与以往相比，这次的典型报道在讲述策略上做了新的尝试，而这种策略的改变背后其实蕴藏着电视典型人物报道中叙事伦理的变化，也即是电视典型报道中，个体伦理叙事的突出和彰显。①

毫无疑问，央视作为最高一级的宣传机构，作为党联系群众的桥梁与纽带，身处意识形态领域的前沿阵地，其报道对社会精神生活和人们的思想意识有着重大影响，承担着推进党和国家事业发展的庄严使命。其新闻舆论的作用至关重要，"说什么""怎么说"都面临着创新与变革。"走基层、转作风、改文风"大型活动虽是中宣部的规定动作，但各级媒体以此为契机，重新审视报道对象与受众，央视的宣传片集中体现了这种思想价值的取向："真情实意地走近你，读懂你，为了你，依靠你。"尽管在规定动作中有一些形式主义，但"走"总比"不走"好，引起受众关注的一些感人报道最能说明效果。

社会上对人心不古世风日下颇多指责，其实，中国社会从来不缺好人，不缺良知与正义，缺乏的是土壤，是认同的空间。媒体的注意力如果一味停留在明星政要、内幕绯闻上，人们很难感受到情感的共鸣与认同，目光向下的人物报道往往具有净化与陶冶的作用。一年只播一期的《感动中国》栏目早已成为国人的精神话题。《中国新闻周刊》曾策划过"谁在感动中国"的选题，记者写道："在信仰缺失、价值观沦落的时代，人

---

① 龙丽双：《社会转型期电视典型人物报道的个体伦理叙事》，《新闻界》2013年第15期。

们需要这样一个节目，也许就像溺水者需要有人援手拉一把。"这是一个"超越了国家、民族和意识形态，关注人性闪光的节目"，拥有打动人心的力量。也许正如学者陈力丹所言，典型人物报道"失去了轰动，并非社会不需要楷模，而是让这种需要回归原来的位置，它提供一种温馨的相互激励的道德环境，一种和谐的社会气氛，如此而已"。[①]

第一节　《新闻联播》人物报道变革

作为党的主要喉舌，《新闻联播》自开播以来一直以严肃著称，无论是其片头音乐、主持人、播报语气等呈现形式，还是其呈现的内容，都给人一种庄严感。长期以来，受众都用"新闻联播三段论"来形容它。有网友这样评论："会上网就不看《新闻联播》。"这句话带着一些调侃，但同时也犀利地指出了栏目面临的困境：收视对象的减少。《新闻联播》历来鲜有普通人的普通生活，除非是宣传部门推出的重要典型人物，近年来《新闻联播》进行了几次重要的改版，其改革背景主要有以下两个因素。

第一，自身新闻观念的演进。《新闻联播》作为官方新闻发布的重要渠道，其新闻指导性是非常重要的。但是指导性新闻的基础在于信息，在于新闻内容，指导性要寓于信息传播之中。指导性新闻既要真实及时地传播大众共同关心的事实，又要体现一定的指导思想，并将两者有机地结合起来。纵观《新闻联播》近年的发展，它自身已经在新闻观念上有了很大的变化。这种变化主要体现在由过去的宣传体逐步转变为现在的报道体。将其弘扬的主流价值观寓于新闻内容之中，而不是长篇大段的歌功颂德。在表现形式上，它选择了以更加亲民的方式来履行自己的职责。

第二，媒介竞争加剧。在网络媒体时代，"居高临下"，以及"一厢情愿"式的宣传愈来愈难以被年轻人接受，而《新闻联播》正是这种语态的使用者。在媒介竞争激烈的环境下，《新闻联播》收视率在遭遇挑战。据统计，《新闻联播》自开播以来，前20年，其收视率一直维持在45%至50%，但是近年《新闻联播》收视率和影响力却在下降，虽然在全国范围内，它的收视率水平仍保持在20%左右，但是在广州、上海等地区，《新闻联播》收视率甚至已经退出前十名。随着微博、微信等社会

---

① 陈力丹：《新中国60年来典型报道演变的环境与理念》，《当代传播》2009年第5期。

媒体盛行，新闻联播的年轻观众在大量流失，虽然它的变动仍牵动着网友的视线，屡屡成为话题，但人们更多着眼的是它的符号意义。

　　从 2006 年新增了一批新的主持人开始，《新闻联播》就开始不停地寻找方向。2011 年，以往我们熟悉的底幕通栏、字幕和角标都焕然一新，从那时候开始，严肃的《新闻联播》也变得活泼起来。2012 年初，用了 17 年的片头曲也悄然隐去，可以说，《新闻联播》正在发生剧变。开播以来，该栏目历经的重要事件如表 5 - 1 所示：

表 5 - 1　　　　　　　　　《新闻联播》历年重大事件一览表

时间	事件
1980 年	中央电视台的《国际新闻》保留栏目名称并入《新闻联播》，其播出时间增至 30 分钟
1982 年	中共中央明确规定《新闻联播》为官方新闻发布管道，其播出时间由 20：00 提前至 19：00
1996 年	《新闻联播》由录播形式改为直播形式
2004 年	《新闻联播》固定节目播出时长
2006 年	康辉、李梓萌、郭志坚、海霞四位新主持人先后亮相《新闻联播》
2009 年	《新闻联播》减少了领导人活动的报道时间，同时增加舆论监督和批评环节
2011 年	《新闻联播》在底幕通栏、字幕以及角标上有了新的设计，用了 17 年的片头曲也被替换了
2012 年	《新闻联播》推出"走基层"系列报道；10 月 19 日晚，以较长篇幅报道了桂林文氏四兄弟寻找走失母亲的消息
2013 年	从中规中矩到有血有肉，播报"京城最帅交警"孟昆玉，关注"航母 style"网络走红事件，免费为湖南四兄弟播发寻母启事
2014 年	新年首期《新闻联播》结尾卖萌："2014 是爱你一世，新闻联播和你一起，传承一生一世的爱和正能量。"春节期间再现温馨结尾

　　不管外界的评论如何，改版确实给《新闻联播》带来了明显的收视

改善。特别是在 2012 年至 2013 年，效果显著。2012 年上半年，《新闻联播》在全国的总收视率高达 10.72%，市场份额高达 33.48%，稳居全国之首。而随后的 2013 年改版堪称近几年手笔最大的一次改版，主要表现在新闻内容所占的比例上。据《南方周末》记者统计，2012 年，《新闻联播》中的国内时政新闻部分时长为 3 小时 41 分，占节目总时长的 39%，国际新闻部分时长为 1 小时 26 分，占总时长的 15%，余下的国内其他的报道时长为 4 小时 20 分，占总时长的 46%。2013 年，《新闻联播》中国内时政新闻的时长为 1 小时 31 分，较 2012 年，几乎减少了一半，国际新闻部分时长为 1 小时 53 分，较前年有所增加，占总时长 20%，而国内其他的新闻的时长增至 6 小时左右，占总时长的 64%。结合这些数据，可以看出，《新闻联播》在理念上更加注重与受众的贴近性，在内容上更加关注国内民生，在形式上相应调整了播出时长。除了在形式和比例上的改变，人物报道板块的创新也是其改版的一大亮点。以下，笔者将从价值取向、主题策划、叙事语态和电视语言四个方面进行论述。

一 价值取向

人物报道要让报道对象鲜活生动起来，关键是要避免千篇一律，避免直接的观念灌输，注重对人物语言、细节的刻画和展示，让观众自己去"悟"。改版后的《新闻联播》报道对象的选择标准发生了改变，具体的说，就是由"典型"到"非典型"，有很多优秀的人物报道获得了观众的肯定。截止至 2014 年 5 月 7 日，笔者选取了四个人物报道的典型案例进行分析：

表 5－2　　　　　　　　《新闻联播》人物报道典型案例

标题	播出时间	总时长	播出天数	所在位置
《走基层·蹲点日记之绿皮车上的小夫妻》	2011 年 9 月 17 日	4 分 30 秒	1 天	非头条
《新春走基层之流水线上的爱情》	2013 年 2 月 11 日、13 日、14 日	18 分 57 秒	3 天	2 天头条
《父子两代的"超级油菜梦"》	2013 年 11 月 17 日	5 分 21 秒	1 天	头条
《走基层·蹲点日记之小厂有大爱　非常母子情》	2014 年 1 月 5 日、6 日、7 日	13 分 02 秒	3 天	2 天头条

从表5-2不难看出人物报道在《新闻联播》中所占的比重。以《父子两代的"超级油菜梦"》为例，2013年11月17日，该新闻作为头条出现在节目中，对湖南省临澧县沈克泉、沈昌健父子俩的"超级油菜梦"进行了报道。整期节目用了5分21秒报道这位"超级油菜大王"，充分肯定了"普通人"的追梦故事，该新闻占了节目总时长的六分之一，播出之后，人民网、新浪网、新华网、红网、中国青年网、《湖南日报》等媒体，先后对父子俩的"追梦"精神进行了全方位、多角度的跟踪报道。该视频仅在新浪网的点击率就达到了48345次。网友@蓝色天空LL在新浪网上留言说："今天的《新闻联播》让人眼前一亮，第一条新闻不是往常的领导人考察、重要会议，而是一位扛着锄头的普通农民赶牛的吆喝声，油菜高产实验田，被牛吃了心疼，民生新闻也上头条？让人一下有新鲜、亲切感！"

《小厂有大爱　非常母子情》报道了一位"武汉犟妈"易勤培养12个智障青年的故事，新闻播出之后，截止至2014年5月7日，与之相关的关键词在百度搜索中的相关结果就高达340002个，视频在湖北网络广播电视台的播放量高达34011次，随后，在央视网复兴论坛上被转帖970余次。

从"典型"到"非典型"，从"不普通"到"普通"，这是《新闻联播》人物报道在新闻理念和价值取向上的变化，让许多普通的面孔出现在了荧屏上，栏目越来越接地气。

二　报道主题集约化

有学者曾经将《新闻联播》中的人物报道的固定模式概括为："雕像式、画像式和神像式，总体的特点是报道对象性格完美，实则空洞，了无生趣。表面上将人物描绘的生动传神，其实没有任何内涵。"[①] 2012年以来，《新闻联播》推出的"走基层"和"凡人善举"等系列报道得到受众的肯定。从吴菊萍到张丽莉，从武汉犟妈易勤到司机师傅吴斌，各行各业的"最美"人物都在《新闻联播》展现出了人性最善最美的一面。

以"走基层"系列为例，从2012年1月到2012年12月，"走基层"

---

①　程家驹、曹星光：《突破典型报道的传统模式》，《军事记者》2003年第5期。

在《新闻联播》中出现的条数统计如表 5 - 3：

表 5 - 3   **2012 年《新闻联播》"走基层"条数**

月份	1	2	3	4	5	6	7	8	9	10	11	12
条数	38	30	11	16	17	9	9	12	15	21	8	15

从上面的数据中，可以看出，2012 年 1 月份和 2 月份是"走基层"系列报道的高峰月份，1 月份达到了 38 条，2 月份也达到了 30 条。虽然后面几个月呈现减少的趋势，但是综合这一整年的播出条数，也可以得出结论："走基层"系列报道已经形成了一定的规模，并逐渐趋向于常规化。

诸如"走基层"系列的人物报道还有很多类，但这些系列报道都有一个共同点，那就是弘扬主流价值观。综合这些系列报道，不难看出，它们报道策划的主题所选择的对象都比较集中，主要是以下三类。

第一，坚守平凡岗位者。近年来，一到春节，一些坚守在平凡岗位上的工人就成为了各大媒体竞相报道的对象。即使不是春节，这些坚守平凡岗位的人民也备受关注。《新闻联播》中的"凡人善举"板块所选取的坚守岗位的普通老百姓也不少。以 2013 年 11 月 27 日至 11 月 30 日的节目为例，整个节目连续三天报道了北京市翠林区的一位 87 岁的"扫桥爷爷"窦珍 11 年来的义务清扫。

类似这种坚守在平凡岗位上的不平凡的"普通人"还有许多，例如 2013 年 2 月 2 日的《冰河观测者的一天》，记录了一位水文观测员一天的工作，在零下 20 多度的气温下进行凿冰工作，一出汗就被冻透。从 2012 年 5 月到 12 月，《新闻联播》还相继推出"最美中国人""最美乡村教师""最美乡村医生"等，通过报道这些坚守在平凡岗位的"不平凡人"，将爱岗敬业的精神传递给观众。

第二，农民工。农民工的问题在近几年受到了各界的广泛关注，特别是在春节期间，讨薪、返乡难、回城难的问题就会发生在大多数的农民工身上。从 2012 年春节开始，《新闻联播》推出"新春走基层"板块，一些面临生存困境的农民工成为其关注的焦点。例如《杨立学讨薪记》讲述的就是建筑工人杨立学在讨不到工钱的困境下，又遭遇丢钱和母亲重病的困境，最终在劳动部门的帮助下成功讨薪、顺利回家的故事。

《新闻联播》不仅关注农民工的生计问题，也关注新生代农民工的情感问题，例如2013年1月11日起，以《流水线上的爱情》为主题，分别报道了《车间里的婚纱》《程环的选择》《小韩结婚记》这三个故事。11日的头条以人物特写的方式，讲述了从江苏宿迁到上海郊区松江打工的张丽丽、沈习军夫妇，第一次拍婚纱照的故事。13日的头条播发了韩廷才、张小琴两位在上海打工的年轻人丰富而热烈的情感故事。

第三，需要社会保障的弱势群体。弱势群体对医疗救助的需求和社会的关注，都是《新闻联播》人物报道板块聚焦的一个主题。2013年1月26日、29日、30日持续报道了关于西藏儿童小央金、小次仁等20名患有先天性心脏病的孩子到北京接受医疗救助的事情。后续报道《爱心接力·为了一个幼小生命的延续》讲述了社会对四岁患儿王君耀提供热心帮助的故事。

《新闻联播》通过集约化的主题策划，将人物报道拓展为以上这些板块，又将这些板块的主题策划聚焦在反映社会各类问题的议题上，通过系列报道的形式呈现在受众面前。这对于提高《新闻联播》的宣传力度，弘扬主流价值观具有不可忽视的意义。

三 叙述语态的改进

（一）从"播报"到"讲述"

多年来，《新闻联播》在受众心里的形象就是"权威""高端""大气"。这不仅体现在它的形式上，更体现在它的内容上。很多人都片面地以为所谓的"权威"和"大气"来源于形式上的严肃和播音员的庄严。但是有一个被忽略的事实就是这种"庄严"的语态会给人居高临下的感觉，使节目与观众的距离感增强。尤其是在人物报道领域，僵硬板块模式化的《新闻联播》更加难以在丰富多彩的传媒业界中受宠。我们是具有情感的人类，对于同一个新闻，对于同一个人物的报道，一种以毫无感情色彩的播报式呈现，一种以"讲故事"式的形式呈现，一般都会选择后者。可见"播报"式的语态必将导致观众的反感。

现在的《新闻联播》更多的是以一种口语化、故事化的叙事方式报道事实。有一个明显的例子，即"走基层·蹲点日记"在呈现的时候是以一种"日记体"的方式呈现，解说词也与以往高亢的音调不同，取而代之的是温婉柔和的音调。以这种"日记体"的方式呈现出来，让人更容易接受。

在 2011 年 9 月 17 日的《新闻联播》中，整个节目用了 4 分 30 秒的时间报道了《绿皮车上的小夫妻》。报道是这样开头的：

> 住在宿营车上，远离人群、信息闭塞，两三天后，我渐渐体会到了线路工们常年在车上生活的单调和寂寞。这时候，我认识了何斐和海燕。

记者深入铁路维修一线，与采访对象一起在宿营车上生活，与他们交流对话，让观众深深地体会到铁路维修工人的艰辛与不易。作为移动宿营车上的唯一一对夫妻，何斐与海燕一起工作、一起吃饭，却不能一起睡觉。镜头中，凌晨 2 点起床后，妻子在丈夫的宿舍前，等着丈夫牵着自己的手上路干活。每天妻子点 1000 多个点、丈夫走 10 里路画图，这就是他们每天最基本的工作任务。下班之后，丈夫骑着自行车带着妻子去打饭，俩人偶尔到宿舍车停靠的村庄去逛逛，边吃边聊直到休息的号子吹响。每天的生活很辛苦，但是他们彼此陪伴着，苦中作乐。结婚仅仅一个月就来到了宿营车上，想家了，就拿出结婚照来看看。看到妻子这么辛苦，丈夫何斐总是想加倍疼爱好妻子，让海燕心里十分感激。镜头前的海燕活泼娇俏，何斐朴实体贴，高度凝练的画面和真实场景，清新而浓郁的生活气息扑面而来。没有讴歌式的溢美之词，基层工人的人格魅力感染着观众。这条新闻长达 4 分半钟，给观众留下了深刻的印象。有网友留言说："这对 80 后小夫妻是我们身边的兄弟姐妹，平常普通，做着自己看似乏味的工作，一日复一日，我们看到了责任心，看到了青年的精神面貌，尽管社会阶层分化，贫富差距拉大，尽管不少人抱怨社会的不公，甚至仇恨这个社会，但还是有大量的普通人在平凡的坚守中传递着美好的价值和向上的力量。"

的确，如果媒体构建出来的是一个没有生机、没有追求、思想缺失的社会，如果电视只是让青少年沉迷于各种偶像时尚旋风中，年轻一代看到的只有衣着光鲜的上层出入高档宾馆会所，一旦走向社会，残酷的现实会导致巨大的落差，眼高手低，对自己的工作、从事的行业缺乏热情与投入。社会上对 80 后、90 后颇多质疑之声，而大量真实的报道无形中为青年群体正名同时也建构了价值认同的空间。正如海燕在接受采访中说的："我宁愿在自行车上笑，也不愿在宝马车上哭啊。"

《新闻联播》人物报道的这些转变都让我们看到了电视语言的鲜活,让人感觉到电视新闻也可以如此随和、亲近。在表达上,从"播报"到"讲述",报道者以真诚的态度在报道新闻的过程中融入了真实的情感。

(二) 从"宣传体"到"报道体"

具体来讲就是把以往那种意识形态的"宣讲"变为讲究策略的"渗透",把过去直白的、单向的舆论宣传变为"用事实说话"。新闻报道与宣传的区别在哪里呢?新闻注重时效性,而宣传注重时机;新闻注重报道内容,而宣传则注重传播的观点。众所周知,新闻的首要任务是报道事实,而观念性的东西只能渗透在叙事和阐述当中。笔者认为,弘扬主旋律,不是单向的通过报道典型,直接宣传甚至是灌输来影响受众,反之,这种传播是双向的,这种主流价值观是观众自己"看"出来、自己"悟"出来的。以下通过对改版前和改版后的两个人物报道进行比较,来突出改版之后的不同。

表5-4　　　　　　　　《新闻联播》改版前后人物报道对比

标题	播出时间	开头	结尾
《魏文斌:光的事业 光的追求》	2005 年 5 月 22 日	北京同仁医院眼科中心主任医师、共产党员魏文斌,凭借精湛的眼底病手术技巧,在追寻光明的事业中实现自己的人生追求	这就是干什么都希望"多一点"的魏文斌:多看一位病人,多做一台手术,多使一位患者重见光明
《走基层·蹲点日记之小厂有大爱　非常母子情》	2014 年 1 月 5 日、6 日、7 日	在湖北武汉,有一家特殊的民营食品小厂,8 年来……易勤为什么非要干这费力不讨好的事呢?本台走基层记者历时三个月守在食品厂,了解了点心生产背后的良心与善心	可最大的问题是,需要 2000 平方米的厂房,300 万的生产设备,钱从哪来?不过倔强的易勤依然相信:有梦想,有机会,有奋斗,生活总会充满希望

从表 5 - 4 我们可以看出，两篇报道最大的不同就是前者在直接宣传人物的伟大，而后者却是在讲故事。前者在报道中使用了大量歌颂伟大的话语，而后者却一直是在报道事实，没有直接的宣传，而是让观众自己去感受、去领悟。《新闻联播》用连续两天的头条向观众讲述了这样一个不平凡的"鞏妈"，其目的很明显，是为了弘扬一种扶危济困的精神。"不过倔强的易勤依然相信：有梦想，有机会，有奋斗，生活总会充满希望。"这样一句结束语，没有任何的宣传语气，表面上看只是对易勤的祝福，其实给了受众一定的反思空间，让受众自己去领悟。

四　电视语言的改进

电视新闻的表现手法主要是画面和声音，这也是电视新闻与纸质媒体的区别。通过生动形象的画面和准确详细的解说词，可以让受众感觉到新闻的真实，同时具有非常强的感染力。《新闻联播》作为一种电视新闻，其中的人物报道板块在电视语言上的改进主要体现在以下两个方面。

（一）画面生动鲜活

画面无疑是最具电视特征的语言符号类型，没有了画面也就没有了电视。借助画面，电视实现了视觉的延伸，摄像机的镜头充当人的眼睛，眼见为实，人实现了对形象的直接感知。在《新闻联播》中，这一点体现在两个方面，一个是主持人画面，一个是报道画面。2013 年除夕夜两位主持人首次微笑行"拱手礼"向全国观众拜年，节目的结尾也没有播放原本固定的片尾曲，而改用中国的春节古典音乐，配合画面上全国各地的节日气氛，拉近了与观众的距离。

人物报道要增强说服力，在画面上就要注意精心选择和编辑，讲究视觉效果。2014 年 1 月 20 日《黄泥巴村蹲点日记：伍巫甲家的故事》系列报道，记者选取四川凉山州一个大山里没有通电的村落，以学生苏林的家庭为主体，通过生动展现"阿妈上山找松明用来照明""一年级的小学生回家走路累哭"等画面，反映少数地区依然存在贫困的现状，同时还用黑夜与星星之火的画面来表现四川山区留守儿童虽然家庭贫困、天气寒冷，依然坚持上学读书，展现山区孩子顽强、乐观的精神状态，画面冲击力非常强。再如慢镜头的使用。慢镜头的作用主要有：一是将镜头中记录的事情放慢，使之更清楚，另一个就是渲染气氛，让人觉得温暖或是心酸。2013 年 2 月 14 日的《流水线上的爱情·小韩结婚记》，在 1 分 55 秒的时候，给了小琴抹眼泪一个慢镜头，这在《新闻联播》中非常少见，不同于惯常的庄严形象。

　　在拍摄人物时，《新闻联播》也运用了一定的技巧。首先，运用面部特写展现人物性格。例如在《流水线上的爱情·小韩结婚记》中，对于新娘小琴的拍摄，可以明显地发现里面有许多个面部特写，在她与婆婆谈话的时候、在她抹眼泪的时候、在她成亲的时候，展现了小琴的善良和坚贞。其次，捕捉象征性瞬间表达主题。新闻中有一个两支红蜡烛燃烧的镜头，火焰虽然在闪烁却一直很明亮。看到这个画面，我们都会联想到这两支蜡烛代表的正是小韩和小琴这一对新人，而闪烁的火焰也象征着他们的爱情，虽然坎坷但却很坚定。这种象征性的瞬间并非清晰直观地将倾向表露出来，而是在较大程度上依靠读者的"悟性"，通过引起受众深层次的思索补充完成。

　　（二）解说词和同期声直接展现人物内心

　　解说词是电视新闻语言的重要组成部分，它和画面、人物同期声、现场效果音、字幕等共同构成了电视新闻的语言符号系统。传统人物报道的解说词和同期声几乎都是一种语调，官方、庄严，甚至是客套，改版之后出现了转变。2011 年 9 月 17 日《新闻联播》报道的《绿皮车上的小夫妻》，有这样一段解说词：

　　　　跟何斐在一起的时候，海燕就像个整天哈哈笑的傻姑娘。而当我单独和她聊天，慢慢才发现，这个 26 岁女孩对爱情、对生活，都有着细腻的理解。

再看海燕的两句同期声：

　　　　"一起吃饭，一起工作，一起溜达，就是不能一起睡觉。"
　　　　"我宁愿在线路上笑，也不愿在宝马车里哭啊。"

　　这种富有人情味的趣味性的同期声在以前的《新闻联播》中很少出现，语言的轻松活泼具有极强的吸引力。很长一段时期内，新闻联播中采访对象的同期声几乎都是经过"伪装"的，在节目中出现的无非是正气凛然、歌功颂德的话语，像这样直接表露自己心声的话语几乎不会出现在节目中。这种轻松有趣的叙事能够增添受众对人物的认可与喜爱，传播效果不比感动流泪差。

同样，2013 年 2 月 14 日的《新闻联播》中《流水线上的爱情·小韩结婚记》是以这样一句同期声结尾的：（小韩对小琴表白）

"小琴嫁给我不会让你后悔的！我会好好照顾你的，I LOVE YOU！"

这样一句口语化、抒情式的表白似乎与高端权威的《新闻联播》不符合，但是它却真真切切地出现在了节目中。这也从另一方面反映了《新闻联播》的人物报道不再是官方化、客套话的同期声，而是直接展现人物内心真实感受的话语。

人物报道，顾名思义是以"人"为主要内容的报道。如果脱离了"人"这一个中心点，那么人物报道也就失去了意义。许多普通人的面孔出现在《新闻联播》中无疑是一种进步。2012 年 10 月 19 日的《新闻联播》播出了一则"寻人启事"引起了网友的广泛关注。该新闻报道了广西桂林文氏四兄弟寻找走失母亲的事情。新闻播出时，文氏兄弟的手机号码还出现在屏幕上方，节目吁请大家为四兄弟提供帮助。这种民生的表达在近两年的节目中成为一种常态。

虽然《新闻联播》人物报道的创新值得大家肯定，但相对于市场化媒体在人物报道上的理念与操作手法，还有待改进。作为党和人民的喉舌，作为官方新闻发布的重要管道，《新闻联播》必须将指导性和宣传性放在第一位，通过报道典型来弘扬主流价值，引导舆论导向。总体而言，《新闻联播》的改革万变不离其宗，无论在形式上和内容上做出多大的变革，都不会改变性质与宗旨，只能在既有的空间内改进。

第二节　《感动中国》：典型人物报道范式的变革

《感动中国》是中央电视台从 2002 年起举办的大型人物评选活动，它以"感动"为评选主题，以"感动公众、感动中国"的人物作为评选对象。12 年来，该节目已经成为中央电视台最成功的品牌活动之一，并被誉为"中国人的一部年度精神史诗"，在典型人物报道范式上可说是一种变革，具有一定的借鉴意义。

一　叙事者自限与话语权利转移

新闻是常见的一种叙事形态，新闻记者或主持人作为叙事者都努力寻求客观公正的效果。我国的典型报道因其担负的宣传教化使命，具有强烈的政治色彩和主观色彩，叙事者的干预意识总是比一般的新闻报道要强，强调以某种精神教育人，有时在报道中甚至直接鼓呼兴叹，叙述者表现出一定程度上的自我膨胀。

但在《感动中国》节目中，主持人敬一丹和白岩松更多的是作为穿针引线的角色出现，或简单地几句过渡或朗诵推荐词颁奖词，即使是在现场采访中作为提问记者，也不过多介入，并且在事先有意回避与人物的接触，更没有以往记者引诱回答的痕迹，也就是说，主持人的作用被降到最小程度，这些都是叙事者自我限制的表现。与之相应的是，话语权利发生转移。

话语讲述权利的转移不仅是一种叙事方式更是一种叙事观念的变化，叙事学强调叙事者隐藏在事实背后而并不出面。列夫·托尔斯泰说过这样的名言："我不讲述、我不解释、我只是展现，让我的角色替我说话。"列夫·托尔斯泰是在谈自己创作小说《战争与和平》的体会时说这番话的。原意是作者不要过多出现，不要过多的陈述和议论，要让人物的语言和行动说话。美国哥伦比亚大学新闻学院的梅尔文·门彻教授将这种观念用到新闻写作理论中，他在《新闻报道与写作》中谈道："托尔斯泰的原则在新闻编辑室内普遍适用。《纽约时报》的里克·布拉格回忆他在伯明翰初任记者时的经历，一位高级主编将他带到一边，告诉他一条优秀写作的基本原则：要展现不要讲述。给我看你所看到的一切，用文字来描述一幅画面，然后，就可以跟随你的脚步。布拉格说，这一技巧既可用于硬新闻，也可用于写作特稿。"[1]

具体来说，《感动中国》节目中的话语讲述权利由主持人一方分散到四方，即主持人、普通民众、当选人物或其他相关人物、专家，他们从不同角度进行叙述，多重叙述者的出现，使强势的宣传主体被具有平等意识的对话主体取代，节目真正体现为一种多元交往与对话。

首先，普通民众的声音代表最广泛的底层认可。在年度人物的产生过

---

[1]　［美］梅尔文·门彻：《新闻报道与写作》，展江译，华夏出版社2003年版，第174页。

程中，节目以群众为基础，淡化政策宣传的痕迹，强调公众的参与，先在全国范围内征集候选人，再通过对观众、读者和网友的投票进行数据统计，最终确定人选。在此过程中，注意引导受众利用网络和手机参与讨论，央视国际网站及时推出网友推荐的人选及评语，最大限度地提高了公众的积极性与参与意识，也保证了评选的客观真实，改变传统典型人物报道单向传播的方式。话语表述权的下移，不仅有效地增强了典型人物报道的亲和力，更主要的是把人物的影响力发挥得淋漓尽致。

其次，专家评委的出现代表中立客观。节目设置了推荐委员会和评委会，他们虽然不具有官方政治意义，但代表着价值评判的权威。把对人物的评价话语表述权利交给推选委员会和颁奖委员会，而不是由主持人进行现场评论，这样使得评价更客观公正也更具权威性。

再次，主持人隐藏自己的话语，更多的让人物自身和与他密切相关或有过接触的人讲话，不去更改他们的话语，直接用他们的鲜活语言，让受众根据当事人的表白来感受一个人。这样一来，叙述者的角色定位由创作者变成了真正意义上的记录者，减少主观的干预。

二　宏大主题与微观叙事

《感动中国》作为代表国家主流意识形态的中央电视台制作的节目，强烈地突出对宏大主题的追求，张扬道义力量、彰显民族精神，从节目名称"感动中国"中可以解读出主办方的主观意图。从颁奖词的撰写到高度凝练的四字总结，无不透露出恢宏的气势。以组委会给钱学森的颁奖词为例："在他心里，国为重，家为轻。科学最重，名利最轻。5年归国路，10年两弹成。开创祖国航天，他是先行人，劈荆斩棘，把智慧锻造成阶梯，留给后来的攀登者。他是知识的宝藏，是科学的旗帜，是中华民族知识分子的典范。"在这里，对钱学森舍家为国、淡泊名利、提携后人等品质的书写，"阶梯""旗帜""典范"等语词的运用，都有明显的政治文化权威导向作用。颁奖时台上耸立着的巨大丰碑，书写着遒劲有力的获奖人名字和节目组的四字总结，这四个字高度概括感动中国人物的事迹和精神品质。如钱学森：民族脊梁；李剑英：天地英雄；孟祥斌：义无反顾；李丽：心灵强者，等等。它们和颁奖词相得益彰，共同完成主题的宏大叙事。

一个宏大的主题或说是中心是宣传机构弘扬主旋律必不可少的。但是要想取得最佳的传播效果，还离不开依靠大量细节展现的微观叙事，《感动中国》成功地实现了两者的有机结合。在文本表达上，电视元素的综合运用使颁奖典礼成为一场视觉盛宴。

首先，《感动中国》从类似于人物通讯报道的新闻短片开始，短片运用多种电视语言如图像、声音等表现手法对人物行为过程尽可能地进行还原，注重对生活场景的再现，展示了所有获奖者最鲜活的特点和最感人的细节，用事实说话，让观众如亲临现场并从事实中去感动。如2007年的年度人物之一李剑英，他有着22年的飞行生涯，但命运只给他16秒，他可以选择跳伞，但是地下是有着4000人口的村庄，最终他以自己的生命忠诚地保卫了人民。在介绍他的短片中，最打动人心的莫过于强烈的对比：一边是紧张、精确到秒的生死考验，一边是人们宁静平和的日常生活、劳作场景。不需要更多的语言，"天地英雄"的爱已镌刻在观众心中。在短片中，精心剪辑的细节既具有叙事功能又具有情节性，一方面展示人物的内涵，一方面展示情节的高潮，达到扣人心弦的效果。

其次是现场采访，《感动中国》对每个获奖者或者与获奖者有着紧密关系的人物有几分钟的现场采访。成功的现场采访使获奖者的形象更加丰满立体，获奖者方永刚的妻子在接受采访时讲述了这样一个故事："她给方永刚买了一套新衣服，晚上在给他脱掉新衣服的时候，方永刚说，'过完这个元旦，春天就来了，我又过完了一了轮，第二轮又要开始了，我希望能多过几轮……'"方永刚也是人，他也怕死，再怎么刚强的方永刚在死亡面前，也表现出了强烈的求生欲望。正像主持人白岩松所说的："对方永刚妻子的采访让我们看到了一个比可敬还多更多分可爱的方永刚，比刚强的方永刚还要柔软的，展现另外一种刚强的方永刚。"对李丽的采访也是如此，刚走上台主持人就问她为什么喜欢穿颜色艳丽的衣服，她毫不忌讳地说自己特别爱美，她还有一个名字就是"丽美人"。无数细节让人物更加具有亲和力，符合受众的接受心理。

三　情感激发与文化认同

《感动中国》每年从社会各行各业推选出十位人物，他们或推动时代的进步，或爱岗敬业，或以个人行为代表了社会发展的方向……每年树立这样一批典型，弘扬他们的精神，应该来说，或多或少地带有一定的政治色彩，而作为普通受众，因为一些历史的原因，总是会对这种报道有一种抵制情绪。但是,《感动中国》一直受到很多观众的喜爱,他们通过各种形式表达内心受到的强烈冲击。笔者认为这主要得益于它成功地激发了受众的情感并进而完成了身份建构和文化认同。

对情感激发起到重要作用的首先是音乐元素的加入。不时响起的背景音乐渲染、铺垫了现场情感,尤其让人称道的是 2007 年节目组根据每个人物的特点与精神内涵量身打造乐曲,以至于节目播出后不少网友发帖追捧。其次是现场采访的真实碰撞营造了富有感染力的氛围,主持人敬一丹经常是声音哽咽,泪光闪闪,白岩松也常常表现出对获奖者事迹的难以自持,观众的情感也被充分调动起来,场上场下同时完成了一次次爱与责任的洗礼。颁奖词的感性书写更在无数受众心中激起了不小的波澜,如 2004 年获奖者徐本禹的颁奖词:"如果眼泪是一种财富,徐本禹就是一个富有的人,在过去的一年里,他让我们泪流满面。他从繁华的城市,走进大山深处,用一个刚刚毕业的大学生稚嫩的肩膀,扛住了倾颓的教室,扛住了贫穷和孤独,扛起了本来不属于他的责任。也许一个人力量还不能让孩子眼睛铺满阳光,爱,被期待着。徐本禹点亮了火把,刺痛了我们眼睛。"每年节目结束后,网上马上有人发帖将颁奖词汇总,甚至有网友直接把它们当成学习写文章的秘笈,颁奖词的情感魅力由此可见一斑。

近年来,各地媒体都在举行类似的人物评选,发现独家的"人"也越来越难。《感动中国》之所以能够形成如此大的影响力,最重要的原因在于它的报道能够触动人类情感的最深处。在情感激发的深层则是身份意识和文化认同的建构。同一民族通常都具有共同的精神结构、价值体系、心理特征和行为模式,人们正是在这种共同的文化背景中获得了归属感和认同感。因此,文化认同始终是维系社会秩序的"黏合剂",是培育社会成员国家统一意识的深层基础。美国学者安德森在《想象共同体》一书中提到一个著名理论,即民族国家都是一种想象的共同体,没有这种想象,就没有民族国家,而这种想象又是通过现代媒体完成的。

《感动中国》推选出的年度人物或善良或勇敢,或奉献或忠贞,或树仁立德或践行信仰,从选择人物的标准看,既不是政治精英也不是经济精英,也不能简单地以"成功"来衡量,也许用"好人"更为恰当,他们身上共有的是震撼人心的人格力量。每个人都成为一个文化符号。观众在这些"好人"身上能深刻体认到中华民族优良的道德传统和朴素情怀,节目中也不时听到"愚公移山""武训"等具有传统文化意味的词汇,在道德沦丧、信仰缺失的今天，《感动中国》通过一以贯之对"好人"的诉求传递文化价值，建构民族意识和文化认同，使观众在视听体验中获得归属感。节目由此成为提升文化软实力的重要载体，正是在此意义上它被誉为中国人的年度"精神史诗"。

1987年初，学者陈力丹发表《典型报道之我见》一文，提出"不要再强化典型报道观念，而是要逐步淡化它"的见解，同时认为典型报道观念"将随着文明的发展而逐渐消亡"，[①] 这在学术界引发了一场"关于典型报道存亡"的争论，事实上，陈力丹矛头指向的是传统意识形态浓厚的典型报道观念，并非作为一种存在的新闻报道形式。在延安时期、社会主义改造和人民公社化运动中，往往为了"建设和斗争的需要"而树立典型人物，这种集中组织社会资源、控制公众的观念和行为的模式，是与当时特定的社会环境、人们单一的认知水平联系在一起的。改革开放后，典型报道所处的媒介环境发生了巨大的变化，传播渠道多元化，人们的选择多元化，单靠集中报道规模、引起上级领导批示、人物获得国家荣誉等"反应链"达到传播效果的模式容易使受众形成抵抗心理。

人们接受信息的渠道多样化，传播生态进入"买方市场"的时代，以"传者"为中心转向以"受者"为中心，受众心理需要、心理反应规律对于传播效果的影响巨大。马斯洛认为，人的价值体系中存在不同层次的需要，其中自我实现的需要居于最高层次。这种需要表现为人们希望充分表现个人的情感、思想、愿望、兴趣等，典型人物报道中应强化受众意识，引导受众在传播信息中的接受心理。对一个人来说，思想、职业和生活是人生主要的内容，构成了他们同整个社会相联系的基本纽带，于是他们需要通过媒体传播的信息参与到社会生活当中来，以获取社会认同感。

毋庸置疑的是，《感动中国》叫好又叫座，宣传效果好，广告收入高，上下都满意。为什么《感动中国》能取得成功？以往的典型报道与政治目标和现行政策过多地捆绑在一起，政治意味很浓厚，一元化的强制说服容易导致受众的排斥。从长远来看，通过挖掘传统文化特征，则能最大程度上激发民众身份意识和文化认同，弘扬主旋律，增强民族凝聚力。因为文化比政治更宽泛，可采用的传播方式也更灵活多样。

同时，典型人物报道也需要综合运用艺术和技术手段，科学地利用不

---

① 陈力丹：《典型报道之我见》，《新闻学刊》1987年第1期。

同媒体。《感动中国》通过精心策划和制定科学的规则很好地整合了中央电视台的内外资源，形成了媒体的互动，扩大了所报道的人物的影响力。首先，从组织上突破了栏目行为或部门行为力量单薄的局限，全台相关栏目或部门实现全面互动，最终形成合力。如《东方时空》展播候选人物的事迹，央视国际网站和《中国电视报》紧密配合，《面对面》制作访谈节目，《新闻联播》进行新闻报道。其次，进行了跨媒介整合地方资源，央视在全国各地选了数十家优秀的地方媒体，组成联盟。在评选过程中，央视还邀请各界知名人士陆续举行一系列活动，深化诠释"感动"这一主题。再次，感动中国网站和感动中国网上论坛的建立，也大大加强了传播的效果。

第三节　电视人物栏目研究

电视人物专题栏目自 20 世纪 90 年代中后期兴起后，以感性、直观的特点培育出了不少品牌栏目、知名主持人（记者）、固定受众，也使大量的人生故事广为传播。好的电视人物栏目给观众以冲击、震撼，促人警醒、深思，其意韵回味悠长、启迪心灵，甚至振聋发聩。中央电视台的《面对面》《人物》《大家》《高端访问》《看见》，上海卫视的《杨澜访谈录》，凤凰卫视的《鲁豫有约》等都是优秀栏目的代表。

一　人物纪录片：《人物》

纪录片出现于 20 世纪 20 年代的欧美，是人们获取信息与知识，反映和寻求社会变革，感悟人性与人生的载体，并以其独特的思维方式，再现了真实的魅力。纪录片的本质特性是视听形象纪实性，强调再现生活的原来面貌，能有效地记录物象客观自然的真实形象，淡化人为主观色彩。与各种虚构和表演艺术比较，它的这一特性能最大限度地满足人们了解真相的求知心理，它是一种非虚构非表演的影视纪实艺术，因其深刻的思想性，被认为是一个国家文化软实力的重要指标。

从内容上看，纪录片大致可以分为四类：事件类、风光类、文献类和人物类。健全人性、重塑人性之美的主题，使得人物类纪录片成为了电视纪录片的主力军。人物纪录片以其独特的艺术手法和叙事方式，给观众讲述一个个生动有趣的故事，展现了一个个丰满、立体的人物形象。目前，中国主要有《人物》《大家》《东方之子》等人物纪录片栏目，这些栏目都各有自己的风格和特色，本部分重点介绍《人物》专栏。

（一）栏目简介

《人物》栏目自 2001 年 7 月 9 日起在中央电视台第十套节目中播出，日播，每期 25 分钟，每次推出一个人物，逐步形成相对固定的播出机制，系列精品节目将集中重点播放。栏目以纪录片为主体形态，加入后期演播室包装，利用人物口述、丰富的影像资料和适度的细节再现等多种拍摄手法，形成生动、平实、不矫饰、有深度的栏目格调。沉稳、大气、学者型的主持人风格，在节目与观众之间搭建起有机的沟通平台。扎实的栏目制作班底，开放新颖的创作理念，保证了自拍节目的质量与品位。着重展示人物的独特个性，并通过人物形象彰显人物的社会公共价值，体现人物的精神和社会的进程。

《人物》栏目以其独特的视角、新颖的理念，关注现当代文明进程中那些显现出智慧光芒、卓越创造力和非凡品格的人，也关注富于奇思妙想、敢于超越常规、勇于挑战极限的人；关注重大事件的亲历者、目击者和为我们珍藏文化与传统的人，也关注在某些领域做出过特殊贡献却鲜为人知，而他们的创建正改写着我们的生存状态与思想方式的人。

（二）选题特色

很多人物纪录片都以新闻性或者是时效性作为选题的标准，选取对象也大都是新闻热点人物，《人物》栏目的创办理念是以"人文价值"而非"新闻热点"作为价值取向，它以"独特的视角、新颖的理念"来关注人，这就是它与其他人物纪录片的不同之处。它有展现人物本身个性、性格和非凡品质的，有突出人物文化底蕴的，有介绍人物拥有高超技术、在某一领域具有重要作用、做出突出贡献的，还有着重展现人物的生活环境和生存状态，并以此反映时代进程的。

笔者通过对该栏目 2012 年一年的节目分析，对人物进行了分类统计。在播出的 236 期节目中，文化名人类占 11%，行业精英类占 18%，演艺明星类占 11%，探险家类占 48%，其他人物类占 12%。

在报道对象的所属领域上，除了具有闪光点的演艺明星之外，还有医学、学术、美食、探险等各领域具有代表性和开创性的人物。他们或拥有精湛的医术，开创了国内乃至全世界的先例；或有着超凡的厨艺，在厨师行业有着至高无上的荣誉；或研究了意义重大的学术成果，至今仍对我们生活的各个方面起着重要的作用；或从事探险行业，探寻着自然界的奥秘。如果没有关注这个栏目，或许我们永远不知道我们的生活是因为他们的存在、他们的创造而变得更好。

深度，是栏目追求的目标，一期节目要想给观众留下深刻的印象，单靠新奇的故事情节是远远不够的，只有把人物做深、做透，让观众从人物身上有所体会和感悟，才能深入人心。《人物》对于平民英雄、普通老百姓的报道最能体现选题的深度性。正如中国电视纪录片学术委员会会长刘效礼所说："不要抱着猎奇的心态，越是平常人的故事越多人看。纪录片要遵循三个'贴近'原则，即贴近生活、贴近实际、贴近群众，拍的是能反映中国传统文化的人和事，这才能反映中国的真实情况。"① 这其中的"平常人的故事"便是以平常人为主题，并通过平常人身上体现出来的普遍的生存价值和道德意义，来引起人类普遍的情感体验和审美感受。因为这些人都是我们生活中最普通的人，所以他们身上发生的一些事情更能引起观众的共鸣，也更值得我们去挖掘、去感知。

（三）叙事风格

"电视纪录片是一个整体的存在，表现在内涵上是主题，体现在美感特征上是风格，展现在艺术形式上则是结构。叙述是在人类发明语言之后，才出现的一种超越历史、超越文化的古老现象。叙述的媒介并不局限于语言，也可以是电影、绘画、雕塑、幻灯、哑剧等，叙述可以说包括一切。"② 独特的叙事也是纪录片的一个重要艺术特性。从叙事角度研究电视纪录片，就要以纪录片为研究文本，探讨电视纪录片的整个策划构思、时间与空间、矛盾冲突、电视语言等叙事问题。

第一，严谨细致的策划构思。一个节目成功与否，不仅需要好的选题，还要有好的策划构思，精心的策划构思能够使整个节目达到事半功倍的效果。

2012 年 3 月 1 日播出的《嘉陵江畔四块玉》（2012 - 03 - 01）可以说是一期非常成功的节目。节目讲述的是四位热爱摄影的女子聚集在一起，成为四名业余摄影爱好者的故事。但是整期节目没有按照"过去—现在"这个思路，而是围绕她们举办的一个展览会来展开故事的讲述，开篇展示

---

① 王莉：《对纪录片选题的思考》，《成功（教育）》2008 年第 10 期。

② 蔡之国、姚莉霞：《论电视纪录片的叙事结构》，《现代视听》2008 年第 7 期。

她们的个人照，接着讲述展会的筹办，在讲述展会筹办的过程中，插入个人的采访谈话（讲述各自与摄影结缘的故事）、四组不同主题的展览照片（展现各自摄影的不同风格）、展览厅的布置、四位摄影爱好者参加展览会的服装造型，等等，这些故事的讲述，都是围绕举办展览会来展开的，但最终其实都是围绕这四个人来讲述的，这些故事的构成，给观众描述了一个个风格迥异但却同样喜欢摄影的业余摄影爱好者的形象。她们热爱摄影，她们记录正在渐渐消失的传统文化和风俗，她们的拍摄不是单纯的拍摄，她们更想通过这些照片或留住这些文化，或反映一些观念，或帮助一些人，从这个角度看她们的摄影，她们的摄影境界便高了，她们不止在做自己喜欢做的事情，也在做于社会有意义的事情，通过她们的故事，观众不仅可以感受到她们自身的魅力，也感悟到了一些具有社会意义的东西。

第二，时空交错的故事化情节。情节来源于生活，节目要想引起观众的注意，留住观众的视线，就必须把平淡的生活情节转化为具有新奇性的故事。屏幕上的时间是有限的，空间也是有局限的，它不能跟随生活的自然流程，纪录片无法将人物的一生都细致地讲述出来，只能选取具有代表性的几个片段来展示人物性格特征，这些片段在时间上或者空间上并没有先后的顺序，现在和过去可以自由组合在一起，空间也可以跳跃，这种时空交错的手法《人物》栏目经常用到。

在《考古大师》（2012-11-18）这一期节目中，主要讲述的是考古大师们的考古发现，节目选取人物重大的一次考古事件作为切入点，紧接着围绕这次事件对人物进行报道，整个节目的跳跃性非常强，前一秒还在播放采访人物的画面，下一秒就穿插进了当时考古现场的一些画面或者影像资料，整个节目都处在过去与现在之间，再配合主持人的解说，使得观众产生一种回到现场的感觉，加上不断设置的悬念和冲突，整个人物都处在一种紧张的故事情节中，并通过这种时空交错的故事化情节，将为保护中国文化古物而不断钻研，开拓进取的人物精神表现得淋漓尽致。

再如《感动中国最美乡村医生　李春燕》（2012-10-10）这一期节目，在讲述人物抢救一个小孩的故事时，不断穿插当时拍摄下来的照片，再现当时抢救现场的画面，给观众呈现出一种强烈的紧张感，让观众的情绪完全跟着故事的发展而变化。同时，加入人物现场采访时的谈话，让整个故事更加清晰明了。

第三，巧妙设置矛盾和悬念。在故事化的纪录片叙事中，悬念作为一种增加观众观赏兴趣的方法已经被大量运用。节目往往利用观众对故事发展和人物命运前景的关切和期待心理，设置悬而未决的矛盾现象，从而吸引观众的关注，诱导观众迅速进入剧情，以达到饱和状态的欣赏效果，在接受中获得审美的享受。

矛盾冲突的设置也能够引起观众的注意力、激发观众的好奇心，从而达到预期的效果。但对纪录片来说，冲突应该来自客观生活（事物）本身，不可以虚构，但是可以强化。创作者可以将生活中的各种矛盾冲突集中化，特别突出偶发性因素，构建出一种明显的巧合、对比、因果或转折关系，常常以环环相生的方式编织出曲折跌宕的情节，以此来吸引观众。

如在《风情演员　闫妮》（2012 - 08 - 30）中，编导就是捕捉闫妮演艺事业故事本身隐藏着的许多矛盾冲突来编排故事的，比如长期得不到赏识与内心挣扎的矛盾，出演角色后被临时换掉的矛盾，在选择事业还是选择家庭这个问题上的矛盾……这些矛盾本身充满着戏剧性，然而片子正是依靠这些矛盾，才抓住了观众的心。

第四，富有美感的电视语言。电视语言，指凡能够表达出思想或感情，并使接受者获得感知信息的一切手段、方式和方法。诸如画面、声音、造型、镜头、编辑、特技、符号、文字等都可以构成电视艺术的语言，并且成为电视艺术语言系统的重要语言元素。电视语言又分为画面语言、声音语言、编辑语言、造型语言、镜头语言、特技语言、符号语言、文字语言等八类。

《人物》栏目在报道人物对象时，充分运用各种电视语言来表现人物形象及故事情节，其中画面语言、声音语言等的巧妙运用，不仅使人物形象变得立体丰满，而且也使节目在视觉效果和听觉效果上达到了一种审美享受。

首先是画面美。美的画面固然能够引起观众的喜欢，但是这里所说的美又不仅仅只是画面表面看上去的美感，《人物》栏目的画面美包括了两个方面，一个是悦目性，一个是感悟性。在观看《人物》栏目时，观众不仅感受到画面制作的优美，还能感受其构图的独特性及表现角度的独特性，这才是我们所说的画面美。如《芭蕾公主　侯宏澜》（2012 - 12 - 17），在表现人物形象时，开篇就播放人物跳芭蕾舞的一段画面，中间穿插人物优美舞姿的照片，结尾又以人物舞姿的画面结束。整个节目没有过多的人物采访画面，而是通过对人物各种舞姿画面的表现，配以适当的解说，将人物曼妙的舞姿展现得活灵活现，这样将人物优美的舞姿直接展现在观众面前，远比口头述说的效果要好得多。此外，栏目在报道已故人物的节目中或者是那些无法重现的电视画面时，会大量运用黑白色彩或者泛黄的色彩画面，使观众快速了解这些画面是采用再现人物场景的手法，并能让观众直观了解到人物故事。

其次是音乐美。音乐、音响是电视电影的本能手段，它可以加强画面的叙事效果，强化故事情节，将人物的情感情绪融入进去，突出人物的心理变化。如《感动中国最美乡村医生　李春燕》这一期节目，在讲述主人公抢救小生命的时候，多次加入紧凑而又紧张的音乐，借此烘托抢救现场的紧迫性、危险性，也表达出了人物和患者家人为能否挽救小孩而悬着一颗心的紧张心理，同时插入小孩心脏跳动的声音，让人感受到生命的脆弱与可贵，强化了叙事效果。

再次是语言美。一部好的纪录片，文字的解说或是字幕都有利于作品主旨的释放和创作者精神的展示。画面与人声的交汇使文本浑然一体，解说词的加入强化了画面的意境和人物的内在情感韵味。

> 他一个月出差两次，每次十四天或十五天，他一年的行程相当于二万五千里长征。一个人、一匹马，他用一个人的长征传邮万里，他用 20 年的跋涉飞雪传薪。

这是《人物感动中国之马帮邮递员　王顺友》（2012 - 06 - 13）开头的解说词，简短的几十个字，却让观众迅速了解了人物的工作时间、工作环境、工作内容，感受到了人物工作的艰难与辛酸，也感受到了人物为服务一方百姓，20 年如一日的无私奉献精神。

再如《人物感动中国之悬崖小学教师　李桂林　陆建芬》（2012 - 06 - 15）节目以一个小孩的视角开头：

> 我的小学在这座山顶的村子里，山上没有路，要爬上五座天梯，爬到云彩上头，才能走到学校。听村里的老人说，以前没有先生，山太高，只有猴子才能爬上来。突然有一天，来了一个教书先生，大家又高兴又害怕，高兴的是娃娃们可以读书了，但害怕这个先生过两天又走了。

这样的旁白，将伫立在山顶的学校描述得既富有诗意而又令人心酸，既反映出了学校路途的艰险，也反映出了学生求学的艰辛。同时，通过学校和学生的状况描述，将人物坚守在这样艰辛的环境中，默默付出的奉献精神表现得淋漓尽致。

（四）人文价值

在娱乐节目充斥荧屏的环境下，《人物》始终坚持栏目的"人文价值"取向，坚持报道的高格调、高品位，体现出人文精神之美。

在20世纪90年代，我国思想界曾掀起一场人文精神大讨论。在这场大多数学人们痛感人文精神失落，进而呼唤重建人文精神的大讨论中，学者们对"人文精神"的内涵和外延有相当详尽但不尽一致的阐述。王一川认为："人文精神是从具体的文化过程中体现出来的追求人生意义的理性态度，它区别于人文领域、人文学科和科学精神，具有民族性和历史性。"① 张玉能认为："人文精神是一种以人为中心，高度肯定人的价值、人的尊严，倡导人的本性和人的解放的思想和态度，它的核心就是人的自由自觉的创造"，"是从价值论的角度对人的本质的阐释，而且更主要的是从精神需要出发对人的本质进行价值论的说明"。② 后来又有学者指出："人文精神体现一种价值观、思想态度。它认为人、人的价值是首要的；凡是尊重人，重视人，承认人的自由意志，为人的幸福而奋斗的态度，都可以说是体现了人文精神，而这种人文精神随着人类文明的进步，越来越扩大，越来越为人们所接受。"③ 还有学者认为："人文关怀是对人的生存状态的关注，对人的尊严和符合人性的生活条件的肯定和人类的解放与自由的追求。"④

《人物》栏目选取的对象各种各样，不管是艺术大师之类的书画家、摄影师，还是光芒四射的演员、歌星，还是默默无闻为社会做着贡献的平民英雄，他们的形象千姿百态，在社会扮演的角色各不相同，但是他们身

---

① 王一川：《从启蒙到沟通——90年代审美文化与人文精神转化论纲》，《文艺争鸣》1994年第5期。

② 张玉能：《当代中国美学应该高扬人文精神》，《华中师范大学学报》（哲社版）1996年第1期。

③ 王瑞生：《人文精神的历史形态——对人文精神的历史主义考察》，《北京师范大学学报》（社会科学版）2003年第1期。

④ 俞金吾：《人文关怀：马克思哲学的另一个维度》，《新华文摘》2001年第5期。

上都具有同样一种精神，那就是人物身上折射出的人文精神，这种人文精神具体而言就是真、善、美。

第一，呈现个体生命之真。生命之真在于摒弃外在的名利，摆脱束缚，回归最真实的自我，追求自由自在无拘无束的生活状态。在这样的状态下，不管人物在社会处于什么样的角色，他都是一个最最普通的平凡人。

《主持人孟非》（2012 - 08 - 28）这一期节目，就给观众展现了人物的一个真实内心世界，让人物回归到了最真实的状态。节目抛开了人物身上的各种光环，主要探寻孟非成名前后的思想状态变化。孟非从20年前的印刷厂工人到20年后家喻户晓的电视节目主持人，这样一个超越可以说是非常巨大的，但是他并没有因为自己身份的转变而在心态上有所拔高。不管是之前的印刷厂工人身份，还是现在的著名主持人身份，他始终都保持着一贯积极向上的心态，平平淡淡生活，自由自在，不受束缚。他更不会因为自己的身份去哗众取宠，把自己的经历说得荆棘满布，充满戏剧色彩，相反，他把别人评价的励志经历看得再平常不过。在这样一个众多明星极力把自己宣传为一个个极具传奇色彩人物的环境下，孟非的这种人生态度或者说是处世态度显得尤为可贵。

通常我们对明星的认识都只是停留在光环和荣誉上，很多栏目报道人物也只是停留在人物光彩的一面，大肆宣扬人物身上的各种标签，而《人物》栏目在这方面反其道而行，注重的是挖掘人物的真实内心世界，给观众呈现一个个鲜为人知的人物故事和人物心理。比如孟非这一期，大家对孟非的认识大多都是电视屏幕中所展现出来的诙谐、幽默，而生活中的孟非在对人对事方面，始终都用一种具有社会责任感的态度来看待，他所追求的就是不被任何东西束缚，自由自在快乐地生活。

第二，弘扬社会道德之善。《人物》栏目在讲述人物故事的同时，不忘自身作为一个"社会守望者"的身份，给观众传达一种正确的价值取向，以引起观众的共鸣，激发观众的责任感和正义感，给观众以思考和启示。

如《指尖下的文明》系列片，讲述了五位不同的文物修复专家为保护中国传统文物夜以继日、不断钻研技术的精神。节目在讲述人物故事的同时，也提到了中国文物被严重盗取的现象，这些资料的插入，也让观众意识到了我国传统文物破坏严重的现状，潜移默化地给观众传达了保护传

统文物的思想。这样的节目在树立人物形象的同时，更传达了媒体的一种
责任感。

再如《拯救儒艮的男孩》（2012 - 12 - 31）这期节目，讲述了一个 10
岁的男孩与海洋生物儒艮在一次奇妙的邂逅之后成为好朋友，并拯救儒艮
的故事。节目中呈现了男孩与儒艮和谐相处的画面，也讲到了非法捕鱼者
对海洋生物严重破坏的情况。一个 10 岁的男孩知道与大自然中的生物和
谐相处，而那些大人却以捕杀大自然中的生物来谋取暴利，这两者一对
比，就凸显出了男孩的人性之善与捕鱼者的人性之恶。最终在这场人性之
善与人性之恶的较量中，善战胜了恶，非法捕鱼者被抓，男孩拯救了儒
艮。这样一期人物报道，以小见大，反映了当下自然界许多生物遭受非法
捕杀的现状，宣传了保护生物、保护自然环境的意识，从而引发观众的
思考。

第三，追求积极进取的人格之美。如 2012 年 8 月播出的《风情演员
闫妮》，一开始编导便使用大量的影像资料、图片资料、采访资料等来展现
她在《武林外传》这部情景喜剧中饰演角色的人物特点，即"风情"，这
是她给所有观众留下的深刻印象，她也因为这部戏一炮走红。但是接下
来，编导并没有继续报道她一炮走红后的辉煌演艺生活，转而回忆闫妮刚
进入演艺圈的经历。十几年来，虽然一直以来只能饰演一些小角色，但是
热爱演艺事业的她从未放弃过自己的追求，尽管她有过放弃的念头，也有
过挣扎的时候，但是最终她还是坚持下来了，迎来了人生的转折点，进而
达到事业的顶峰，并选择自己喜欢的剧本继续演艺生涯，拒绝哗众取宠，
用她自己的话说，就是她在乎的是自己能不能在所拍的戏中有一种心得和
思考，能不能有所成长或者挖掘自己身上以前所不曾挖掘出来的东西。这
种精神就是节目所要传达的，它摒弃了那些浮夸的表面的东西，突出人格
美，给观众展现积极进取的人生境界。

电视人物栏目在激烈的竞争中逐渐确立品牌定位，有着明确的价值取
向。整体来看，视角转向普通人的生活，创作方法上也逐渐改变了用解说
词对人物进行权威抽象和归纳的方式，而是记录和表现对象在一定时间内
的生活面貌。《人物》栏目虽然在选题、叙事风格等方面有自己的特色，
但还是存在着一些不足，比如在选题上，虽然延伸到了新的领域，但是大
部分都是从国外引进的节目，由于栏目的投入大、周期长，播出频率高，
因而栏目的创作就显得有点力不从心。

二　人物专题片:《看见》

(一) 概述

"看见新闻中的人,寻找生活中的你我。"《看见》自 2010 年 12 月 6 日在中央电视台一套综合频道播出,作为一档记录现实题材的人物访谈类节目,它安静而平和,不事张扬,但影响力大,其宗旨是"强调人物、故事和影像叙事,在新闻中发现日常的力量,打造一档具有人文品质、理想情怀、社会思考性和生命关怀力的栏目,进而为这个时代提供某种精神主张"。

自开播到 2011 年 8 月的改版到 2013 年 7 月最终停播,栏目一直坚持观察变化中的时代生活,用影像记录事件中的人。无论在普通生活还是新闻事件中,其背后都站立着一个个的人,"人"成为节目的出发点和归宿点:或从事件真相中挖掘新闻背后真实的人性(《熊之辩》中归真堂企业创办人邱淑花生意人的本质,《教练李永波》中因消极比赛受指责的李永波的雄心与好胜);或在平凡生活中发现普通人的不平凡之举(《生命从 45 岁开始》中残疾人在"文化大革命"中的遭遇和她的"家园"行动);或在争议声中还原人物性格、探索被争议掩盖的事件深沉原因(《沉默在尖叫》中因家暴事件饱受争议的李阳,《真相的轨迹》中机场弑母事件背后的原因);或发现公众人物身上的发光点(《温暖的卤蛋》中姚晨的真实与善良,《赤子叶德娴》中戏里戏外为人的本真,《野蛮的骄傲》中导演魏德圣的执念与浪漫)。

在每期 23 分钟左右的时间里,节目力求以寻常感构架起人与人之间沟通和理解的桥梁,以"共鸣"的方式使传者和受众一同为一个更加清晰的世界而努力。这就是节目报道人物的理念所在。

(二) 访谈对象选取特点

有人曾问《看见》的访问嘉宾主要是来自哪个领域,是明星多一点还是公众人物或者话题人物多一点,主持人柴静对此在博客中回应说"我们不把人分成领域,只要是公众关心、想知而未知的新闻人物,我们都尽力访问。"的确,节目在访问嘉宾的选取上,没有统一的标准。

纵观其选题,大致可分为四类:一是新闻或热点事件中的当事人,如《少女抗暴杀人事件辨析》(2012 - 12 - 09)围绕对少女的审判结果展开讨论,《雨后》(2012 - 09 - 23)是聚焦北京暴雨过后的地下租客,《走近南加大枪击案》（2012 - 05 - 13）探寻遇害者亲朋；二是具有争议性的人与事，如《沉默在尖叫》（2011 - 09 - 25）专访家暴事件中的李阳，《长大要成人》（2011 - 10 - 16）关注因要求父母在北京买房否则不参加论文答辩的天才少年、16岁博士张炘炀，《十九岁女村官纪事》（2012 - 04 - 15）访谈年轻女村官，《真相的轨迹》（2012 - 06 - 03）关注在机场弑母的儿子；三是公众人物，如首期节目《一颗温暖的卤蛋》（2011 - 08 - 07）对话演员、微博女王姚晨，《刘欢　艺术就是文明本身的自省》（2012 - 11 - 25）对话大师级歌手刘欢，《李娜对抗李娜》（2012 - 10 - 14）对话网球明星李娜；四是比重最大的普通人，如《花甲背包客》（2011 - 08 - 28）一对自助环游世界的老夫妇，《挑山的女人》（2011 - 11 - 20）中女挑山工汪美红，《世间有情人》（2011 - 10 - 09）中烤羊肉串助学的阿里木，等等。这其中还包括社会的"边缘人"，如《为了鹏鹏的课堂》（2012 - 11 - 04）中自闭症患者，《救助站里的孩子们》（2012 - 07 - 01）城市流浪儿童等。

当然，以上选题的分类有重合的部分。比如李阳家暴事件既具有热点性又具有争议性，少女抗暴事件的审判也极具社会争议。《看见》还曾将选题扩展至国际视野，如伦敦奥运期间推出的"静观英伦系列"（2012 - 07 - 08 至 2012 - 08 - 03），日本大地震一周年特别节目《气仙沼的这个春天》（2012 - 03 - 11）。我们可以看出，《看见》的选题范围很广，但主题所指向的都是事件或生活中的人。

栏目视角的宽度还体现在它对多元声音的追求、对单一结论的打破。网络时代特别是微博兴起后，信息传播极为迅速且短促。对于易起争议的新闻事件，往往跨越对事实的调查直接进入评论环节，形成一股强大的舆论场力量，继而掀起强烈的社会情绪。"药家鑫案"便是个典型例子：短时间内网络涌现相对一致的愤怒情绪——又一起富二代杀人事件。随后媒体集中对药家鑫个人进行解读，对"激情杀人"的说法掀起讨论，结果更加强化了受众头脑中的"倚强凌弱"概念，对药家鑫的批判声愈加猛烈。《看见》专访药家鑫案双方父母（2011 - 08 - 14）一期将视角转向了案件双方的父母，镜头分别进入药家与张家，展现双方的成长生活环境，节目以舆论对药的批判和药之死为采访进入点，让双方都发出声音。节目从对药家鑫人格养成的探讨到其父母的追悔，从判决后药家和张家双方彼此超越的理解和爱，到药家鑫临刑前的悔恨及遗愿，让人体会到案件中饱含的复杂、真实的人性。

对多元声音的追求必然要求还原和调查事实的过程，这一点在《真相的轨迹》中也有体现。在舆论一边倒的声音中，《看见》将视角深入刺母惨剧后隐藏的原因，通过让当事人、其母及司法部门等多方发声，揭露出了当事人被忽视的精神隐患，并进一步探索其精神病症的来源。这样，呈现矛盾的同时也是在寻求某种化解。

但在笔者看来，《看见》的25期节目，访谈对象都或多或少体现了对先进人物、社会热点、弱势群体的尊重，都是受众关心、想知而未知的新闻人物。柴静选择采访对象，不是因为他是一个明星，或者是一个神童，抑或是一个罪犯，而是因为他是一个人，一个在这个社会中生存的人，每个人都是平等的。第一期人物之所以选择姚晨，柴静说是因为她的公民意识，她把这个意识放在明星身份之前，而且尽力践行这样的责任。

《看见》周末版人物专栏以"看见新闻中的人"为主题，找到事件中最核心的当事人，不断追寻与探问。这里的当事人，就体现了当前受众的关注集中点。节目的采访紧跟当前的重大事件，把人物根植于时代和社会背景中，反映个体身上所展现的时代印记和社会现状。另外，节目采访老兵杨建达、老人欧兴田、地震中失去女儿的叶红梅夫妇，不是单纯突兀地切入，而是分别以"九一八"事件、抗日战争、"5·12"地震纪念日作为契机，某种程度上也体现了人物访谈对象选取的焦点化特点。

（三）叙事特点

刘小枫认为，现代的叙事伦理有两种：人民伦理的大叙事和自由伦理的个体叙事。"在人民伦理的大叙事中，历史的沉重脚步夹带个人生命，叙事呢喃看起来围绕个人命运，实际让民族、国家、历史目的变得比个人命运更为重要。自由伦理的个体叙事只是个体生命的叹息或想象，是某一个人活过的生命痕印或经历的人生变故。自由伦理不是某些历史圣哲设立的戒律或某个国家化的道德宪法设定的生存规范构成的，而是由一个个具体的偶在个体的生活事件构成的。"[1]

自由伦理的个体叙事在《看见》中得到充分表达。2011年10月9日的《世间有情人》播出后到好评如潮，报道讲述的是新疆五四杰出青年阿里木烤羊肉串捐资助学的故事，因为被评为全国道德模范，在这之前已

---

[1] 刘小枫：《沉重的肉身》，华夏出版社2007年版，第7页。

经有媒体关注过阿里木，记者柴静的采访胜在自然、贴心，在阿里木的日常生活、工作环境中，通过记者的体验式采访，我们看到的是一个经历坎坷、有情有义、喜欢吹牛、爱调侃美女的新疆男人。镜头中，他盯着老婆看，嘿嘿笑，想开开玩笑又不敢，不敢又实在憋不住，最后还是惹老婆生气了。阿里木善良、开朗、乐观，经历了饱含血泪的生活却依然坚强。在柴静的博客里，针对此期节目有网友跟帖评论近 2000 条，网友 liuyanyeso 说："悲天悯人的情怀没有阶级。他一点都不比别人悲哀，反而有种最原始的快乐和满足，原来生活的意义就在这里。"又比如 2012 年 4 月 12 日播出的《但愿人长久》，90 岁的老人为怀念亡妻，画下十多本画册，记述二人曾走过的岁月。两人相濡以沫地度过战乱艰苦颠沛流离的岁月，老年终得一处安然相依，妻子却老病相催，人生的道路将至尽头。妻子的病痛使她经常说出一些胡话，提出一些无理和荒谬的要求。老人从来不埋怨和发火，总是尽量满足妻子的一切要求。柴静问"那小辈们就劝你，她的话算不得数的，你就不要这样当真了"，老人回答"凡事做了但求心安，不做会追悔莫及的"。老人的平和与自足，古风与深情，可谓淡到不能再淡，却好到不能再好，让人动容。一个个具体而平常的人，各自坚守、呵护内心神圣的东西，这种个体叙事让受众进入真切的情义世界，相比过去大叙事下的符号与标签化，它符合普遍价值、恒常人性。

（四）纪实风格与隐蔽的倡导

制片人李伦沿用了《社会记录》栏目的纪录片风格，知道什么说什么，知道多少说多少，向观众"示弱"，本质上是努力诚实。《看见》的纪实影像主要为两类：一是走访事件和人物的过程纪录片，二是插入的资料影像（包括相片、画作、电影等）。

在《城管来了》（2011 – 12 – 18）一期中，镜头先随记者走进了年轻城管宋志刚所在的海淀城管志强分队，简陋的办公环境和快节奏的工作生活场景，以及随时可能出现危险的工作环境，展现了一个读过大学、阳光帅气的大男孩被贴上城管的职业标签后的些许无奈。随后，镜头切入曾被小宋管理过的早点摊儿一家、卖爆米花的大爷和卖鸡蛋灌饼的小贩，又着重展现了早点摊一家四口的生活实景：不足十平方米的房间，一对儿女在堆满了杂物和剩菜的小桌上挤着做作业。镜头还记录了小宋与小贩们的交流以及小宋对他们的"关照"。镜头还原了处于"城管与小贩"这对矛盾中的双方真实的生活场景。

在对台湾导演魏德圣的访谈中，资料影像的运用体现为将其电影片段、拍摄电影时的记录影像贯穿节目始终，巧妙地让访谈人物与其作品中的人物进行精神气质的呼应，使观众置身于一种跨越时空的纵深感中，加深对魏德圣的理解。

解说词为受众提供较为完备的视听元素，一方面在于解读画面，另一方面也补充了人物资料信息和事件的背景信息，用以衔接人物访谈，提出相关问题，与结束语一起，充当了节目隐蔽的把关者和倡导者。

在《用幽默寻找自我》里，有这样四段解说：

解说：按照这个逻辑，他把自己遇到的障碍和尴尬，推演到了极致，把他们变成生活的趣味，来提醒偏见的存在，他的脱口秀没有禁忌，他经常会拿自己的经历，弱点和生活中的痛苦来开玩笑。

解说：黄西认为最好的幽默，是饱含着痛楚的欢乐，是受过伤的心灵发出的微笑，发出声音，就是寻找自我的开始。

解说：十年奋斗后，他写道："不期而至的成功，很大的好处是摔下来的时候不会那么疼，永远有自己的土地承接着。"回到家乡，他爸说儿子高兴得几乎在地板上打滚，黄西妈妈是医生，父亲是铁矿的工程师，跟他们聊天，就发现这个家庭的诙谐和欢乐。

解说：黄西说，他回国后，去了老家北山公园里的一座庙。去的时候周围没有一个人，他在庙里转了转，在一面墙上看见了一句话："人生应该像泥土一样，当被人践踏和被人唾弃的时候，还是要为能够被人践踏和被人唾弃而高兴。"这句话在我脑海里久久回荡，因为我还是白山的儿子，我就是在尘土里长大的。

解说词跟进黄西在美国做脱口秀的资料影像及其与父母在一起时的纪录影像，讲述其"来自尘土"的背景，这样使黄西生性幽默的形象更为生动与立体。

在《教练李永波》一期：

解说：2004年，李永波提出了"要培养一百个世界冠军"的目标。2008年北京奥运会，中国羽毛球队包揽五金的呼声达到最高，但那一年，最后三枚金牌的战绩，让李永波未能梦想成真。在今年伦敦奥运会前，李永波曾经说："我觉得这次外界给我们的压力远远大于任何一届，甚于 2008 年。人们不看过程只看结果，结果是上去了就下不来了。"他生活在对金牌的巨大渴望与压力之下，甚至在公开场合表示，希望没有奥运会就好了，羽毛球可以成为更民间、更健康的运动，让人们单纯享受每一拍的乐趣。

解说：在刚加入国际竞赛的最初，一个发展中国家对于竞争和求胜充满渴望，作为一个体育人的原始本能受到激励，最鲜明的指标就是金牌，但在参与竞争近半个世纪后，中国的体育文化也在发生改变。在 2011 年的中国羽毛球公开赛上，李永波的爱将林丹主场对阵马来西亚名将李宗伟时，在林丹领先的情况下，观众席上有不少中国观众为李宗伟加油，当时的李永波曾在媒体上公开抱怨此事，认为这些中国观众没有立场，不爱国。

解说：李永波有个性强硬的一面，但他的内心，也在随着外界评判而调整。在伦敦奥运会处罚刚下的时候，他曾经很愤怒，但随着中国体育代表团的严正声明，以及国内舆论的推动，他也向外界作出道歉。

关于李永波的解说，重点交待了他由运动员转变为执掌中国羽坛后面临的压力，他曾经的勃勃野心及作为一个体育人的原始本能——求胜心，帮助观众了解他的个性与经历，感受其立场，从而暂时放下对他的成见。

栏目主编王开岭认为在很大程度上，《看见》是一种态度，一种从生活出发的态度。报道事实，多视角呈现事件本来面目，引导舆论、揭示人性、寻求化解、消弭社会误解，给转型期的社会一点沉静的建设，这是一种介于政治、经济诉求之间的社会诉求。栏目的公共服务特色非常明显，显现新闻专业主义的同时，承担起社会责任，在公共服务伦理方面做出贡献，有助于人们对舆论暴力的反思。

网友"徐徐清风"在看完《世间有情人》后说："柴静'看见'的似乎是底层的平民百姓的事，但所蕴含的意义深刻非凡，给人以真实、给人以启示、给人以震撼！国人太需要这样的视觉感受来潜移默化地感受洗礼、感受约束、感受遵纪、感受守法。阿里木有信仰，有宽恕，有分享，有满足，正如柴静所说，'阿里木是不厌倦、不抱怨，爱生活、爱人的世间有情人。'"还有观众说："其实你的节目并不能解决我现实的问题，可是看完后得到了很大的安慰。"

节目的强烈反响，在于回应了物质生活条件大为改善的当下，对精神领域和心理层面关怀的迫切感。遗憾的是2013年《看见》停播，此后柴静淡出公众视野，尽管争议之声不少，但以她为代表的节目对公共事件的理性探讨，对争议人物的恰当理解，对理想主义者的坚守与挫折的喟叹，对新的生活方式的发现，对惯被忽略的事物的关注，树立了电视人物访谈节目的标杆，在社会舆论被网络裹挟的喧嚣时代，这一切值得媒体人深思。

总体而言，央视人物报道在人文精神与文化内涵上有明显的提升，近几年日益获得观众的肯定，人文理念的突显直接影响了新闻价值取向。有学者曾提出"反新闻价值"理论，强调以"亲社会意识"来校正传统的选择标准，反对新闻传播中对弱势群体的歧视。不言而喻，反新闻价值理论注重新闻的内在价值，不去追求所谓的新闻价值，而是重视信息的内在的需要、可以开掘的内容。中国普通人的命运是怎么样的？社会沉默的大多数的命运是怎么样的？我们必须抱以关切，每个人都不是一座孤岛。正如《冰点周刊》的主编所说："从关注人的命运出发，努力去恢复被快速奔涌的时代经济大潮遮蔽的美好价值，如悲悯、自由、宽恕、正义，这些饱含情感关怀、命运关怀的报道潜移默化渗透着媒体人的价值担当。"

文化是民族的血脉，是人们的精神家园。在文化软实力议题受到全球瞩目的今天，媒体如何传播主流价值观、构建文化认同成为转型时期新的重要社会功能。无论是学界还是业界都达成一致的认识：媒体在政治属性、经济属性之外应当还承担着文化强国的职责，主流媒体在增强价值认同增进文化共识上负有重责。特别是电视，作为目前国内受众最广泛的传媒工具，在娱乐至死的冲动中、在消费主义浪潮中作为主流媒体该如何塑造主流文化价值认同？如何提供精神信仰或者精神寄托？央视在重塑时代价值观上的创新与坚持无疑是改革的方向。

第 六 章

人物报道与文化认同：建构、困境及策略

大众传媒是现代社会必不可少的组成部分，它嵌入人们的日常生活并内化为一种生活方式，从而实现了对社会的全方位渗透。传播被视为一种进步力量，成为社会发展的重要动力，在政治、经济、社会和文化四个维度的历史进程中，都可以看到传播的影响。从文化角度来看，新闻事业就是一种文化事业，传媒即是文化的一部分。作为意义、符号与讯息的生产者，新闻媒体对社会的主要作用体现在日复一日地成为文化领域的行动者，人类学家克利福德·格尔茨指出：文化本身不是"一种权力，即可以对社会事件、行为、机构或过程进行归因的某种东西"，而是"一个语境，这个语境中的事物可被明白地描述"。① 由于文化是鲜活的、实在的与实践的，需要不断地创新和用新的事实修正它的历史记忆，即便是文化的固有特征也同样需要动态地修正与再生产，所以，文化身份必须持续地进行表述、强化与传递，而大众传媒对日常生活的渗透契合了文化身份的这种需要。又由于大众传媒传播的信息具有一定的公信力和权威性，因此，它所再现和建构的文化身份会被不断地放大与强化。②

传媒在给现代社会带来重要影响的同时，也成为再现、建构文化认同和社会认同的重要途径，传媒与文化认同日益成为学界关注的重要议题。全球经济、科技、文化一体化的过程中人们自我身份意识增强，如性别意识、种族意识、民族意识及宗教文化意识，等等，因此文化认同从本质上说是一种个体自我的身份认同。人物报道的对象或是具有一定社会身份的

---

① 转引自［美］迈克尔·舒德森《新闻社会学》，徐桂权译，华夏出版社 2010 年版，第30 页。

② 石义彬、吴世文：《我国大众传媒再现和建构中国文化身份研究》，《当代传播》2010 年第 5 期。

人，或是具有某种稀缺的品质，其价值指向、身份意识对社会群体具有直接的示范效用，正是在此基础上得以营造文化认同的氛围。本章就人物报道与文化认同的互动关系、存在问题、困境及对策进行探讨，并对网络人物专题策划的价值传播进行考察。

第一节　人物报道与文化认同研究

优秀的人物报道对弘扬时代主流价值、塑造民族文化精神等方面具有深远的影响。如何使报道更有传播效果、使典型更富感染力是学界关注的热点论题，也是业界报道手法创新的永久命题，本节试图以文化认同为切入点，以《感动中国》为例，分析其传统伦理道德文化、政治文化、民族／国家文化认同取向，借以深入探讨人物报道变革的前景及方式。

典型报道在中国的意义远远超越了一种报道式样，自 20 世纪 40 年代《解放日报》推出劳动模范吴满有以来，已形成了自身的特点，并取得过惊人的社会反响。关于典型人物报道的社会功能，学者们进行了纵向的历史考察，如孙玮认为，传统典型报道的"榜样示范"功能逐渐拓展为"社会整合"与"时代标识"作用。鲍海波认为社会整合作用是典型报道最主要的社会功能，其作用表现在"通过树立典型，倡导维护社会稳定与发展的价值观念"，"产生提供一套大多数人所认同的价值系统"。[①] 它通过一个个具有代表性和普遍意义的典型，将一定历史时期的社会价值观表现出来，为社会创建了一套适应时代要求的、临时的且十分有效的社会规范，然后通过舆论来操纵人们的意识，使社会群体的心理倾向及其行为共同向媒介所倡导的价值目标靠近，最终达到对社会的整合。

一　文化价值传播的重要性

作为一种特殊的新闻传播形式，典型人物报道不仅对党的政策方针的传达极为重要，而且对时代主流价值的弘扬，甚至民族文化精神的塑造等方面都具有深远的影响。由于担负着重要的舆论导向责任，如何使典型更有震撼力、感染力、影响力，是新闻学界经常研究的课题。但在相当长的时期内，由于多种因素的制约，新闻从业人员往往只注重典型人物报道的

---

① 鲍海波：《试论典型报道的社会整合作用》，《唐都学刊》1999 年第 2 期。

政策宣导功能（即政治功能），而忽视其文化化育功能（即文化功能）。这种急功近利的态度既造成了典型人物报道僵化刻板的叙述模式，也大大削弱了典型人物报道应有的多方面的社会效用。因此，在资讯媒介十分便捷以及新闻报道形式日益多元的今天，传统的典型人物报道的弊端日益显现。据新华社"舆论引导有效性和影响力研究"课题组的问卷调查显示：68%的被调查者认为典型报道的主要问题是"都是优点，没有缺点"；61%的被调查者认为是"模式化、概念化"；50%的人认为是"空话、套话多"；39%的人认为是"对典型人物的个性特点挖掘不够"。①

作为一种新闻体裁的典型人物报道本身也有着被边缘化的危险。这就要求新闻从业人员从形式—内容—功能的角度对典型人物报道进行全方位的重新审视。可喜的是，近几年电视典型人物报道出现了一些新的变化，其中一个重要的方面就是突出了典型人物的道德操守、民族意识与文化情怀，从宽泛的意义上讲，这些都是在宣示典型人物的文化认同取向，强化典型人物报道的文化功能。其中比较突出的节目是中央电视台主办的《感动中国》。

《感动中国》是中国中央电视台举办的一场大型的评选活动，每年从社会各行各业推选出十位人物，他们或推动时代的进步，或爱岗敬业，或以个人行为代表了社会发展的方向……每年树立这样的一批典型，弘扬他们的精神，应该来说，或多或少地带有一定的政治色彩，以往的典型报道与政治目标和现行政策过多地捆绑在一起，政治意味很浓厚，一元化的强制说服容易导致受众的排斥和抵制。但是，几年来《感动中国》叫好又叫座，上下都满意，每次节目结束，都有不少观众通过各种形式表达内心受到的强烈情感冲击。为什么《感动中国》能取得成功？笔者在第四章已对此进行了分析，如叙事者自限与话语权利的转移，宏大主题和微观叙事的结合，成功地激发受众情感并进而完成身份建构和文化认同等。

文化认同是文化理论和文化研究中的一个重要概念，它指的是个体对于所属文化的归属感及内心的承诺从而获得保持与创新自身文化属性的社

---

① 新华社"舆论引导有效性和影响力研究"课题组：《主流媒体如何增强舆论引导有效性和影响力之三：重视对几类重要报道领域的改革与创新》，《中国记者》2004年第1期。

会心理过程。文化认同之所以成为理论关注的重要议题，原因在于全球经济、科技、文化一体化的过程中人们自我身份意识的增强，比如性别意识、种族意识、民族意识及宗教文化意识，等等，因此文化认同从本质上说是一种个体自我的身份认同。典型人物报道的对象本身都是具有一定社会身份的人，其价值指向、身份意识对社会群体具有直接的示范效用，正是在此基础上媒体得以营造文化认同的氛围。有学者认为，人物形象是一个国家、一个民族、一段历史、一种文明的标志。借人物报道来传播文化，弘扬文明，进而提升国家的文化软实力可以说是人物报道的最高境界。①

二　文化认同取向的三个层面

文化是一个民族和国家区别于其他民族和国家的基本特质和身份象征。在一定民族地域内形成和发展起来的共同文化传统，塑造了该民族成员的共同个性、行为模式、心理倾向和精神结构，并表现为一定的民族心理或我们通常所说的国民性。中华文化是中华民族身份认同的基本依据。文化的核心是价值观。价值观涉及人们对是与非、利与弊、得与失、荣与辱、正与邪、重与轻的判断。任何一个国家的文化总是多元的，价值观也是多元的，在这当中，总有一种处于支配地位的价值观，称之为主流价值观，它反映出一个国家意识形态和社会道德的基本取向，反映出一个国家主流社会的基本意愿。一个国家主流价值观的彰显，表现出一个国家的社会稳定和有序，并将有力促进经济的发展。在社会现代化过程中的经济发展、政治变革等社会方方面面变迁的背后，是观念文化在发挥决定性作用。现代化过程中经济发展的方向和速度、政治变革的性质和社会后果等社会其他方面的变迁，最终都是文化特别是价值观起着终极性的决定作用。社会变迁实际上是"文化与社会"的变迁。②

主流媒体在宣扬一个国家的主流价值观中具有不可替代的作用，中外概莫能外。因为生动形象的在场感，电视在其中扮演了更为重要的作用。比如已播出 12 年的《感动中国》栏目就成功地建构起当代中国人的文化

①　刘汉俊：《塑造形象：人物报道研究》，新华出版社 2011 年版，第 52 页。
②　张兴国、史娜：《当代中国社会转型与价值观嬗变》，中国社会科学出版社 2012 年版，第 216 页。

记忆，获选的人物或善良或勇敢，或奉献或忠贞，或树仁立德或践行信仰，从节目选择人物的标准看，其评选对象涉及社会各个层面，有官员、军人、工人、农民、学生、体育健将等，既有政治精英、经济精英、文化精英也有普通的老百姓，其评选标准不能简单地以"成功"来衡量，也许用"好人"更为恰当，他们身上共有的是震撼人心的人格力量。每个人都成为一个文化符号。当然，不同领域的人物报道与文化认同的关联程度也不一样，综观节目几年来评选出的年度人物，笔者认为其所体现的文化认同取向大体表现为三个层面：

（一）传统伦理道德文化认同取向

节目着意弘扬中华民族优秀伦理道德如孝道、知恩图报、自强不息、见义勇为、重义轻利等，在一定程度上建构传统文化认同。2008 年唐山 13 位农民千里奔波为素不相识遭遇雪灾的湖南郴州人民雪中送炭、出手相援。他们用纯朴、善良和倔强的行动，告诉所有的中国人什么是真正的兄弟，什么是报恩。韩惠民的行为打动了所有渴望爱情与婚姻的人，他和初恋情人吴月瑛 34 年前因一场飞来横祸分开，吴月瑛瘫痪了。从此是 34 年的照顾，期间他答应交友的前提是，对方必须同意与他一起照顾吴月瑛。而徐敏芳了解到韩惠民坚持多年不谈恋爱只是为了照顾过去的情人时，被韩惠民的一片痴情所打动。1980 年，韩惠民与徐敏芳结为伉俪后两人共同守护起吴月瑛。这是一种比影视剧中曲折离奇的感情更具有感召力的"普通人的大爱"。

还有坚守承诺的陈健（因为一个生者对死者的承诺，虽然只是良心的自我约束，但是他却为此坚守 37 年，放弃了梦想、幸福和骨肉亲情）和照顾前妻父母几十年的谢延信，这些普通人，在日复一日的平凡坚守中默默地建构着市场经济社会中备受冲击的诚信体系，而捐肾救母的当代孝子田世国让观众回忆起很多传统的故事，告诉我们什么是孝道。

观众在这些"好人"身上能深刻体认到中华民族优良的道德传统和朴素情怀，节目中也不时听到"愚公移山""武训"等具有传统文化意味的词汇，在道德沦丧、信仰缺失的今天，《感动中国》通过一以贯之对"好人"的诉求传递优秀传统文化价值，在物欲横流的商业社会中有意倡导某种道德理念上的回归，从而使观众在视听体验中获得归属感，无怪乎人们赞誉它为中国人的年度"精神史诗"。

（二）政治文化认同取向

关于政治文化的定义很多，但美国著名学者阿尔蒙德对这个概念的经典解释影响甚大。所谓政治文化，是指"一个民族在特定时期流行的一套政治态度、信仰和感情"，① 它是人们对政治系统诸方面的集体态度取向。政治文化是从一定思想文化环境和经济社会制度中生长出来的、经过长期社会化过程而相对稳定地积淀于人们心理层面上的政治态度和政治价值取向，是政治系统及其运作层面的观念依托。

目前，我国处在一个社会变革发展的关键时期，固有的政治文化正在经受着前所未有的冲击与挑战，政治认同受到怀疑。《感动中国》在地方政府官员、部队官兵、民间环保人士等人物报道中重视社会主义核心价值观的传播，致力于培育一种具有包容性和和谐色彩的政治文化观。几年来，从郑培民到牛玉儒到任长霞再到经大忠，他们忠于职守、公正廉洁、为官一任造福一方，作为领导干部的中流砥柱，他们很好地践行了"权为民所用，利为民所谋，情为民所系"的新三民主义，体现出中国共产党人的政治信仰。

党的十六届四中全会首次提出"构建社会主义和谐社会"的执政理念，2008 年度感动中国人物之一的林秀贞就是构建和谐社会的典范，作为一个朴实的农村人，林秀贞 30 年如一日赡养了 6 位孤寡老人。她相信：人人管闲事，世上没难事；人人都帮人，世上没穷人；千千治家——用一千分的力量来治理自己的家，万万治邻——用一万分力量来治理邻里关系。这种朴素的理念很容易让我们想起胡锦涛对社会主义和谐社会基本特征的阐述："我们所要建设的社会主义和谐社会，应该是民主法治、公平正义、诚信友爱、充满活力、安定有序、人与自然和谐相处的社会。"②

（三）民族／国家文化认同取向

民族精神是民族文化的精华，也是国家认同心理的深层源泉，爱国主义就是这一精神的集中反映。海外华人、文化名人、体育冠军等典型人物的报道中则更多地强调中华民族文化认同取向。

如中华民族知识分子的典范、被誉为"民族脊梁"的钱学森，捍卫

---

① ［美］加布里埃尔·A. 阿尔蒙德、小 G. 宾厄姆·鲍威尔等：《比较政治学——体系、过程和政策》，曹沛霖等译，东方出版社 2007 年版，第 26 页。

② 胡锦涛：《在省部级主要领导干部提高构建在社会主义和谐社会能力专题研讨班上的讲话》（2015 年 2 月 19 日），《领导决策信息》2006 年第 Z1 期。

奥运精神与国人骄傲、尊严的金晶，书写奥运百年史上奇迹的英雄珠峰火炬队，傲拓天疆激起新一轮民族自豪感的"神七"航天员。还有自强不息成就人生传奇的霍英东，他生于忧患、逝于安乐，以其民族大义高于金钱、赤子之心胜于财富的人生价值观赢得世人尊重。更有96岁的国学大师季羡林：言有物，行有格，贫贱不移，宠辱不惊，最难时也不丢掉良知。这些都是中华民族源远流长的精神，在社会主义市场经济发展过程中，这些个人或群体共同展现出来的是对中华民族的基本价值的认同，是凝聚中华民族共同体的精神纽带，是使中华民族共同体生命得以延续的精神基础。

我们还可以从2008年度特别人物奖中看到民族群体性的大爱大德，尤其是在汶川地震发生后，全体中国人和海外华人一致行动起来，有钱出钱、有力出力，十几亿人在抗震救灾过程中凝聚为一个共同的名字：中国人。这就是中华民族文化认同的典型体现，将特别人物奖颁发给全体中国人是对这种认同的倡导和高扬。

作为中国特有的新闻体裁，典型报道在社会主义精神文明建设中发挥了巨大的作用，但在几十年的发展过程中存在的一些弊端也是显而易见的，如过于直白单纯的政策宣传、意识形态说教味过浓、写作程式化枯燥流于形式等，为改变此种状况，不少学者做出了诸多探索。笔者认为，借助文化认同的引入，可以增强典型人物报道的凝聚力和文化底蕴，适应构建社会主义和谐社会的现实需求。党的十六大报告深刻地指出，"当今世界，文化与经济和政治相互交融，在综合国力竞争中的地位和作用越来越突出"，"面对世界范围各种思想文化的激荡，必须把弘扬和培育民族精神作为文化建设极为重要的任务"。党的十七大报告继续指出，"要坚持社会主义先进文化前进方向，兴起社会主义文化建设新高潮，激发全民族文化创造活力，提高国家文化软实力，使人民基本文化权益得到更好保障。"这里，对我国文化建设提出了一系列的重要论述，其中，关于"提高国家文化软实力"的论述值得我们格外重视。十七大报告提出的四大文化建设基本内容中关于社会主义核心价值体系、中华民族共有精神家园等，都包含建立最广泛的文化认同之义。党的十八大提出：文化是民族的血脉，是人民的精神家园。全面建成小康社会，实现中华民族伟大复兴，必须推动社会主义文化大发展大繁荣，兴起社会主义文化建设新高潮，提高国家文化软实力，发挥文化引领风尚、教育人民、服务社会、推动发展的作用。

《感动中国》制片人朱波说:"《感动中国》向来追求的不是'独家',独家也不是我们的特色,包括徐本禹也不是我们发现的,但是感动中国有一个放大效应,因为我们更注重'感动'。我们追求的是对人情感上的触动,是一种震撼心灵的力量,《感动中国》努力的方向是成为能够深刻影响中国人主流价值观的一档国家电视台的节目。"对主流价值观的追求即是寻求文化认同的一种表现,即把中华文化的传承和认同作为重要的目标。不言而喻,正是这一点增强了底蕴,成为栏目的核心竞争力。尽管十多年来,有人批评《感动中国》没用,但无法否定的是它潜移默化润物无声的影响力,敬一丹在接受《南方周末》采访时说:"《感动中国》,我最肯定价值,就是它是给我们信心,在一个我们经常感觉混乱的时候,这些很单纯的人给我们一种信心。如果没有这种信心,我觉得很危险。"①

第二节 人物报道建构文化认同的现实困境

如前所述,典型人物报道所体现的文化认同取向大体表现为三个层面:一是传统伦理道德认同取向。在很多普通人物报道中着意弘扬中华民族优秀伦理道德,如诚信、自强不息、见义勇为、重义轻利,等等。二是政治文化认同取向。在一些政府官员、民间环保人士等人物报道中重视社会主义核心价值观的传播,营造和谐社会的政治理念。三是民族/国家文化认同取向,海外华人、文化名人、体育冠军等典型人物报道中则更多地强调中华民族文化认同取向。比如 2010 年全国媒体合力宣传的典型鞍钢齐大山铁矿采场公路管理员郭明义,他无偿献血 20 多年,把自己的工资收入捐献给需要帮助的人,把自己的时间最大限度地奉献给企业。媒体对郭明义的宣传报道体现出明显的文化认同取向,侧重突显他的乐善好施、扶贫济困,塑造了"好人""雷锋传人"等媒介形象。(《南方周末》的报道以《雷锋传人》为标题,《新京报》的则是《好人郭明义》)人民网一项郭明义专题调查显示,郭明义获得网友的高度认可:96%的网友认为

---

① 张英、敬一丹:《〈焦点访谈〉就是为了让人保持痛感》,《南方周末》2014 年 7 月 24 日 E21 版。

新时期仍然需要雷锋精神，需要郭明义这样的人；88％的网友认为"碰到困难时，在心里期盼过像郭明义这样的好人出现"。调查还显示，如果身边有郭明义这样的人要求您加入爱心团队，70.5％的网友会选择加入。

由此可见，大部分受众希望通过阅读真善美的人生被教育、被感化、被提升，有着获得精神引领的需要，越是物质丰富、生活节奏快捷的社会，越是需要价值观的引领，需要道德观和人生价值判断的标准。典型人物报道也对社会群体发挥了直接示范效用，是建构文化、社会认同的重要途径，但是，我们也应看到：社会的固有矛盾加剧了民众的不信任感；消费主义的流行及世俗化价值观在一定程度上消解着典型人物报道的崇高精神与理想主义；对内对外传播语境的差异等因素影响了文化认同的实现。典型人物报道中认同空间的建构面临着困境，主要表现在以下三个方面。

一　社会转型期的现实矛盾引起民众的心理失衡

随着改革的深化，贫富差距扩大，中国社会阶层分化严重，官员腐败和基层政府不作为、乱作为不断受到公众的质疑，风险社会中的各种自然和社会问题层出不穷，在认可改革开放的伟大成就的同时，公众心中积压着失望、郁闷甚至是怨恨的情绪，心理失衡明显，中国社会转型时期的现实矛盾影响着受众对典型人物的认同。

据《人民日报》报道：社会底层人群向上流动面临困难，贫富差距加大的趋势日趋严重，我国面临着"阶层固化"的严峻社会现实。当官员与富豪及官二代、富二代的"雷人雷语"不断出现在媒体中刺激普通百姓的神经时，当权贵垄断和社会不公一再发生时，政府公信力遭遇危机，大众对政府、公众人物的不信任在近几年的重大突发群体性事件中越来越明显，这种对立情绪导致受众游戏心态的产生。于是，西方社会学者梅斯特罗维奇所描述的"后情感社会"场景也在中国出现：情感不再激动、爱情不再神圣、忠诚不再崇高、正义不再感人。网民们借助网络，宣泄愤世嫉俗的情绪，恶搞、反讽流行，玩世不恭的心态，娴熟的解构技巧等消解着理想和崇高精神，消解着主导文化所倡导的英雄主义，典型人物报道在转型时期的现实语境中由此处于一种尴尬境地。①

而与此同时，改革开放的进行已逐渐将公众从单位人变成社会人，个

---

① 丁迈：《典型报道的受众心理实证研究》，中国传媒大学出版社2008年版，第17页。

人有了独立人格与意志。在此背景下,传媒树立典型的惯常模式遭受质疑自然难以避免。

二　媒体报道理念与方式存在问题

（一）主流媒体宣传味道浓,固化思维降低受众认同感

典型报道在从诞生之日起就是为政治服务的,因此天生具有鲜明的政治色彩,它"是活化了的时代精神、社会规范或政治主张"①,体现了宣传者的宣传意图,这也是典型报道最主要的一个特点。但今天的受众对这一点并不认同,虽然现在典型报道正在努力淡化政治色彩,淡化宣传味道,并且慢慢向社会领域渗透,但传统的典型报道留给人们非常深刻的印象,在人们心中形成了某种思维定势和刻板印象,影响了受众对典型报道的接受,受众的认同感因此而降低。

《"烈士老师"谭千秋调查》(《南方都市报》2010－10－21)一文根据网帖的质疑对汶川地震中的烈士谭千秋救人事迹进行了调查,结果发现当初报道的被谭老师所救的四名学生,只有一人是真实存在的,一人死亡,另两人则不存在。接受调查采访的对象都不怀疑谭老师是好人,但都表示事实细节有出入,当地学生都知道媒体的报道是假的,每次开大会时老师在上面讲谭老师的事迹,都有同学在下面笑。报道一经刊出,立即被各大网站转载,并引起网友热议。长期以来媒体在塑造典型时有一种"造神"的冲动,当真相被逐渐揭开时,受众就形成了一种刻板印象,认为媒体上的典型都是虚假的。

2010 年元月,北京环卫工人王长荣成为媒体关注的典型。他"心里时刻放不下居民们的出行安危",在持续扫雪铲冰将近 100 个小时后,身体劳累透支导致脑出血,倒在了岗位上。送到医院时,他的衣服和鞋子都湿透了,裤腿被冰碴锁住,脱不下来,是用剪刀剪开的。一时间,媒体照例是大量报道,并号召大家学习,主题词"感动"频频出现,但这种惯常的操作模式却引起了受众的质疑:他为什么要在冰天雪地里连续工作那么长时间?为了"居民出行的安危",需要这样工作吗?在这么长的时间里,如果王先生本人自愿不休息,那么,他的工作单位,他的上级和同事,为什么会同意和允许他这么干?是不是有悖《劳动法》?这是不是

---

① 李良荣:《宣传学导论》,福建人民出版社 1989 年版,第 249 页。

"过劳致病"？有关部门有没有责任？他会不会获得国家赔偿？为什么扫雪除冰就要付出健康甚至生命的代价？这样的报道方式挑战着受众的常识和人情。①

（二）谬赏主义导致受众的嘲讽

新闻报道中常见问题是将干好本职工作叫"奉献"，孙立平认为谬赏主义假设是，即使是将本来应该的事情加以拔高，使其具有道德上的感召力，也会为整个社会树立起良好的榜样，人们就会学习模仿，就会在社会中形成一种良好的道德风尚。但很容易弄巧成拙，其中最关键的原因是，它抽空了那些应当的事情中行动者的责任与义务。当应该的行为受到褒扬，履行应当的责任和义务被誉为高尚，普通的职务性行为被加以表扬时，实际上也就将众多人普通行为的责任和义务底线抽掉了。②

有学者也从伦理价值观层面进行了解剖，认为中国社会存在低位伦理与高位伦理价值观上的问题，此前是过于高的要求，比如不能有私利与私心，现在则是过低的要求，完成本职工作就是典型。③

这种谬赏主义的流行、伦理价值观的失范导致典型人物报道的价值混乱。典型在父母弥留之际忙工作，没有见到父母亲人最后一眼，这是基本价值观"孝"的缺失，是人情人性的缺失，但被当作值得肯定讴歌的行为，此种报道内容不绝如缕，屡批判屡顽强地存在，令受众望而生厌，读之如同心里吞了苍蝇。

三　传媒消费主义流行对典型报道的冲击

我国从 20 世纪 80 年代至今，已经发生了从审美意识形态到消费意识形态的位移。审美意识形态主要从精神层面为人们输送一种非功利的价值观念，在这种观念的引领下，人们更注重心灵世界的内部建设，更愿意关注和讨论种种形而上的命题。比如，80 年代"潘晓来信"在全社会所引发的人生观大讨论，即是在呼应和诠释着审美意识形态的基本理念。但是90 年代以来，消费意识形态却渐占上风。消费意识形态把人们从精神界引到了物质界，从形而上引到形而下，于是拜物主义、消费主义、享乐主

① 何三畏：《从个案看某类新闻操作技术指要》，《南方传媒研究》2010 年第 22 期。
② 孙立平：《弄巧成拙的谬赏主义》，《北京日报·理论周刊》2006 月 7 月 31 日第 20 版。
③ 陈冲：《伦理价值观的失范》，《文学自由谈》2009 年第 3 期。

义成为基本的价值观念。人们开始关注居住、装修、休闲、娱乐和旅游,对身体（如减肥、养身、驻颜、美容、美发等）的关注也达到前所未有的程度。①

作为一种影响全球的社会文化思潮,消费主义主要体现为物欲至上,物质主义和享乐主义成为生活的主导价值。消费主义凭借其对物质享受和感官享乐的不懈追求成为生产强大消费需求和消费欲望的文化保障。它的影响遍及社会生活各个领域包括大众传播领域,主要表现为传播内容的消费主义化和传媒自身的消费主义化两个方面,前者导致传播内容由意义追寻向娱乐消遣转移,后者使媒介经营管理出现拜金主义特征,传媒成为自负盈亏独立经营的经济实体后,其逐利的动机和欲望被无限放大,竞争的压力导致媒体将经济收益作为衡量一切的最大指标,新闻娱乐化趋势愈演愈烈。为追逐有限的受众注意力资源,媒体不惜投受众所好,尽量推出新奇的娱乐性、消费性乃至低俗化的内容:名人趣事、日常事件以及带有煽情性、刺激性的犯罪新闻、暴力事件、灾害事件、体育新闻、花边新闻等软性内容成为新闻的重点。

王一川曾指出中国目前存在着四种文化类型:一是主导文化,即以群体整合、秩序安定和伦理和睦等为核心的文化形态,代表政府及各阶层群体的共同利益,这是当前中国文化与西方文化不同的一个重要方面;二是高雅文化,代表占人口少数的知识界的个体理性深思、社会批判或美学探索旨趣;三是大众文化,运用现代大众传播媒介制作而成,尤其注重满足数量众多的普通市民的日常感性愉悦需要;四是民俗文化,代表更底层的普通民众的出于传统的自发的通俗趣味。主导文化文本的主要特点之一是教化性,即直接或间接地传达统治群体制定的社会规范,以便教育、整合或感化社会公众。每个时代的统治群体都会有意识地书写或制作这种文本,并大力鼓励原来属于高雅文化的文人作家来参与这种旨在巩固统治性规范的书写工作,再借助行政手段加以传输和推广,以便更有效地利用文学特有的审美感染力去达到教化公众的目的。②

而在消费主义语境中,作为喉舌体现的主导文化文本,典型报道不再

---

① 赵勇:《大众媒体与文化变迁——中国当代媒介文化的散点透视》,北京大学出版社2010年版,第28页。

② 王一川:《文学理论》,四川人民出版社2003年版,第174—175页。

是市场化媒体吸引受众的利器，在消费主义浪潮中自然也受到媒体的冷落。典型报道在通俗类媒体的比重不断减少也表明这种报道方式处于一种衰退的状态。

此外，还应引起注意的是媒体价值立场的分离导致的效果弱化。新闻事业的改革使得媒介不再是一种声音一种价值取向，各自分离的价值立场减损了典型报道的影响力。一方面是体制内媒体舆论场与民间舆论场的分离现状；另一方面是媒体内部的文化价值差异现状，同一份报纸的头版头条、社论与娱乐民生版在观点、价值取向和话语表述上的重大差异，《新闻联播》等电视节目的国家意识形态立场和各种媚俗、搞笑的娱乐节目的价值观也往往各行其是。看起来传媒呈现着文化多元的热闹场面，但各自分离的价值立场和话语体系却导致了意识形态和文化价值的内在凝聚力和公共价值、社会共识的匮乏与缺失，近年来党和国家领导人反复强调要构建和谐社会、核心价值体系等，正是意识到了文化领域的问题。

四　社会世俗化价值观与典型报道价值取向的反差

就现实结构而言，社会的主体部分仍是以广大从事制造业和农业为主的职业群体构成，然而，人们在观念上并没有赋予这些劳动阶层以较高的价值评价，而是更加看重技术、权力和资本。因为相对于专业技术、权力和资本，劳动的收益率越来越低。尽管较多的人仍是普通劳动者，但他们并不希望自己从事那些劳动职业。人们主观期望与客观结构背离，过去那种"干一行爱一行""热爱本职工作"等价值观，在市场文化和新的利益分配模式的冲击下逐步在发生分化。越来越多的人对那些有较高收益率的权力和资本抱以奢望，社会浮躁价值观广泛盛行，而那些安分守己、勤劳工作的价值似乎并未得到相应的重视。《中国青年报》社会调查中心对11557人进行的一项调查显示，89.1%的人表示身边有年轻人打算做炒股、炒房、炒金、炒字画等的"炒钱族"。出版市场上"成功学"书籍畅销不衰，被指学历造假的"打工皇帝"唐骏在面对媒体质疑时宣称，"如果所有人都被你欺骗到了就是一种能力，就是成功的标志"，他的自传已印刷十几次，目前还在热销中。有媒体将当下的中国称为"急之国"，很多人梦想一步到位、名利双收、嫁入豪门、一夜暴富，社会上人人都想成功，都想找到成功捷径，许多人看待"成功学"读物只在乎实用性，而不在乎写书者的人格瑕疵或者价值观上的偏颇。

　　而典型报道的根本宗旨是以崇高精神为追求志向,弘扬积极向上的、理想的、英雄主义的高尚精神,号召人们树立正确的世界观、价值观、人生观,形成奋发向上的精神面貌和社会风气,典型报道的这种价值取向和世俗化取向之间存在极大的反差。

　　典型人物报道面对现实困境,如何更好地建构文化与社会认同? 笔者认为应重视受众内在心理机制在传播活动中的作用,对受众的思想观念、价值取向以及兴趣爱好等进行研究,改变固有的操作手法,同时更多挖掘人物的"非典型性"与普适性。

五　对外传播中典型人物报道文化认同困境

　　当代著名学者本尼迪克特·安德森曾提出 (民族) 国家应该被理解为一个"基于想象的政治共同体"的观点,他将想象确定为国家的一个根本属性,因为"即使是最小的民族的成员,也不可能认识他们大多数的同胞,和他们相遇,或者甚至听说过他们,然而,他们相互连结的意象却活在每一位成员的心中"。① 在他看来,这种只存在于想象中,与其他成员融为一体的同胞感,正是现代国家赖以作为一个共同体存在及运行的基础。这点明了修辞在民族国家形成和演变过程中如何扮演了主要角色。这种想象是人们在包括大规模流通的印刷品、新闻、历史叙事、地图、博物馆陈列乃至日常话语交流等象征手段在内的各种因素的诱导下油然而生的一种感觉和信念,它可以被理解为一种特殊的宏观修辞效用。在种种新闻活动中,典型人物报道作为重要的报道样式,对内可传达党的方针政策,弘扬时代主流价值,起到榜样示范作用;在对外传播中,通过一个个鲜活的人物故事,通过各种修辞话语的运用,能构建民族文化精神认同的空间。

　　当然,我们应该看到对外传播存在着信息符号、价值观念、思想方法以及道德、信仰等方面的不一致等困难,中西方文化之间的差异影响到对外报道的传播效果。由于思维习惯、理解模式的不同,国内的传播模式不一定能够得到外国人的认可,相当数量的海外华人、华侨由于久居国外,文化习惯和思维方式越来越西化。在中国文化与西方文化相比处于相对弱

---

　　① ［美］本尼迪克特·安德森:《想象的共同体:民族主义的起源与散布》,吴叡人译,上海人民出版社 2003 年版,第5—6 页。

势的情况下，对外传播要取得理解和认同，应充分利用各种文化状态之间的延续、继承及其他具有共性的方面，扩大"共同经验范围"，运用特有的传播艺术，促使不同文化状态间的沟通得以实现，其最终目的就在于消除不同文化之间的冲突。对外报道实际上也属于一种文化交流与消解文化冲突的过程，它需要以本国文化为主体，整合不同文化的精神内核，在尽量消除不同文化冲突所引起的观念及其他各种差别的基础上达到异族文化的相互理解。① 创刊于 1985 年 7 月 1 日的《人民日报·海外版》一直是我国对外宣传的重要阵地，其人物报道也成为世界了解中国的一个独特窗口。但值得注意的是，这些报道既有成功的方面，也有失误的地方，而失误之处往往是因为中西方文化差异、修辞策略差异导致的。

（一）文化差异引起负面效果

中西方的文化差异、修辞策略的不同往往导致对外传播的信息很大程度上难以使西方读者感到可信、在理、有说服力，我们以为是正面塑造往往在国外产生反面效果。文化不仅是我们赖以生活的一切，在很大程度上，它还是我们为之生活的一切。感情、关系、记忆、亲情、地位、共同体、情感满足、智力享乐、一种终极意义感，所有这些都比人权宪章或贸易协定离我们大多数人更近。② 文化传统自然也渗透到新闻的方方面面，它对传播的方式、新闻的样式、新闻价值的取向、受众习惯等发生极大的作用。由于不同的文化背景使记者的思维发生分化，导致在事实选择、角度切入、表达方式等新闻思维过程中，中国记者偏向于新闻教化功能，表达一种共有的情感，西方记者偏向于新闻的信息功能，表达一种个体精神极强的情感。③

在中国轰动一时的先进典型报道很难引起西方人的共鸣，这是因为双方文化传统不同。通讯《领导干部的楷模——孔繁森》中写道："当组织上决定派遣他第二次进藏时，问他有什么困难，他说，'我是党的干部，服从组织安排。'孔家有许多困难，当孔对妻子说出真相时，妻子大哭。但是，他还是义无反顾地走了。"这是很感人的细节，但对崇尚个人自由的美国人来说就觉得不可思议。周洋的感谢门事件也从另一侧面反映出长

---

① 侯迎忠、郭光华：《对外报道策略与技巧》，中国传媒大学出版社 2008 年版，第 86 页。
② ［英］特瑞·伊格尔顿：《文化的观念》，方杰译，南京大学出版社 2006 年版，第 131 页。
③ 樊凡：《中西新闻比较论》，武汉出版社 1994 年版，第 22 页。

久以来的积习：中国首位短道速滑 1500 米冬奥会金牌得主周洋 2010 年 2 月 21 日在面对镜头时发表感言，"拿了金牌以后可能会让自己改变很多，首先肯定会让自己更有信心，也可以让我爸我妈生活得更好一点"。国家体育总局副局长于再清在政协会议上批评周洋："感谢你爹你妈没问题，首先还是要感谢国家。要把国家放在前面，别光说完感谢父母就完了。"

与西方高度推崇个人主义不同，中国强调的是集体主义，要求个体服从群体。在这种价值观中，个体或者独立的自我认同都被视为是自私的和不当的，中国文化价值观非常重视共同需求。但对外报道面对的是与我们的文化背景、价值观念和思维习惯差异很大的海外受众，西方价值观尊重独立思考和批判精神，注重平等和个体尊严。然而，中国对外媒体在报道时并不注重内外差别，体现的中国文化价值观是以趋同和服从为代表特征的集体主义。

《人民日报·海外版》2010 年 6 月 16 日刊载了《做官当学张可山》一文，讲的是村官张可山的故事。报道中着重提到这样的细节："从 2005 年起，张可山当上村官，没有往家拿过一分钱，却在口袋里备足现金，除了偶尔给家里买菜外，但凡谁家有困难，只要开口告诉他，他就随手掏出来，多的一两千元，少的二三百元。他经常从已经属于儿子的工厂里走账，厂里的出纳也不好说什么，每个月儿子都发现有五六千元钱不知去向。妻子李兰英 21 岁时，嫁给了张可山。但至今仍住在巴沟不足 30 平方米的窑洞里，几件旧家具用了都超过 20 年。张可山当村支书的时候，儿子一直想把家从站街搬到村里的公寓楼里，张可山坚决不同意，哪怕儿子愿意多出 3 万。"

在我们的对外报道中，比较注重宣传典型如何克服困难百折不挠、夜以继日地工作、带领大家加班加点等，差不多还停留在过去典型人物报道惯有的模式，即"典型 = 不近人情 + 不顾家庭 + 劳累过度"，这种文化信仰符合中国传统文化认同，这些美德也是当今中国必须传承和弘扬的。但是，不同文化信仰的差异极大，比如西方人就不会把拼命工作视为是积极的人生态度，他们倾向于享受工作、享受人生，讲究情趣与生活质量。西方媒体的人物报道注重对个体生命价值的敬重，有人情味的故事也特别受西方媒体青睐。在这样的文化语境差异中，《人民日报·海外版》的报道模式很容易让海外受众觉得中国人为了工作可以牺牲一切，包括家庭、爱好甚至健康。这样的文化身份/认同在吸引力上无疑是有欠缺的。

（二）修辞范式和实践差异引起误读

跨文化传播是在具有明显差异的文化观念和表征体系的人们之间所进行的相互交流，除了考虑到文化及政治因素外，话语方式、修辞范式等的差异也会造成误读现象。西方有悠久的修辞传统，其修辞范式和修辞规定与我们有很大差异，如果我们不懂得不掌握他们的修辞话语方式将很难使报道取得既有的效果。

国务院新闻办公室原主任赵启正曾说："我深感我们在向外表达中国的时候，往往忘了对象是外国人，而用中国的方式，这里包括用我们的思维，用我们的语言（不是指汉语，而是指我们的词汇和表达习惯），甚至不顾对方想知道什么，一味地输出，不顾对方的反应，那么效果就不会理想。"①

中国对外宣传长期以来存在着种种不足。我们早已具有将信息传播到西方的技术手段，但鲜明的党派形象和浓厚的宣传腔西方受众在多大程度上会有阅听的兴趣？这些信息在多大程度上能使西方读者感到可信、在理、有说服力，从而改变他们对中国的观念？这些问题值得认真反省探讨。对待完全不同的受众应该使用完全不同的说服手段，西方有其历史悠久的雄辩传统、论辩实践、劝说模式，这些传统、实践、模式决定什么样的说法是在理的，如何使用修辞资源才能收到最大效果。苏辙说："上善与人言者，因其人之言而为之言，则天下之为辩者服矣。"意思是说会与人讲话的人，借助对方的语言与之谈话，天下辩论者就会服你。只有增强对西方修辞范式的研究了解，才能从根本上避免在确定外宣方略时流于浮浅或盲目。如2007年4月4日《人民日报·海外版》刊登的通讯《中国铁嘴沙祖康》中，记者使用了"铁嘴"这一修辞符号，本意是正面塑造沙祖康的外交官员形象，但是，外交上的铁嘴在国际上恰好是反面形象，铁嘴所传递出来的咄咄逼人、寸步不让的形态，不是一个外交官应该做的，这实际上影响了中国的国家形象，西方修辞话语中外交官的风度应该是温文尔雅、柔中有刚。②

有学者指出，目前国际新闻传播的规则和话语模式主要是由西方媒体

① 中国外文局对外传播研究中心：《向世界说明中国：赵启正的沟通艺术》（续编），新世界出版社2006年版，第395页。

② 陈力丹：《新闻理论十讲》，复旦大学出版社2008年版，第74页。

（尤其是西方主流媒体）确定的，我国新闻媒体如果无视这种话语规则，一味坚持自己的报道模式，就难以获得国际社会的普遍认同，而被排斥于国际主流话语圈之外。在中西方意识形态仍然难以调和的今天，媒体应该考虑在维护国家利益和坚持原则性的同时，改进对外报道实践中存在的问题，提高报道水平和能力，实现中西方新闻报道的话语对接。①

全球化背景下经济、科技甚至文化领域出现同质化倾向，这同时也是显示差异的过程，地方性和普遍性的矛盾也日益显现，在跨文化传播中不能过分强调地方性而忽视普遍性，否则会导致传播的负面效果。换句话说，应在中华民族文化认同的内涵上，将普世的价值和中华民族独特的文化传统结合起来。

文化认同的内涵既要包含现代文明共同的价值，又要体现出中华民族文化的独特性。尽管对外报道面临的是文化传统不一的受众，但他们都有一个共同的价值，即大家共同遵守的准则和追求的理想。这些价值包括：爱好和平，热爱生活，谋求发展，保护环境，崇尚美好，积极向善，讲求道德，追求公平、合理、正义、公理、平等、博爱。这些共同价值所衍生出来的普世性的道德观念包括做人公正、诚实可信、尊重他人、同情他人、避免伤害他人、敬业与勤勉等，在政治理想上则表现为：民主、自由、公正、法治、人权、人格尊严、促进民族团结友好、讲求道义责任。② 人类普遍情感是所有人都能理解的感受，是最易感动他人的共同点。在新闻报道中追踪人类共同的话题就显得尤为重要，比如媒体在汶川大地震抗震救灾、舟曲泥石流灾害报道中，着重体现出对个体生命的尊重，渗透着浓厚的人道主义精神。正是这种对共同价值的弘扬，成为超越政治语境的共同语言，因此在国际传播领域广泛受到肯定。而与其相对应，中华民族独特的文化传统是建构文化认同不可或缺的资源，它是中华民族血液里流淌着的、内化的文化之根，代代相传，挖掘并保存这些文化传统是文化认同建构的根本出路。

第三节　非典型人物报道中的价值传播与认同

前文已论及，在媒体实践操作中，很长一段时间内人物报道等同于典

---

① 廖俊玉：《跨文化视域下对外报道话语对接路径》，《新闻爱好者》2010 年第 18 期。
② 侯迎忠、郭光华：《对外报道策略与技巧》，中国传媒大学出版社 2008 年版，第 86 页。

型人物报道，不是典型也就意味着不可能进入媒体视野。在社会转型的大背景下，人物报道由政治主导趋向价值传播与文化认同，在观念及方式等方面发生了很大的变化，其报道对象的选择标准逐渐转化。那些在大千世界中有所作为、有所创造、有特点的人，或是在与命运的抗争中彰显人性的向善力量和驳杂的人性魅力的人越来越多地被媒体关注，媒体推出的普通人物报道在社会上引起了强烈的反响。典型报道不再完全充当某一项政令的直接的诠释者和鼓吹者，而是日益成为对社会美德和人性光辉的倡导者；典型形象也不再仅仅是带有强制性的人们学习与模仿的榜样，而日益成为感染人们向上向善的积极的社会建构力量。青年学者王辰瑶据此追问："典型报道这一概念内在的含义是否已经悄然发生了改变？"①

一　非典型人物报道的兴起

非典型人物报道关注"稀缺"的新闻视角及其产生的社会根源。普通人、"小人物"报道近几年持续走红，相较于以往的典型报道对政策宣导与"意义呈现"的重视，这些非典型报道更注重价值传播与社会认同。这种转变既有对固化的主流意识形态宣传的反拨、传媒对现实关照的理性与自觉因素，也与受众的审美意识、情感表达及对故事、传奇的需求有关。转型后的人物报道在社会主义核心价值体系的维护、优秀传统文化的呵护、人类良知与灵魂的守护上具有深远意义。

从典型到非典型，从模式化到鲜活的呈现，典型人物报道在不知不觉中发生着变化。近几年来，"小人物"频频引发关注，"最美女记者""最美奶奶""最美女孩""最美妈妈""最美司机"等层出不穷，这些平凡的"小人物"身上自然散发出来的人性光芒照亮了人们的心灵，媒体掀起了一次次非典型人物报道的高潮，在某种程度上说这是社会转型大背景下媒体编辑理念的集体转向，带有范式革命的意味。这种转变更早可以追溯到20世纪《东方时空》中《生活空间》的全新亮相，当时，该子栏目定位"讲述老百姓自己的故事"，把镜头转向老百姓，开创了中国新闻史的先河，创造了中国电视业界的一个神话，被誉为给后人留下一部"小

---

① 王辰瑶：《嬗变的新闻：对中国新闻经典报道的叙述学解读（1949—2009）》，中国传媒大学出版社 2009 年版，第 70 页。

人物的历史"。在全国新闻战线开展的"走基层、转作风、改文风"大型活动中,各级媒体记者书写普通人与普通事,"劳动者之歌""蹲点日记"赢得受众好评。

《解放军报》自 2009 年 1 月 8 日起,在《军媒视界》专版开设了小专栏《非典型人物报道》,其稿件均选自各军区军兵种报纸,展示基层部队普通官兵的风貌。洪文军编著的《100 篇"非典型人物"报道评析》(长征出版社 2011 年版)收入的稿件中,报道对象涉及到军队不同岗位与职业,有财务股股长、锅炉工、摄影干事、连长、班长、士官、炊事军工、饲养员、司炉工、修理工、翻译、话务员等,其中行政职务最高的是正营职的某教导员,故事丰富多样,有的士官拥有一手绝活,可以说是战士身边的岗位明星、技术能手,绝活往往具有新奇性,能吸引读者关注。有以不一样的脸谱为特征的,有以不一样的语言取胜的,有以不一样的经历被关注的,有以不一样的个性留下深刻印象的。相对于以往军营中推选出的典型人物,他们普通而平凡,质朴而可爱,极具亲和力。在写法上,不是以全景式展开多个侧面,而是选取横截面呈现片段与某个侧面,文本短小精悍,简洁流畅,适应青年官兵的阅读心理。在编辑手法上,非典型人物报道也没有主观性、宣传性的观点评述。

与此同时,网络也日益体现出自身的主观能动性,在专题策划上的先天优势使人物报道焕发出别样的魅力。网易 2010 年的年终策划《选择》,搜狐网联合《京华时报》等 20 余家报社推出的《坚守底线——平凡的良心》专题新闻策划,均引起强烈反响。特别值得一提的是"人物榜单"的打造与广泛宣传,南方周末年度人物、CCTV 中国经济年度人物、CCTV 感动中国年度人物、南方人物周刊青年领袖,包括各地方的感动人物、孝道人物、经济人物,等等,此起彼伏的报道开辟了典型人物报道的一片新天地,这种新的报道样式着重人物在某个领域的影响力,社会渗透性很强,由以往自上而下转变为自下而上民间评选典型人物。朱清河认为,《南方人物周刊》的人物报道是一种另类典型人物,可能无涉崇高,无关榜样,但都是各行各业人物和平凡人物的别样代表,依然可以算作典型人物报道内涵中溢出的边际外延。①

---

① 朱清河、林燕:《典型人物报道的历史迁延与发展逻辑》,《当代传播》2011 年第 4 期。

二 非典型人物报道兴起的原因

相比此前的典型人物报道,非典型人物报道为何受追捧?普通人物备受各类媒体青睐的原因及社会背景是什么?

(一) 新闻观念的革新,对固化的主流意识形态宣传的反拨

中国人民大学新闻学教授杨保军认为新闻观念即新闻是什么及新闻应该是什么的观念。他提出宏观的新闻观念系统有三种新闻主义:宣传新闻主义、专业新闻主义和商业新闻主义。① 此后,他又进一步指出中国今后很长一段历史时期应该奉行的新闻主义,既不是原来纯粹的宣传新闻主义观念,也不是美国式的新闻专业主义观念,更不是那种彻头彻尾的商业新闻主义观念,而是一种具有一定创新色彩的新闻主义,它与过去的宣传新闻主义有着深刻的勾连,但又有着新时代的特色,他称之为"发展新闻专业主义",即把"发展"作为新闻活动特别是职业新闻活动的主要目标,同时,在运用新闻手段的过程中遵循新闻专业主义的观念和原则。②

长期以来,人物报道始终沿用的是一种典型人物的报道模式,不是典型(时代榜样、道德楷模)很难进入媒体关注的视野。而典型报道一向又被当作严肃的政治任务,集团性战役式报道往往能使一个身处基层的普通干部在短时间里成为全国学习的楷模,这些被神圣化的典型,往往是为配合中心任务、政策、方针自上而下应运而生的。因此,人物报道更多是宣传性的,意义比事实更重要。尽管典型人物有时代特色,但随着社会的全面转型,我国思想文化领域出现了意识形态的多样化和主流意识形态的淡化、弱化,"高、大、全"的写作弊端日益突显,典型人物报道这种模式往往导致典型与受众距离遥远,带有苍白的失真感。

在没有"英雄"的年代里,我们自己就是英雄。普通人的理想与坚守,亲情、友情、爱情与奉献的精神,等等,正是消费社会中日益匮乏而显得珍贵的价值与传统。正如"平凡的良心"专题编者所言:一个不平凡的时代需要众多平凡良心的支撑,这是一代人的责任,它不需要多么辉煌的事迹,从自己做起,为下一代做出行动的榜样,诠释美丽的人性和人

---

① 杨保军:《"新闻观念"论纲》,《国际新闻界》2011年第3期。
② 杨保军:《当代中国主导新闻观念的可能选择:发展新闻专业主义》,《国际新闻界》2013年第3期。

格——宽容、担当、孝道、诚信、母爱、帮扶、独立、勇敢、公正、专注。该专题选择了各个领域的各色人等,以真切的事实代替宏大的政治意义,在讲述故事中实现了人格力量的彰显与价值观的渗透。因为对事实本身的尊重同时也是对受众的尊重,受众有自己的主观判断能力,不愿意被强行灌输、喂养。

(二)非典型人物报道满足了受众的审美意识、情感表达以及对故事、传奇的需求

郭景萍在《中国情感文明变迁 60 年——社会转型的视角》一书中指出,社会转型使国民情感性状发生了转变,最显著的特点是情感回到人本身,向人的生活、人的本性、人的个性回归。国人的情感出现多元化的发展态势,具体表现在:由"运动情感"转向"日常情感";由"公共情感"转向"私人情感";由"身份情感"转向"角色情感";由"政治情感"转向"文化情感";由"道德情感"转向"审美情感"。[1] 日常情感是世俗的,然而又是自然的,人们信奉自然而自由的情感人格,企图用日常生活来抵制所谓崇高政治,用日常生活价值消解政治价值,人们的情感生活已逐渐摆脱笼罩在之上的种种政治与道德的光环,散发出朴素真实的日常气息。大量非典型人物报道正是以其本色表达及独特的个人气质,感染了受众,赢得了他们的认同。

更重要的是,变革的人物报道因其价值内涵与人性关怀满足了受众寻找人物参照系的热情。过去的典型报道,也强调鼓舞与示范作用,但往往因过度符号化、刻板化而让人拒人千里。当前的非典型人物报道注重人性与人情,在故事中呈现人性的深度和驳杂。

(三)传媒关照现实的理性与自觉

传媒的视角向下既有外部的压力也有内在的专业理性精神和自觉。一个不容忽视的社会背景是:转型时期社会阶层分化、利益分化,导致鸿沟越来越大,社会转型导致的信仰危机让人不知道该相信什么,底层的沦陷更是让人心寒。社会学家孙立平在《生存生态恶化与底层沦陷》一文中指出:"一些来自社会底层、勉强养家糊口的群体,将残害的对象指向同样的弱势者,已经超越了人伦道德的底线。而这种现象的发生,是以下层

[1]　相关论述参见郭景萍《中国情感文明变迁 60 年——社会转型的视角》,人民出版社 2010 年版,第 333 页。

生存生态的恶化为背景的，面对底层沦陷，要通过合理的资源配置，保护和改善下层的生存状态，调整公共政策的取向。"①

　　媒体自 20 世纪 90 年代以来走向市场，竞争日益激烈，对经济利益的追逐导致传媒公信力下降，非理性的娱乐化倾向导致传媒文化的失衡。报道比例上，以白领、成功人士为主要服务对象的版面和栏目越来越多（尽管这类人在现实生活中比重很小）；传媒内容上，反映强势人群的价值观念、思想感情、生活方式的东西越来越多。与此同时，媒体对占从业人口约 80% 的社会底层及边缘层缺乏关注，对底层的漠视使媒体缺乏地气，导致公共精神"空心化"，传媒因此陷入另一种困境。此种现象不独新闻领域存在，文学亦如此，一段时期内作家们热衷写小资写中产导致文学脱离现实，文学杂志也越来越远离读者。中国作家协会主办的《小说选刊》在一片繁华喧嚣声中首先亮出底层路线，以"贴着地面行走，与时下生活同步"的理念，以小人物的小悲欢小期望、普通人的喜怒哀乐的真诚表达，创造了 5 年来发行量连续翻番，2011 年达到 13 万份的奇迹。② 在文学期刊普遍面临生存困境的今天，这一数字不得不令人深思。

　　转型时期的中国社会，除了受媒体追捧的白领、金领，还有绝大部分群体，埋头用双手踏踏实实地辛勤工作，恪尽职守，含着泪带着笑卑微地活着，看似弱小的他们汇聚起的却是改变世界的力量。大量的非典型人物报道是来自"我们"的故事与精神力量，不是"他者"的虚幻影像，对于普通人来说最具有感染力，因而具有渗透力量。传媒对他们的关注就是对真实中国社会的关注，深切的人文关怀必然赢得受众认可。

三　非典型人物报道中的价值传播

　　的确，现在占据媒体大量版面和时段的是越来越多的"非典型人物"，他（她）们与自上而下的典型人物形成一种对比的格局。关注普通人的生存状态与想法，更能引起当下人们的共鸣与思考，并在碰撞中擦出理性的火花。《冰点周刊》人物报道一直践行着这样的理念，自创办以来就受到受众的青睐。2008 年 4 月 2 日人物版推出清明特别报道，所选的

---

　　①　见孙立平《重建社会——转型社会的秩序再造》，社会科学文献出版社 2009 年版，第 170 页。

　　②　唐文：《2011 年文学期刊：活着，挺好》，《中国青年报》2012 年 1 月 17 日第 10 版。

都是普通的逝者,如粥店老板张富云,虽然连自己名字都不会写,他还是非常讲信用,做饭也很干净。他在南湖东路的小店打发岁月,赢来很多回头客。对每个顾客,他都像自己的亲人一样。板车工人蒋子英,尽管遭受了漫长的冤屈,品尝了难言的辛酸,但对生活充满热情。他爱看报纸,"和报纸过日子"。他教人打太极,学写书法,练得一手好隶书。他热衷于拿奖,退休后的荣誉证书堆成山,数了数,有 100 多个,有书法大赛发的,也有"全国 500 名健康老人"证书,还写遗嘱捐献出角膜。

我国正处于由传统社会向现代社会转型时期,个体成员由政治人还原成社会公民,原来在长期的政治运动中处于隐性状态的个人生存问题及其与之密切相关的超越层次的精神信仰问题逐渐浮出水面。面对现实中的诸多问题及个体生存中日渐增加的压力,中国人的精神困境愈加凸现出来,大家普遍感到整体道德水准下滑、人际关系淡漠,人生意义目标缺失、精神空虚者不乏其人。传统那种内敛、谦谨、含蓄而又保守的道德习惯遭到前所未有的挑战和颠覆。[1] 一方面,不择手段的追求财富和花天酒地的挥霍成为人生成功的标志和最终目的,种种非道德和非法手段层出不穷;另一方面,越来越多的人将"郁闷""活着没意思"挂在嘴边,失去了生活的激情。因此,长远来看,媒体更要关注经济转型带来的心灵的震荡及文化的断层。当像张富云、蒋子英这样卑微的小人物登上主流媒体,虽然仅是只言片语的报道,但他们寻常的一生因为有坚持、有诚信、有梦想、有情爱,意义足够彰显。正如这期报道的编者按语所言:"尽管这些故事也许都细小卑微,不值一提,但悼念他们,不为别的,只为他们寻常。他们身上,隐约闪着你我的影子。他们叙述着的,是人生本来的况味,平淡,琐碎,没有轰动离奇、爱恨情仇,然而平实、绵长并且温暖。再普通的人生也自有动人之处,再平庸的主角也有非凡一面。但这世上绝大多数的人,都将因为寻常,活着不被瞩目,死了要被遗忘。我们将版面留给这些小人物,以这些或许同样要被遗忘的文字来描写他们,并非想使他们不朽,而只是因为,我们对生命怀有敬意,对人生怀有感动,对逝者怀有悲悯。"

香港大学 2009 年颁发的名誉院士名单中,出现了一位没有接受过教育、来自基层的食堂服务员。《中国青年报》以《只会写自己名字的港大

---

① 许明:《当代中国的文化发展》,中国大百科全书出版社 2008 年版,第 241 页。

院士》对此进行了长篇报道（2010 - 01 - 06），文中用大量细节展现了被学生们尊称为"三嫂"的 82 岁婆婆袁苏妹的一生，她无微不至地照顾住宿生，除起居饮食，也关注学生的"身心健康成长"，是"宿舍灵魂人物"。这所大学用"名誉院士"的头衔，表达对她这位"杰出人士"的尊重。学校颁奖词说："她以自己的生命，影响了大学住宿生的生命。"报道刊发后迅速被各大网站转载，网易网友留言说道："一种强大的力量逼我不得不发这个帖子，安静是一种强大的力量。这种力量足够让内心彻底的翻涌起来！这种具有震撼与感动的新闻多一点吧，请不要总是用'小三'、'出轨'、'强暴'这种消息上首页了！"很明显，对普通人做好普通事的价值评价需要一个良好的社会氛围，需要舆论导向和社会的支持。站好自己的岗位，干一行，爱一行，敬业爱岗。"流自己的汗、吃自己的饭"的踏实人生态度，在任何时代都应是一个社会的主流精神和风尚。当我们的媒体更多地把目光投向成千上万和各行各业的快乐、热情和智慧的普通劳动者，营造出健康积极的氛围时，就成功地建构起了价值观的认同空间。

　　我国正处于城市化、市场化激烈进程中，受众群体的疏离感、孤独感加剧，社会的分层碎片化程度也在加深，早几年"富士康"公司员工连续自杀事件即是典型的案例。受众需要有自己认同的人物，寄托情感和价值观。维系民族共同体的最高力量就是来自公共精神和普遍的信念。德国社会学家涂尔干曾说："任何社会都会感到，它有必要按时定期地强化和确认集体情感和集体意义，只有这种情感和意识才能使社会获得其统一性和人格性。"①

　　人物报道是主观色彩很浓的一种报道体裁，它强调情感、细节的力量，对人物的选择包含了记者的价值判断，采访提问中也会投射记者的道德取舍，写作中更易流露出主观的情感色彩。人是社会的一分子，总会带有时代的烙印。优秀的人物报道既能呈现个体的命运，又能窥见时代的潮流。阅读真善美的、有意义的人生无疑可以起到很好的教育、感化、提升作用。很多普通人物，虽然没有太高知名度，没有荣誉光环，"组织培养"的色彩弱一些，却给受众的生活与工作更多启示。更重要的是，受

_____

① ［德］爱米尔·涂尔干：《宗教生活的基本形式》，渠东等译，上海人民出版社 2000 年版，第 562 页。

众从这些普通人物身上能较易获得价值观的认同感,从而提升道德水准,弘扬正能量。当前社会价值观念持续嬗变,新世纪以来新媒介传播格局更是加速了个体价值观的多样性与变异性趋势,迫切需要通过媒介进行价值凝聚、整合与传播,提供价值参照系。人物报道多元选择中价值观的表达与传播可以满足当下公众的价值困惑,不断拓宽基于价值体验的"认同的空间"。①

当人物报道回到人本身,而不是刻意强调教育、教化、政治功能,那么它在更大程度上是一个价值观的传播过程,起着社会整合与时代标识的作用。以《冰点周刊》为代表的媒体实践,重视的正是价值观的表达与传播,直指转型社会公众的价值迷失与困惑,以媒体的理性与人文关怀建构、整合了多元的认同空间,这种认同空间的建构在现实层面上回应了当下社会核心价值体系建设的实际需求。

四　非典型人物报道的意义

首先,是对社会主义核心价值体系的维护。主流媒体呵护主流价值观,注重宣传导向是我国媒体的特色,但如何让抽象的核心价值体系充满生机与活力?笔者以为,微观叙事与宏大命题的巧妙结合,更能散发出真实朴素的情感魅力。《感动中国》作为代表国家主流意识形态的中央电视台制作的节目,强烈地突出对宏大主题的追求,张扬道义力量、彰显民族精神,一个宏大的主题是宣传机构弘扬主旋律必不可少的,但是要想取得最佳的传播效果,还离不开大量细节展现的微观叙事,正是通过两者的有机结合节目才获得成功。《中国青年报》开设的励志教育专栏"劳动·创造·奋斗——我的青春故事"也是如此,该专栏联合中青在线、中国青年网、腾讯网、新浪网、搜狐网、人人网推出网络在线访谈,与社会各行各业的优秀青年代表交流,分享艰苦奋斗的人生经历和成长故事,并鼓励和邀请青少年网友发表自己的感悟和体会。栏目的设置虽有强烈的意识形态意味,即帮助青少年形成积极健康向上的生活态度和奋斗精神,但具体的微观叙事无疑增加了活力,日常坚守传递出的是亲近感与生活的温度。

---

① 麦尚文:《价值传播与社会认同——〈感动中国〉年度人物价值观呈现与传播分析》,《国际新闻界》2009 年第 5 期。

其次，是对优秀传统文化的呵护。扶危济困、重情信诺、自强不息的中华传统美德孕育了一代又一代的中国人，凝炼为血液中流淌的国民精神。小人物身上蕴藏着深厚的中华民族传统精神，处处体现着对中华传统美德的坚守。在道德沦丧、信仰缺失的今天，媒体对"最美中国人"的挖掘，通过一以贯之对"好人"的诉求传递文化价值，建构民族意识和文化认同，使受众在视听体验中获得归属感。

再次，是对人类良知与灵魂的守护。社会转型期呈现出一种"碎片化"生存的状态，当社会的底线一再被突破，当愤怒、指责、谩骂、悲观、失望开始侵蚀我们的生活，国人发现当代中国最稀缺的是人与人之间的信任、人对社会的信任，价值观、生活方式的重建是媒体舆论引导的主要任务。人物报道关注个体面对冲突时的选择，从这个维度出发，弘扬真善美，努力恢复被时代经济大潮遮蔽的美好价值，如悲悯、自由、宽恕、正义等，守护人类的良知与灵魂。

文化是民族凝聚力和创造力的重要源泉，是综合国力竞争的重要因素，是经济社会发展的重要支撑。特定社会的主流文化都力图追求某种社会认同或者构建某种思想基础，提供某种精神信仰或者精神寄托，媒体如何传播主流价值观、构建文化认同成为转型时期重要的社会功能。当越来越多的普通人以自身的人格精神、道义担当、平凡的坚守频繁出现在报刊版面上、电视屏幕上、网络世界中，我们有望看到离散后的弥合，社会核心价值认同的强化。

最后，能有效促进对外传播。随着文化软实力议题日益受到全球瞩目，媒体在政治责任、经济利益之外，还承担着文化强国的宣传职责，传媒理应长期坚持思想、文化上的输氧，培养国民的文化自觉，重塑民族的文化自信。这需要媒体长期的坚持与渗透，人物报道不失为一个好的途径。

在上一节中，笔者曾论及对外传播中的困境主要是对西方修辞范式的不了解、对受众心理特点缺乏尊重，导致典型人物报道失去通约性，如何打破屏障？笔者认为依然还是得从人物传播着手。人的故事通常具有超越国界和不同文化背景的穿透力、冲击力。在对外报道中以人物为主体，符合西方主流媒体的传统和话语方式，无论中外，生命都是由故事交织而成的，整个世界也由故事构成。讲好中国人的故事，聚焦当下中国社会真实全面的面孔，能让海外受众产生强烈的情感联系，有助于提升中国文化软实力,建构自信、自尊、自强的国家形象。

法国史学家兼文学评论家丹纳在其著作《英国文学史》中说:"真正的历史只有当历史学家穿越时间的屏障开始解释活生生的人时才得以存在;这样的人是辛勤劳碌的、充满热情的、牢牢扎根于他的习俗之中,他的音容笑貌、姿态穿着,就象我们刚刚在大街上与之分手的人一样轮廓鲜明、形象完整……要使我们逐渐地了解其它时代的事件,也没有比逐渐地去观察其它时代的那些人们更好的方法了。"① 依此而论,对外传播中一种最有效的传播方式是讲老百姓的故事。焦波执导的纪录片《乡村中的中国》记录了一个村庄一年的变化,片中的灵魂人物杜深忠是一个普通的农民。他觉得自己是农村的文化人,有着执拗的精神世界。他能说出这样诗意的句子:"太阳亮光从门口照进来一块地方,在我眼里就是一张很好的宣纸。"热爱文学与音乐的他坚信人不能只吃饱肚子,精神也要"吃饭"。焦波说:"杜深忠是中国农民对文化与精神方面执着追求的典型代表,像他这样的农民在农村并不多,但代表了中国农民进步的方向。"农民身上的信念和遇到的挫折,以及困难中的坚持无不让人动容。

随着新媒体技术的应用与发展,集成报道模式在人物报道中占据越来越大的比重,2014 年 3 月,新华社隆重推出"中国梦·追梦故事"大型集成报道,以文字、图片、视频、微电影等多媒体形式,讲述身边人勇敢追梦、智慧出彩的动人故事。活动之初新华社面向全球发出"梦想征集令",邀请大家晒梦想,并众筹社会资源帮其圆梦。在已征集到的梦想中涉及民生、经济、法治、公益和环保等各个领域,饱含追梦人的个体和家国情怀。新华社从中遴选出最具时代特色的故事,调遣文字、摄影、电视精兵强将,力求予以最贴切生动地还原,把好故事讲给全世界。除传统发稿线路外,追梦故事还在新华社发布,新华视点、中国网事、我报道等微博呈现,在新华网、新华通上集成展示。2014 年共青团中央发起的"寻找乡村好青年"大型活动正是致力于讲述小而美的故事,通过寻找、宣传、分享农村青年身边的优秀典型和他们的故事以实现"践行核心价值观,携手共筑中国梦"的主题。这种由村、乡一

---

① 转引自［德］恩斯特·卡西尔《人论》,甘阳译,上海译文出版社 1985 年版,第 247 页。

级铺开的评选活动贴近最基层的生活与工作，接地气聚人气，是此前从未有过的尝试。

专注于人物的专题报道，虽然没有宏大叙事的全面、宏观，但能够最大限度地拨动人的心弦。浙江广电集团海外中心广播对外部多年来以人物专题报道方式推进对外传播，取得了良好的社会效应，如 2008 年策划的一组人物报道《我的故事——纪念中国开放 30 年》。①

第四节　身份迷失与文化焦虑中的网络人物传播

一　网络奇观中的迷失与焦虑

社会转型时期的中国网络世界正在成为奇观世界：耸人听闻的帖子，刻意强调贫富差距、官民冲突的标签，传统媒体的失语及相关部门行为的失当，长期积累的社会矛盾和社会情绪等，在玩世不恭、擅长解构的后情感社会语境中，一些突发事件演变为一场场网络奇观。网络奇观一方面暴露出社会机制中存在的矛盾和问题，满足了公众的知情权和批评监督权，一方面又使得夸张和渲染大行其道，真实和虚假之间的界限模糊，甚至干扰问题的解决。同时它还是社会危机的一种表现，如何规避其负面影响已成为各级政府及专家学者面临的新课题。

传媒时代，没有被媒体报道过的事件等于没有发生过，当寄予希望的正当途径形同虚设，而网络举报在海量信息中更不容易脱颖而出时，如何表达利益的诉求？网络上常见的手法是用耸人听闻的方式发帖，制造新闻由头，夸大其词，让案情更离奇、更具有戏剧元素，以吸引人们的眼球，然后让大家关注自己所要说的事情。当然，仅有帖子还不够，如何给事件贴上简单醒目的标签才是引人注目的关键。最具传播力的新闻，往往不是最复杂的新闻，而是被简化了的新闻。简单的新闻好记，而且只告诉受众某个事实的突出的一点，就能够留下非常深刻的印象。正如《南方周末》评论员笑蜀所说："（帖子）必须添油加醋，越离奇越好，越煽情越好。惟其如此，才能充分刺激公众情绪，才能充分动员舆论来声援自己，改变

---

① 张星：《说出你的故事——简析对外传播中的人物报道》，《中国广播电视学刊》2009 年第 10 期。

自己的孤岛状态……不吓人不哄人就无人过问,就只能冤埋海底。"① 耸人听闻与夸张的手法往往容易引起关注,这正是网络时代信息过剩而导致的注意力资源稀缺的结果。传统媒体的失语、不当,权威政府部门的沉默犹疑、处理失当,造成网民的信息饥渴,加剧了奇观的形成。

西方社会学者梅斯特罗维奇认为当代西方社会已进入后情感社会,人们的情感被各种大众文化工业和意识形态部门操纵,他在《后情感社会》(Postemotional Society)一书前言中指出:"在此(后情感社会)合成的、构拟的情感成了被自我、他者和作为整体文化工业普遍操作的基础。"人们生活的一切方面都被文化产业普遍地操纵了,"不仅认知性内容受到操纵,而且情感也受到文化工业的操纵并由此而转变为后情感"。②

这种论断并不完全适用于中国社会现实。但是,他关于情感在当下社会的变化以及迹象的描述在中国确实是存在的,即情感的表面性和缺乏深度,情感不再激动、爱情不再神圣、忠诚不再崇高、正义不再感人。情感互动成为一场人际交往的游戏,成为转瞬即逝的发泄。唯美、本真、至善等情感主义时代的"伦理"受到嘲弄。当然,在网络虚拟空间中,中国网民的情感并不像西方社会学者所说的那样完全是被操纵的,事实上,它们在很大程度上是自发的,网民的此种表现源自于对政府、公众人物的不信任,这种对立情绪由来已久,导致游戏心态的产生。

在诸多突发事件中,网友或是哗众取宠、玩世不恭,或是形成不同阵营展开激烈的论战,或是对自己以优越的智商和成功的人生,以及高层次的逻辑推理得出的"真相"自鸣得意,以超然的态度谈论,或是以不堪入目的言词发泄日常生活中累积的不满,在信息不充分的情形下,人们很容易把长期以来或在特定事件中激发的愤怒,迁怒于一个具体的被告。对无名的个体而言,大众就是避难所。在志同道合、评头论足的事件介入中,网民个体可以轻易体验"众"的团结力量并获得心理上的满足感。③论坛区的跟帖因此而具有超强的同化效果,人们谈论事件的方式似乎反映出愤世嫉俗的情绪,但很多时候也仅此而已。

美国社会学家大卫·理斯曼在《孤独的人群》中指出:"流行文化实

① 笑蜀:《媒体如何应对民意的失序》,《南方传媒研究》2009 年第 18 期。
② Stjepan G. Mestrovic, *Postemotional Society*, London: SAGE Publications Ltd, 1997.
③ 郑智斌、吴昊:《网络干预的动因及影响》,《当代传播》2009 年第 3 期。

质上是消费导师。它训练他人导向者如何消费政治，怎样把政治消息和政治态度当作消费品。政治也是一种商品、一种比赛、一种娱乐和一种消遣，而人们则是购买者、参与者、游玩者和业余观察者。"① 消费的力量如此强大，连严肃的政治、经济话题也不放过。

如此一来，再好的演出也不如新闻，人们对经传媒建构的"拟态环境"有超乎寻常的热情，再猛的新闻也只是谈资，再大的灾难也可以忘却，在海量信息的网络世界里谈资快速地更迭，一个来不及结束，另一个已高调登场，人们急切地追逐着下一个"震惊"，伤痛迅速地被覆盖，留下来的是流行的"打酱油""躲猫猫"等隐语，玩世不恭的心态，娴熟的解构技巧，使得社会问题俨然成为流行时尚。

众所周知，涉及负面新闻和恶性事件的帖子，点击率高、关注度高、转播者众，导致一些网友乃至记者专注于盯社会阴暗面，热衷炒作，有个别的甚至放大各种道德失范行为。再加上媒体对利益的角逐及社会责任心的缺失，就形成了负面信息长期占据首页、头条位置，从而导致正能量不畅，负能量过多、过滥。长时间浏览这些网站，受众会得出结论：官员、国企管理人员、警察、教师、医生、城管等群体道德败坏，几乎无一幸免，这个社会简直是一团糟。而以我们的实际人生经历与体验来看，这显然严重违背客观现实。特别是微博兴起后，这种状况更为突出。网友曾调侃："刷半天的微博要看几天的《新闻联播》才能治愈。"段子虽然带有恶搞的成分，但的确反映出两个舆论场的彼此分离，网络世界中的负面情绪比传统媒体多，经常泡在网上的人更容易对现实悲观绝望。

二　网络人物报道概况

上述局面无疑使网站容易丧失公信力，商业门户网站转型、提质的需要尤为迫切。在激烈的市场竞争中，以网易、腾讯、新浪为代表的商业门户网站新闻中心逐渐改变过去单一的转载模式，强调原创性与思想性，转向对深度与广度的挖掘，在近几年的改版中，各大商业门户网站均加强了原创栏目的开设，在专题策划方面屡有创新，为自身赢得好名声及话语

---

① ［美］大卫·理斯曼：《孤独的人群》，王崑、朱虹译，南京大学出版社2003年版，第192页。

权，注重讲故事的人物类专题策划可算是一大亮色。

有学者认为，在新闻体裁相互糅合的新媒体时代，无论是字数、结构还是写作风格，传统的人物通讯、消息、评论之间的差异都愈见模糊，人物写作似又回到尚未细化分类的起点。在网络新闻报道的过渡探索期，"人物文本"这个名词更适于概括当下颇具"混搭"特色的网络人物报道。① 的确，网络人物报道很难用消息或通讯或评论或特稿来界定，它往往以集合方式呈现。

因网站性质的区别，网络人物传播有两种模式。其一是主流网站（包括政府网及媒体网站），这种模式沿袭了典型人物报道的经验，紧密配合中宣部，行动及时，借助网络平台优势，取得短期强势效果。其中密集的报道使主题宣传声势浩大，网民热烈响应，主题宣传形成短时期内的强势，入脑入心。但典型宣传报道往往呈现出短期访问量突增，其后迅速滑落的传播态势。典型报道往往容易走入大而空的误区，高高在上的话题，说教式的报道方式，难以引起网民的关注和共鸣。其二是商业门户网站的人物专题策划和人物专栏，本节着重分析后者。笔者对网易、腾讯两大商业门户网站原创性栏目与专题策划进行了统计。

2010 年 5 月 1 日，腾讯网新闻中心纪实影像栏目《活着》创刊，该专栏开网络新闻视觉原创之先河，旨在用图片故事的形式深入浅出地报道新闻事件与社会热点，第一季是"劳动者篇"；2011 年 7 月，腾讯新闻与《京华时报》合作推出新闻纪实视频全新栏目《记录》，涉足新闻原创视频报道，并提出"视觉化"纪实视频报道的全新理念。它们与《视界》《中国人的一天》一起并列为腾讯新闻品牌栏目。

网易擅长专题策划，其年终策划尤其受人追捧。2009 年《你所未见的 2009》通过多个图片剪影的方式突出时下医疗难、住房难、就业难，以及城管执法等时下热点问题，针砭时弊地隐射改革难题；2010 年的《选择》通过 8 个人的选择故事，告诉我们选择不仅需要个人的勇气，更需要一个伟大的时代将它变得容易；2011 年《最好的生活》以分别代表 6 个阶层（二代农民工、远离家乡在杭州挣生活的的哥李昆山、大学生村官吴勇、眼科医生、公司白领、最普通的中国父母）的个体视角，谈关

---

① 喻季欣、叶晓：《网络新闻的人物文本与写作》，《新闻与写作》2012 年第 3 期。

于"最好"的生活的看法，每个人的观念不尽相同；2012 年《我要说》通过 7 个人的故事，表达了网易自己的态度："我们习惯沉默却从不停止思考，我们无力表达却未曾失去态度。美好社会，从不依靠无声等待"；2013 年的《冷新闻》再现了 9 个不同经历、相同命运的人的故事，他们或是失独者，或是"非典"患者，但他们有一个共同特点，即都不是社会的热点人物，而是被忽略的弱势群体。

除了新闻中心的年终策划，其他频道也会制作专题，如网易科技频道2013 年终策划《夜深了，我们为什么还没睡》，从 7 个人的情感、创业、生育、买房等难题，讲述了不一样的"压力"，命运不尽相同，但是他们都肩负着对家庭的责任和对未来的追求，他们身上都被赋予了典型的时代特征。

其他如凤凰网"记录凡人命运、感受人性温暖"的《甲乙丙丁》；每期由用户完成犀利提问，"有用、有趣、有料"的全媒体产品《艾问人物》等都有不错的点击率。

三　网络人物报道文本特点

(一) 文本多样化

相较于传统媒体而言，网站策划文本呈现形式的多样化，主要体现在运用多媒体等资源将画面、声音、文字等进行完美结合。2010 年网易年末人物策划《选择》，首先打动受众的是音乐，从人物艰难选择时的背景音乐《伤》到主人公做出选择时的《再见，往事》，视觉印象上，策划专题选取了一幅水墨画为切换背景，在这样一个充满诗意的环境中跳跃出了 7 个关于选择的故事，无疑是揪心的。画面的这种细节处理，将主人公的心理与受众的心理交织在一起，达到了良好的视觉冲击与共鸣。

现代生活节奏的加快，读图时代来临，受众根本没有时间去仔细阅读长篇大论，于是网站策划利用大规模集束式图片报道，吸引受众的视点。打开《活着》栏目五一特刊，首先映入眼帘的是 10 张从右至左、依次增大的图片，每张图片由长短不一的线条呈蜘蛛网式纵横交错在一起；当鼠标移至于图片上方时，图片便会瞬间放大，给观看者一种强烈的视觉冲击力；在图片跳跃式放大的过程中，每个放大的图片都试图挣脱线条的束缚，但最后它们又被拉回了原地。无疑，主人公们虽来自五湖四海，却又同属于这个地球。策划正是将这些看似不相关的图片通过某种联系紧密地结合在一起,使整个报道充满了生命力与可读性。

同时,网站策划为了增加内容的原创性,发挥新媒体与受众的互动性,使内容更具视觉冲击力,推出"全民参与"的模式,读者不再是受者,他们也是传者,有发表观点、想法的权利,甚至可以将他们的诉求公之于众。

为了全面地记录当今社会的各个层面,腾讯网《中国人的一天》栏目组除了征集主题拍摄线索外,还面向全国网友征集作品,利用封面故事、网友作品、微博等多平台宣传,竭力将故事延伸到每一个细微的角落。再通过图片策划、图片故事、强图打榜、摄影俱乐部、组图连放、365天故事等多版块全方位再现中国人每一天的生活,使传播效果达到最大化。

（二）引入"季""回访""系"等概念,使报道更全面、更有深度

2010年10月,江西宜黄发生政府强拆事件,居民钟如翠一家维权,因祸自焚,酿成"两死一伤"的惨剧,之后更是发生"抢尸"事件。时隔一年,这件当时全国现场直播的事件并没有被遗忘,《记录》专题策划"燃烧的时间"对当事人进行周年回访,将事件回放并不是为了去揭开那段不堪回首的回忆,而是让读者深度反思这一悲剧,"不希望再有人自焚对抗强拆"成为强拆事件的最强音。

为纪念2010年"五一"劳动节,腾讯图片联合专业摄影记者,推出10组反映中国劳动者真实工作生活现状的劳动者系列图片故事,包括劳动者篇、乐活篇、香格里拉篇、流水线篇等,不仅从时间上,更是从空间上将报道从个体引向群体,使报道不再是单一性流水线式发展,从而发掘"活着"的艰辛和群体意义。

2011年"六一"儿童节,网易新闻图片策划"儿童·权利",呼吁:"快乐童年,因权利的缺失变得狰狞或虚弱。三组图片,还原童年的原貌与畸变。请关注,这个世界的明天。"对于很多儿童来说,他们已经丧失了这个权利,策划告诉我们,要使儿童的既得权利不仅仅体现在"六一"这一天,仍需努力与付出。组图中无辜的眼神、无助的表情只为无声的呼唤:"人类有责任给孩子以最好的待遇"。

四　网络人物报道中社会认同感的建构

有学者对社会认同感的生成过程进行了阐释："传者的认同期待借助新闻传播的事实、观点及附带的情感能够被受众感知与接受，并引发心理的感应或共鸣，从而形成一种社会性的认知度和共识度，致使当同类语境或事物、现象出现时，传受双方作为社会共同成员能够表现出趋向一致的态度、情感和行为。"① 我们可以据此来分析人物传播中的事实、价值与情感认同。

（一）事实认同

1. 全面呈现各阶层群体面貌

社会转型过程中阶层分化加剧，不同群体之间彼此隔阂、疏离，网民之间的论战、互掐很多时候也缘于缺乏对其他群体真实工作、生活的了解，曾有调查显示，每个群体都认为别人比自己生活得好，每个阶层都认为自己被剥夺，刻板印象与固定成见是影响人们真诚交流的重要因素。《中国人的一天》2013 年年终策划"下半夜的中国人"共收集 1700 多期故事，他们或是酒吧驻唱，或是不眠夜的菜贩，抑或是半夜央视人……这种全面的呈现有利于疏导情绪。网易科技频道 2013 年年终策划《夜深了，我们为什么还没睡》，另辟蹊径，关注网络科技领域从业人员，他们为梦想奔跑，顶着潮流炫酷高薪的光环，却奢望着朝九晚六的生活，嘴里时不时吐出来的是跳槽、创业等语词，白领们的压力及情感命运冲突同样让人感慨。

2. 关注时下热点问题

好的人物文本不仅是个人的悲苦呈现，更是社会与时代的脉动，每一个个体背后都有时代的影子。正如《活着》的诉求："专业品质、人本情怀，洞见中国。"受众可以从专题策划中找到当年中国的热点、难点、焦点问题，这些问题通过一个个人物故事得以反映，医疗、教育、房价、食品安全、卫生等国计民生重大议题无一遗漏。《活着》先后推出了劳动者、汶川故事、农民的孩子等 18 季近 300 期专题内容，题材触及留守儿童、特殊病患、失独老人等群体的真实生活现状，力求"用影像冲击心

---

① 操慧：《论新闻传播对社会认同感的建构》，《郑州大学学报》（哲学社会科学版）2011年第 2 期。

灵，感受事实的力量"。从故事主人公身上我们看到的就是另一个自己，谁也不能保证下一次这样的遭遇不会降临到自己身上。好的人物策划之所以有庞大的点击量，秘诀就在于贴近现实，接地气。

3. 主动设置议程，引发社会关注

2014 年 10 月 30 日，许多人的微信朋友圈都被腾讯出品的专题《知青病人》刷屏了，这是一次精心策划的"冷门"选题，患有精神疾病的知青群体因腾讯的报道得以进入公众视野，策划分知青科、安养日记、知青档案、愿望清单几个部分，专题报道还与腾讯公益合作，将浏览转化为真实的关爱。

栏目还跟踪采访两个月，倾听数十位失独老人的心声，用图片和视频直观呈现震撼人心的瞬间，做出深度视觉报道《失独余悲》，很多人才知道失独者这个特殊的群体，他们数量惊人，但很久以来不被媒体关注。专题推出后，"失独者"成为泛中国议题，中央电视台《南方都市报》《东方早报》《新京报》等诸多主流媒体有关失独老人的报道层出不穷。截至 2013 年 5 月，笔者百度搜索"失独活着腾讯"得到 3820000 相关结果，其引发的共鸣可见一斑。2012 年，在地下肾交易持续猖獗的社会背景下，《活着》栏目小组深入黑窝点内部实景偷拍，以白描方式对卖肾者的"地下人生"进行勾勒，并通过与窝点内卖肾者、马仔的接触，打探清楚卖肾网络交易规则和流程；用上百分钟的视频和数百张照片记录下接头、体检、配型全过程，一个触角遍及全国的巨型卖肾网络浮出水面。《卖肾车间》5 月 28 日上线后引发媒体关注与社会热议，相关部门随即展开行动。

（二）价值认同

底层打拼的人们焦虑的是如何生活；普通的父母们关注的是孩子能否得到好的教育，能否健康成长；身处大城市的白领焦虑的是人越来越成为机器，工具理性吞噬了情感与内心的自由，不同阶层的人各有各的诉求。如何有效地建构起认同的空间，有利于社会群体之间的沟通与协调，增进彼此的理解，而不是简单地否定或批判，是媒体在转型时期的重要功能。为了让社会和谐、稳定、健康发展，媒体在主流价值观的引导上充当了重要的角色。

2010 年网易年末人物策划《选择》通过关于"选择"的 8 个故事，讲述了同一时代背景下不同个体的艰难抉择，面对考研、买房等民生议题，他们不知何去何从，陷入两难的窘境，但最终都勇敢地为自己的选择承担起责任。这类具有共性的主题报道，让我们看到百姓生活工作之艰难，也强调改革让人们多了选择的可能，因此，要看到社会进步的一面。策划还表达了民众的期盼："选择不仅需要勇气，更需要一个伟大的时代将它变得容易。"正是通过个体的故事，策划关注人的价值，关心人的现实处境和前途命运以及对现存世界的反思与批判，表达了对人的准则、价值、命运的维护、追求和关切，对一种全面发展的理想人格的肯定与塑造，渴望通过反思、批判、变革，建构一个理想的、合乎人的本性和目的的美好世界，而这种价值的传播与认同正是专题的灵魂。

此后的《最好的生活》《我要说》等策划无不如此，总体来看，网易以感性的微观叙事表现宏大的主题，诉诸受众的理性，让受众在具体的人物故事解读中获取一种精神内省，通过无形的积累与冷静的沟通，巩固或改变人们的观念，影响人的情绪，反映社会脉搏，推动时代的进步。

令人印象深刻的还有影像与观者的互动。《活着》的受众不是冷漠的旁观者，更不是绝望的抱怨者，他们易感、仁爱、有责任感，是草根公益的行动者，竭尽所能去帮助那些陷入困境的普通人。《割皮救女》故事发表之后，3 天之内，可爱的读者们就为小迎春捐献了 50 万元。更振奋人心的是报道的影响力触动国家相关部门，在一定程度上推动了政策调整，将传播效果达到了最大化。《失独余悲》发表后，民政部及各地政府纷纷提倡全社会关爱失独老人，并推出一系列补助政策，优化养老政策；2012年 9 月 20 日国务院新闻办召开新闻发布会，民政部窦玉沛副部长表示：对"失独"家庭，应该比照现有的"三无"老人来帮助他们解决一些问题。

（三）情感认同

"感人心者，莫先乎情"，情感的认同主要取决于人物故事。网易的年终策划《选择》，跟帖 8250 条，70913 人参与。有网友评论："这才叫有情感，有深度，有言外之意，有想象空间。平凡人的故事，平凡人的感动，是什么力量触动了我们呢，也许仅仅是因为生活的艰难和我们一点一滴的努力吧。"另有网友留言："感谢网易，虽然你不深刻，但是你感人，感谢网易，虽然你迷茫，但是你没有退缩，一个活在犬儒时代但是不想活得犬儒的人。"有的网友情感浓烈，直抒胸臆："生动！震撼心灵！感悟今生！"还有的网友呼吁网易继续追踪报道故事中的人物现状，此网页直到 2014 年还有网友前来观看并留言。在社会转型时期导致的阶层分化、利益冲突、价值观多元化等复杂的社会背景中，这些人物故事的传播满足了受众价值多元化、追求贴近性的需求，同时，也引领了大众的价值取向，满足了受众的心理与情感需求。

至于腾讯的专栏《活着》，"活着"本身是一个很感性的词，图片报道更以感性方式再现众生相。摄影的对象多是底层的普通人，他们的坎坷人生和悲凉处境最能引起大众情感的共鸣。更难得的是，他们不抱怨、不忧伤，而是以自己的方式积极地"活着"。用影像冲击心灵，不煽情、不冷漠，在苦难之中发现人性之美，给人以生存的力量，这正是栏目想要表达的情感理念。它所蕴含的"民生"是灵魂，"事实"是准则，"情感"是纽带。从主题来看，教育、毕业、养老、矿工、打拐、考研、汶川地震、北京暴雨等，都与每个人的民生关注息息相关。有数据统计，在创办后的两年里，栏目平均浏览人数为 200 万至 300 万人/篇，平均参与评论人数为 2 万人/篇。2012 年《活着》推出的两周年特别策划，吸引了 9290 人参与，共有评论 5437 条。

《活着》着力倡导一种平等、平和的影像观念，呼唤公民的基本权利。从他们的命运中找到自我存在的价值似乎成了受众的一种需求，报道并没有令网友沉溺于消极、痛苦的情绪中，反而使其更加热烈地去"爱"与生活。当我们目睹《割皮救女》中的磅礴父爱、《跪行高考路》中的无脚男孩，人性中可贵的情感、仁爱和坚韧往往模糊了我们的视线。在这些故事里能读到最本真的美好、最永恒的爱意、最坚实的意志与信任。曾有一位观众在评论中说："我是一个曾经想放弃自己生命，但是又因为看到《活着》而继续活着的人。谢谢你们每一期的素材，让人找回活着的勇气。"网友"尘世美"说："非常好，《活着》这个节目，让我有所共鸣，也可以让自己在以后的道路上更有信心和勇气去面对困难与挫折。"网友"毛毛"说："希望《活着》越办越好！能唤起国人的爱，其实现实的生活之中需要爱的光芒！"还有网友给予很高的评价："真心觉得这是一盏明灯，让我看见人性的美。"

人物故事能全面呈现社会各阶层生存状态及情感命运，有助于增进彼此的理解，进而弥合社会的分裂，也有利于个体的社会化。传媒时代，"传媒的最大社会效益是让人了解世界，也更深刻地了解自身。人的社会化作为人自身成熟的一种过程，最终是在把握生活制度化的节点上完成的。大众传媒为这一过程提供了充足的意识原料，指引人们如何接触社会，有效地驰骋于社会……传媒把正当而高尚的生存目标和手段传授给大众，是个人社会化的核心"。①

互联网及新媒体的发达，并不会改变传媒由来已久的内核，传媒在信息传递的基础上所发挥的协调社会、守望整合等功能是其在社会大系统立足的根基，"新技术改变不了人性"，新闻的"最终目的在于思考公共生活"②。主流新闻网站和重点商业网站作为推动互联网事业健康发展的中坚力量，作为传播正能量的主力军，理应担当重任，为促进社会整合与建构社会认同感发挥应有的作用。

---

① 刘建明：《传媒深度功能的多层互动》，《当代传播》2006 年第 3 期。
② 〔美〕比尔·科瓦奇、汤姆·罗森斯蒂尔：《真相：信息超载时代如何知道该相信什么》，陆佳怡、孙志刚译，中国人民大学出版社 2014 年版，第 65、25 页。

第 七 章

人物报道的审美传播与深层影响

新闻的审美传播有两层含义，其一是形式上的含义即采写层面，指的是采用种种修辞策略、叙事技巧等，使报道有文本之美；其二是内容上的含义即主题、意蕴层面，指的是报道的价值取向、人文关怀，其核心是追求真善美。本章从两个层面结合具体的报道个案展开论述。

第一节 人物报道新闻修辞策略分析

修辞通常被视为话语的技术加工和刻意修饰，从字、词、句的组织、搭配、交织到处心积虑的谋篇布局，修辞的奇巧之思致使文辞魅力倍增，但是，修辞并不只是字面上的文字游戏。后现代主义将一切符码化、话语化，实质上是将一切修辞化，新闻作为受众相当广泛的语言文本，无疑也是一种修辞。荷兰阿姆斯特丹大学话语研究教授梵·迪克认为："新闻修辞不仅限于使用常见的修辞手法，它还包括为增加新闻报道的真实性、合理性、正确性、精确性和可信度而使用的策略性手段。这些策略包括大量使用数据、选择消息来源、相关性关系的具体选择、描述事件时采用意识形态一致的视角、使用具体文本或态度图式、有选择地利用可靠的、官方的、广为人知的，特别是有较高可信度的个人和机构的观点、介绍相近而具体的细节、引述目击者或直接参与者的话以及描述情感反应或进行情感吁求。"[①] 多年来，人物报道在写作手法上已形成了较为成熟的操作规范和修辞策略，不同媒介、不同人物的报道各具特色。在对各类人物报道的

---

① ［荷］托伊恩·A．梵·迪克：《作为话语的新闻》，曾庆香译，华夏出版社 2003 年版，第 96 页。

文本分析的基础上，笔者认为人物报道中常用的新闻修辞可归纳为以下几种类型。

一 细节修辞策略

细节描写是情节的重要构成方式。重要的细节中常常蕴涵着更值得重视的真实，会使事件看起来完全不一样。捕捉一些活灵活现、生动的细小情节，是新闻报道人性化的主要策略。由于新闻的客观性与真实性，在新闻报道中是忌用心理描写和想象的。此时，细节就显得尤为重要了。通过细节表现人的内心世界不但可以见其形，听其声，而且可以传其神。同时，细节是人物生活中最真实、最具特色的精华部分。《南方人物周刊》记者杨潇在采访后记中曾这样说过："每一个细节都有它存在的价值，有的富有暗示性，有的具有渲染气氛的'魔力'，还有的就是低声的控诉。"① 确实，细节描写能让读者深刻地理解新闻事件背后的东西。人物的个性、神韵、情怀要靠细节支撑。在《寻找敛尸人》（2009 - 3 - 23）一文中，记者以细腻的笔调生动传神地刻画出老梁这个人物形象："汤、牛肉丸子、油糕、刀削面的小摊子全扎在戏台附近，雾气环绕。油糕在锅里吱吱响，羊汤咕嘟咕嘟滚，开戏的锣鼓绕着村子敲得人心痒，《赵氏孤儿》悲亢的唱腔吼得震天响。老梁却只闷在家里。"在这段文字中，村子的热闹、喜庆衬托出老梁内心的孤寂，这属于典型的环境描写。还有："老梁的手很粗糙，这是一双曾经下过矿挖过煤的手，手掌和指甲缝里还有细小的黑裂缝。"通过老梁那裂缝里浸满煤渣的双手一针见血地道出老梁生活的辛酸，一个命途多舛的敛尸人形象立刻丰满生动起来。

二 情感修辞策略

情感修辞，主要是指报道主体对人物的情感态度，它往往通过环境描写，人物形态、动作的描摹，或是直接表达自己的评价来体现。优秀的人物报道能引发读者的情感效应，个中缘由，除了来自于文本本身的新闻价值外，还来自于对文本的情感化的叙事形式，来自于作者将笔触伸进到人物心灵深处的情感世界，从而达到"情动而辞发""情动而言形"的审美

---

① 杨潇：《寻找北川中学》，载徐列《重新打量每个生命》，南方日报出版社2009年版，第38页。

情境。虽然情感不是新闻生命力的基石，但它却是新闻赖以生存的养料，是沟通文本与受众的一种有效符码。

我们可以看看著名记者穆青的代表作《为了周总理的嘱托》，作者描写吴吉昌弯着残废的手，拖着被打伤的腿，艰难地跪在村路上扫地的情形时，加了一句："白杨在迎风呼号，是为老汉在呜咽，还是为不平在忿怒！"在《县委书记的榜样——焦裕禄》一文的结尾，作者感情的潮水喷薄而出："焦裕禄同志，你没有辜负党的希望，你出色地完成了党交给你的任务，兰考人民永远忘不了你，你不愧为毛泽东思想哺育成长起来的好党员，不愧为党的好干部，不愧为人民的好儿子！你是千千万万在严重自然灾害面前，巍然屹立的共产党员和贫下中农革命英雄形象的代表。你没有死，你将永远活在千万人的心里！"

《当个好人有多难》（《中国青年报》2007 - 05 - 16）一文讲述了一个热衷于慈善事业的好人，捐资百万，自己一家却住在集装箱改建的"房子"里，5家公司也为此倒闭。出名后，他变成了"唐僧肉"，求助者络绎不绝，但最终却落了个"骗子"的名声。他不断遭受黑恶势力的恐吓和勒索，还要承受社会方方面面的误解和嘲弄，报道中着意突出他的外貌和精神现状：

> 眼前的王明殿早已失去了照片上的风采。他头发凌乱，皱纹纵横。"我亲娘，这可怎么办？"讲起出名之后这一年的经历，这位饭店老板的眼睛和鼻子几乎挤到一起，但仍掩饰不住眼眶里打转的泪水。
>
> "知道了我的故事，看你们谁还敢出名！"一提起自己破产的公司，和自己有家不能回的日子，王老板就忍不住低声诅咒。

"头发凌乱，皱纹纵横"，"眼睛和鼻子几乎挤到一起"，"低声诅咒"，报道者对人物的外貌和精神现状的细节描写同时也是一种情感修辞，这一幕带给读者的是难言的心酸与悲痛，记者对王明殿的深切同情也溢于言表。

需要指出的是，在社会现代化进程中，随着社会心理的变迁，当前人物报道情感修辞相比过去报道主体的直抒胸臆要显得冷静、客观一些，这与当前社会价值的多元是相吻合的。《南方周末》的人物报道多以此见长，其文本上的创新也多体现在情感修辞策略上。具体而言，该报在报道主体与客体之间保持了一定的距离。尽管如此，该报的一些人物报道尤其是争议人物的报道还是引起了不少批评之声，由此可见情感尺度把握的难度。

三 视角修辞策略

一切叙事作品都有一定的叙事视角，即叙述者观察和叙述故事的角度，一方面它为受众提供了观察问题的角度，另一方面它本身包含着叙事判断、明显或者隐蔽的情感倾向，因此，同一事件往往会因叙事视角的不同而呈现出不同的面貌与性质。叙事视角一般分为三类：全知视角，叙述者无所不在，无所不知，热奈特称之为"零度焦点叙事"；限知视角，叙述者知道的和人物一样多，人物不知道的事，叙述者无权叙说，热奈特称之为"内焦点叙事"；纯客观叙事，叙述者只描写人物所看到和听到的，不做主观评价，也不分析人物心理，热奈特称之为"外焦点叙事"。这里我们只分析两对对立的视角，限知视角与全知视角。

全知视角叙事是指叙述者所掌握的情况多于故事中的任何一个人物，限知视角是指叙述者只通过故事中某个人物的视野去观察事物，叙述者等于或小于人物。在《狷狂黄健翔》（《南方周末》2006 年 11 月 23 日）一文中，视角策略得到了灵活的运用。全知视角是此篇文章的基本视角，叙述者对人物的优点、缺点、长处、短处非常清楚，立体化地塑造了"黄健翔"这个人物形象，同时又给人客观公正真实的印象，但是全知视角就像一个全知全能的上帝，主要缺陷在于失去了对情景的接近感，失去了生动性和某种亲切感，也给读者带来单调、疏离和虚拟感。这些明显的缺点，可以通过限知叙述者的力量来克服。叙述者不断穿插限知视角，从一个限知视角转移到另一个限知视角，从而使读者与人物或人物与人物直接相遇，人物的各个侧面也随之一一展现，从而使读者获得丰富而生动的感受。简言之，全知视角需要限知视角予以补充，后者则需要前者从外部进行整合。视角的变化带来场景的转换，一个连续的故事变成多个故事，信息的容量大大增强，给受众更多思考的空间。

四 悬念修辞、节奏修辞策略

悬念修辞指的是注重新闻故事的情节发展，强调一种故事性，使读者在轻松、好奇的心理状态下接触到报道所要反映的严肃主题。节奏修辞即在叙事中通过速率和强弱的变化形成起伏变化。悬念与节奏的变化，使不同的叙述质地相互穿插，体现画面感、动感与现场感。在人物报道中，人物命运中的悲欢离合就是一种节奏，这种悲欢离合常常被凸显出来，带动读者的情绪节奏。

《杀手杨文的选择》以杨文的六次关键性的选择为线索，自如地运用节奏、悬念策略，讲述了杨文是如何从一个讨人喜欢的农家娃、优秀退伍军人、普通的打工者，变成了一个雇佣杀手、法庭上的杀人嫌犯，带动着读者了解杨文其人其事，关注着他的命运，思考着人与社会的相互影响。

> 香港陆羽茶室。
>
> 杨文从卫生间走出来时，右手插在上衣口袋里，手中多了一把上了膛的口径为 7.62 的五四式手枪。他不慌不忙地走近坐在座位上品茶的香港亿万富豪林汉烈。
>
> 枪声响起，子弹近距离击中林汉烈左脑。在众人的尖叫声中，他冷静地将已经卡了壳的枪口对准旁人，慢慢退出茶室。

这是文章的开篇，有点像香港枪战片，也符合读者的猎奇心理，同时给读者留下一系列悬念：杨文为什么要杀人，他后来是怎样被抓住了，对他的处置是怎样的……下文是杨文的回忆，节奏缓下来，形成一张一弛的节奏，带动读者的情绪，扣人心弦，但是文章并没有立即解答这些疑问，反而又提出了一个更大的疑问：一个讨人喜欢的农家娃、优秀退伍军人、普通的打工者，最终变成了一个雇佣杀手、法庭上的杀人嫌犯，杨文的角色陡变让家乡人百思不得其解。

五　意象修辞策略

有记者认为，对读者完全陌生的人物，可用一些人们所熟悉的历史人物、文学形象等类比，营造一种人物意象，活化人物，便于给人物定型。[1] 如《胡老师》（《南方周末》1999 - 12 - 29 日）一文，作者为了写

---

[1]　陈明洋：《细节"定神"》，载徐列《在追问中逼近真实——〈南方周末〉人物报道手册》，南方日报出版社 2006 年版，第 285 页。

好当地传奇人物胡老师，用了苏格拉底、列宁、屈原、耶稣、庄子等意象，从各个侧面勾画胡老师的外貌、性格及精神特征。比如胡老师演讲像列宁、像古希腊的苏格拉底善辩、雄辩。胡老师穿"奇装异服"，头发不理，像古希腊奥林匹克优胜的少年，夏天则将大荷叶抠穿围在脖子上，又像屈原的打扮。还有《冷锋：单挑骗子的"佐罗"》（《南方周末》2005 - 09 - 08 日），冷锋是一个与诈骗世界斗智斗勇的平民，行侠仗义，记者用西方文学中知名度极高的"佐罗"类比，既能吸引读者的阅读兴趣，又能揭示他身上的精神品格。《上海证券报》2006 年 1 月 17 日的《"性情中人"易宪容》一文中借用易宪容的自喻"牛虻"一词，刻画出著名经济学家为公众利益呼吁、得罪地产商从而惹是生非的一个侧面形象。

《周易·文言》中说"修辞立其诚"，"诚"意味着真挚、得体、不虚伪，就是合于某种修辞法则，人物报道具有浓厚的情感色彩，但新闻修辞的目的在于展示真实、公正、客观、全面的人或事件，不管运用何种修辞策略，事实、真实的底线绝对不能超越，同时也应符合一定的修辞规范：一是个体真切的感受；二是能引起共同的情感，具有普遍的社会效用。

第二节　人物报道的文学性气质

文学性是指文学内在的规定性，新闻要求真实、客观，而今天的新闻写作与文学写作的界限越来越不明显，新闻报道大量吸取了几乎所有的文学表现手段，小说的描写方式、电影的叙述结构、意识流的手段经常见于文本中。同时新闻写作者也一改过去的冷漠和中立，根据需要随时增加情感的浓度，提高新闻作品的感染力。"后新闻""文学性新闻"等概念的出现，使得新闻事件尤其是人物的采写在引人入胜方面并不逊色于小说。而人物报道作为主观色彩最浓、文学性最强的一种报道文体，令许多记者心向往之。近年来新闻界陆续出现一批擅长写人物报道的记者，如南香红、李海鹏、杜涌涛、李菁、卫毅、李宗陶等。在记录时代之外，他们有自己的职业野心，追求独到精致的永恒文本，挑战新闻的速朽，试图冲破日益工业化和流水线式的新闻制作，不满足于新闻只有一天的生命，追求更长久的意义，即使新闻变成旧闻，但报道的认识价值和文本价值永恒，这种超越时代与历史的写作是一种可贵的探索。《南方人物周刊》《南方周末》《新京报》等的人物报道具有明显的"文学性"气质。

一　文学性表现手法

在新闻写作中，自我创新和发展的方式越来越多样，学者周雷总结了被奉为写作圭臬的四种方法：一是广泛使用短句和中长句，造成文本的阅读节奏，时常使用短句断行，造成阅读的一种空间感；二是半字使用法，在写作选择字词和名段的时候，时常有意精简词意和句意，用半字和半句表达一个完整字句的意思，以造就新闻文本的一种阅读张力；三是视觉化，将视觉因素在文字中呈现到极致，从纪录片、电影、电视专题等形式中吸取写作的新视角和文字展开方式；四是延异风格，广泛使用非传统新闻的材料和语料作为文本内容，如童谣、工具书、谚语、日记、处方、历史卷帙、处方式文字、传说、日常话语、民间语文等内容，将其整合到新闻文本中去，造就一种新闻文本阅读的延异感受。[①] 当前，在人物报道中广泛运用的文学手法主要有虚笔运用、细节呈现、意境营造等。

（一）文本叙述中的虚笔运用

新闻虚笔，指的是反映新闻事实的那些看来可有可无的不很重要的情节叙述；或者对看来不很重要的场景衬托，而实质上它却正是作者精心设置的能够成为有力揭示新闻主题的重要表述手段。[②] 作为一种以虚写实的高级叙述方式，它是从文学虚笔技法中演化而来的，在新闻写作中能恰到好处地说明写作意图，是记者含而不露地表达自己主观情感的常用手法之一，也是新闻写作走向成熟的标志。在人物报道中，为了突出人物真性情，常常会引用他人话语，从侧面烘托出人物真实性格，引用旁人话语，可以增加新闻的力度和可信度，而且也有利于刻画人物形象，让读者从语言的背后触摸到人物性格的真正内核。《南方人物周刊》的记者经常会裁剪一些貌似不经意的旁人话语，来塑造人物形象，凸显人物的性格特点。如《林丹　我很讨厌输球》（2009 - 04 - 13）一文：

> "他成熟得比较早，自己有一个目标，他知道自己要什么，并且知道怎样去达到。"中央电视台体育解说员洪刚说。"林丹一定是进

---

① 周雷：《深度写作：新闻叙事修辞学例话》，福建人民出版社 2009 年版，第 122 页。
② 万联众：《巧用虚笔深化文章主题》，《新闻传播》2006 年第 7 期。

行了苦练，今天我感觉他比以前速度要快得多，各个方面他都发挥得近乎完美，我根本没有机会获胜。"8 月 11 日，有"林丹克星"之称的韩国球员朴成奂如是说。

"林丹一直在努力，想要强悍地控制住自己的人生。"队友对他的评价。

短短几句话衬托出真性情，一个不愿服输、坚强好胜的奥运冠军形象雕塑般地矗立起来了，使读者读起来倍感真实，仿佛能触摸到他跳动的脉搏。此外，《南方人物周刊》擅长使用文学中的留白技巧，以一种写意的方式来描写人物，注意留白的处理，做到"点到为止"，给读者留下无限遐想的空间。

（二）营造新闻意境，逼近生活"真实"

记者在写人、写景和叙事时，往往通过艺术构思，运用描写、叙述等文学手法，十分细腻、逼真地描摹新闻事件发生的环境，创造出主观情思与客观景物相融合的情景，以营造一种新闻意境，衬托出人物的性格特点，有利于思想情感的表达。通常是借由对周边环境的描写，营造出一种新闻意境，以更真切地逼近生活"真实"。

如记者卫毅采写的特稿《寻找萧望野——一位北京来客的广西山村生活》（2008 - 03 - 21）一文，萧望野放弃北京优越的生活，选择在偏僻的山村教书。记者以唯美忧伤的语言营造出一种孤独的新闻意境，以细腻的笔调呈现出山村生活的自然。山村，它美丽而洁净，那里有干净的阳光、山峦、河流、低飞的鸟，有孩子爽朗的笑容，有村民对老师的尊重，在山村生活的自然状态下，那里干净如圣地。但在现代文明的对比下，山村显得偏僻而落后，那里贫困潦倒，有裂痕累累的黄土房，有辍学而归的学生，有无人疼爱的傻妞。在那里，没人关心吃之外的事情，长期的贫困已让他们神情麻木。在这种矛盾而复杂的生活环境中，受过现代文明恩泽的萧望野在当地显得格格不入，她虽然受到学生的爱戴、村民的欢迎，但他人无法理解她的所思所想，村民只知道萧望野是个好老师，只知道关心她的温饱，没人知道她想要什么、想干什么，更没人知道她精神世界中的任何东西。在那个小山村里，萧望野过着一种近乎隐居的生活，她劈柴、煮饭、关心小鸡的冷暖，用大把大把的时间来阅读、冥思、祈祷和反省，偶尔还会想起昔日的诗歌会。在无人陪伴的日子里，她度过了一个个潮湿而寒冷的夜晚，有时，孤独感会爬满她整个心扉，而每当这时，她对自己也充满了疑惑，害怕留下来，也害怕离去。纵观全文，可以看出，记者在对萧望野的描述中，始终以一种低沉的笔调忠实地记录着她的欢乐与忧伤、她的失落与孤独，文章笼罩着一种深深的哀愁。

"萧望野站在小河中间裸露的石头上，弯下腰去，用山涧流淌下来的清水和肥皂，洗净这个无名女孩满是污垢的头发，晌午的阳光投下，让河流、小桥、房屋、树木以及这些场景中的人，变得温暖而有光泽。"给无名女孩洗发，是萧望野性情的自然流露。卫毅曾说："我觉得这个场景打动了我。我在写稿的时候，迫不及待地把这个场景描述出来。我认为这个场景是文章的核心场景。对于核心场景的把握能把握住一篇文章。"① 尽管记者最后"没有如愿寻找到她的心灵"，但他却把一个真实的萧望野呈现了出来。她有着不一样的人生，有着不一样的思想，她告诉我们，人还可以过这样一种生活：享受孤独与抵抗孤独并存的生活。记者对萧望野的敬重之情跃然纸上，其对中国农村教育的隐忧也略微可见。新闻报道通过营造新闻意境，把生活的自然状态生动活泼地描写出来，这既可以使读者获得一种审美享受，又可以更真实地表现社会生活。

二　新闻之真与文本之美的纠葛

在众多以文学手法进行人物报道的刊物中，《南方人物周刊》似乎走得更远。正如宋志标所言："它（《南方人物周刊》——笔者注）对简单化的新闻报道、扁平的新闻人物越来越不满。南人反对人物作为媒体消费品的现实，对表现人的复杂性抱有野心，一次又一次地发动文本实验，试图呈现或暗示诸如人性、世相、黑暗、心灵等最能接近复杂性的意象。"② 表达方式上采用新鲜活泼的文字描写和叙事性的技巧以突破人物写作的原有格局，以寻求一种灵活的、更有感染性和想象力的写作风格，创造出新闻作品的高级形态。以叙事、评述、对话、特稿等多种文本形式表现人物性格特点，挖掘其内在的精神气质，提炼深刻的主题。该刊在写作理念和实践上完全突破了新闻和文学的界线，使新闻的文学意识得到了空前的张

---

① 卫毅：《享受孤独与抵抗孤独的生活》，载徐列《重新打量每个生命》，南方日报出版社2009年版，第97页。

② 宋志标：《想和上帝谈谈中国人——〈南方人物周刊〉的文本实验》，《南方传媒研究》2010年第25期。

扬，呈现出人物报道的多样性和可能性，如调查、叙事、评述、对话、特稿等文体，具有明显的"文学气质"，从而以独特的文本形式和深邃的思想内涵吸引着大众的眼球。《南方人物周刊》人物报道对文学的借鉴，为其赢得了掌声，使其能在短短几年时间里脱颖而出，突围新闻时政周刊市场。但与此同时，这种超越于新闻之上的文本形式又受到了质疑。

如在《少年杀母事件》（2007－12－01）一文中，记者以非虚构小说形式叙述了少年张明明杀母砍父事件，其特点在于对"人"的突出与关注，而不是简化为一个引发留守、少年网瘾问题的符号。它写出城中村的精神压迫，无主少年的家庭破碎，它仿佛说了很多，可不提供答案。按照记者的理解，"非虚构小说包括两层含义，一方面要坚持新闻的最基本原则即真实，另一方面写作形式可以更灵活，甚至可以不必在文中注明信息源"。① 文章从多个角度展现了张明明复杂的心理过程，以不同的细节描写呈现出这个貌合神离的三口之家的日常生活，写作方法也是多种多样的，有描写、叙述、评论等。为了完整地再现事件发生的始末和探寻悲剧发生的源起，记者在对最后一天的叙述中穿插人物一生的主要经历，以烧烤之路作为线索，并由地点勾连不同时期的事件，空间移动和时间切换同时进行，时空交错一方面真实再现杀母事件，一方面还原人物全貌及所处环境，呈现张明明个人世界中的冷漠、残酷、荒诞与苦痛。报道使用了迥异于新闻的常规路数，混合了纪录片、蒙太奇剪辑、梦呓等手法，意象联翩。创新的文本表达使报道收获了赞誉，但也遭到很大的争议，焦点集中在文中的信息源是否属实，文中很难找到第一信息源，其中有些细节也是根据受访者的描述再现出来的。从整篇文章来看，它更像一篇小说，全文采用了回忆体的形式，所用材料因无法验证其真实而显得过于感性，在行文中，作者的主观感受又有意无意地显现出来。

以敏锐的眼光观察人物，把具有深刻审美内涵的对象以最适合的外在形式完美地表现出来，使文本具有浓厚的文学色彩，以构建真实的人物形象，为历史留下一份"底稿"。这是《南方人物周刊》对新闻文学的合理借鉴所取得的成效，促进了人物报道多样化的发展。但与此同时，《南方人物周刊》在吸取文学手法的同时，也存在着一些不足之处，如过于强

① 林姗姗：《当可靠的倾听者》，载徐列《重新打量每个生命》，南方日报出版社2009年第345页。

调记者的介入以及媒体的社会职责等，从而削弱了新闻的真实性，无意间"剥夺"了读者的阅读参与权。因此，在人物报道中借鉴新闻文学，尽管有利于吸引受众的眼球、扩大市场占有率、提升新闻品格，但不能盲目用之，而应在一个成熟的媒体环境中有规律地发展。

人物报道文学性现象的二律背反是无法消除的，因为它根植于新闻与文学的基本性质之中。但我们又无法回避这个问题，必须在一定程度上加以解决，否则，人物报道便容易流入到"假新闻"行列中，不利于其健康地发展。在人物报道中，为了更好地反映新闻事实，揭露人性的深度，记者可适当地借鉴新闻文学手法，但与此同时，记者必须始终坚持新闻真实性原则，尊重新闻事实和新闻活动自身特性，用准确客观的语言还原人物真实面貌。此外，记者还必须具有社会正义感，以深邃的洞察力观察人物、剖析人物，以自己鲜明的态度和观点阐述所报道的事实的意义。唯有这样，才能保证人物报道的健康发展。

三　"激情作文"的忧思

博尔赫斯在《读者的迷信》一文中曾指出："今天的文学经常出错的是过分强调语势。结论性的语言，炫示性的预言，天使式或者超人式的语言（唯一、从不、永远、安全、完美、完美无缺）来自于所有作家的商业化习惯。他们不知道多说一句和没有把话说全都是缺乏专业素质的表现。同样，一切泛泛之词和无谓的激情都会被读者看作是语言贫乏。"①笔者认为，这种警示对新闻报道同样适用，当前，新闻报道尤其是人物报道有"激情作文"的趋势，过强的作文意识，强烈的别出心裁有可能使读者脱离轨道，失去关注新闻与事实的基本动力。正如学者们所担忧的："如果过分追求斗争性、人情味和新奇性，有可能导致行为过度——为了吸引最大数量的受众，强调例外甚于常规，强调煽情甚于重要性，有可能为公众提供窥探隐私的闲言碎语、流言蜚语、名誉毁谤和欺人之谈，更有可能动摇人们对新闻可靠性的信心。"②

2010年10月20日深夜，西安音乐学院大三学生药家鑫驾车撞人后

---

① 潞潞：《另一种写作——外国著名诗人散文、随笔》，北京出版社2003年版，第260页。
② ［美］新闻自由委员会：《一个自由而负责的新闻界》，展江译，中国人民大学出版社2004年版，第34页。

将伤者刺了 8 刀致其死亡，此案引发新闻界持续关注。12 月 6 日《新京报》人物版用整版对药家鑫进行了报道，标题为主副复合结构：（主题）他用弹钢琴的手连捅被撞者 8 刀；（副题）驾车撞人后捅死伤者，西安音乐学院学生药家鑫在朋友眼中柔顺却又倔强。报道开头有古龙武侠小说的风格：分段、短句子、大量白描、典型场景的闪现，无疑增强了文本的阅读快感。

> 药家鑫的那双手，纤细、修长，天生是一双弹钢琴的手。
> 他坐着的时候，常常会不自觉地五指分开，双手摊在桌面上。
> 没有人知道他握刀捅人的姿势。他的朋友说，"他哪里像拿刀的人。"
> 死者身上有 8 刀，致命的一刀在胸前。
> 药家鑫杀了人。

　　稿件刊出后网友议论纷纷，除了对药家鑫本人进行谴责外更多的是对记者报道手法的质疑，比如报道总是什么都从小时候扒起，从一点点的细微处到后来行为的合理性，文本中突出药家鑫的"文静、干净、乖巧"，这样的建构模式给人的感觉是记者在为他做辩护，甚至有网友直指背后有交易内幕，怀疑记者被药家收买，质疑媒体丧失了最基本的职业道德。过强的"作文意识"会将新闻报道带往何处？这或许是最值得媒体反思的吧。

第三节　人物报道中的审美价值传播

　　关于后现代社会对情感的影响，学者郭景萍总结了五个方面的新特点：情感感性化；情感碎片化；情感的快餐化；情感的"零度化"，即情感的价值和意义的消失和中立化；情感的祛魅化。[1] 在媒介消费主义盛行的当下，泛娱乐化倾向在媒体日常操作实践中日益明显，新闻逐渐异化为噱头与谈资，导致精神产品的内在核心品质缺失。在此过程中，新闻报道中的情感隔膜与缺失呈现出两种极端，一面是滥情，一面是无情，前者因

---

[1]　郭景萍：《情感社会学：理论·历史·现实》，上海三联书店 2008 年版，第 84 页。

夸张与渲染有违新闻准则，后者因冷漠与麻木而缺乏人文关怀。这正好印证了郭景萍的观点，即高层性情感（指的是理智感、道德感和审美感等求真、崇善、爱美的高尚情操）的销蚀，低层次庸俗情感的流行。①

在信息超载而导致的碎片化语境中，猎奇、庸俗的闹剧逐日上演，新闻异化为噱头与谈资，未能承担起精神产品应有的品质与责任，这已成为有识之士共同关注的议题。新闻审美传播的必要性与重要性日益突显。本节选取近两年部分优秀人物报道个案，通过主题分析，指出人物报道审美价值内涵的三个特质，即人文主义的价值立场、精神超越的情感认同以及批判性的社会关怀，进而在反思媒介人文关怀与社会责任的缺失等问题中探讨新闻报道的社会意义。

"用事实说话"被认为是新闻报道能够而且应该表达思想的中国式提法，在提供信息基础之上，新闻报道还有价值上的要求。当然，因为体裁的区别，不可一概而论。人物报道以大量细节讲述个体人生故事，呈现复杂的人性，反映对象的价值观念与思想，受众得以在他人的故事中沉潜、深思，感受着润物细无声的浸染，极易引起共鸣。人物传播的魅力直接体现为新闻界掀起的人物报道热潮：报纸人物版面或栏目呈现固定化趋势、人物类期刊异军突起、电视人物访谈栏目日益红火……

在了解事实的基础之上，受众对人物报道的文本及内涵也有更高的要求与期待。审美价值是优秀人物报道的共性，与过去的典型宣传、道德模范塑造等相比，今天的人物报道多了一份人文关怀以及社会层面的关怀与反思。人物报道的审美传播一方面体现为文本表达之美感，文本之美为人物报道营造出独特的意境，简洁、隽永、从容有度，可反复品味，另一方面体现为精神价值层面的引导，笔者主要论述其精神层面的审美价值内涵。

寇鹏程认为中国传统美学有三大审美范式，即比德、缘情、畅神，并认为三者在审美价值取向上各有侧重，比德强调社会道德意义是获得美感的基础；缘情强调主体的情感体验是美感的来源；畅神将整个身心的舒畅、灵肉的和谐解放作为美感的标准。② 以此而论，笔者将人物报道的审美价值归纳为三个层面，即人文主义的价值立场、人性升华的精神烛照和

---

① 郭景萍：《情感社会学：理论·历史·现实》，上海三联书店 2008 年版，第 85 页。
② 寇鹏程：《中国审美现代性研究》，上海三联书店 2009 年版，第 53 页。

批判与反思中的社会关怀。

一 人文主义的价值立场

阿伦·布洛克在《西方人文主义传统》一书中指出，人文主义传统最重要和始终不变的特点主要有三个：一是以人为中心，集中焦点在人的身上，从人的经验开始；二是每个人在他或她自己的身上都是有价值的，即人的尊严；三是始终对思想十分重视。① 简言之，人文主义意味着关注个体生存、生活和生命的状态，关注人的权利与尊严。

《中国青年报·冰点周刊》在人物报道选题上坚持以人为本，注重于对人自身和人的价值的关注，特别是对社会底层人民给予更多的关注，揭示他们的处境和心态，充分挖掘其内在的精神品质和个性特征。正如李大同所说："在这个国家里，尽管有种种令人愤慨的现实，但善良、勇敢、坚韧、抗争、同情心、爱、创新……这些全人类共同尊崇的优良品质，仍在默默地、顽强地存在和生长，而他认为新闻工作的意义，就在于捍卫这些价值。"② 《一个家政工的平凡与不平凡》（2012 – 07 – 18）讲述了家政女工肖爱珍在北京的工作及生活故事，肯定了她身上的"不自卑""从不怨天尤人""有爱心、讲信用、有原则、有较强的职业操守"及"自强不息、好强能忍"等品性，也肯定了肖爱珍作为母亲和家政工双重角色的价值，让读者在物欲横流的转型社会看到人性的真善美。

但人文主义并不以报道对象的身份为判断标准，不论是普通百姓还是高官富豪名人明星都应尊重，《冰点周刊》不局限于关注底层人民和弱势群体，而是指平视和尊重所有的人。如《周江疆颠覆了"富二代"》（2012 – 07 – 11）、《114 名老人的"80"后家长》（2013 – 01 – 29）将镜头对准"富二代"这个处于上层社会的群体，充分挖掘他们身上"具有积极意义"的故事，这个群体在现实社会中被贴上"拜金主义""玩物丧志""炫富""恃强凌弱""没有责任感和同情心"等标签，因此周江疆们的抉择与坚守格外引人关注，报道也在一定程度上改变了人们的刻板印象。

---

① [英] 阿伦·布洛克：《西方人文主义传统》，董乐山译，三联书店 1997 年版，第 233—235 页。

② 李大同：《冰点故事》，广西师范大学出版社 2005 年版，第 396 页。

李大同曾总结冰点的选题特点："我们所选择的大部分报道对象，其指向都是当前中国最'缺氧'的社会背景；我们所展示的，是恒久不变的价值与多变的甚至丑恶的社会环境之间的搏斗；我们报道中的很多人物的品质，不是因为他'平民化'，而是因为他的所作所为'日渐稀缺'，才引起受众的强烈共鸣。"①

二　人性升华的精神烛照

审美的最高功利性体现为精神性的、间接性的、综合性的功利，对人、对社会有利、有益、有用，它以教人奋进有为为目标，以带给人类欢乐、自由、解放与光明为己任，合乎"天行健，君子以自强不息"的精神状态。优秀的人物报道总是闪耀着解放与超越的精神光芒，那些人物身上超乎功利的追求，内心真正的自由与旷达，使审美境界与人生境界合二为一。这一点在央视《看见》栏目中有较多的体现，这是一档有强烈纪录意识的人物访谈节目，主编王开岭曾阐述其初衷："寻访当下的精神事件、亲近真实的人性和灵魂、建构时代的生活美学。"② 节目主创人员的信仰与审美态度在一定程度上决定了节目的"气质"，在《但愿人长久》（2012 - 04 - 12）中柴静与80多岁的饶平如有几段对话：

柴静： 中国人爱说贫贱夫妻百事哀，你为什么觉得有诗意？

饶平如： 我想一个人跟那个心境有关系。不管什么时候，什么地域，什么人生，有些诗意的人，他看什么都是有诗意的。

柴静： 家人觉得你怎么能够一直这么特别天真？

饶平如： 外国有这么一句话，《圣经》里有，说只有儿童的心才会上天堂。

柴静： 你原来是一个当过兵，经历过炮火的人，人们可能说你怎么会这么脆弱？

饶平如： 善与恶之间，我有一个判断力，我要坚持做善的，我不做恶的。我有我这个坚强的信心，我是这样想，一个人要有力控制自己，你可以不危害于人，你可以有这个力量，这不是他的心脆弱，这

---

① 李大同：《冰点故事》，广西师范大学出版社 2005 年版，第 166 页。
② 王开岭：《看见：一种目光和态度》，《中国电视（纪录）》2012 年第 3 期。

是他道义的坚强。

这样一来，节目就不是简单地讲一个相濡以沫的爱情故事，而是通过人物故事表现出对人的准则、价值、命运的维护、追求和关切，对一种全面发展的理想人格的肯定与塑造，是对渐已消逝品质的呼唤。

再如对导演魏得胜的专访《野蛮的骄傲》（2012 - 06 - 17）一期中，除了对其人生故事的讲述，对电影的执着精神，更多展现的是魏得胜对梦想的执念和朴素的价值观。在他眼中，钱仅仅是一般等价物（也正是钱的本质），而那份对梦想的实践却是什么都不能敌的。这或许能给一个正在犹豫着要不要再坚持梦想的人，注入一针强心剂：有梦想，肯付出，终究会抵达某个彼岸。这种精神的传递符合节目定位，即打造一档具有人文品质、理想情怀、社会思考性和生命关怀力的栏目。

人之为人，在于"自由自觉的特性"，人物报道中的审美价值在于引领人不断向上、向善以实现人性升华。《告别卢安克》（2012 - 10 - 28）将目光重新投向志愿者卢安克，一个将十年的生命交予广西板烈留守儿童的德国人。十年来他仅仅是作为一个大人默默陪伴板烈的孩子们。节目编导范铭说："从世俗的意义上说，卢安克做的事情没用，没效果，不可效仿也不可推广，但他的存在本身，有一种令人内心惶然震颤的力量。"柴静在采访完后也有感："一旦了解卢安克，就会引起人内心的冲突，人们不由自主地要思考，对很多固若金汤的常识和价值观产生疑问。"卢安克展现的一种"无能的力量"实则是超越个体生命的，他的无欲无求是对世俗人性的升华。节目结尾有一段话："教育，是人与人之间，也是自己与自己之间发生的事，它永不停止，就像一棵树摇动另一棵树，一朵云触碰另一朵云，一个灵魂唤醒另一个灵魂，只要这样的传递和唤醒不停止，我们就不会告别卢安克。"《看见》两次将目光聚焦卢安克，是为探访其超越的生命与升华的人性，试图呼唤他所呈现的传递和唤醒的力量。

当前社会面临着意义感丧失的危机，人们倾向于认为自己作为个体产生不了什么影响，认为大环境无法改变，与此同时，责任感也会在一定程度上被削弱。而《看见》平静的陈述往往能引发人们思考，具有深刻的审美意义。观众与其说是在听故事，不如说是一场精神上的洗礼，柴静在个人新浪博客"看见"中发表了很多播出节目的业务手记，《告别卢安克》截至 2014 年 12 月 2 日被阅读 241608 次，评论 893 条，转载 1311

次；《但愿人长久》节目预告的博文《赤白干净的骨头》阅读更是多达414086 次，评论 1285 条，转载 2698 次，可见受众的认同程度极高。

三　批判与反思中的社会关怀

优秀的人物报道通过人物故事传递出社会价值与意义，在批判与反思中以温和的力量实现影响社会的目标。

（一）直面人性之恶

理想是完美的，而现实总是充满问题，人性之中的负面因素一直存在。优秀的人物报道除正面张扬人性力量，还会直面人性恶的一面。

《从义工到暴徒》（《中国青年报·冰点人物》2012 - 10 - 17）以深圳保安队的一名普通的保安，一个质朴的好人，在游行中却反常态地表现出暴徒的行为为切入点。反映了中国游行中一个普遍存在的问题，即人们在群体行为中易表现出冲动、多变、急躁，易受暗示和轻信谣言，专横、偏执与保守，以及群体中无意识的、条件反射的模仿。通过对主人公在游行中的心理变化，反映出游行示威活动中存在的问题，落脚点在于通过个案分析游行示威中出现暴动的原因，以及产生这种后果的社会深层次根源。

（二）反思社会制度

以教育体制改革为例，近年来媒体在高校教育、高考制度、教育公平等焦点问题上持续探讨，人物报道以个体故事的感性表达起到了较好的反思作用。

在市场经济体制的确立与深化中，大学精神的失落成为令人担忧的问题，《中国青年报》对文化教育领域的种种异化现象保持着高频度的关注，《寻找大学精神十四年》（2012 - 06 - 20）即是比较突出的报道，优秀学者董云川十四年来寻找大学精神的故事令人感慨，重建大学精神当然不仅仅是董云川一个人的事，而是需要正视的社会问题，大学学风不正、官僚主义等问题都值得反思。转型时期国家、社会如何发展？改革进程中的问题如何面对并解决？通过具体的人物命运呈现、反思，理性与建设性渗透在人物报道中，这可说是当前优秀报刊人物报道操作实践上的一个共识。

实施多年的高考制度一直是媒体关注的焦点。《中国青年报》冰点特稿《高考落榜生之死》（2013 - 07 - 03）让人印象深刻，该文讲述了一名农村复读女生高考失利后自杀的故事。这个普通女生，懂事孝顺、努力认真，却身负重压，她希望牢牢抓住高考这根决定人生命运的"救命绳"，却无情地被失败的浪潮所淹没，最终走向毁灭，其悲剧命运深深触动读者的心灵。文本虽未直接对中国应试教育体制进行沉痛的拷问，但通过个体命运侧面折射出的种种弊端，委婉而有力地抨击了"一考定终生"的制度。

还有对教育公平的追问。《为了一张北京考桌》（《中国周刊》2012年第10期"人物"栏目）中一对母女的故事让人感慨不已：母亲崔莹7年来在北京等待高考改革政策，只为帮女儿暖暖获得参加北京高考的机会。全篇4个小标题，"最残酷的赌注"引出主题矛盾，讲述一家人不断在惊喜和失望的交错中艰难抉择，最后决定赌一把；"我爱北京"介绍了暖暖如何融入北京，挑选了暖暖入京后的多个小镜头，着力展现她对学习的强烈欲求、对北京的喜爱及决心；"伤疤"既指惨烈的自我施压不惜在手臂上扎字，也指频遭挫折、消极等待而导致的心灵创伤；"救救孩子"描述母亲崔莹曾放弃继续留京，但回到家乡女儿求学遭拒，再度回京后虽然成绩优异但无法享受和北京孩子一样的选座位待遇，而不公平的原因只因无资格参加北京高考、浪费资源。崔莹希望通过微博表达心声，但遭遇"活埋"，面对攻击侮辱加之巨大的压力过度操心，身体透支患上重病，可依然需要马不停蹄的打听政策消息。末尾7段开始讲述女儿高考前的准备，2个镜头1段引语结束全文，女儿剪掉了长发、不再浴室唱歌、告诉母亲自己将来要为她买别墅，还有那句略带稚嫩的玩笑："是不是嫁一个北京男孩，以后我的孩子就又可以参加北京高考了。"一个求学的女孩、一个为爱女奔波的伟大母亲的故事，记者巧妙地将观点隐藏在事实中，看似没有完整结局，但引发读者深思，意味无限。

（三）呈现社会困境

审美活动的重要意义在于反思人类生存的困境，抵抗人性的异化。在边缘人群、负面人物的报道中优秀媒体立意深远，不断探究"可能性"，实现了新闻的审美传播。

日本NHK特别节目组擅长在对人物生存、命运的关注中思考社会现实。比如2010年播出的《无缘社会》特别节目，镜头对准的是每年高达3万多的"在途死亡者"，其中有在公司20年没有迟到请假却一夜之间变成流浪汉的工薪族，有一生未婚的女性，有儿女远赴他乡的空巢老人，有从来只在网络上交友的年轻人，这档志向高远的节目在日本引起了强烈的反响，它反映出的是日本社会高龄、无子、失业、不婚、城市化造就的一批批新人群：他们活着，没有工作，没有配偶，没有儿女，不回家乡，也没有人和他们联系；他们死了，没有人知道，即使被发现，也无人认领尸体，甚至无法知道他们的姓名，他们的人生被总结为寥寥几个字的骨灰认领布告，他们被称为"无缘死者"。相应的，他们所在的社会也渐渐从"有缘社会"变成"无缘社会"。NHK 报道局社会部总制片人高山仁说："在我们的社会渐渐变成'对别人不感兴趣的社会'的今天，尽管回归以往是不可能的，但我仍衷心祝愿我们是一个'能够同情别人、同情生命的社会'。"①

　　上述现象不只是日本的当下现实，也是很多国家的现实。《南都周刊》曾在 2014 年第 36 期推出封面专题《失陪者》，关注"社会个体化"趋势下的生存状态，报道中有父辈的孤独、中年的忧伤，还有城市游民的生活状态，如报道所言："八零后这代普遍接受更好的教育，他们是集中向大城市流动的第一代。远离乡土，强调个人权利，他们努力适应与社会关联松散的现实，生活更加原子化。同时，所处社会环境决定，地域的变动难以带来阶层跃迁，这让人沮丧。他们孑然一身，满怀乡愁，又不愿回去。"报道的意图在于"讲述失陪者的故事，了解和体味孤独的感受，并试图从中寻找可能的缓解途径"。

　　《人物》杂志在 2012 年 5 月改版后曾推出网络红人干露露的专访，引发质疑。媒体应该报道吗？如何报道？2013 年《南方人物周刊》第339 期推出封面专题《中国制造：欲望时代的干露露们》，主笔李宗陶以近万字的内容，将干露露人生经历和走红过程从不同的侧面和角度进行了充分全面的展示，正如编辑部在策划语中所说："金钱、名利、成功、喧哗，镶着时代金边的欲望大规模占领了今天的人心。它们连成一片海洋，成为最强盛的一股合力。在干露露的故事里，我们试图解析这些力，在展示闹剧的同时，领你进入悲剧的剧场。揭示干露露们的困境，便是提示我们每一个人的困境。"②

---

　　①　［日］NHK 特别节目录制组：《无缘社会》，高培明译，上海译文出版社 2014 年版，第270 页。

　　②　本刊编辑部：《为什么要写干露露》，《南方人物周刊》2013 年第 11 期。

西方社会学界著名学者乌尔里希·贝克的新著《个体化》给了我们不少启示，他认为，在当今西方世界，"为自己而活"的愿望几乎比任何其他一种愿望都要强烈。贝克试图回答促使人们努力工作的动力及其想要达到的目的，倾向于认为这是对"为自己而活"的期许。他将之称为一种自我中心主义的流行病，极度的自我狂热。[①] 不只是西方，转型期的中国社会，个体化也是中国文化发生的重大变革，新的个体主义导致道德坐标和道德体验的转型，中国人的自我与人格已经变得与以往不同。不管读者对这种新的现实持何种态度，至少致力于呈现当代史、价值观的媒体不能视而不见，毕竟，我们不是生活在真空中的人。

以此而论，媒介对干露露等人的关注，意在通过其价值倾向与选择对当代社会进行管窥，并借此让人反思："个体自由的当今，为自己而活、实用成功哲学是不是合理，是不是就是对的，同时对这种倾向做出社会学意义上的分析，并进而呈现当代社会的精神困境。"正如有读者所言："时代在变，没有谁可以停留在某个时点保持不变，报道柳岩、干露露也自有其价值。"

在当前媒介消费主义浪潮中，传媒文化的媚俗之风盛行，猎奇、凶杀、暴力等充斥媒体，传统文化中有韵味的温柔敦厚变成滥情或无情的闹剧与悲剧。人文价值的缺失更加彰显了人物报道审美传播的意义，在日复一日的新闻传播活动中，人物故事生生不息，那些潜藏着审美价值与情感的文本，总是触动着我们的心弦，予人启迪，并显示出长久的生命力。

第四节　受众对人物报道接受与认同程度分析

一　当代受众的新变化

当前，受众心理发生新变，主体意识明显增强，对于媒体提供的观点不再全盘照收，比如以前绝对集体主义、毫不利己专门利人的观点就难以得到受众的认可；公民素养的提高、新媒体技术的发展增强了受众参与新闻报道的深度与广度；社会利益主体的多元化，加大了公众个体的行为自由度，也增强了人们的自主意识、独立意识以及个人对自主行为负责的责

---

① ［德］乌尔里希·贝克：《个体化》，李荣山等译，北京大学出版社2011年版，第26页。

任感，受众自主意识的增强，促使媒体全面反映转型时期不同阶层人物的命运。

美联社著名特写作家索尔·皮特关于人物特稿采写有一段非常精彩的论述："今天的读者想要的东西更多。喝完星期天的第二杯或第三杯咖啡，他就想让一些实质性的东西来吸引他的注意力。他想让骨头上有肉，树上有叶子。他想得到有广度、深度，有远景展望、有完整性和洞察力，当然还具有诚实性的东西。"① 当前受众的需求心理大体有以下几个方面。

（一）情感需求：期待认同，寻求心理归属

在媒体化生存时代，人们通过接触媒体完成对社会的认知，借以加快个人社会化进程。同时，作为现实生活中的受众在心理深层总是聚集着一定的情感欲望，需要得到满足和释放。受众在其接触的新闻人物或虚构人物形象的生活轨迹中寻找自己的情感归属，暂时忘却现实生活中的压力，获得心灵释放的空间，在象征性的现实中寻求共鸣和认同。主体间之所以能够相互理解、沟通、交往，不仅由于每个人都拥有，并且在一定程度上是共同拥有一组背景资料和知识作为指引，而且还依赖于交往主体之间有着共同的情感体验。②

（二）理性需求：具有怀疑精神

新媒体时代受众比以往更具怀疑精神。他们反叛权威，对宣传有天然抗拒心理，常给典型报道贴上"做假"标签，对人对事有清醒的独立判断能力。2013年第39期封面专题《慈禧当国》，李宗陶写下了这样的句子："她生性刚毅，极自信，也执着；她重情，但理性更重，很能自控。她笼络人的本事和她的硬心肠一样出名。"有读者留言："太后任务很艰巨，要一个人背一个好大好大的黑锅，否则现在怎么会有那么多人认为中国的落后是因这慈禧呢。"

（三）社会化需求：受他人引导

大卫·里斯曼的《孤独的人群》将历史分为三种社会形式，或者说三种历史时刻，即传统的社会、市场资本主义社会和今天的资本主义社

① ［美］查尔斯·A.格拉米奇：《美国名记者谈采访工作经验》，魏国强译，新华出版社1981年版，第34页。

② 郭景萍：《中国情感文明变迁60年——社会转型的视角》，人民出版社2010年版，第17页。

会，每一个社会中的人们都为一种相应的权威所引导，即传统引导、内在引导和他人引导。在传统引导的社会里，人们按照多数人认为该做的去做，改革开放前的中国，人们就受着传统的引导，生活在"羞耻"文化中。而受内在引导的社会里，人们受着内心欲望的驱使去行动，力求有创造力和出人头地，实现自我，否则就会感到"负罪"。报纸上大量小人物的"奋斗"题材反映出中国社会的大部分人还处于这样一个内在引导的时期。当前西方是一个受"他人"引导的历史时刻，不是要不断发明和开拓，而是成为一个组织中有效的一员，具有整一性。在这样的社会中，人们有着莫名其妙的"焦虑"，而"焦虑感"在有关新新人类的报道中已若隐若现。因则，从报纸上这些小人物身上，我们可以看到世纪之交的中国正处于一种特殊的历史时刻中：老派的人物还有"羞耻感"；青年才俊心目中充满了强烈的个人主义及不能实现自己的负罪感；而部分感觉敏锐的新人已经走入了现代。①

（四）娱乐心理增强：受众的感官需求

信息超载的网络时代，信息需求极易得到满足，相比之下，"肉"与"叶子"格外重要，成为媒体竞争的主要法宝，致力于探究人性、解剖时代面相的人物报道以其故事性赢得青睐。

二　在校大学生问卷调查

因人物报道的体裁、形式多样，报道理念的更新，网络特别是移动互联网的发展，受众对人物报道的接触与使用呈现上升趋势。笔者在对大学生的问卷调查中，发现越来越多的年轻人选择在网上阅读、收看人物报道和访谈。

从获取途径来看，占据最高比重的是电脑及手机，有77%的人是通过网络获取报道，55%是通过手机，58%是电视，57%是杂志，报纸最少，只有32%。

此次问卷设计了两个开放式问题，调查在校大学生获得的特别体验及当前人物报道存在的不足，结果发现：除了信息的获取外，被调查者还表示在励志示范、情感慰藉、社会认知、自我审视、娱乐休闲、实用知识等

---

① 朱霞欢：《大众的脸谱——报纸媒体中"小人物"形象浅析及批判》，《新闻大学》2003年秋季刊。

方面均获得满足。以下是访谈中最具有代表性的回答：

- 感觉很温情，能够触动人内心的情感。
- 能很好地满足好奇心；传递更多的正能量。
- 就是感觉自己跟那些实际上遥不可及的人的距离缩短，可以听听他们的故事，了解一下世间百态，丰富自己的业余生活，扩展一下自己的视野。
- 在阅读的过程中，自己能深受报道中主人公的感染，思想上能思考更多的问题，视野更加开阔。
- 通过人物报道对社会现实有了更加立体的了解，通过人物的经历和内心呈现加深对生命的思考，也从许多人物身上看到了珍贵的东西，让人看到社会的希望，也是自己学习的榜样。
- 由人及己，思索自身所存在的意义和人生价值。
- 强烈的认同感，有时候会被人物打动或者从中认识到一些自己不知道的东西。
- 感同身受，有借鉴意义。
- 对自己的理想和人格有鞭策鼓励的作用，从人物身上汲取自己所需要且欠缺的东西。
- 可以从人物身上找到与自己的共同点，产生共鸣，在一些方面会改变我对人的看法、对事物的见解。
- 可以从他人的人生中得到感悟。
- 紧密结合自身，能促进对自身的思考。
- 体验到别人的生活经验以及社会现实。
- 受人物的价值观影响，激发奋斗的力量。
- 了解社会的另外一些群体，他们的所思所感，慢慢地减少刻板印象，对生活、对世界注入更多的自己的观点和看法。对于以前了解不深且不太欣赏、喜欢的人有了重新的认识，比如郭敬明，在看《可凡倾听》有关郭的专访以前，我对他完全是不感冒甚至有些厌恶的，但深入了解之后还是消除了对他的偏见。
- 有些东西很现实，很贴近生活，不仅帮助自己认识和理解社会，也帮助自己厘清一些问题，对自己的生活帮助很大。
- 复杂人性背后折射的社会现实。

● 在阅读人物报道的过程中感知社会，尤其是一些好的人物报道，能帮助读者对社会有一个纵深的了解；有些人物报道，我们能从采访对象的身上看到自己的影子，抵达人们的内心；有一些人物报道则会让人反思自身、社会……个人觉得阅读优秀的人物报道是一种享受，无论是文本还是人物身上的故事，都很吸引我。一篇篇人物报道，构筑了一个个微型社会。

● 在看人物报道的过程中，给我最大的影响在于我对生命有了更加深刻的理解。

● 好的人物报道除了引起共鸣，它或许还让你停下来思考，打量自身，能让你去想各种事物之间的关联与之所以关联，去想一些事物何以至此？

至于报道的不足，调查中比较集中的意见有以下方面：

● 当前人物报道还是会有意识无意识地把人刻画成美好的一面，娱乐圈人物大抵如此，而对于草根人物的采写常常就是以热点事件为入口，只有事件内的人物，其实很少有新的视角来开始一个草根人物的采写。

● 政治人物报道还是不能免俗，模式化，无个性，有歌功颂德之嫌，看起来没味。应该更注重人物的个性化和价值观的引导。人物报道对人物的分析，总是习惯性从人物成长经历出发，从人物成长经历中找原因，手法比较单调。我个人觉得应该从多方找原因。

● 对于正面人物的报道过多，其实有的时候在我们身边也会有很多反面人物的例子存在，就需要我们对他们进行一些关注，以醒世人。

● 选题方面若能广一些会更好，目前对政经领域的人物报道不如文化人物多。

● 写法模式化、采访对象模式化，应扩展采访面，多采访游戏制作人、软件开发者这些幕后人群。

● 我觉得当前人物报道的不足是两极分化。若是优秀人物报道，则全文都在塑造一个高大的形象。若是小人物报道则刻意去突出他的不为人知。简而言之，我觉得在表现一个人物时，作者应该去挖掘这个人物的个性，属于他自己、属于这个时代的个性。

●过分注重对象个人的纵向信息，轶事甚至隐私，文本中体现出的与社会、与他人横向联系不够。社会性是人的根本属性，与其绞尽脑汁地挖掘个人信息，不如把焦点放在对象的社会联系上，小圈子像一个小背景，个人觉得还蛮好体现人物形象的，这样完整真实，也更加有人情味。当然，记者不能过分暴露对象目前的交际隐私，以免造成不必要的麻烦。采写完稿之后，和当事人、编辑等商议，权衡利弊，当作探索。

●我觉得当前人物报道最大的不足之处在于很多媒体还是没有把人看成是一个真正的人来写，在材料的选取上，会刻意地减少那些能够表现真实的细节。除了专业的比较好的人物杂志和报刊人物版面外，很多地市级媒体不是很注重人物报道的比重。

●在人物的写作上，记者需要更加深刻地了解写作对象在我们当今社会所处的地位，以及我们这个时代对这一角色的需求程度和接纳程度。

●感觉媒体的脚步还是慢了一拍，在预测性方面还是不够吧。第一，就是我觉得有的人物报道带有教化色彩，会让人比较抵触。第二，就是可以将人物报道的范围扩大，挖掘更多有价值的人物报道。第三，公众需要更多的硬信息，然而现在的媒体为了追求文学美感而让人觉得不够真实、客观。

题材单一化，会随大流进行某一类人物的反复报道。

调查发现，对于大学生而言，人物报道的吸引力较强。在人物对象所属领域方面，文化娱乐领域的名人有着非凡的魅力，这与媒体对这类人群的强化、突出报道有关，同时也可看出此阶段的青年群体偶像崇拜情结或者说寻求人生榜样的迫切性。普通人受到关注被认为是《感动中国》最重要的成功原因，对草根底层群体的报道，90%的人认为真实而富有人情味、更易引起共鸣，只有极少数的被调查者认为这类报道缺乏新闻价值。这说明时代既要有宏大叙事，更要有普通人的喜怒哀乐。

三　人物报道热的深层分析

人物报道比重的增加，人物类刊物、栏目的大量涌现，背后的社会原因是什么？笔者认为其要义在于人性的真实表达具有整合功能，在网络时代后现代主义文化流行导致的虚空与各种解构中，这一现实意义符合社会的需求。

当下中国社会人心内部的问题如人生的价值、生存意义等值得重视，但矛盾的是，人们对物质金钱的追逐与国学热齐头并进，功利与信仰看起来奇妙地结合为一体，但是，这种信仰是坚固的吗？弗洛姆曾对中世纪和近代资本主义文明做过一个比较，他指出，相对于近代文明，中世纪的主要特点就是缺乏个人自由，但个人并不感到孤独，因为宗教信仰给人们提供了维系情感、实现精神聚合的超验纽带，自然经济结构和种族、民族、家庭、社团等社会关系与社会组织，给人们以确定身份、实现个人归属的有机而稳固的社会母体。这种给人以安全感和归属感的社会母体当然也对人构成了束缚，唯其如此，资本主义瓦解僵死的封建结构，造就个人的自主独立的积极的社会流动，才被看成是一场巨大的历史进步。但问题在于，"个人解脱了经济和政治纽带的束缚，他通过在新的制度中积极和独立地发挥作用，获得了积极的自由。但同时，他所摆脱的这些纽带正是过去给予他安全感和归属感的那些纽带，人不再生活在一个以人为中心的封闭里。"① 自由意味着孤独，独立意味着疏离，市场竞争给每一个人成功的希望，也给每一个人强加了失败的威胁，生活不再有一个稳定的根基。我们现在所面临的信仰危机不正是这种感受和体验吗？

这种现实语境正是人物报道热的土壤。人物报道的意义正在于缩短人与人之间的距离，建构精神纽带。

只要世界变幻无常，就会存在足够的冲突、忧伤和苦难，以及对田园诗式图景的摧残；只要存在必然性的王国，就会有足够的需求。即使是一种非肯定性的文化，也将承载变幻无常和必要性，如火山口上的舞姿、冷酷的笑容、死神面前的调情。只要这是真的，那么，生命的再生产仍将涉及文化的再生产：铸造尚未完满的渴望和尚未满足的本能。② 马尔库塞的阐述一定程度上也说明了深度人物报道的意义与价值。

心理学家的研究发现，尽管生活在社会上的每个人的爱好、信仰、隶属及利害关系等不尽相同，但大家都有自发地模仿、重复别人行为的趋

---

① ［德］埃里希·弗洛姆：《逃避自由》，陈学明译，工人出版社1987年版，第87页。
② ［美］马尔库塞：《审美之维》，李小兵译，广西师范大学出版社2001年版，第40页。

向。一个人"在感知另一个人的行为时，个体会出现一种让自己实现类似行为的愿望"。正如别尔嘉耶夫所说："'我'有一种深层的需求，在他人他物身上得到真实的反映，在他人他物身上得到自我的确认和肯定，被听见和被看见。自窥心理是一种比常人对它的看法更为深刻的现象，它与'我'的本性有关。'我'照镜子，'我'想在水中看到自己的倒影，是想在他物身上确认自己的存在。"①

---

① ［俄］H. A. 别尔嘉耶夫：《精神王国与恺撒王国》，安启念、周靖波译，浙江人民出版社 2000 年版，第 182 页。

人物报道的发展空间与走向

一　碎片化时代的新闻异化现象

网络语境中新闻失实日益呈现出日常化、复杂化、隐蔽化倾向，新闻的碎片化、段子化表征着新兴媒体文化的变异，从而导致信息时代获知的悖论：人们获得前所未有多的海量信息，但获得知识越来越困难，这种带有讽刺意味的现实值得警惕。

互联网时代，人人都有麦克风。新闻的传播变得更容易，新闻失实在新媒体语境中也呈现出新的特点，新闻更大程度上成为消费品，在这个浮躁、情绪化时代，它和小说一样满足了人们对传奇、故事、悬疑的需求。我们常常在网络中遭遇起哄、围观等现象，新闻段子层出不穷，标签新闻中的刻板成见让人心生快意。新闻的斑驳世界里既有娱乐的亢奋，又有刺激的快感，信息的传播是如此快速地更迭，反复的转发放大了事件的影响力，人们不断地追逐新闻，追逐一个个话题与谈资，却不再关注消息的真假。而媒体则在市场化程度越来越高的当下，惯于迎合受众的口味，来自新媒体技术、媒体与受众三方面的合力使新闻对"真"的追求变得越来越难。

正如美国学者比尔·科瓦齐在《新闻的十大基本原则》中所指出的："尽管大多数新闻工作者表示继续忠于真实，但是各方力量却削弱了新闻工作者对真实的追求。在源源不断地大量生产新闻的新兴媒体文化中，新闻变得碎片化；信息源反过来控制了记者；新闻工作标准的改变使媒体把关人不再起作用；廉价的、极端的观点充斥于报道之中；更多的媒体只把注意力放在发现'大新闻'上，这些新闻只能暂时地吸引碎片化的大众。总之，这些被我们称为混合媒体文化的新特征正在取代从当天的诸事件中寻找真实可靠报道的经典功能。"①

在该书中，作者总结了四种新闻模式。传统的新闻是确证式新闻，第二种是断言式新闻，把最新信息发布出去或放到网上，几乎不会花时间去核对事实，即只传递信息。第三种媒体模式是肯定式新闻，不追求充满怀疑精神地确证事实，而是肯定和迎合受众已有的理念。第四种模式是聚合式新闻，不负责区分流言、事实和猜想，去伪存真的工作完全依靠使用者来完成。② 笔者认为，断言式、肯定式特别是聚合式新闻正是网络时代传媒文化变异的产物，真真假假中，新闻越来越像一个个传奇，所有这些现象都指明：新闻失实越来越日常化、复杂化、隐蔽化。

（一）快速更迭：新闻的碎片化

中国当代传媒文化的受众形成两种截然相反的传媒参与模式。一方面，由于政治话语中心化的运作特征，导致受众对政治话语产生某种程度的不热心、不关心甚至不介入的冷淡状态。另一方面，传媒文化高度娱乐化，促发了受众对娱乐节目的高度热情和空前参与。这就片面地夸大了传媒的快感生产、传播和消费功能。它在限制受众参与政治的同时也遏制了传媒文化的批判性和反思性，受众传媒文化素养很容易限于单纯娱乐化。③ 其实，传媒与受众的这种快感生产、消费不仅限于娱乐节目，在当下复杂的网络语境中，新闻也早已成为娱乐消费品。

被媒体迅速追捧又迅速抛弃的事件已经成了当下新闻报道中的常态。这样的事件如长江后浪推前浪一般，一个话题刚被炒热，另一个更勾人眼球的话题又上了头条。网友像看电影一样，目不暇接地盯着媒体不断推出的一篇篇新鲜报道。在这个信息提供越来越充裕、媒体竞争越来越激烈的时代，已经很难有多少事能引起媒体较长时间的持续关注了。

对于网络时代的信息传播，很多学者都提到了"碎片化"的概念。传播的内容越来越缺乏整体性，条数很多，新的信息很多，但大多不完整。一条新闻信息从最初被发现到最终呈现需要一定的时间，如果没有持续的关注，很有可能使报道停留在肤浅的、零散的程度，不利于公众全面认识某个事件或问题。2010 年底，《南都周刊》在年末特刊中关注了这一

① ［美］比尔·科瓦齐、汤姆·罗森斯蒂尔：《新闻的十大基本原则：新闻从业者须知和公众的期待》，刘海龙、连晓东译，北京大学出版社 2011 年版，第 41 页。
② 同上书，第 41—42 页。
③ 周宪、刘康：《中国当代传媒文化研究》，北京大学出版社 2011 年版，第 16 页。

现象，编者按语中该刊将"那些未完待续的新闻"之所以"消失"的原因归结为公权力介入、消息源关闭以及注意力转移三个方面，很多时候，当事实的迷雾逐渐散去时，媒体的兴奋点、受众的注意力却早已经转移了。随着我国网民数量的不断增加，上网阅读新闻越来越成为公众的首选。网站以秒计算的不断更新的信息，可能会使得公众对信息内容的了解越来越多，但大都停留在蜻蜓点水的程度。这种快速追逐最新话题的结果，导致受众对事件缺乏完整、深入的了解，进而造成判断上的肤浅化和感性化，这无疑是媒体公共性的一种缺失。

（二）大众盲从：围观起哄

网络世界中有关新闻的评论、网友意见能够迅速集聚，形成一种舆情信息，这种公开传播的舆情信息的巨大影响力，不能不引起媒体重视，有的甚至能改变媒体预想的报道议程。不少媒体往往用"最近引起热议"的形式播报网上的最新动态。新媒体的意见传播之所以能形成新闻价值，与新媒体注重信息反馈、新闻传受关系发生改变有密切的联系。在互联网的语境下，网络舆论甚至也可能由观点市场变成情绪流放地，一些争论往往在没有基本事实的前提下，就展开了一场就虚拟事实框架进行的大辩论，廉价的、极端的观点充斥报道之中。①

懒散的无知，以庸俗的情感对待严肃的问题已成为转型时期的中国社会媒体奇观的一大特征，人们热衷的是情感，而不是思想，人们的行动能力被对抗性的、碎片化的愤怒消解。其中不排除有一些为实现个人目的而胡乱吹嘘的网络推手，或为娱乐或为出位，而吸引网友和公众眼球，放大观点的尖锐对立，故意炒作以追求轰动效应。网络舆论日益壮大，但也良莠不齐，而一些记者为了完成报道任务或其他原因，不采访核实，盲目地在网上取材，这已成为网上虚假新闻传播的主要表现，源自网络媒体的论坛、博客、微博等互动环节的不实信息被传统媒体看中，不求证便发稿，之后网络媒体再次转载。当下流行的"网友曝"式报道就是典型代表，其实质就是不核实先曝光，由于网络的匿名性，网络传播的无序性，网帖内容很多时候出自于网友编造。

（三）段子新闻、标签新闻中的"失真"

泛娱乐化时代，浮躁热闹的网络环境中，猎奇的、富有争议性的假新

---

① 刘先根、彭培成：《论新媒体话语语境下的新闻样态》，《新闻战线》2009 年第 9 期。

闻很多时候来自网友恶搞或移植自论坛中可笑的帖子。

世博会期间，一则"女子世博排队被挤怀孕"的稿件在网上热传，事情缘起于论坛的帖子，北京、上海两地网友调侃交通拥挤，一哥们说北京地铁拥挤不堪，他老婆昨天被挤流产了；上海一哥们说得更惨，上个月他老婆乘地铁竟然被挤怀孕了！恶搞的新闻"女子世博排队被挤怀孕"跟着就出笼了，稿件假托新民晚报网讯，有"真实"的记者姓名，有记者与当事人的一对一采访，完全遵照新闻的采写规范，稿件结尾称："希望大家以后在公共场合注意自己的人身安全，此事件警方已介入调查。"这则"新闻"在天涯社区、百度贴吧里被广泛转载，后被东方网、四川新闻网等以新闻页转载。再如河南固始西九华山风景区招聘采茶女工，要求胸围C罩杯的处女，典型的炒作，近200万个搜索结果可知该新闻的影响，网友指责如此招聘"太雷人""不可信"，显然是炒作，纯属哗众取宠，难掩低俗之嫌。而负责人在公开道歉中承认："是炒作，但从目前的网络反响效果来看，我们的目的基本已经达到。"

至于新闻中的贴标签现象，反映出的是新闻传播残酷而又无奈的规律，贫富悬殊、官民冲突等简单化的标签贴上后往往有助于提升新闻的受关注程度。因为最具传播力的新闻，往往是被简化了的新闻。正所谓无标签，不新闻，媒体特别喜欢给新闻当事人贴一些与事实无关的标签。这种迎合舆论民粹反智的标签，虽然会让新闻更有冲突性，更能吸引眼球，却误导了舆论、消费了情绪、扭曲了事实，结果只能是一地鸡毛的舆论口水，而没有负责任的反思和理性的评论。①

（四）标题党与眼球效应

网络标题党由来已久，雷人新闻常出常新，不断挑战着受众的视觉神经和心智。2010年12月各大网站刊发新闻《全国妇联划定剩男剩女标准：男30岁女27岁》，消息一出举国哗然。其实新闻事实是："全国妇联中国婚姻家庭研究会、中国社会工作协会婚介行业委员会和百合网联合发布《2010中国人婚恋状况调查报告》，超九成男性认为女性应在27岁前结婚，超五成女性认为男性最佳结婚年龄是28－30岁。"一个婚恋调查所提及的年轻人的最佳择偶年龄，怎么就成了"全国妇联划定剩男剩女标准"？这显然是网络标题党的杰作。

---

① 曹林：《请撕掉救人少女的保时捷标签》，《中国青年报》2011年12月27日第01版。

　　再比如《高校教师让学生策划打劫银行》《北大校长称美国教育一塌糊涂》，这些惹眼的标题引发了广泛的关注和批评，网民纷纷指责、质疑当事人的"不当言论与行为"，其实这不过是媒体吸引受众关注的常用手法，耸人听闻的效果的确达到了，网民情绪化的反应即是明证。

　　网络新闻标题多为描述基本事实的、字数极其有限的一行实题，要想在海量信息中抓住网民的眼球，剑走偏锋便成了常规化的动作。2009 年 9 月 9 日，北京网络新闻信息评议会第六次会议总结了网络标题几种突出问题：（1）扭曲新闻事实或歪曲报道原意，将个别因素、孤立现象放大为全局性问题，对网民极端情绪的发酵起到刺激的作用；（2）使用含有性暗示等格调低俗的词汇，已成为最常见的手法，借此迎合部分网民不健康的需求；（3）故意制作与内容完全无关的耸人听闻的标题，对读者进行欺骗；（4）滥用夸张、怪异的词汇，以达到哗众取宠的目的，试图激起网民的好奇心，促使他们点击；（5）标题中出现关键性的错字、漏字，造成重大差错，产生不良甚至严重后果。

　　网络标题成为造假的源头，网友没有耐心看新闻内容却被夸张刺激的标题吸引，接下来就是不断地转发，再加上转的过程中不断地添油加醋，假消息越传越玄。接下来，纸媒不加核实地转载，时评家开始狂轰滥炸。在这个过程中，没有几个人愿意核实内容，没有几个人愿意读读标题之下的内容，大家在假新闻所映照出的镜像中亢奋无比，兴奋地在传播、转发和添油加醋中感慨着纷乱的世间百态，消费着假新闻的刺激和荒诞，媒体公信力就这样在离奇、煽情的假新闻中不断耗散。

　　中国社会的舆论形态进入了一个前所未有的"公民记者""人人都是报道者"时代，最突出的特点，就是互联网的论坛、社区、贴吧、博客、微博成为发布新闻的重要渠道。而信息时代的获知悖论是："今天投入到寻找真实方面的力量在很多方面要比过去更多，因为今天可获得的信息太多了。当信息供过于求，即输入的信息过多时，获得知识不是变得更简单，而是更困难。一个人必须处理更多信息才能把事情弄明白。"① 这个带有讽刺意味的现实不能不引起我们的忧思。

----

① ［美］比尔·科瓦齐、汤姆·罗森斯蒂尔：《新闻的十大基本原则：新闻从业者须知和公众的期待》，刘海龙、连晓东译，北京大学出版社 2011 年版，第 43 页。

二　碎片化时代的非虚构新闻叙事

在碎片化的汹涌浪潮中，越来越多的人独自寻找安静的角落，追寻那些真诚而有耐性的报道者对这个世界真实而动人的记录。在这方面，人物传播有得天独厚的优势，优秀的人物报道不仅是新闻，更是故事，不仅是个体叙事，更是宽广的时代扫描。受众可以在不同的故事中，了解别样的人生，并通过细致的描写、翔实的资料领会某种意义。

在新闻报道变革进程中，人们发现一些报道很难用传统的文体来界定，固有的体裁划分显示出某种局限性，非虚构写作概念的流行让记者的新闻观念得到解放，文体自由度得以提升。有学者认为非虚构写作包括历史叙事、新闻叙事、文学叙事、应用叙事四大类型。[①] 2013 年中国首届"非虚构写作大奖"对非虚构写作也作了一个界定，将其分为文学类、通俗历史、传记和新闻特稿四大类，《南方人物周刊》主笔李宗陶的长报道《中国制造　欲望时代的干露露们》即获最具时代表情奖。曾获"开发亚洲新闻奖"的资深记者杨猛 2014 年将其采写的人物故事以《陌生的中国人》为名结集出版，此书被归类为非虚构作品。

在国内，人物特稿、调查性人物报道等非虚构新闻写作具有极强的叙事魅力，在碎片化时代彰显出一种深沉厚重的独特气质，各大门户网站经常转发《人物》《南方人物周刊》《中国青年报·冰点》《南方周末》《GQ》等媒体的人物报道即是明证，人物报道有着极大的发展空间。

好的非虚构报道，报道对象应该是能够折射社会价值的人物或事件，经由记者的客观理解、逻辑性的分析以及多角度的立体采访，最终以故事形式给读者一个好的阅读体验，通过意义来加深人们对社会乃至时代的理解。正如米尔斯所说："人们想了解的是社会与历史的真相，而他们往往发现通过当代文学不足以求得真相。他们渴望事实，找寻其中的意义，他们想得到可信的'大画面'，在其中，他们能逐步理解自己。他们还想获得能使他们作出取向的价值和恰当的感知方式、情绪类型和描述动机的词汇。"[②]

① 孙春旻：《非虚构叙事与时代精神》，《广播电视大学学报》（哲学社会科学版）2011 年第 3 期。

② ［美］C. 赖特·米尔斯：《社会学的想象力》，陈强、张永强译，生活·读书·新知三联书店 2001 年版，第 16 页。

普遍情感的价值与意义历来为传播者重视，非虚构写作提供了更深刻更真实的东西，帮助受众去试图理解他者的生活。时代需要历史的宏篇叙事，也需要记录芸芸众生的喜怒哀乐。在这方面，西方同行的实践可资借鉴。曾获 1997 年第 81 届普利策新闻奖的《费城问询报》记者米高·维特士（Michael Vitez）是个发掘人物故事的有心人，他与同事一起，选择费城美术馆作为背景（史泰龙在 30 年前荣获奥斯卡奖的影片《洛奇》中的主人公就是在这里跑上台阶），用了一年的时间（365 天中，几乎与摄影师 220 天待在那儿），在美术馆的台阶上访问来自美国和世界各地的游客，发掘有意义的故事。记者每天都看到这样的情景发生，费城人也同样看到这个场景，但他们从不感到好奇。米高从未想象到一个电影中的真实场景能把人们凝聚到此，庆贺他们的生活，成就自己的梦想。好奇心促使他关注：这些人是谁？他们为什么这么做？信念支撑他前后完成了逾千人的采访，并乐在其中。2006 年 11 月，精彩短篇人物报道集《洛奇的故事》出版。①

在社交媒体占据受众越来越多时间，并对信息产生排斥和厌倦的今天，长篇新闻悄然在美国走红并快速赢得读者青睐，当然，"长篇"并不仅仅是文字堆砌、长篇大段，而是运用新技术和多媒体，提升内容的丰富性和深度，并赋予性情。过去几年内美国诞生了数十个长篇新闻网站，网站内容的主题和发表频率不一，但都用大篇幅的深度报道弥补快新闻消费品缺失的阅读感。②

据媒体报道，纽约一家以"让普通人的故事被完整而勇敢地叙述出来"为初衷的网站（Narratively.com）专门讲述长篇"纽约故事"，它围绕纽约这个城市寻找题材，每天只发布一篇稿子，每周五篇。全职员工只有两个人，但兼职编辑和签约撰稿人、摄影师、设计师等却多达 650 人。网站上线后向读者呈现了大量离奇曲折或震撼人心的人生故事，点击量最高的包括一个 20 世纪中期活跃在纽约布鲁克林的俄罗斯间谍，一个致力于让全世界非穆斯林人理解和懂得欣赏穆斯林头巾的年轻女子，以及一个几十年来在家中收集了上百副复古眼镜框的老奶奶。

---

① ［美］米高·维特士：《洛奇的故事》，载黄煜《追求卓越新闻：分享普利策新闻奖得主的经验》，南方日报出版社 2009 年版，第 188 页。

② 丁晨洁：《长新闻更"性感"，速读时代的深阅读需求》，《企业家日报》2014 年 3 月 24 日第 14 版。

国内社交媒体平台也瞄准了人物报道这一宝藏，如微信公众号"纸牌屋"，其功能介绍显示："这是一个有态度的人物报道平台，理性、中立、关怀，记录人的存在。""纸牌屋"拥有自己的团队，并明确表达了团队的诉求："我们可能不会记录所有的热点人物，但我们会为读者奉上有角度、有深度、有态度的原创人物报道和人物述评。"首次推送的《青年王沪宁》阅读量达到5386次。

三 两种范式的表达

新闻奖的评选一定程度上代表、指引着新闻报道的方向，目前国内主要有政府官方奖与民间奖两类。经过20多年的发展演进，中国新闻奖与各省、市新闻奖等政府奖，无论在奖项设置还是评选标准等方面都有了全面的提升与改进。获奖作品也越来越重视新闻价值，尊重读者的阅读需求，价值取向从政治宣传占主导到注重新闻价值要素，但它一直没有脱离弘扬时代精神的主方向，个人的精神价值往往被提升到了国家层面。至于民间奖项，影响较大的有《南方周末》的年度传媒致敬，《新京报》《南方都市报》等媒体的年度评奖。如《南方都市报》从2006年起开始设立年度新闻报道奖，借此确立新闻报道价值观与评价体系。由总编辑、执行总编辑领衔组成评审委员会，一年一评，奖项包括：普通新闻报道奖、人物报道奖、深度调查报道奖、现场新闻摄影奖、策划/系列报道奖等14大门类。

中国官方奖项与民间或市场化操作内部评奖是两种不同的范式，体现出不同的新闻观念，在不同的话语体系中体现出各自的影响力。相对于市场化媒体的获奖人物报道，中国新闻奖从各个方面来说都较为单一，市场化媒体更强调专业性。

首先，价值取向单一。中国新闻奖是我国最高的官方新闻奖，能够获得中国新闻奖的作品主题必定宏大，因为只有大事件、大人物才能对社会产生重大影响，才能代表社会主流价值观，是否符合时代精神是中国新闻奖在评选作品时首先要考虑的也是最重要的因素。中国新闻奖20多年来没有一篇反面人物报道，也缺乏争议人物报道。而随着社会的发展，办报条件逐步开放，市场化媒体生机盎然，发展势头越来越猛，借鉴学习西方的人物报道理念，在报道方法、方式上有了很大的创新。市场化媒体更多的是关注人物本身的价值，关注人的感情、需要、发展存在。而且市场化媒体在价值取向上更加多元化，只要有新闻价值，不管报道对象是反面人物还是市井小民，都有可能获得青睐。

以《闻道（〈新京报〉年度新闻报道 2009）》一书为例，该书是《新京报》2009 年度获得各类新闻报道奖作品的汇总，分为日常新闻报道奖、突发新闻报道奖、人物报道奖、深度调查报道奖、生活服务报道奖等 18 个奖项，当年获奖人物报道有《张海超：我开胸验肺只想活下去》《抢银行大学生的三重门》《吴加芳：你知道什么是真爱吗》《库恩：我想介绍真实的中国》《29 岁市长：从政五年，一夜成名》，人物对象有国内也有国外，有新闻人物、民间人物，还有负面人物与争议人物，无论是对话体还是特稿，作品都具有一定的深度与力度。2008 年《新京报》获奖人物报道中有两篇特别值得一提《程春明：讲着讲着，突然停了》《付成励：好着好着，突然碎了》，中国政法大学学生付成励在课堂杀死老师程春明，稿件没有像一般报道那样纠结于杀人原因，只是分述了两个人的人生故事，还原真实的面目，深具情怀。获得《新京报》2011 年度人物报道金奖的《药家鑫父亲坦言不理解儿子》，也是涉及负面人物的新闻报道，但因报道深入，直面最真实的人性，因而受到人们的关注。

《南方周末》2001 年开始进行传媒盘点，年度传媒致敬已发展成为国内颇具影响的品牌活动。2004 年致敬特稿颁给了张立采写的《最富争议的市委书记》，致敬理由是："此报道开篇即设置悬念，推动人们步步探询，正反两方面的言论各执一词，泾渭分明、不断交锋。报道没有得出最终定论，但激发了无尽思考。"手段与目的，人治与法治，个人权威与公民权利，一篇特稿包含了转型期中国的许多重大主题。写作有节奏感，简洁明快，细节富有力量，把一场复杂的改革、一位有争议的官员呈现得栩栩如生。报道发表后所引起的社会反响非常强烈，讨论深入到了改革观甚至领导体制等层面。从以上案例可以看出，市场化奖项推崇的是能将个人、时代、社会改革、价值观等相互关联的专业调查与采写，而非仅仅是意识形态的宣传。

其次，报道体裁单一。中国新闻奖获奖人物报道体裁有消息、通讯、专题、系列报道等，且人物通讯占有相当大的比重。市场化媒体除了这些外，还有特稿、深度报道等体裁。

再次，叙述方式单一。中国新闻奖获奖人物报道写作因主题宏大，需要提升人物的精神面貌，所以，在叙述上显得"高、大、上"，常用带感情色彩的词，且易抒发感情。都市报人物报道则更加注重普通人物的特殊事迹，用事实说话，突出人物的细节，徐徐道来，好像在说故事。

中国文学创作自古就有重视人物塑造的文化传统，《史记》《世说新语》等均为后世提供了丰富的养料，"中国故事"的讲述，中国形象的传播既需要文学书写，又有赖新闻报道。主旋律要弘扬，以典型人物报道为标志的传统人物报道依然有较大的市场；时代与社会变迁要通过人物命运来呈现，因此，以特稿、调查性报道为代表的人物深度报道迎来了广阔的发展空间，把人物还原到人性原点，抛弃意识形态化的功利性和道德的简单化，回归到人物应有的多元、复杂、变化莫测、善恶并存的基点；日常生活需要呈现，真实的生存状态需要描摹，简短生动的人物文本以文字、影像等方式在通俗类媒体及网络空间占据着较大的比重。主流媒体、精英媒体、通俗类媒体共同构筑了人物报道广阔的发展空间。可以肯定的是，无论何种性质的媒体，无论通过何种渠道刊播，发现人、肯定人、高扬人的价值既是人物报道的起点，又是其追求的终极目标。2014 年 12 月 8 日，中宣部召开专题会议，对在全国新闻战线开展"走、转、改"大型主题采访活动"行进中国·精彩故事"进行动员部署。会议要求："用真实具体的事例、有血有肉的人物、引人入胜的情节，用富于时代感、现实感的新闻语言和细腻鲜活的表达方式，生动讲述当代中国发展成就、发展道路、发展理念，展示中国社会发展进步的主流，展示中国人民蓬勃向上的风貌，把中国故事讲得愈来愈精彩，让中国声音愈来愈洪亮，激励广大干部群众继续沿着中国道路前进的信心和勇气，加深国际社会对中国的认识。"接地气，讲好中国故事，弘扬正气，传递正能量，人物故事的传播将大有一番作为，我们可以期待更多人物报道佳作问世。

参考文献

1. ［英］阿伦·布洛克：《西方人文主义传统》，董乐山译，生活·读书·新知三联书店 1997 年版。

2. ［美］本尼迪克特·安德森：《想象的共同体：民族主义的起源与散布》，吴叡人译，上海人民出版社 2003 年版。

3. ［美］比尔·科瓦齐、汤姆·罗森斯蒂尔：《新闻的十大基本原则：新闻从业者须知和公众的期待》，刘海龙、连晓东译，北京大学出版社 2011 年版。

4. ［美］比尔·科瓦奇、汤姆·罗森斯蒂尔：《真相：信息超载时代如何知道该相信什么》，陆佳怡、孙志刚译，中国人民大学出版社 2014 年版。

5. ［英］戴维·巴勒特：《媒介社会学》，赵伯英、孟春译，社会科学文献出版社 1989 年版。

6. ［美］大卫·理斯曼：《孤独的人群》，王崑、朱虹译，南京大学出版社 2003 年版。

7. ［荷兰］佛克马、蚁布思：《文学研究与文化参与》，俞国强译，北京大学出版社 1996 年版。

8. ［澳］格雷姆·特纳：《普通人与媒介：民众化转向》，许静译，北京大学出版社 2011 年版。

9. ［英］格雷姆·伯顿：《媒体与社会：批判的视角》，史安斌主译，清华大学出版社 2007 版。

10. ［美］C. 赖特·米尔斯：《社会学的想像力》，陈强、张永强译，生活·读书·新知三联书店 2001 年版。

11. ［英］H. A. 梅内尔：《审美价值的本性》，商务印书馆 2005 年版。

12. ［美］迈克尔·舒德林：《新闻社会学》，徐桂权译，华夏出版社 2010 年版。

13. ［美］梅尔文·德弗勒、桑德拉·鲍尔 - 洛基奇：《大众传播学诸论》，杜立平译，新华出版社 1990 年版。

14. ［英］诺曼·费尔克拉夫：《话语与社会变迁》，殷晓蓉译，华夏出版社 2003 年版。

15. ［日］NHK 特别节目录制组：《无缘社会》，高培明译，上海译文出版社 2014 年版。

16. ［荷］托伊恩·A. 梵·迪克：《作为话语的新闻》，曾庆香译，华夏出版社 2003 年版。

17. ［美］沃尔特·李普曼：《公众舆论》，阎克文、江红译，上海人民出版社 2002 年版。

18. ［德］乌尔里希·贝克：《个体化》，李荣山等译，北京大学出版社 2011 年版。

19. 陈卫星：《传媒的观念》，人民出版社 2004 年版。

20. 丁迈：《典型报道的受众心理实证研究》，中国传媒大学出版社 2008 年版。

21. 郭景萍：《中国情感文明变迁 60 年——社会转型的视角》，人民出版社 2010 年版。

22. 何纯：《新闻叙事学》，岳麓书社 2006 年版。

23. 胡正荣、张磊：《时代之印——中国媒介三十年》，陕西人民出版社 2008 年版。

24. 雷启立、孙蔷：《在呈现中建构——传媒文化与当代中国人精神生活研究》，上海文化出版社 2007 年版。

25. 李大同：《冰点故事》，广西师范大学出版社 2005 年版。

26. 刘汉俊：《塑造形象：人物报道研究》，新华出版社 2011 年版。

27. 陆学艺、李培林主编：《中国社会发展报告》，社会科学文献出版社 2007 年版。

28. 罗哲宇：《伦理重建与当代中国新闻报道》，中国传媒大学出版社 2012 年版。

29. 毛家武：《多维视野下的普利策新闻奖特稿作品研究》，西南交通大学出版社 2012 年版。

30. 穆青：《穆青论新闻》，新华出版社 2003 年版。

31. 聂茂、张静：《典型人物报道论》，湖南人民出版社 2008 年版。

32. 彭焕萍：《媒介与商人：1983—2005〈经济日报〉商人形象话语研究》，华夏出版社 2008 年版。

33. 邱戈：《媒介身份论：中国媒体的身份危机和重建》，中国传媒大学出版社 2008 年。

34. 宋玉书主编：《新闻传播精品导读：特写与报告文学卷》，复旦大学出版社 2004 年版。

35. 孙立平：《重建社会——转型社会的秩序再造》，社会科学文献出版社 2009 年版。

36. 孙德宏：《新闻的审美传播》，生活·读书·新知三联书店 2011 年版。

37. 孙玉胜：《十年——从改变电视的语态开始》（修订版），人民文学出版社 2012 年版。

38. 王武录：《人物通讯写作谈》，新华出版社 1984 年版。

39. 王辰瑶：《嬗变的新闻：对中国新闻经典报道的叙述学解读（1949—2009）》，中国传媒大学出版社 2009 年版。

40. 徐列：《在追问中逼近真实——〈南方周末〉人物报道手册》，南方日报出版社 2006 年版。

41. 徐列：《重新打量每个生命——〈南方人物周刊〉人物报道手册》，南方日报出版社 2009 年版。

42. 薛国林：《形象塑造与社会认同：正面人物宣传报道的社会效果研究》，暨南大学出版社 2012 年版。

43. 杨继绳：《中国当代社会阶层分析》，江西高校出版社 2011 年版。

44. 曾庆香：《新闻叙事学》，中国广播电视出版社 2005 年版。

45. 张兴国、史娜：《当代中国社会转型与价值观嬗变》，中国社会科学出版社 2012 年版。

46. 赵勇：《大众媒体与文化变迁——中国当代媒介文化的散点透视》，北京大学出版社 2010 年版。

47. 中央文献研究室、新华社：《毛泽东新闻工作文选》，新华出版社 1983 年版。

48. 周宪、刘康：《中国当代传媒文化研究》，北京大学出版社 2011

年版。

49. 朱金平：《新闻典型论》，长征出版社 2003 年版。

50. 朱清河：《典型报道：理论、应用与反思》，武汉大学出版社 2006
年版。

后　记

　　本书为 2011 年度国家社会科学基金青年项目的最终研究成果，在项目申报及研究过程中，我所在的衡阳师范学院新闻与传播学院同仁及科技处领导给予了关心与支持，多年来，我一直为自己拥有真诚而热烈的工作氛围而庆幸。

　　课题申报中曾得到广东外语外贸大学新闻与传播学院前院长郭光华教授的鼓励，中国传媒大学传媒研究院院长雷跃捷教授给予了指点并拨冗撰写序言。数位本科生曾跟随我关注人物报道，在资料收集与案例分析方面做了一些基础性工作，其中，杨蓉、张文杰、陈文静、王敏、陈也等同学曾参与到论文写作中，在此一并致谢。

　　我还要感谢我的爱人左其福博士，是他给我前行的勇气与动力，在生活、教学、科研中关照、激励、指点我，半路而入的我在学术道路上但凡有一点成绩均受益于他。

　　本书部分内容曾在《新闻大学》等学术期刊发表，特此致谢。因学识水平有限，疏漏之处恳请读者提出宝贵意见。

盛芳

2015 年 9 月 17 日